KB271865

깨어나라

대한민국

깨어나라 대한민국

발행일	1판 1쇄 2016년 5월 10일

지은이	김 영 구
펴낸이	구 충 서
펴낸곳	도서출판 물망초

등록	2014년 10월 21일 제2013-000195호
주소	서울 서초구 방배로76 309(방배동 머리재빌딩)
전화번호	(02)585-9954, 070-4194-9962
팩스	(02)585-9962
전자우편	mulmangcho522@hanmail.net
홈페이지	www.mulmangcho.org
ISBN	979-11-952369-9-2 03300

국제법 학자의 시각으로
바라본 격동의 현대사

깨어나라 대한민국

김영구 지음

자유민주주의란 우리 한국 사람에게는 매우 생소한 것들이라는 것을 처음부터 정직하게 인정하고 자유민주주의를 제대로 키워내기 위해서 열심히 노력해야 된다는 것을 강조하지 않을 수 없다. 헌법적인 결단으로 우리가 이 자유민주주의라는 국가 체제를 선택했기 때문에 우리는 어차피 이 자유민주주의를 완성시키고 꽃을 피워내야만 한다. 그리고 무엇보다도 지금 21세기의 시점에서 다른 어떤 사상적 국가 체제보다도 자유민주주의 체제가 가장 이상적인 체제라고 하는 것이 입증되어 있는 만큼 다른 선택의 여지는 없다.

도서출판 물망초

언제나 사랑과 헌신으로 나를 격려해 주는
아내 이성숙에게 이 책을 바친다.

프롤로그

이 책은 저자가 한 사람의 정직한 법학자로서 혼돈과 미망 속에 빠진 우리 한 국 사람들에게 긴급한 당면 문제들에 관한 솔직하고 간절한 호소를 전달하려고 쓴 글이다.

저자는 우리 한국 사람들이 우리 헌법적 국가 이념인 자유 민주주의에 대해서, 한일관계의 가장 기본적인 문제들에 대해서, 북한에 대한 인식, 헌법상의 통일 조 항이나 북방한계선, 그리고 6·15 공동선언 등 남북한 관계에 관한 기본적인 개념 들에 대한 인식, 그리고 가장 중요한 것으로는 통일 문제의 기본적인 입장들에 대 해서 대단히 심각한 혼돈과 미망 속에 빠져 있다고 판단한다. 이런 혼돈을 지적 하기 위해서 책 제목을『깨어나라 대한민국』이라고 붙인 것이다.

그렇지만 우리 대한민국 국민들은 세계에서도 지적인 능력이 가장 우수한 사람 들로 정평이 나 있다. 이런 국민들이 정신을 못 차리고 심각한 혼돈과 미망 속에 빠져 있다고 판단하려면 우수한 보편적인 한국 사람들보다 저자가 사회적 현상 을 판단함에 있어 객관적으로 인정할 수 있는 지적인 우위에 있어야 할 것이다. 그러나 저자는 명망 있는 석학도 아니고, 훌륭한 치적을 쌓은 지방 방백이나 지 도력이 있는 정치인으로서의 경력도 전혀 없는 한낱 백면서생에 불과하므로『깨 어나라 대한민국』이라는 책 제목은 우선 독자들에게 처음부터 의문과 거부감을 불러올 것 같아서 아무래도 불안하다.

『벌거벗은 임금님』이라는 안데르센의 동화가 있다.

사치를 좋아하는 왕에게 두 명의 재봉사가 찾아와서 이 세상에서 가장 화려한 옷을 지어주겠다고 하였다. 이들이 지어준 옷은 지혜 있고 정직한 사람들 눈에만 보이는, '눈에 보이지 않는 옷'이었다. 임금님이 이 옷을 입고 길거리에 행차하자 사람들은 자기가 지혜 있고 정직한 사람이 아니라는 비난을 받을까 봐 처음에는 모두 '훌륭한 옷'이라고 칭송을 하였으나, 한 어린아이가 "저 임금님이 벌거벗었네."라고 진실을 말한 뒤에야 모두가 비로소 - 사실 임금님은 옷을 하나도 입지 않았다고 하는 - 진실을 이야기하기 시작하였다.

필자는 이 안데르센 동화에서 진실을 말하는 어린아이처럼 대한민국 국민이 외면하고, 인정하기 두려워하는 진실을 깨우쳐 주기 위해서 간절한 마음으로 이 글을 쓴다. 그러므로『깨어나라 대한민국』이라는 책 제목은 절대로 저자가 우수한 우리 대한민국 국민들보다 무슨 지적 우위에 있는 것처럼 가당치 않은 전제에 서 있지 않다는 것을 이해해 주기 바란다.

이 책은 우리나라 대한민국의 현대사 이야기를 다룬 책이다. 그러나 이 책은 평상적인 역사책이 아니고 국제법 학자가 우리의 현대사에서 법적으로 분석되고 바로잡아야 할 문제점이 있는 부분만을 중점적으로 언급하고 있는 책이다.

베를린 독일역사박물관은 1939~1945년 나치 강제 집단수용소나 게토에서 나치의 만행에 고통받던 유대인 50명이 그린 작품 100점을 임차해 1월 25일부터 오는 4월 3일까지 전시한다. 전시작품들은 대체로 나치 치하에서 홀로코스트를 경험하면서 극도의 공포와 자유를 갈망하는 인간적 희구가 짙게 서린 것들이다. 특히 이들 출품작가 50명 가운데 24명은 당시 나치에 결국 희생됐다고 AFP 통신은 전했다.

이날 개막식에 참석한 앙겔라 메르켈 독일 총리는 홀로코스트 만행과 나치의 추악한 과거사에 대해 또다시 반성하며 작품을 둘러봤다. 그는 연설에서 "이스라엘과의 우정은 기적"이라고 전제하고 "백만 가지만큼이나 많은 숱한 사연(역사)과 믿기 어려운 매우 큰 고통은 우리의 국가 기억에 내내 남아 있을 것"이라며 지론인 홀로코스트에 대한 영구책임을 강조했다. 이것은 이 글을 쓰고 있는 지금부터 바로 며칠 전에 독일 베를린에서 일어난 일이다.

위의 사건과 대비되는 사건이 있다. 이 글을 쓰고 있는 지금부터 바로 두 달 전에 여기 한국 서울에서 일어난 일을 되돌아보자.

3년 6개월만에 한일 간에 정상회담이 열렸다. 2015년 11월 2일, 박근혜 대통령은 아베 신조 일본 총리와 서울 청와대에서 한일 정상회담을 가졌다. 취임 이후 '위안부 문제에 대한 일본 측의 성의 있는 조처'가 없다면 일본과 정상회담을 할 수 없다는 입장을 일관되게 고수해 왔던 박 대통령이었으므로 이 회담이 가지는 의미는 더욱 각별하다.

이 회담에서 일본 아베 총리는 "미래지향적인 일·한 관계의 새로운 미래를 구축하기 위해 박 대통령과 함께 노력하고자 한다."라고 말함으로써 위안부 문제에 관한 언급을 회피하고 과거보다 미래에 방점을 두었다. 아베 총리는 회담 후 일본 기자들과 따로 만나서 위안부 문제를 언급한 뒤, 미·중 간 분쟁이 격화되고 있는 남중국해 문제와 산케이신문 전 서울지국장 재판 등이 양 정상 간의 협의에서 언급되었음을 밝혔다. 아베의 발언에 이어 일본 정부 고위 관계자는 "_(남중국해에서) 미군의 행동은 국제법에 합치한 것"이라는 아베 총리 발언을 소개한 뒤, "박 대통령이 일본의 이러한 문제의식을 공유하고 있었다고 인식하고 있다."고 밝혔다. 일본 정부는 산케이신문 전 서울지국장 문제와 관련해서 "국제사회의 상식에서 크게 벗어난 것", "민주주의 국가에서 있을 수 없는 일"이라며 강한 유감을 표명해 왔다. 아베 총리가 정상회담에서 박근혜 대통령에게 이 문제에 관해 실제로 어떤 '언급'을 했는지는 밝혀지지 않았지만, 그 발언 내용에 따라서는 인접국의 정당한 국내사법권 행사에 관한 내정간섭이 될 소지도 있는 것이다. (남중국해에서) 미군의 행동에 관한 일본의 문제의식을 한국 대통령이 공유하고 있는 것(?)으로 감지하였다는 발언도 남중국해 문제에 거리를 뒀던 박 대통령을 확실히 곤란하게 하는 브리핑이다.

회담을 앞두고 한국 정부는 위안부 문제에 대해 '사죄' 같은 전향적 입장을 밝혀 줄 것을 일본에 강력히 요구하였으나, 일본 정부는 "총리가 다시 한 번 사죄하는 일은 없다."고 분명히 선을 그었다는 보도가 나왔다. 회담을 앞두고 양국 정부가 회담 내용과 일정 등을 놓고 '줄다리기'를 벌였으나 일본의 반응은 차가웠다.

냉담한 일본의 반응을 받은 한국 정부에 별다른 선택의 여지는 없었던 것 같다. 예상한 대로 3년 6개월 만에 열린 한일 정상회담에서 일본 아베 총리는 하고 싶은 말을 다 한 것 같고, 한국 측, 특히 박근혜 대통령은 사실상 매우 피곤한 입장에 내몰린 모양새다.

과거사 문제에 관련한 아베 일본 총리와 일본 정부의 이런 식의 기고만장한 태도는 어디에서 오는 것인가? 과거사 문제를 독일의 '영구 책임'이라고 규명하고 거듭 사과하고 있는 앙겔라 메르켈 독일 총리의 자세와는 너무나 대조적이지 않은가?

역사 문제에 관한 일본 측의 전진적 자세를 하나의 조건으로 제시하여 일본 정상과의 대면을 일관되게 거부해 온 박근혜 대통령의 개인적인 원칙은 종래 우리 대한민국의 다른 대통령들에게서 볼 수 없었던 대단히 중요하고 현명한 정책적인 자세로서 이번에도 그 정책적 일관성은 당연히 지켜졌어야만 했다.

일본은 박근혜 정부가 중국 중시 정책을 펴자 '한·중 밀착론', '중국 경사傾斜론' 등을 워싱턴 조야에 집중적으로 유포해서 한·미 간을 이간시키려는 노력을 한 것으로 알려졌다. 실제로 일본이 미국 정계에 대해서 어떤 수단으로 이런 노력(?)을 한 것인지는 확인되지 않지만, 문제는 많은 한국의 외교 전문가들이 이 점을 강하게 '의식' 하고 있었다는 점이다. 한국 외교부의 어떤 핵심 관계자는 "일본의 '이간 외교'에 놀아나지 않기 위해서라도 한·일 정상회담이 필요하다."고 강조했고, 어떤 민간 전문가(아산 정책연구원)는 "한·일 양자 회담을 열면 미·일에 널리 퍼진 중국 경사론을 불식하는 데 효과가 있을 것"[1]이라고 소위 전문적인 견해를 내놓았다. 방미 과정에서 박근혜 대통령이 한일 간 정상회담 개최 가능성을 먼저 언급하게 된 배경에는, 역사 문제에 관한 일본 측의 전진적 자세를 하나의 조건으로 제시하여 일본과의 대면을 거부해 온 대통령의 자세를 은근히 비판하고 있던 이런 전문적 견해(?)들이 '압박'으로 작용했을 것으로 생각된다.

그러나 과거사 문제에 관한 일본 측의 전진적 자세를 하나의 선행적 조건으로 제시하는 박근혜 대통령의 정책적인 원칙이 일관된 모습을 보이지 못하고 결국 흔들리게 된 근본적인 원인으로는 일본과의 정상회담이 현실적으로 필요하다고 하는 한국 외교 고위층의 견해나 이른바 '전문적 견해'들의 압박에서는 오는 것이 아니라 사실은 과거사 문제 자체에 대한 한국 측의 법률적 입장이 가지고 있는 근본적인 취약성에서 오는 것이라는 점을 지적하지 않을 수 없다.

박근혜 대통령은 그 선행적 조건으로 위안부 문제에 관한 일본 측의 '사죄'와 같은 전향적 입장의 표시를 요구하고 있는 것이었다. 그러나 위안부 문제란 한일 간 과거사 문제에 관련된 몇 가지 중요한 문제 중의 하나에 불과하다. 한일 간 역사 문제에 관한 인식의 격차를 논의하는 시각에서만 본다면, 한일병합의 부적법성이나 일본이 독도 영유권을 주장하는 시대착오적인 억지가, 우리 한국 사람으로서는 위안부 문제보다 조금 더 근본적이고 우선해서 다루어져야 할 문제로 보인다.

그러면 박근혜 대통령은 역사 문제에 관한 일본 측의 전진적 자세를 요구하는 하나의 조건으로 왜 '위안부 문제'를 지적했을까? 왜 한국 대통령은 역사 문제에 관한 일본 측의 전진적 인식 전환의 표징으로 일본제국의 한국 병합이 법적으로 성립된 적이 없는 불법적인 것이었음을 인정하라고 요구하지 못했을까? 왜 인접국 한국의 적법한 영토인 독도에 대한 일본 정부의 영유권 주장은 일본제국의 한반도 침략행위가 정당한 행위였다는 시각의 연장선상에서 있는 것이므로, 그리하여 결국 선량한 인접국인 한국의 영토적 정체성을 정면에서 부정하는 것이므로 다른 무엇보다도 우선 먼저 이 무도한 영토적 주장부터 철회하라고 요구하지 못했을까?

'위안부 문제'에 관해서는, 침략전쟁을 수행하는 일본 군대를 위한 성노예 제도를 일본제국이 국가 정책 차원에서 기획하고 실행했다고 하는 것이 여러 역사적 기록과 증언으로 밝혀지고 입증되어 있다. 나치의 홀로코스트 못지않게 용서할 수 없는 반인륜적 행위로 거의 잘 알려졌고, 또 지탄되고 있으며, 특히 서구 사회에서 집요하게 지적되고 있는 여성인권 유린 사례이므로 박근혜 대통령이 과거사에 관한 일본 측의 전진적 자세를 요구하는 하나의 조건으로 '위안부 문제'를 지적하는 경우에도 국제사회에서 일차적인 공감대를 얻어낼 수는 있다고 생각된다.

그러나 만일 한국 대통령이 일본을 향해서 양국 간 정상회담의 전제로써 「한일병합조약」의 법적인 무효성을 공개적으로 승인하라고 한다거나, 독도 영유권 주장을 철회하라고 한다면, '위안부 문제'를 지적하는 경우처럼 국제사회에서 일차적인 공감대를 얻어 낼 수 있었을까? 국제사회에서 이들 문제는 아직도 '상당한 논란의 여지'가 있는 것으로서 이런 전제 조건을 요구하는 한국 대통령의 주장은 한·미·일의 전략적인 힘의 구조에서 오는 '상황적 압박'을 받기도 전에 국제사회에서 '여론의 압박'을 먼저 받게 되었을 것이다. 상당히 예민한 박근혜 대통령이 이런 사정을 감안해서 역사 문제에 관한 일본 측의 전진적 자세를 요구하는 하나의 조건으로 '위안부 문제'를 지적했다고 생각된다.

좀 더 자세히 들여다보면, 1910년 「한일병합조약」의 법적인 효력 문제나 독도 영유권 문제는 국제사회에서 아직도 '상당한 논란의 여지'가 있는 데에 그치지 않고, 한일 간에 명시적으로 체결되고, 아직도 유효한 조약의 내용 속에 한국이 일본에게 과거사 문제에 관한 전폭적인 인식과 입장의 전환을 요구할 수 없게 하는 양국 간의 합의가 들어 있어서 지금이라도 특히 일본이 한일 간의 관계를 개선하기 위하여 획기적으로 종래의 입장을 전환해서 전진적인 노력을 시도한다고 해도, 이를 조약의 효력이 법률적으로 양국 간의 관계에 접근할 수 없게 하는 '법적인 장애'로써 기능하고 있다는 사실을 주목해야만 한다.

여기까지 법적으로 명확하게 박근혜 대통령이 알고 있었는지는 명확하지 않다. 다만 우리 대통령이 과거사 문제 자체에 대한 한국 측의 법률적 입장이 가지고 있는 근본적인 취약성에 대해서 어떤 '느낌' 정도는 가지고 있었다고 짐작이 된다.

그러면 과거사 문제에 대해서 한국 측은 그 법률적 입장에 무슨 근본적인 취약점을 가지고 있다는 말인가?

즉, 1910년 「한일병합조약」의 효력과 관련하여, 1965년 6월 22일, 한일 간에 체결된 「한일기본관계조약」 제2조의 해석상 일본은 "1910년 「한일병합조약」은 체결 당시 법적으로 완전히 적법 유효하게 성립되었다.”는 주장을 유지할 수 있게 되어 있다. 한일 과거사에 관련된 일본의 왜곡된 입장을 보장하고 합리화시키는 이런 조약이 현재 한일 양국 간에 ‘유효한 조약’으로 엄존하고 있다. 그러므로 한국 대통령이 일본에 대해서 양국 간 정상회담의 전제로써 「한일병합조약」의 법적인 무효성을 공개적으로 승인하라고 요구할 수 없는 것이다. 물론 국제사회에서 “1910년 「한일병합조약」은 법적으로 무효이다.”라고 하는 한국 정부의 입장은 정당한 것으로 받아들여지고 있지도 않으며, 적어도 상당히 문제가 있어서 논의 여지가 있다는 정도로 인식되고 있다.

그러므로 적어도 법적인 시각에서 볼 때, 한일 간에 이런 조약이 그대로 방치된 상태에서는 한일 간의 과거사 문제는 절대로 해결할 수 없는 것이다.

그다음 일본의 독도 영유권 주장에 관련하여 보자.

1998년 11월 28일, 한일 간에 체결된 「한일어업협정」 제9조의 해석상, 한일 양국은 이른바 ‘중간수역’의 설정을 위한 논리적 전제로 독도로부터의 35해리 전속적 관할수역을 똑같이 포기하였다. 이는 법논리상 한일 양국이 모두 서로 상대국의 독도에 대한 주권적 주장을 ‘인정하는 것’으로 밖에 해석될 수 없다. 그러므로 이런 협약을 그대로 존치한 상태에서는 한국은 일본의 부당한 독도 영유권 주장을 법적으로 부인하거나 배제할 수 없다.

그런데 우리 대한민국은 국가의 기본적 입장에 관련된 치명적인 법적인 장애를 내포하고 있는 이러한 조약들을 1965년 「한일기본관계조약」은 51년 동안이나, 그리고 1998년 「한일어업협정」은 18년 동안이나 그대로 가지고 있다. 정부나 관련 전문가들이 제대로 된 문제의식조차 가지고 있지 않으므로 이 문제는 앞으로도 어느 때까지 이런 상태로 더 방치되어 있을지는 아무도 모르는 지경이다.

우리 대한민국이라는 나라는 자타가 공인하는 상당히 ‘발전된 문명국가’다. 이런 나라가 국가적 정체성에 관련된 기본적인 법적인 장애를 이토록 무신경하게 수십 년 동안씩이나 짊어지고 왔다는 것은 참으로 이해하기 곤란한 문제다. 우선 이런 문제를 지적하기 위해서 필자는 이 글을 쓰기 시작했다. 우리 대한민국에 관한 한, 이와 비슷한 황당하고도 기가 막힌 문제들이 여기저기 많이 숨어 있다는 것을 발견하고 필자는 혼자서 많은 고민을 했다.

필자는 국제법 학자이다. 학자란 진실을 추구하는 사람이다. 그러니 적어도 진실을 말하는 것은 필자의 소임이라고 믿는다. 이 책은 정직한 학자가 이상스럽게 그냥 지나쳐 내팽개쳐져 있는 우리 대한민국의 긴급한 문제들에 관해서 솔직하고 충정 어린 보고를 하기 위해 쓰인 것이다.

약 10여 년 전에 『독도 문제의 진실』이라는 책을 국문, 영문 그리고 일문으로 써서 발간한 적이 있다. 몇몇 고마운 분들이 이 책에 관심을 가져 주었지만, 독도는 아직도 '문제의 섬'으로 남아 있다. 자기 나라 영토를 바로 인접국이 끈질기게 자기네 땅이라고 들이대고 집요하게 그 영토적 정당성을 다투는 데, 한국 사람들처럼 거의 70년 동안이나 아무 짓도 안 하고, 무슨 구체적 대책도 없이 편안하게 지내고 있는 국민이 또 있을까? 버릇과도 같이 "독도는 우리 땅"이라는 구호를 외치고 다니는 국민은 참 많다. 그리고 그 일만을 전담하는 것을 기능으로 하여 많은 국고를 사용하고 있는 정부 부서도 있다. 그러나 그들은 독도라는 영토 문제에 관해서 실제로는 아무 일도 안 한다. 이것은 대단히 문제가 있다고 필자는 생각한다.

68년 전에 정말 하나님이 도와서 아슬아슬하게 국권을 회복하고 자유민주주의 국가를 세웠다. 국가를 세우긴 세웠는데 강대국들의 정치적 조작으로 출발부터 분단국이 되었다. 국가로서는 생래의 불구가 된 셈이다. 원래 조선 왕조 시절부터 우리나라는 무척 가난한 나라였다. 1960년대에 박정희라는 사람이 나타나 군사 혁명을 일으키고 정권을 잡더니 혹독한 독재를 하면서 이 나라의 산업화 과정을 성공리에 완성했다. 당시 비슷한 시기에 아시아 아프리카 지역의 약 140개 개발도상국이 외국의 원조를 받으면서 산업화 과정에 들어가고 있었다. 이들은 모두 비슷하게 독재를 했고, 비슷하게 외국이나 국제기구의 원조를 받았다. 그러나 박정희의 대한민국만이 산업화에 성공한다. 정권 담당자와 공무원이 부패하지 않았고, 건실한 합리주의의 기풍을 도입할 수 있었다. 결국 박정희는 한반도의 구조적 빈곤 구조를 개혁한 것이다. "우리도 한번 잘살아 보세!"라는 구호로 이 머리 좋고 근면한 국민을 결속시킬 수 있었기 때문이다. 일제가 약 40년 동안 철저하게 악질적으로 수탈해 간 한반도는 정말 구조적인 자원 결핍의 터전이었다. 그 터전 위에 그는 짱짱하게 공업화된 산업 구조를 만드는 데에 성공했다. 악명 높은 민둥산들을 임업 전문가들도 예측하지 못한 역사상 가장 빠른 시간 안에 푸르고 아름다운 동산으로 만드는 데에 성공했다. '새마을운동'이라는 하나의 사회개조 운동을 파급시켜서 고질적인 나태와 폐습을 근절시켰다.

개발 독재도 독재이기 때문에 리영희 같은 반체제 저널리스트는 자유를 박탈당한 박해받는 대중을 자극해서 반체제 운동을 지원했다. 그런데 이 반체제 운동이 마르크스 레닌 사상과 김일성의 주체사상으로 철저하게 교육되고 훈련되고 의식화된 운동권에 의해서 군사 독재체제에 항거하는 세력으로 탄탄하게 길러져 우리 사회에 뿌리를 내렸다. 1987년 군사 독재가 실질적으로 종식되자 이들은 그들의 운동 목표를 대한민국의 자유민주주의 체제를 와해시키고 사회주의 전제정치 체제로 변혁을 이룩한다는 목표로 전환하였다. 1994년 집권한 김영삼의 소위 문민정권하에서 통일원 장관이 된 한완상이라는 사람은 노골적인 반미적 정책을 공공연하게 주장하고 한미동맹 체제를 북한 공산주의자들보다 더 신랄하게 비판하는 정책을 내놓고 선전함으로써, 대한민국의 자유민주주의 체제를 와해시키고 사회주의 전제정치 체제로의 변혁을 이룩한다는 목표를 가진 종북 좌파들의 활동을 고무하고 이들이 대한민국 사회의 각 방면에 파고들 수 있는 기본적 분위기를 만들어 주었다. 이때부터 우리 대한민국은 골수를 파고드는 암세포와 같은 이들 좌파 세력의 파괴적 활동으로 혼돈과 방황의 길을 가게 되었다. 김영삼에 이어 정권을 잡은 김대중과 노무현의 좌파 정부는 이러한 체제 파괴적인 분자들을 국가 조직 내에 받아들였다. 그때로부터 이들은 버젓이 국민의 혈세로 만들어진 국고를 써가며 국가 파괴 공작에 전념할 수 있게 되었다.

분단 이후 북쪽에 나타난 북한 정권은 공산주의 국가라기보다는 세상에서 유례가 없는 가족세습체제의 독재 국가이다. 김일성 숭배라는 이상한 종교에 최면이 걸린 불쌍한 우리 동족들의 지옥과 같은 집단이다. 이들은 냉전 체제가 종식되던 1990년대에 들어와 소련과 중국 등의 원조가 끊기자 수십만 명의 주민을 굶어 죽게 하고, 국가 체제가 와해되는 직전까지 몰리게 되었다. 김일성은 중국이나 월남같이 시장경제 체제를 제한적으로나마 도입해서 국민을 먹여 살리는 방식을 택하는 대신에 핵무기를 개발한다는 방식을 내세워 미국이나 자유세계 국가들로부터 정치적인 존재감을 유지하고 식량과 에너지 자원을 얻어내는 데에 성공한다. 그리고 마침 1999년에 집권한 김대중으로부터 쌀과 현금 등 자원의 공급을 적시에 받아서 북한 정권은 국가 와해 직전에 가 있던 식량 결핍과 자원 부족에서 헤어나게 된다.

그들은 1994년 이래 핵무기를 개발해서 2016년 지금은 이미 핵무장을 그 운반체계까지 확실하게 완료했다. 지난 22년 동안 김대중 말고도 많은 대한민국의 부끄럽고 어리석은 대통령들이 이들의 핵무장을 실질적으로 허용하고, 고무하고, 공식 또는 비공식으로 그들 북한 정권 미치광이들에게 식량과 기름과 현금(달러)을 줄곧 공급해 왔다. 주한 미군의 지원 말고는 우리 남한의 독자적인 안보적 대안은 전혀 없으면서 말이다. 이제 제4차 핵실험에 성공했다고 떠드는 미치광이들을 건너다보면서도 남한 사람들은 무엇을 믿는지 전혀 공포감을 느끼지도 않고 걱정을 하는 것 같지도 않다. 자신의 생명의 안전을 남에게 의존하는 못난 버릇이 이제는 완전히 체질화되었다는 말인가? 멀쩡한 상식으로는 이런 남한의 우리야말로 참으로 이상한 사람들이 아닌가 하는 생각이 든다.

여러 가지 징후로 보아서 우리는 지금 중요한 역사적 전환기로 들어서고 있다. 대한민국이 제때에 국내적 혼돈을 극복하고, 북한을 흡수통일하여 분단을 극복하고 동북아시아의 지도적 국가로 전면에 나설 때가 다가오고 있다. 이런 역사적 소명을 다하지 못하면 우리는 치욕스러운 분단 체제의 고착과 극심한 경제적 침체로 들어갈 수밖에 없다. 이를 위해서는 우리 대한민국 사람들 자신의 정체성에 대한 올바른 인식을 되살려 놓아야 한다. 그리고 사활적 개념들에 대한 상식 밖의 혼돈에서 우선 벗어나야 한다.

이 책에서는 한일관계, 남북한 관계 그리고 북핵 문제들에 관해서 가장 기초적인 개념의 혼돈을 규명하는 시도를 해 보았다. 마지막 장에서는 통일에 관해서 우리 한국 사람들이 놓치고 있는 기본적인 문제들을 지적해 보았다.

필자는 마음을 다해서 그리고 정성을 다해서 우리 대한민국 사람들이 정신을 차려서 깨어나기를 기원한다. 이 책이 우리 한국 사람들이 자존과 정체성을 찾고, 그리고 정직하게 국가의 장래를 생각하는 지성인들의 사색에 참고와 도움이 되기를 간절히 바란다.

2016. 2. 19.

낙동강 변 우거에서

여해 김영구

차례

V. 북핵 문제에 관한 인식의 혼돈

우리는
누구인가?

I

1. 위기의 대한민국

지금 대한민국의 모습이 매우 걱정스럽다.

세월호 특조위가 박근혜 대통령을 불러 놓고 당일 행적을 조사한다는 황당한 결정을 '다수결'로 채택했는데, 「국회선진화법」(실은 그냥 「국회법」인데 여당과 야당이 사이좋게 협력해서 '다수결 원칙'을 없애버린 법을 이렇게 부른다) 때문에 사사건건 딴지를 거는 야당에게 '다수당인 여당'이 발목을 잡혀서 국회는 민생법안이고, 무엇이고 아무리 긴급한 법안들도 아무것도 통과시키지를 못하고 있다. 국회가 '식물국회'가 되어 버린 지는 벌써 오래다.

결심을 단단히 하고 현 정부를 반드시 뒤집어엎고 말겠다는 야당과 생각이 없거나 경솔하다고 판단할 수밖에 없는 여당의원 몇몇이 사이좋게 협의해서 「사회적 경제기본법」이라는 것을 발의하였다. 정부가 세금으로 협동조합과 사회적 기업을 의무적으로 지원하게 하고, 대통령 직속으로 '사회적 경제위원회'를 만들라고 강제하는 이 「사회적 경제기본법」은 시장경제의 단점을 보완하는 수준이 아니라, 국가 경제 활동에 관한 한, 정부 만능주의를 전제로 한 제도이다. 정부가 경제질서를 인위적으로 주도하는 것과 다름없기 때문에, 개인과 기업의 경제상의 자유와 창의는 원초적으로 억압 말살되고, 틀림없이 광범위한 도덕적 해이를 낳게 된다. 이 법이 만들어진다면 대한민국은 결국 전체주의 사회주의 국가로 변모되고 말 것이다.

참으로 큰일 날 일이 아닌가? 이런 것이 지금 국회가 하고 있는 일이다. 그런데도 대다수 국민들은 저 무지무지하게 비싼 세비를 꼬박꼬박 타 먹고 있는 식물국회의 국회의원들이 무슨 짓을 하고 있는 지를 잘 모르고 있는 것 같다.

일본 역사 교과서에는 자신들의 조상인 일본 제국이 한반도를 통치한 것은 '자랑스러운 일'이며 독도는 일본의 영토인데 죠센징들이 '불법점거'를 하고 있으니 젊은 너희들이 자라면 '이것을 바로 잡아라' 하고 가르치도록 학습지침을 2005년에 단단히 고쳐 놓고 2008년부터 그렇게 실제로 가르치고 있다. 그러나 한국에는 이런 것을 실질적으로 문제시하여 거론하는 언론의 논조나 전문가의 지적도 없고, 대한민국 외교 당국은 일본 정부가 이런 볼썽사나운 짓을 그만하도록 하기 위한 실질적이고 실효적인 조치를 시도조차 한 적이 없다.

그런데 한국 내에서 우리의 역사 교육은 어떠한가?

단 한 가지 종류의 책만을 빼고 한국에서 발행된 모든 역사 교과서는 대한민국을 매우 '부끄러운 나라'로 강조해서 적어 놓고 있다. 우리는 그다지도 '부끄러운 나라'인가?

이런 역사 교과서를 제대로 만들어 보자고 정부가 모처럼 나섰는데 국민은 역사 교과서 국정화 찬성팀과 국정화 반대팀으로 나뉘어져서 모두 거리로 뛰쳐나와 서로의 주장을 내세워 국론이 분열되어 있다. 원래 대한민국은 매우 '부끄러운 나라'인 적이 한 번도 없지만 지금 우리 국민들의 모습은 매우 부끄럽다.

우리 대한민국은 정말 매우 '부끄러운 나라'인가?

우리는 제2차 세계대전 이후 독립한 140개 국가 중에서 완벽한 산업화를 이룩한 유일한 나라다. 세계에서 가장 우수한 지적 능력과 세계 여러 국가 중에서 유례가 없는 근면과 헌신으로 가장 열악한 조건 속에서 대한민국을 이만큼 만들어 놓은 자랑스러운 국민이다.

대한민국을 수립하면서 우리 국민은 '헌법제정권력자'로서 이 나라의 국가적 체제를 자유민주주의 이념과 시장경제 체제로 선택하였다. 이것은 중국이나 일본에 비교하여 볼 때에도 가장 명확하고 현명한 헌법적 결단이었다.

지난 세기말에 모든 사회주의 국가들이 몰락하면서 자유민주주의 이념과 시장경제 체제만이 국민에게 인간다운 삶을 보장할 수 있는 가장 합리적이고 효율적인 국가 체제라는 사실이 역사적으로 증명되었다. 그러므로 우리 대한민국은 동아시아에 있어서 가장 중요한 경쟁 국가인 중국이나 일본까지도 능가하여 국가적 도약을 이룰 수 있는 헌법적 체제를 이미 가지고 있다.

우리가 살고 있는 21세기는 빠르게 변화하고 있는 도전의 시대이다. 빠르게 변화하는 경제적, 정치적, 군사적 상황은 그 하나하나가 우리에게 빠르고 정확하고 현명한 판단과 노력을 강요하고 있는 엄격한 과제들이다. 지적 능력과 창의력이 준비되어 있는 우리 국민은 이러한 과제와 도전을 집중된 노력으로 해내야 되고 또 충분히 해낼 수 있다.

우리는 서구 산업사회를 맹목적으로 따라잡는 근면하고 빠른 모방자(Fast Follower)로서 산업화 단계를 지나왔다. 가장 성공적으로 그리고 가장 빠르게 이것을 해냈다. 그러나 지금부터는 놀라운 창의력과 지적 능력으로 가장 앞서가는 나라(First Mover)가 되어야만 한다. 그런데 지적 능력과 창의력이라고 하면 세계에서 우리 국민을 따라올 나라는 없다. 그러므로 우리의 도약과 우리의 국가적 발전을 막을 만한 근본적인 장애는 아무것도 없다.

지금 우리에게 절실하게 필요한 것은 우리가 발휘했던 산업화 시대의 근면과 헌신이다. 이만하면 잘살게 되었다고 하는 경박스러운 오만이 아니라 겸허하고 정직한 노력이다. 언제나 하늘을 우러러 부끄럼 없이 살려고 하고, 모든 생명체를 진정으로 사랑해 온 우리들이 아닌가? 경천애인敬天愛人과 홍익인간弘益人間의 이상理想을 품은 '한국 사람' 본래의 모습으로 돌아가기만 하면 된다. 개인의 창의력과 인간의 존엄성을 귀중하게 여겨 온 우리 자신의 모습으로 돌아가자. 그렇게 하면 우리들의 자유민주주의는 저 미국 사람들보다도, 저 유럽 사람들보다도 더 완벽하게 성공한다. 틀림없이 성공할 수 있다.

그런데 무엇 때문에 지금 우리 국민은 혼돈과 갈등 속에 방황하고 있는가? 왜 우리 국가의 정체성, 우리들의 자랑스러운 본래의 모습을 보지 못하고 애써 이룩해 온 우리 대한민국을 부끄러워하는가? 우리로 하여금 대한민국을 부끄러워하게 하는 자가 누구인가? 그가 누구이든 그는 용서할 수 없는 우리의 적敵이다.

이 적을 물리치기 위해 우리는 모두 분기奮起해서 일어나야 한다.

그런데 지금 우리 대한민국 국민들은 조금도 분기되어 있지 않다. 분기하기는커녕 젊은이나 늙은이나 할 것 없이 모두 끝도 없는 자기 폄하自己貶下의 강박관념에 철저히 세뇌되어 있다. 지금 우리 한국의 현실을, 우리 한국인들이 이루어 온 현대사 전체를 부정적이고 비판적인 시각으로 보는 것만이 무슨 예리한 지성의 증표인 것처럼 생각하는 데에 잘 길들여져 있다.

「한국전쟁」은 대한민국과 미 제국주의자들의 '북침 전쟁'이라는 말도 안 되는 억지를 믿고 있는 젊은이가 우리 남한 사회에 아직도 많이 있다는 엄연한 사실을(전교조 교사들이 가르치고 있는 우리 중·고등학교 교실에서는 점점 더 많아지고 있다.) 어찌 받아들여야 할까? 우리 대한민국의 어린 학생들이 전교조 교사들에게서 가장 먼저 배우는 것은 우리 사회와 우리 대한민국에 대한 정체성의 부정이며, 자유민주주의 이념을 근간으로 하는 우리 국가 체제에 대한 근본적인 불신과 적개심뿐이다.

어디 그뿐인가? 지금 우리 대한민국이라는 나라는 외교적으로 주변국에 대해서 근거 없는 '주눅 들음'에 빠져 있다.

일본 사람들이, 지금과 같은 21세기 대명천지에 그들의 젊은 세대들에게 지난날 일본인들이 우리 대한제국과 조선 사람들에게 저지른 온갖 만행을 한낱 '자랑스러운 일본인의 역사'로 가르치려 하는 문부과학성의 시대착오적인 정책을 점점 더 뻔뻔스럽게 펼쳐나가도, 한국 영토인 독도를 '다케시마竹島'라고 우기고 공격적인 영토권 주장을 갈수록 구체적으로 강화해도, 우리 한국 사람들이나 한국 정부는, 조금도 분기하기는커녕 그저 "조용히 대응하는 것이 상책"이라고 하면서 벌써 십여 년째 집안에서 큰 목소리를 내는 자들을 단속하는 데에만 급급해 오고 있다.

엄연히 한국에 속한 바다를 침범해서 고기를 잡는 것을 단속하는 한국의 해경을, 중국 어부들이 광포한 해적이 되어 몇 번씩이나, 몇 명씩이나 무자비하게 살해해도 중국 정부는 국제관례상 당연히 있어야 할 정부 대 정부 간의 정식 사죄나 장래의 단속 약속 같은 것을 하는 대신, 한국 측 단속행위의 '문제점'을 지적하는 거드름을 피우고 있다. 그래도 한국 사람들이나 한국 정부는 참으로 신기할 정도의 인내력을 과시하면서 중국 정부에 대한 당연한 주권적 권한 행사를 사실상 포기해 왔다.

　대한민국이라는 국가가 동북아시아에서 이런 식의 ‘주눅 들음’에 빠져 있어야 할 무슨 필연적인 이유가 있는가? 이처럼 끝도 없는 자기폄하의 강박관념에 빠져 있는 한국 사람들에게, 이처럼 근거 없는 ‘주눅 들음’에 빠져 있는 대한민국이라는 국가에게, 그 국민에게, 어떻게 해야 제대로, 제때에 분기할 줄 아는 자성과 자존을 찾아 줄 수 있겠는가?

　그러므로 하루빨리 정신을 차려서 분기하여 제대로 된 국민적 정체성을 찾아야 한다는 말을 우리 독자들에게 하려고 하는 이 글의 과제는 참으로 어렵고 곤란한 것임이 틀림없다.

　그러나 우리 한국 국민은 평균지능지수가 세계에서 가장 높은 국민이다. 그러니 몇 가지 중요한 점만 지적해도 금방 눈을 뜰 수 있을 것이다. 중증의 최면에서 깨어날 수 있을 것이다. 국가적 자존심과 정체성을 찾고, 분기할 수 있을 것이다. 그래서 심각한 혼돈과 최면에 깊이 빠져 있는 대한민국을 깨워서 통일의 길로 가 보자고 희망을 가지고 이 글을 쓰기로 한다.

　국가의 모든 권력은 국민으로부터 나온다. 그러므로 국가 권력의 주체로서의 국민을 ‘헌법제정권력자’라고 칭하는 것이다. ‘헌법제정권력자’인 국민의 ‘헌법적인 결단’을 통해서 국가의 이념과 정체政體와 권력 구조의 틀은 결정되는 것이다. 즉 국가의 ‘권력’은 국민의 합의가 있음으로써 비로소 그 정당성이 확보되는 것이다. ‘국민의 합의’는 ‘헌법적인 결단’을 통해서 이루어진다. 이러한 ‘헌법적인 결단’은 결국 선거를 통해서 표현된다. 그러므로 선거에 임하는 국민은 이러한 ‘헌법적인 결단’을 하기 위한 최소한도의 정체성正體性에 관한 인식이 논리적으로 필요하다.

　개인이든, 민족이든, 국가이든 모든 진정한 깨달음은 자기성찰에서 비롯되는 것이다. 우리들의 각성을 위한 노력은 자기성찰에서 출발되어야 하며, 그러므로 그것은 “우리 대한민국 국민은 누구인가?”라는 질문에 답하는 것으로부터 시작되어야 한다. 이 글을 “우리는 누구인가?”라는 질문으로 시작하는 이유이다.

2. 8월 15일은 '건국 기념일'이어야 하나?

2008년 이명박 정부 시절에 "8월 15일을 '광복절'이 아니라 '대한민국 건국 기념일'로 지키자"라는 주장을 내세워서 아주 극심한 국론분열의 논란이 연출된 적이 있었다.

대한민국 정부는 1948년 8월 15일에 수립되었다.

그날 대한민국은 자유민주주의와 시장경제 제도를 국가적 기본체제로 선택하고 건국되었다. 그러므로 이날을 '정부 수립 기념일'이 아니고 '국가 건국 기념일'로 정하고 이를 기념해야 한다는 주장이 제기된 것이다. 그러나 다른 한편에서 1919년 일제 강점기 때에 중국 상해에서 출범한 대한민국 임시정부가 건국의 시발점이라는 견해를 갖는 사람들이 크게 반발하고 나섰다. 이것이 이명박 정부 시절에 나타난 '대한민국 건국 기념일 논란'이라는 '국론 분열'의 모습이다. 이 해프닝이 벌어진 이후에도 건국일에 관한 국론 분열적인 논쟁은 전 사회적으로 확산되었고, 실질적으로는 지금도 계속되고 있다.[2]

"대한민국 건국 기념일 논란"에서 표출된 국론 분열의 현상은 당시 이명박 정부가 그러한 것을 의도했을 리는 없겠지만, 일종의 '편 가르기식' 생각이 개입되고 있었음을 본다. "건국일을 부각하고 기념하자는 측은, 나라를 귀중하게 여겨서 국민의 단결과 애국심을 선양하자는 세력이며, 건국 기념일을 반대하는 세력들은 대한민국의 정체성을 흔들려는 자들이다. 그들의 계보는 1948년 당시 대한민국의 건국을 반대하고 부정했던 세력의 뒤를 잇는 자들 즉 좌파 세력들이다."[3]라는 식이다.

'대한민국 건국 기념일 논란'에서 표출된 '편 가르기식'의도는 이명박 정부가 집권을 시작하면서부터 노무현 정부와 김대중 정부의 치세 기간을 '잃어버린 10년'이라고 말하고 있을 때보다 훨씬 더 심각한 갈등 구조 속으로 우리 사회 전체를 몰아가는 병폐가 역력하게 보인다. 이번에는 보수와 진보를 구별하는 것에서 그치지 않고, 좌와 우를 편 가르고 있었다. 그런데 이쯤 되면 너무 시대착오적인 것이 아닌가? 하는 느낌을 지울 수 없다. 이런 유치한 '편 가르기식' 논쟁에 열을 올리고 있는 인사들 자신들도 이것이 너무 시대착오적이라는 것 정도는 알 법도 한데, 어찌된 일인지 우리 사회의 병적인 '갈등의 회오리'는 잦아들 줄을 모르고 있다.

가장 놀라운 것은 백범 김구 선생을 좌파의 괴수 정도로 폄하하여 공격하고 있는 모습이다. 백범 선생이야말로 대한민국 임시정부가 어려운 시기에 좌파적 집단으로 낙착되는 것을 몸으로 막은 사람이 아닌가?

대한민국 임시정부 초대 국무총리인 이동휘 선생은 잘 알려진 것처럼 소위 민족주의적 공산주의자다. 그가 백범을 회유하여 임시정부를 좌파정부로 운영해 보려고 시도했던 일화는 유명하다. 백범은 그를 회유하려는 이동휘에게 질문하였다.

> "공산혁명을 통해서 독립운동을 한다면 국제공산당의 지휘와 명령을 따르지 않고도 가능하오?"
>
> "안 되지요."
>
> "우리의 독립운동은 대한민국 독자의 운동이요, 우리가 제3자의 지도나 명령에 지배되는 것은 남에게 의존하는 것이고 임시정부의 헌장에도 위반되는 것이오. 총리가 이런 말씀을 하심은 대불가大不可이니, 나는 선생의 권고를 따를 수 없고 또 선생께 자중自重하기를 권고하오." [4]

라고 답하여 공산주의자의 회유를 막았던 것이다.

그가 조국의 분단 고착을 막아보려고 평양까지 가서 김일성을 만나 최후까지 노력한 모습을 공산주의자와 영합하여 자신의 안위를 구하려 한 것처럼 말하는 것은 사실을 왜곡하는 것치고는 우리 역사에 대한 올바른 이해가 결여된 것 같다.

이들은 그렇지 않아도 부당하게 평가절하되어 있는 대한민국 임시정부의 위상을 이제는 우리 자신의 손으로 끌어내려 끝내 파괴시키려는 의도란 말인가? 하다 보니 모양새가 그렇게 되었을 뿐 본심은 절대로 그렇지는 않을 것이다. 우리 역사에 대한 기본적인 몰상식과 윤리적 판단에 관한 극도의 혼돈을 나타내는 이런 작태가 실은 모두 우리 한국 사람들의 고질병인 맹목적인 '편 가르기 습성'에서 연유되고 있는 것으로 보여서 참으로 염려스럽다.

'대한민국 건국 기념일' 논란과 관련된 이명박 정부의 정책적 입장의 이면에는 '건국-산업화-민주화-선진화'라는 도식적 논리가 준비되어 있었다고 한다. 이 논리에 따라 초대 대통령인 이승만은 건국의 아버지, 즉 국부로 되며, 박정희는 근대화(산업화)의 아버지가 되고, 김대중 - 노무현의 민주화 시대는 '잃어버린 10년'이 되고, 이명박은 '선진화 시대의 선봉'이 된다는 것이다.

만일 이런 어리석은 도식적 논리가 정부 정책 입안자들 머릿속에 조금이라도 있었다면 그것은 참으로 구제 불능의 저열한 윤리의식 수준에 머물러 있는 정부라고 말할 수밖에 없다. 그리고 이러한 도식은 국가의 성취를 특정의 정치인들이 자신들의 업적인 양 도둑질하던 아주 질이 나쁜 옛날 버릇을 이명박 정부가 나서서 모방하는 어리석은 시도이다.

김대중의 석연치 않은 통치 방식과 노무현 좌파 정부의 혼돈에 넌덜머리가 난 국민은 이명박 정부의 집권 초기에는 새 정부가 어려움에 처한 이 나라를 회생과 도약의 단계로 잘 이끌어줄 것을 믿고 열렬히 희망하고 있었다. 이런 국민적 열망을 한 차원 높게 끌어올려서 응집시키지도 못하면서 이런 무식한 도식적 논리를 조금이라도 허용했다고 하는 것은 참으로 부끄럽고 안타까운 일이다.

2008년에 정부 수립 60주년을 맞아 '세계 일류 국가로 발돋움한다'는 국가적 목표와 비전을 제시하려는 것이었다면, 그런 이명박 정부의 의도는 훌륭한 것이다. 또 대한민국 정부 수립의 의의를 강조해야 한다는 의도였다면 그 또한 나무랄 이유가 없다. 제2차 세계대전 종전 이후 정치적인 혼돈 속에서 많은 애로를 극복하고 '민주 법치국가'로 대한민국을 수립한 우리 국민의 역량과 업적을 확인하기 위해서 대한민국 건국의 역사적 의의를 강조하는 것도 충분히 이해할 수 있다. 그러나 이 문제를 가지고 국론을 분열시키고, 국민을 적대감으로 대치되는 '두 편으로 갈라놓으려고 하는 것'은 도저히 용서될 수 없다.

민주 법치국가를 세운 우리 국민의 성취를 형상화하기 위해서 이승만의 동상을, 이 나라를 말할 수 없는 가난에서 국민 총소득 2만 달러가 넘는 성공적인 산업국가로 만든 우리의 성취를 형상화하기 위해서 박정희의 동상을 왜 세우지 않는가?

우리의 국가적 긍지를 형상화하고 정신적 구심점을 명확하게 하기 위해서, 그리고 종래의 부정적인 강박관념에서 벗어나 우리 국민의 강력하고 순수한 열정에 어울리는 국가적 목표의 형상화를 위해 이런 것들은 필요하다고 본다. 여러 나라를 다녀보면 알 일이지만 우리 한국은 오천 년 역사를 자랑하면서도 가장 동상이 적은, 동상을 세우는데 인색한 나라다. 우리 한국 사람들이 다른 어떤 국가나 민족에게서 볼 수 없는 열화와 같이 뜨겁고 순수한 나라 사랑의 열정을 가지고 있다는 것, 이것이 바로 우리의 특징이며 우리의 긍지가 될 수 있다고 생각한다. 우리에게는 저항적인 열정만 있는 것은 아니다. 우리는 그래도 '법의 지배'와 '시민의 자유'를 이상으로 하는 민주국가를 세웠고, 식민통치의 수탈과 한국전쟁의 시련으로 피폐되고 가난한 이 땅 위에 한강의 기적을 통해서 산업화에 성공하였다. 누가 무어라고 해도 우리 대한민국은 강력한 인접국인 중국보다도 민주화가 더 잘된 나라이다. 민주 법치국가를 세운 것도 우리이고, 산업화를 이룬 것도 우리이며, 많은 피를 흘리며 시민 정신을 꽃피워 민주화를 성취한 것도 우리다. 왜 이런 우리의 국민적 성취를 형상화하지 않는가? 국가적 성취의 형상화를 위해 어떤 역사적 정치 지도자의 동상이나 기념관을 만든다는 것이 그 형상화된 국가적 성취를 그분만의 개인적 업적으로 기록하기 위한 것으로 곡해되어서는 안 된다는 것을 이해할 수 있을 정도의 양식良識은 우리 국민들에게 꼭 있어야만 한다.

“8월 15일이 ‘건국절’이 되면 10월 3일은 무슨 날인가?”

“10월 3일이야, 개천절이지.”

“개천절이 우리가 나라를 세운 것을 기념하는 날이 아니던가?”

“아, 그거야 고조선을 세운 날이니, 대한민국을 세운 날을 따로 하나 더 가지는

것이 무어가 어때서 그래!”

하기야 자기 나라를 세운 날을 두 개씩이나 가진 나라가 없을 것 같아서 말을
해놓고도 영 찜찜하다. 대한민국이 대한제국과는 전혀 아무런 관계가 없는 ‘새로
운 국가’라는 것도 약간 이상하기도 하고…. 지금까지 이런 혼돈을 느낀 대한민국
사람이 몇이나 될까?

“바쁜 세상에 원 별것을 다 가지고 야단이군! 거기서 밥이 나와, 돈이 나와? 그

런 것이야 아무려면 어떤가?”

이러고 그냥 지나간 경우도 있을 것이다.

당시 이 논쟁에 가담한 사람들은 주로 대한민국의 건국은 1948년 이승만 정부
출범부터인가, 아니면 1919년 상해 임시정부 출범부터인가? 하는 문제에 관심을
집중하고 있었던 것 같다. 그들은 왜 10월 3일 개천절이 오래전부터 우리가 지켜
온 ‘건국 기념일’이라는 사실을 상기하지 못했을까? 주장하는 쪽도, 반대하는 쪽
도 개천절의 의미와 내용에 대한 논의는 전혀 없었다.

왜 그랬을까?

그런데 이 논쟁에는 주로 정치인들과 역사학자들이 가담하고 있었으며 국제법
학자들은 이 논쟁에 가담하지 않았다. 그러나 사실 이 문제는 ‘국가 동일성의 문
제’에 직결되는 ‘국제법상의 논의’가 된다.

즉, 1948년 수립된 대한민국은 대한제국과는 국가적 동일성을 유지하는 국가인

가? 아니면 대한제국 및 대한민국 임시정부와의 아무런 관계도 없는 신생 독립국가인가? 하는 문제이다. 8월 15일을 새로운 '건국 기념일'로 하자는 견해에 의한다면, 대한민국은 대한제국과는 관계가 없는 신생독립국가로 전제되어야 한다. 그리고 이 문제는 즉시 1910년 「한일병합조약」의 효력 문제와 직결된다. 「한일병합조약」이 체결되었는데 "대한제국은 국제법상 일제日帝에 의해 멸망되지 않았다."고 말할 수 있는가?

"아니, 대한제국이 국제법상 일제에 의해 멸망되지 않았다고?"

"대한제국은 일제에 의해서 틀림없이 망했는데 너무 국수주의적이고 아전인수적인(팔이 안으로 굽는) '억지 논리'를 펴는 것이 아닌가?"

"그러고 보니 우리 대한민국 헌법의 헌법적 기초라는 것이 너무 과장된 것이 아닌가?"

이쯤 되면 구태여 일본 사람들의 반박 논리를 들을 필요도 없이 '한일 간의 역사 인식에 관한 우리 정부(또는 우리 국민 대다수)의 입장'이란 것은 대단히 주관적인 것으로서, 그 논리적 근거가 희박한 것이 되고 만다.

현행 대한민국 헌법 전문의 논리적 전제란 한국만의 일방적이고 감정적인 전제일 뿐, 사실은 일본이 강하게 주장하는 것처럼 「한일병합조약」은 당시의 국제법상 적법한 조약으로 성립 발효된 것'인가?

사실은 그렇지가 않다.

1953년 한일 회담에서 구보다 간이치로久保田 貫一郎 일본 측 수석대표는 "한국이 「대일강화조약」 발효(1952년) 이전인 1948년에 독립한 것은 국제법 위반이다."라고 주장하였다. 이것을 우리는 통칭 '구보다의 망언'이라고 한다. 그런데 만일 「한일병합조약」이 적법 유효한 조약이며, 그 체결로 대한제국이 국제법상 명백하게 소멸한 것이라면, 한반도는 일본의 법적인 권원이 인정되는 '일본 영토'로 존재했었다고 보아야 하며, 일본이 패망한 이후라도 그런 한반도의 법률적 처리는 당연히 「대일강화조약」에서 정하는 바대로, '그 강화조약이 발효된 이후에' 처리되어야 하는 것이다. 그러므로, 「한일병합조약」이 당시의 국제법상 적법한 조약으로 성립 발효된 것이었다면, 「대일강화조약」이 1952년 4월 28일에 발효되기 4년이나 앞서서 1948년 8월 15일에 대한민국 정부가 주권을 회복해서 한반도에 수립된 것은 아닌게 아니라 '국제법 위반'이다.

대한민국 정부가 「대일강화조약」의 발효 여부와는 관계없이 이처럼 4년이나 앞서서 한반도에서 주권을 회복할 수 있었던 것은 '「한일병합조약」 체결로 대한제국이 국제법상 명백하게 소멸한 것으로 볼 수 없다'고 하는 당시 국제사회 전체의 '보편적 법적 인식'이 있었기 때문이다.

「한일병합조약」으로는 대한제국이 '소멸되지 않았다'고 보는 것은 무슨 의미인가? 그것은 이 조약이 적법 유효한 조약으로서 성립되지 않았다는 뜻이다.

러일전쟁이 발발하던 1904년 1월 21일, 대한제국 황제 고종은 러시아와 일본제국에 대해서 「전시중립선언」을 한 바 있다. 그러나 일본제국은 '국제법을 위반하여' 고종 황제의 이러한 중립선언을 무시하고 2월 9일, 대한제국의 수도인 한성漢城(서울)을 무력으로 점거하였다. 사실상 한반도는 그 이후 일본 군대에 의한 군사적 점령(Belligerent Occupation)[5] 상태에 들어간 것이다. 일본 군대에 의한 이러한 군사적 점령 상태는 1945년 8월 15일, 태평양 전쟁이 연합군의 승리로 끝날 때까지 약 41년간 계속되었다.

그 이후, 1905년에는 을사늑약 체결로 대한제국의 외교권을 박탈하고, 1910년 병합조약으로 대한제국의 주권을 일본이 병합한 것으로 외형을 갖추고는 있었으나 이러한 한일 간에 체결된 일련의 유사조약類似條約들은 모두 조약법상 요건의 불비 등으로 무효이거나, 부적법한 조약이었으며, 따라서 처음부터 성립되지 아니한 조약들로 간주되어야 한다.

그러니까 약 41년간 계속된 일본의 한반도 지배는 '국제법상 적법한 권원權原'으로 실현된 것이 아니라 일본 군대에 의한 '군사적 점령'으로 유지되었던 것이다. 일본 제국 자신도 한국에 대한 지배 형식에서 '군사적 지배'라는 형식을 한 번도 벗어나지 않았다. 일본의 한반도 강점 기간 동안 실제로 한국 영토와 한국 국민을 지배한 조선 총독들은 일본의 현역 육해군 대장들 중에서 임명되었으며, 이들의 한반도 지배는 일본 정부 내각의 정치 및 행정적인 통제를 받지 않았다.

군사적 점령이라는 개념은 19세기에 형성된 다분히 유럽적인 법 개념이다. 국제법은 '군사적 점령'과 국제법상 '정복征服(conquest, and subjugation)'6을 엄격히 구별하고 있었다. 그 내용은 1899년 '헤이그 제2협약'7으로 법전화法典化8 되어 있다. 한국과 일본 학자들은 '군사적 점령'이라는 국제법적 개념을 잘 숙지했어야만 했으나 사실은 그렇지 못했다. 그래서 당시의 일제는 이 국제법상 엄격한 법 개념을 마구 위반해서 한반도에서 위법적인 통치를 했다.

사실은 지금도 한국과 일본 학자들이 이 '군사적 점령'이라는 국제법적 개념을 정확히 이해하고 있다고는 생각되지 않는다. 왜냐하면 이 엄격한 법 개념을 이해한다면, 1945년 8월 15일, 한반도에서 약 41년간 계속된 일본의 군사적 점령이 종식되자마자, 다른 조치를 기다릴 필요도 없이 한국의 국가 주권은 회복될 수 있는 상태로 환원된다는 것(광복光復의 실질적인 의미)를 알았을 것이며, '구보다의 망언' 같은 것은 나올 수 없었을 것이다.

그러므로 제2차 세계대전의 종결과 동시에 약 41년간 계속된 한반도에서의 일본의 군사적 점령이 종식되자마자 대한제국과 국가적 동일성을 유지하는 대한민국이 그 주권을 회복한다는 주장은 얼마든지 정확하고 완벽한 국제법적 추론으로서 성립될 수 있다.

1945년 8월에 유엔의 주도하에 대한민국이 수립됨으로써 국제사회 전체가 보편적인 인식으로, 「한일병합조약」 체결로는 대한제국이 국제법상 소멸한 것으로 볼 수 없다'고 하는 명백한 증거를 남겨 주었음에도 불구하고, 심각한 패배주의에 최면된 한국 정부, 특히 외교부와 서구 국제법의 원리를 제대로 공부하지 못한 한국의 국제법 학자들 그리고 식민사관에 오염된 역사학자들이 한일관계를 지금과 같은 매우 딱한 모습으로 만들어 온 것이다. 참으로 안타까운 일이다.

우리 한국은 여전히 「한일병합조약」이 부적법한 조약으로써 처음부터 성립 발효되지 않았다'는 것을 충분히 설득력 있게 법적으로 설명하고 입증해야만 한다. 물론 이 문제를 법적으로 충분히 설득력 있게, 그리고 간명하게 설명할 수 있는 법적 추론을 필자는 수년 전부터 몇 건의 저술[9]로 발표해 온 바가 있다.

1910년 8월 22일 체결된 「한일병합조약」은 일본 측을 대표해서는 메이지 천황이, 그리고 대한제국 측을 대표해서는 순종 황제가 '조약체결권자'로 합의한 조약이다. 그런데 순종 황제는 당시의 왕위계승에 관한 국제공법상 정당하게 황제의 지위를 승계받은 황제라고 볼 수 없는 사유가 있다.

고종이 1907년 헤이그에 밀사를 파견, 보호조약의 무효를 국제회의에서 주장하려 한 것을 이유로 통감으로 한국 정부를 감시하고 있던 이토 히로부미는 고종을 강제로 황위에서 퇴위시켰다. 그는 1907년 7월 20일, 고종과 순종의 역할을 대역할 내시들을 보내서 경운궁 중화전에서 양위식을 강행하여, 고종의 황위를 찬탈하였다. 그는 1907년 8월 27일, 강제로 세자 이척을 경운궁 돈덕전에 보내서 꼭두각시 황제로 즉위하게 하였다.

당시의 왕위계승에 관한 국제공법상 이러한 강압에 의한 양위나 즉위는 명백히 무효이다[10]. 그러므로 순종은 적법한 대한제국의 황제가 아니며 「한일병합조약」의 한국 측 조약체결권자에 명백한 법적 흠결이 있었으므로 이 조약은 처음부터 성립되지 아니한 것으로 간주될 수밖에 없다.

한일 간의 역사 인식에 관한 우리 정부(또는 우리 국민 대다수)의 이런 입장이 현행 헌법상 얼마만큼 명백한 근거를 가지고 있는지를 다시 한 번 보기로 하자. 현행 대한민국 헌법 전문에서는,

"유구한 역사와 전통에 빛나는 우리 대한국민은 3·1운동으로 건립된 대한민국
임시정부의 법통과 불의에 항거한 4·19 민주이념을 계승"한다.

하고 명시하고 있다.

대한민국은 임정의 법통을 계승한다고 표현함으로써, 임정과 그 건립 이전에 존재한 대한제국이 대한민국의 정통정부라는 것을 명시하여 대한제국이 국가로서 소멸하지 않았다는 전제에서 출발하고 있다고 해석된다. .

물론 1948년 7월 12일에 제정된 '제헌헌법'에서도,

> 유구한 역사와 전통에 빛나는 우리 대한국민은 기미 삼일운동으로 대한민국
> 을 건립하여 세계에 선포한 위대한 독립정신을 계승하여…

라고 하고 있고, 또한 대한민국 임시정부 임시헌장 선언문에서도,

> 대한민국 독립을 선언한 첫해 3월 1일에 우리 대한 민족이 독립을 선언함으로
> 부터…. 우리 민족의 독립과 자유를 갈망하는 뜻과 정의와 인도를 사랑하는 국
> 민성을 표현한 것이라…. 이때를 당해서 이 정부는 모든 국민의 위임을 받아 조
> 직되었으니….

라고 명시함으로써 대한민국 임시정부는 '삼일 독립선언문'의 정신에 기초하고 있고, 이 대한민국 임시정부가 1948년 새로 수립된 대한민국의 정통정부라는 것을 명시하고 있다. 우리 헌법상에 나타난 이처럼 일관된 입법적 태도는 1948년 수립된 대한민국은 대한제국과는 국가적 동일성을 유지하고 있다는 전제하에 서 있음을 분명히 한다. 즉 우리 대한민국 헌법의 이런 입법적 태도는 「한일병합조약」이 처음부터 적법한 조약으로 성립된 적이 없는 '부적법한 조약'이며, 따라서 '무효'인 것을 논리적 전제로 하는 것이다. 다시 말해서 우리 헌법은 '대한제국이 국가로서 소멸하지 않았다'는 전제에서 출발하고 있다. 좀 더 심술궂게 말한다면,

「한일병합조약」이 적법 유효하게 성립된 것이었다면 우리 대한민국 헌법의 이런 입법적 태도는 전혀 논리적 근거가 없는 엉터리 법적 전제가 되어 버린다.

상당히 부끄럽고도 초조한 일은, 「한일병합조약」은 처음부터 적법한 조약으로 성립된 적이 없는 '부적법한 조약'이며, 따라서 일본의 한반도 지배는 아무런 법적인 권원이 없는 '군사적 점령'에 불과한 것이라는 주장은 국제사회에서 '다툼이 없는 확실한 법적인 판단'으로 공론화되어 있지 못하다. 정확히 말하면 오히려 그 반대다. 지금까지 한국은 「한일병합조약」의 부적법성을 제대로 입증하거나 주장하는 일에 성공하지 못했다. 한일 간의 외교 문제들을 직접 다루고 있는 한국 정부의 외교 실무자들은 물론이고, 이 문제의 전문가라고 할 수 있는 대부분의 한국 국제법학자나 역사학자들조차도 「한일병합조약」이 부적법한 조약으로 처음부터 성립되지 않았다는 점을 학문적으로 명쾌하게 입증하거나 주장하지 못했다.

대부분의 한국 국제법학자[11]들은 소위 '무효 원인 2분론'에 몰두하여 일제 측의 강박을 주장하지만, 실제로 「한일병합조약」을 위해서 일제는, 당시 대한제국 내각 총리대신 이완용이 주도하는 친일내각에 전혀 강박을 가할 필요도 없었고, 강박을 가하지도 않았다. 어떤 학자[12]는 1905년 을사늑약이 무효이므로 그 조약을 논리적 전제로 하는 1910년 병합조약도 당연히 무효라는 이론을 견지하고 있으나 이런 주장은 법적 논리로서는 비약이 많고, 설득력을 인정해 줄 수 없다는 것은 당연한 결과이다. 어떤 역사학자[13]는 순종 황제의 실명 서명實名署名, 어보 날인御寶捺印 등의 결여, 전권위임장全權委任狀 및 조약 공포절차公布節次 등 잡다한 조약법상 요건의 흠결들을 주장하고 있으나, 일본 측의 치열한 반론이 조목조목 준비되어 있으므로[14] 전체적으로 그 법적 추론은 결정적인 설득력을 상실하여 '지리멸렬'되어 있다.

2001년 11월 16일부터 이틀간 한국 국제교류재단과 하버드대학 아시아 센터 주최로 열린 학술회의에서 영국의 제임스 클로포드(케임브리지 대학교수)는, "스스로 살아 나갈 수 없는 국가에 대해 주변국이 국제적 질서의 관점에서 그 나라를 취하는 것은 당시 흔히 있었던 일"이라며 "한일합방 조약은 국제법상 불법이 아니었다."고 주장했다[15]. 즉 그는 '한일병합 합법론'을 제기함으로써 국제무대에서 '한일병합 불법론'을 확정시키려던 한국 측 의도를 실패로 끝나게 하였다.

지난 2010년은 「한일병합조약」이 체결된 지 100년이 되는 해였다. 한국의 국제법 학계에서는 특히 그해(2010년)에 「한일병합조약」의 효력에 관한 법적 논의를 활발하게 전개하였다. 그러나 아직도 이 문제에 관해서 명확한 '학문적 결론'을 낸 것 같지는 않다. 아니, 솔직하게 말하자. '학문적 결론'을 내려고 하지 않는다. "학자의 견해란 얼마든지 다양할 수 있는데 왜 구태여 결론을 내야 하는 것입니까?" 어느 젊은 교수가 내 얼굴을 빤히 쳐다보면서 이렇게 질문하고 있었다. '다양성'에 관한 무식하고 고약한 혼돈이 여기에도 있는 것이다. 그들은 역사적 진실을 알려고도 하지 않고, 필자가 열심히 발간한 저서들을 읽으려 하지도 않는다. 안타까운 마음으로, 필자는 우리 독자들에게 대한민국의 정체성에 관련된 역사적 사실을 중요한 대목만 골라서 법적 의미의 설명과 함께 여기에 소개하려 한다.

3. 고종의 강제 폐위와 괴뢰 황제 순종의 즉위

「한일병합조약」은 1910년 8월 22일에 대한제국과 일본제국 사이에 형식적으로 맺어진 '합병조약'이다.

대한제국의 내각총리대신 이완용과 제3대 통감, 데라우치 마사타케^{寺內正毅}가 상호 협의하여 조약을 체결하였으며, 조약의 공포는 8월 29일에 이루어져 1905년 「을사늑약」 이후 이미 실질적으로 통치권을 잃었던 대한제국은 일본제국에 편입되었고, 일제 강점기가 시작되었다. 한국에서는 이를 '경술국치^{庚戌 國恥}'라고도 부른다. 말하자면 1910년 8월 22일에 대한제국은 일본제국에 병합되어 '멸망하였다'고 일본 사람은 물론이고 대부분의 한국 사람들도 모두 그렇게 생각해 왔다.

그러나 필자는 국제법 학자로서 법률적으로 엄격히 검토해 본 결과 대한제국은 그날 일본제국에 병합된 것이 아니고 국가로서 멸망한 것도 아니라는 논리적 결론에 이르고 있다.

그렇다. 아주 엄밀한 국제법적인 관점에서 볼 때, 이 형식적으로 맺어진 한일 간의 합병조약은 무효이며, 대한제국이 일제의 사기 수법으로 '그 정부적 기능이 정지'된 시기는 「한일병합조약」이 체결된 1910년 8월 22일이 아니라 고종의 황위가 일제에 의해서 강제로 찬탈된 1907년 7월 20일이며, 대한제국 '정부'의 현실적 실체가 소멸된 것 - 정부의 현실적 실체가 소멸된다는 것은 국가의 국제법상 주체성이 소멸되는 것과는 구별되는 개념이다. 정부가 소멸되어도 영토와 국민이 '주권적 의지'를 가지고 존재하는 한, 국가의 국제법상 주체성은 소멸되지 않는다. - 은 고종이 일제에 의해서 독살된 1919년 1월 21일로 보아야 한다.

'헤이그 밀사 사건'의 책임을 물어서, 일본제국은 1907년 7월 16일, 17일 두 차례에 걸쳐 고종 황제에게 양위를 강요했지만, 고종은 격노하면서 이를 거부하였다. 일본 사람으로서 근대 조선사 연구 부문에 권위 있는 저술가인 가다노 츠기오^片

野次雄는 이를 다음과 같이 상세히 기술하고 있다.

'헤이그 밀사 사건'을 알게 된 이토 히로부미는 고종을 힐난하고 그 책임을 물어 퇴임을 강요하기 위해서 그를 압박하였다. 이완용 총리대신과 송병문(농상공부대신) 등 한국 정부 각료들은 고종의 어전에 나와 "이토 히로부미 통감도 격분하고 있으며, 이대로 둔다면 어떠한 중대사태가 일어날지 모르는 일"이라고 협박하였다. 이것을 들은 고종은 자리에서 벌떡 일어나 "경卿들은 누구의 신하인가? 이제는 통감의 지시와 사주를 받아서 짐朕을 팔아먹으려 하느냐!"라고 소리치고 앙분昻奮하여 힘없이 그 자리에 쓰러져 혼절하였다[16].

그러나 아무런 힘이 없는 고종은 결국 그달 19일 새벽 6시에 "지금까지 선양의 예에 따라 군국의 대사를 황태자에게 대리케 한다"는 조칙을 발표하는 데까지 양보하였다. 이 조칙의 속뜻은 황태자에게 황위를 물려주는 것이 아니라 일정기간 동안 '대리'하게 한다는 데 있었다. 즉 일정기간이 지나면 기회를 보아 고종이 복위를 하겠다는 뜻이었다.

그러나 이러한 고종의 의도는 처음부터 무시되었으며 7월 20일 아침, 고종의 의사와는 관계없이 일제는 경운궁 중화전에서 양위식을 강행하였다.

이 양위식에는 황위를 물려줄 고종 황제도, 황위를 이어받을 황태자(순종)도 참석하지 않았다.

내시 두 사람이 신구 황제의 역할을 대신 맡아서 양위식을 거행했다고 한다[17]. 왼쪽 그림은 이탈리아 로마에서 1907년 8월

4일자에 발간된 간행물 『라 트리부나 일러스트라타(La Tribuna Illustrata)』의 표지다.

역사학자인 이태진 서울대 명예교수의 설명에 의하면, 가운데 노란색 의상을 입은 사람이 고종의 대역을 하는 내시라고 한다. 통감부에서 보낸 환관 하나가 양위 조칙을 봉독한 다음 이를 황태자를 대역한 다른 환관에게 수여하는 모습을 표지 그림으로 발간한 것이다. 고종의 강제 퇴위가 그 당시 바로 유럽까지 알려졌다는 물증이 된다[18].

일제는 8월 2일, 황태자 척拓에게 융희隆熙라는 새로운 연호를 사용케 하고, 8월 27일(음력 1907년 07월 19일) 경운궁 돈덕전에서 신황제(순종)의 즉위식을 거행하게 하였다. 상황인 고종은 즉위식을 반대한다는 항의의 뜻으로 이날 즉위식에 참석하지 않았으며 정신지체자의 특징이 역력한 황태자 척이 주위의 강압으로 단발의 의식을 치른 다음에, 일본 측이 마련한 간소한 절차에 따라 '몸을 떨면서' 꼭두각시처럼 황제로 즉위하였다.[19] 고종 황제의 퇴위를 위해서는 황제 양위식의 형식을 갖추고 있지만, 양위하는 고종황제 자신의 의사에 반한 무력적 강압에 의한 것이므로 당시의 국제공법상 이는 명백한 황위의 강탈이다.

군주국가의 왕위 계승에 관한 당시의 국제 관습법의 기준에서 보면, 고종 황제의 강제 퇴위와 순종 황제의 즉위 과정에는 '황제 자신에 대한 의사의 강박'이라는 수용할 수 없는 절차적인, 형식적인 하자가 있었다고 보아야 한다. 무엇보다도 왕위 계승에 관한 전체적인 절차가 왕위를 양위하고 승계하는 당사자인 고종과 순종에 대한 일제에 의한 의사의 강박으로 이루어졌다고 하는 결정적인 흠결이 있었으므로 당연 무효로 보아야 한다. 1660년 이래 확립되어 있던 군주국가의

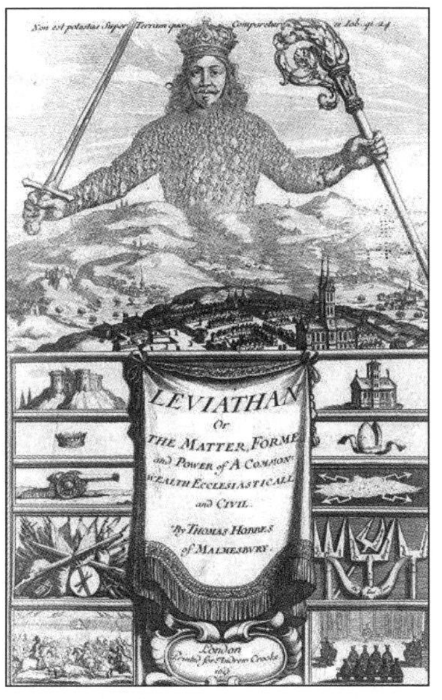

1651년, 토마스 홉스가 저술하여 발간한 유명한 저서 『리바이어던(Leviathan)』의 표지

왕위에 관한 관습국제공법의 원칙에 의하면, 왕권이란 왕 자신의 의사에 반하여 양위될 수 없으며, 찬탈될 수도 없기 때문이다[20].

현직의 황제인 고종이 승하하지도 않았는데 '해이그 밀사사건'을 이유로 황제를 강압하여 황태자에게 왕위를 양위하게 한 이 사건은 당시의 대한제국의 괴뢰 내각과 일제가 아무리 변명을 해도 비정상적인 왕위의 계승이었으므로 당연히 국제사회에서(적어도 인접 국가 간에) '새로운 황제에 대한 승인 문제'가 제기되었어야 한다[21]. 그러나 이 새로운 황제에 대한 '승인 문제'는 당시 그 주변국 간에서도 국제법적 문제로 전혀 취급되지 않았다.

그 이유는 무엇인가?

1905년 「을사늑약」 이후 대한제국은 이미 정상적인 외교권을 완전히 상실하고 있었다. 대한제국의 황제는 국제사회에서 국가 대표권을 행사하는 일도 없었고, 대한제국과 외국의 관계에 있어서 일본 제국이 조선 통감부를 통해서 완전히 그 외교적 주권을 행사하고 있었던 것이다. 그러므로 당시 대한제국 황제의 양위 문제는 그것이 아무리 비정상적인 형태로 자행되었어도 당시의 국제사회에서는 실질적으로 '일본 제국의 국내 문제'로 취급되었기 때문이이라고 보아야 한다. 다시 말해서, 순종 황제의 즉위는 처음부터 국제법상으로는 전혀 무의미한 것으로써 법적 효력을 인정할 수 없는 위법한 절차에 불과한 것이었다. 당시 한성에는 외국 외교사절의 공관은 하나도 남아 있지 않았으므로 안타깝지만 이것은 '자연스러운 현상'이라고 보아야 한다.

결론적으로 일제의 군사력에 의해서 강제로 진행된 순종 황제의 즉위는 무효이며, 순종은 일본 제국에 의해서 급조된 괴뢰 황제인 것이다. 당시의 국제법 규범에 다라 판단하더라도 순종은 대한제국의 황제로 인정될 수 없다. 즉 1907년 8월 27일 이후의 대한제국 정부는 일본제국 명치 황제의 '꼭두각시 정부'에 불과하다

황제의 지위를 양위 받은 순종의 황제로서의 적격도 문제가 될 수 있다.

고종 황제와 명성왕후의 아들이며, 고종의 장성한 자녀 중 1순위 적자였던 당

시 황태자 척은 군주국가의 왕위 계승에 관한 일반적 관습법에서 인정될 수 있는 왕위 계승의 '1순위 적격자'라고 말할 수 있다. 그러나 그는 아관파천 당시 이미 일본 첩자와 역관 김홍륙에 의한 독극물 사건 등으로 육체적으로나 정신적으로 정상적인 건강을 유지하지 못하여 정상적인 의사변별능력이 없었으며, 일찍부터 생식능력을 상실하고 있었다. 또한 그는 대한제국 정부와 그 황실 가족에 대한 일본제국의 유형적 무형적 강압에 직면하여 정상적인 의사능력을 상실한 상태로 서, 대한제국이라는 군주국가를 통치하거나 지도할 만한 의사와 능력을 갖추고 있지 못하였다. 무엇보다도 그는 능동적으로 고종 황제로부터 황제의 지위를 양 위 받겠다는 자기 자신의 의지도 없었으며, 이러한 양위에 공감하지도 않았다.

순종의 즉위식을 목격한 유일한 외국인 기자였던 매켄지는 그의 저서 『대한제 국의 비극』이라는 책에서 1907년 8월 27일, 정신지체의 증후를 보이는 순종이 '몸 을 떨면서 양측에서 부액을 받으며' 식장으로 들어가는 모습을 기술하고 있다.[22]

1907년 8월 27일 즉위식으로 황제에 즉위한 순종은, 1910년 8월 22일 「한일병 합조약」이 발효되기까지 약 3년간 조선왕조 제27대 왕이며, 대한제국의 마지막 황 제로 재위한 것으로 기록되어 있다. 그러나 그는 실제로 황제로서의 공식적 기능 을 행사했다기보다는 재위 기간 동안 실질적으로 일제에 의해서 신체적으로 완전 히 유폐된 상태에 있었다. 이러한 사정은 순종 황제가 1926년 4월 26일 붕어하기 직전, 자신의 곁을 지키고 있던 궁내부 대신 조 정구에게 구술한 유조에서 자세 히 나타나 있다. 이 유조의 전문은 미국 샌프란시스코 한국 교민들이 발행한 『신 한민보』 1926년 7월 8일자 지면에 보도되었다. 그 내용의 일부를 보면,

> 지난날의 병합, 인준은 일제가 역신의 무리와 더불어
>
> 제멋대로 선포한 것이고 내가 한 것이 아니라
>
> 나를 유폐하고 나를 협제하여
>
> 나로 하여금 명백히 말을 할 수 없게 한 것으로,

고금에 어찌 이런 도리가 있으리요?

유수에 곤하여 말할 자유가 없이 오늘날에 이르렀으니,

아무리 병이 위중하다 하나

지금 한마디 말을 하지 않고 죽으면,

짐이 죽어서도 눈을 감지 못하리라

라고 되어 있다.

1907년 8월 27일, 한반도에 대한 일본의 군사적 점령하에 실현된 순종 황제의 강제 즉위는, 1932년 3월 9일 일본 제국 정부(정확하게 말하면 만주에서 활동 중이던 일본 관동군 사령부)가 당시 톈진에 은거하고 있던 청조의 마지막 황제 푸이溥儀를 비밀리에 만주로 데려와 '꼭두각시 국가' 만주국의 국가 원수로 추대한 사건과 정치적 및 법적인 의미에서 그 성격이 매우 흡사하다.

주지하는 바와 같이 이 일본 제국의 괴뢰국가 만주국은 당시 국제연맹의 조사단(The Lytton Commission)의 조사활동 결과 국제연맹에 의한 국가 승인이 거부되었으며[23], 당시 미국을 위시한 국제사회의 중요 국가들이 이른바 불승인 정책(Stimson Doctrine)[24]을 채택, '꼭두각시 국가' 만주국에 대한 국가 승인을 거부하였다.

물론 1932년 만주사변과는 달리 1907년, 일제에 의한 고종의 황위 찬탈사건은 국제법적으로 볼 때 이른바 '1928년 부전조약'에 의한 '무력사용 금지의 원칙'이 나오기 이전의 사건이다. 그러나 구태여 '무력사용 금지의 원칙'을 적용하지 않는다고 해도, 군주국가의 왕위 계승에 관한 일반적 국제 관습법의 기준에서 보면, '왕권이란 왕 자신의 의사에 반하여 양위될 수 없으며, 찬탈될 수도 없다'는 원칙은 1660년대에 이미 확립되어 있었던 실정 국제 공법[25]이다. 그러므로 당시의 국제법 규범상 어떤 원리에 비추어 보든지 1907년, 일제에 의한 고종의 황위 찬탈행위는 위법이며, 따라서 무효라고 보아야 한다[26]. 그러므로 순종은 대한제국의 황제가 아니다. 또 더 말할 필요도 없이 대한제국의 황제가 아닌 황태자 척(순종)에 의해서 체결된 「한일병합조약」도 또한 무효인 것은 당연하다.

고종의 헤이그 밀사 파견을 이유로 일제가 1907년 7월 20일 그의 황위를 강제로 찬탈하자 전국적으로 확산된 한국민의 의병 봉기는 전 국토를 처절한 전장으로 변모하게 하였다. 즉, 한반도 전역이 일본 군대와 한국 의병 사이의 전면전의 양상을 보였다.

영국 런던에서 발간되는 《데일리 메일(Daily Mail)》지에서 파견된 38세의 젊은 신문 기자, 매켄지(Frederic Arthur McKenzie)는 1907년 한국의 모습을 이렇게 적고 있다.[27]

> 황제는 폐위되었고 군대는 해산되었다. 퉁명스럽고도 분노에 찬, 그러나 무기력한 한성의 민중들은 이제 황제의 무관심과 자신들의 나태와 무지에 희생된 채, 자기들의 민족적 존립을 도적 맞고도 감히 말 한마디조차 할 수 없게 되었다. 의기양양한 일본군들은 대궐문과 궁궐 내에서 버티고 있었다. 왕족들은 상투를 잘리고, 일본 옷을 입는 등 일본의 욕된 요구에 복종하지 않을 수 없었다. 하세가와 휘하의 일본군들은 거리를 누비며 호령했으며, 백의민족들은 발걸음조차도 조심스러워야 했다.
>
> 이 나라의 수도인 한성은 이처럼 억압당했지만, 몇몇 지방은 그렇지 않았던 것이 명백해졌다. 이곳저곳에서 일본에 대한 봉기가 일어나 의병이 편성되고 그들은 놀라운 일을 감행했다. 일본의 분견대는 전멸되었으며 지원군의 일부도 패주하였다. 일본의 후속 부대가 결국 의병들을 제압하였지만, 그들은 온 마을을 유린하고 주민들을 대량 학살함으로써 가혹한 보복을 강행하였다.

이것이 1907년 고종이 황위를 찬탈당한 이후 일제의 군사적 점령하에 있었던 한반도의 모습이다. 조직적인 군사력으로 일제의 점령에 항거하지는 못하였으나 일제의 한반도 지배를 용인하지 않겠다는 것을 명확한 국민적 의사로 표출하고 있었다는 것을 잘 알 수 있다.

고종의 강제 폐위 사건과 순종이 괴뢰 황제로 즉위한 이 사건은 국제법적으로나 역사적으로 우리 역사상 아주 중요한 전기轉機로 인식되고 또 기록되어야 할 것이지만, 서구의 국제법을 제대로 공부하여 계수하고 있지 못했던 한국의 국제법 학자들과 식민사관植民史觀에 세뇌된 한국의 역사학자들이 고종의 강제 폐위 사건과 순종이 괴뢰 황제로 즉위한 이 심각한 사건의 법적, 역사적 의미를 제대로 이해하지도 못했고, 그리하여 친일 매국노들은 '의식적으로', 그리고 애국 시민이라고 해도 '무식한 탓'에 이 사건을 그냥 지나쳐 버렸다.

필자와 같은 국제법 학자가 뒤늦게, 약 6년 전부터 「한일병합조약」의 법적 문제와 관련해서 이 문제를 제기하여, 법적으로 순종은 대한제국의 황제가 아니며, 따라서 「한일병합조약」은 성립되지 않았다는 지적을 하고, 자비로 저서[28]를 출간해서 여러 국제법 학자들과 기자들에게 우송했으나 지금까지 사실상 아무런 반향을 이끌어내지 못했다. 참으로 안타까운 일이다. 그것이 100년도 더 지난 옛날 일이라고 해도, 기상천외한 방식으로 우리의 국권을 유린한 일제의 황당한 만행을 어찌 이리도 무심하게 용인할 수가 있단 말인가?

4. 일제에 의한 고종 황제의 독살

대한제국의 황제 고종은 이미 1906년 7월 2일[29] 이래 일제의 경비대 병력에 의해 경운궁, 함녕전에 사실상 완전히 유폐되어 있었다. 당시 그는 일국의 황제로서의 기능을 아무것도 할 수 없는 상태였다. 헤이그에 밀사를 파견한 것도 이러한 유폐 상태 속에서 일제의 감시를 피해서 '어렵사리' 비밀리에 진행된 것이다. 1907년 7월 20일, 일제가 고종을 강제로 퇴위시킴으로써 그는 황제로서 이러한 은밀한 의사표시조차 더 이상 할 수 없게 된 것이다.

일제는 고종을 강제 퇴위시킨 다음 첫 번째 후속 조치로써 7월 24일 「제3차 한일협약(정미7조약)」을 성립시킨다. 알다시피 이 조약 내용의 실행으로 대한제국의 행정, 입법, 및 사법 기능이 완전히 일본의 손아귀에 장악된다.

이 조약의 성립과 효력에 관한 학술적 논의에서 이 조약을 무효로 보는 근거로써 전권위임장이나 비준서가 없고, 황제의 서명이 없다는 점 등이 지적되고 있으나, 고종은 이미 7월 20일에 강제 퇴위되어 일제에 의해서 황제로서의 기능을 물리적으로 저지당하고 있었다. 그나마 본래 무효인(왕위계승에 관한 당시의 관습국제법 규범에 따라 무효로 볼 수밖에 없으므로) 8월 27일 순종의 즉위도 아직 이루어지지 않은 때인 7월 24일에 체결된 「제3차 한일협약(정미7조약)」은 한국 측의 조약 체결권자가 사실상 존재하지 않는 이상한 상태에서 체결된 조약이라고 말할 수밖에 없다. 그러므로 이 조약에 관해서는 조약법상의 성립 및 효력 요건을 구체적으로 논의할 필요도 없이 이런 조약은 성립될 수 없다는 결론을 내릴 수밖에 없다.

이어서 일본은 7월 31일, 역시 신황제 즉위 이전에 신 황제(순종)의 이름으로 황제 조칙을 발표하여 대한제국의 군대를 해산한다. 한국군대 해산을 위해서 일제는 신황제 순종의 의사와는 상관없이(그 의사에 명백히 반하여) 한국 황제의 '명의를 도용하여' 위조한 조칙을 사용했다는 역사학자의 주장이 있다.[30]

20일 고종의 황위를 찬탈한 일제는 전광석화처럼 24일 「정미7조약」을 성립시켜 대한제국의 입법, 사법 및 행정기능을 완전히 장악하고, 31일 대한제국의 군대마저 해산시켜 버렸던 것이다. 그러므로 1907년 7월 20일 고종의 황위가 찬탈된 것을 계기로 하여 그때까지 형해만이라도 남아 있던 대한제국이라는 국가는 형식상이나 실질상으로 이미 그 기능이 정지된 것이다.

1907년 당시 대한제국의 주민과 영역은 일제의 침략에도 불구하고 대체로 그 동일성을 유지하고 있었다고 볼 수 있다. 그러나 정부와 외교적 능력이라는 국가 요소에 관련해서 보면, 외교적 능력은 1905년 11월 「을사늑약」의 시행으로 이미 완전히 박탈된 상태였고, 국가 대표권자 즉 고종 황제가 '정부의 존재'를 형해나마 유지하고 있었는데, 1907년 7월 20일 그가 일제의 강압으로 황제의 지위를 박탈 당하고, 그 황태자의 즉위는 왕위 계승에 관한 당시의 국제관습법 규범의 위반 - 즉, 양위자 및 계승자에 대한 의사의 강박과 왕위 계승자인 황태자의 의사변별 능력 결여 등 - 으로 당연히 무효가 됨으로써 대한제국은 '정부의 존재'가 결여되어 국가의 기능을 더 이상 유지 할 수 없게 된 것이다.

대한제국의 군대 해산과 민중의 봉기

그러나 일제에 의한 고종의 황위 찬탈은 법적으로 무효이므로 고종이 일제에 의해 독살될 때까지 대한제국은 형식상으로나마 존재했었다고 볼 수 있다.

당시 소문으로만 나돌았고 어떤 의미에서 삼일 독립만세 운동의 직접적인 동기가 되었다고 볼 수 있는 '일제에 의한 고종의 독살' 문제는 아직 우리 사학계에서 본격적으로 다루어진 적이 없다. 역사적인 증거도 정리되어 있지 않으며, 따라서 이는 '공인된 사실이 아닌 것'으로 되어 있는 것 같다. - 이런 것도 도저히 묵과될 수 없는 '학문적 나태', '국민 의식의 혼돈'이라고 지적해야만 할 것이다. -

그러나 2004년 6월 4일, 부산 외대 김문길 교수가 『덕혜옹주의 일기』라는 자료를 발표하고, 2009년 2월 27일, 서울대 명예교수인 역사학자 이태진 교수는 1919년 당시 일본 궁내성의 제실 회계심사국 장관이었던 『구라토미 유자부로倉富勇三郞의 일기』라는 자료를 발견하여, 역사 학계에서도 늦었지만 이제라도 이 문제에 관한 본격적인 연구가 다시 시작될 조짐을 보이고 있다.

고종 독살에 대한 국내 기록으로는 『윤치호 일기』[31]가 구체적이다. 이는 고종의 시신을 직접 본 명성황후의 사촌 동생 민영달이 중추원 참의 한진창에게 한 말을 기록한 것이기 때문에 신빙성이 높다.

윤치호는 아래와 같이 적고 있다.

- 건강하던 고종 황제가 식혜를 마신 지 30분도 안 돼 심한 경련을 일으키며 죽어 갔고
- 시신의 팔다리가 1~2일 만에 크게 부어올라 황제의 한복 바지를 벗기기 위해 옷을 찢어야 했으며
- 이가 모두 빠져 있고 혀는 닳아 없어졌으며
- 30㎝ 정도의 검은 줄이 목에서 복부까지 길게 나 있었고
- 승하 직후 궁녀 2명이 의문사했다.

1910년 8월 22일에 체결되었다고 하는 「한일병합조약」에 대해서, 주지하는 바와 같이 현재 우리 정부는 공식적으로 이는 적법하게 성립되지 않은 조약이기 때문에 국제법상 무효인 것으로 보고 있다.

"순종純宗은 대한제국의 황제가 아니다."라고 하는 필자의 국제법적 소견이 지금까지의 일반적 상식과 다소 동떨어져 전혀 생소할는지는 모르겠으나 그래도 대한

제국의 국권이 일제에 의해서 완전히 침탈된 시기를 「한일병합조약」이 체결된 1910년 8월 22일이라고 보는 우리 한국 사회의 일반적인 인식은 일제 말기에 이른바 식민사관植民史觀에 입각한 역사서들로 무비판적인 교육만을 받았던 우리 근대사 교육의 부끄러운 결과가 아닌가 한다. 더구나 이러한 일반적인 인식은 「한일병합조약」을 무효로 간주하고 있는 한국 정부의 일관된 공식적 입장과도 우선 논리적으로 부합하지 않는다.

'「한일병합조약」은 무효'라고 말하면서 '대한제국은 결국 이 조약으로 소멸하게 되었다'고 보는 이런 비논리성을 어떻게 변명할 수 있을까?

일본 정부는, 일제에 의한 과거의 한국 통치는 당시의 국제법상 합법적인 것이었다고 주장하고 있다. 즉, 일본은 1905년 「을사늑약」이나 그 뒤 1910년 「한국병합조약」은 적어도 당시의 국제법상으로는 합법적으로 성립되었으며 또 유효한 것으로써 일제의 한반도 지배의 법적인 근거가 된다는 것이다.

1910년 「한국병합조약」 제1조를 보면,

"韓國皇帝陛下는 韓國全部에 關한 一切統治權을 完全 또 永久히 日本皇帝陛下에게 讓與한다."

라고 규정하고 있다.

일본의 주장대로 이 조약이 합법적으로 성립되었으며 또 유효한 것이었다면 대한제국은 1910년 8월 29일자로 일본제국에 편입되었고 국가는 소멸된 것이 된다. 그러나 1910년 당시의 국제법에 의해서도 「한일병합조약」은 명백히 무효이고, 대한제국은 소멸된 것이 아니다. 따라서 일본의 한반도 지배는 국제법상 합법적인 근거가 없는 것이었다.

5. 국제법상 국가의 소멸消滅이란
   어떤 의미인가?

"대한제국은 소멸消滅하지 않았다." 사실 평소에는 이런 말을 잘 쓰지 않는다. 아마 "대한제국은 망亡하지 않았다."라고 말을 하는 것이 상식일 것이다. 그러니까 '소멸하지 않았다' 등 이런 말은 벌써 국제법적인 냄새가 난다. '역사 이야기'를 하겠다고 글을 시작해 놓고, 슬쩍 국제법 이야기를 하려는 것이 아닌가? 그렇다. 이런 문제는 자꾸만 빙빙 돌려서 말하는 것보다는 솔직하게 국제법적 내용을 설명하는 것이 옳은 방법이라고 생각된다. 되도록 알기 쉽게 그러니까 아주 정직하고 단순하게 설명하는 것이 독자들을 위하는 길이 되지 않을까?

대한제국이 국가의 소멸(消滅, state extinction, *debellatio*)에 이르지 않았다는 것은 무슨 말인가?

국제법상 국가가 국제법상 주체로서 더 이상 존재하지 않게 된 상태를 '국가의 소멸'이라고 정의할 수 있을 것이다. 그런데 국가가 국제사회에서 국제법상 주체로 존재한다는 것은 국제적인 법인격으로써 시간적 영속성을 가지고 존재하는 것을 의미하기 때문에 어느 정도의 영토, 국민, 및 정부 형태의 변경에 관계없이 이러한 국가의 국제적인 법인격으로서의 동일성과 계속성은 유지되는 것으로 본다. 이것을 국제법에서는 '국가 계속성의 원칙'이라고 설명한다.[32]

국가를 시간적 영속성을 가진 국제적인 법인격 주체로서, 국가 구성 요소의 상당한 변경에도 그 동일성과 계속성을 잘 유지하는 주권적 주체로 보는 이런 사고방식은 국가 주권 개념이 처음으로 정착된 절대왕조(絕對王朝, absolute monarchy) 시대의 주권 개념에서 연유되는 것이다. 이 시대에 있어서 국가 주권이란 절대적인 왕권으로 표상되고 있었다. 즉 절대 왕권의 특성상 *"Rex Non Moritur.*(왕은 죽지 않는다.)" 즉, '왕위는 연면하여 끊임이 없다'라고 하는 원칙을 국가 주권의 중요한 속성으로 인식하고 있었던 것이다. 따라서 명시적 왕권 포기의 의사표시 즉 항복(降伏, subjugation)과 같은 것으로만 왕권(즉 국가)은 소멸될 수 있는 것으로 보았다.

절대왕조 시대 이후, 1928년 부전조약(不戰條約, Kellog-Briand Pact)이나 1945년 유엔 헌장 2조 4항 등의 규정으로 '무력 사용 금지의 원칙'이 확립되기 이전에는, 국가 의 소멸 즉 국가의 국제적인 법인격으로서의 동일성과 계속성이 더 이상 유지될 수 없는 상태를 흔히 '디벨라치오(Debellatio)'라는 용어로 표시하였는데,

> '디벨라치오(Debellatio)'란, 한쪽 전쟁 당사국이 완전히 전쟁에서 패배하여 상대
> 방 교전 국가, 즉 전승국이 패전국의 전 영토와 국가 자체의 운명을 독자적으로
> 결정할 수 있고 나아가 국가병합(併合, Annexation)을 완성시킬 정도의 완전한 항
> 복(降伏, Subjugation)이 있는 경우를 의미한다.

라고 정의될 수 있다.[33]

그러나 '무력사용 금지의 원칙'이 확립되어 있는 현대 국제법에 있어서는 이러한 고전적 의미의 국가 소멸이 성립될 수 있는 경우란 상상하기가 어려울 것이다. 독 일 법학자들은, 제2차 세계대전에서 패전하여 '무조건 항복'을 한 이후에도 독일이 라는 국가는 소멸하지 않고 존재하는가? 하는 질문에 긍정적으로 답변할 수 있 기 위해서 '디벨라치오'의 개념을 현대 국제법에 맞게 다음과 같이 다시 정의하기 로 하였다. 그들에 의하면,

> '디벨라치오'란, 그 고전적 정의에 필수적 개념으로 내포되어 있던 국가 병합의
> 의미는 완전히 배제되며, 교전 당사국의 완전한 패배로 그 국가 구성요소(영토,
> 국민, 정부)의 중요 부분이 소멸되는 것과 그 결과로써 패전국 자체의 주권이 소
> 멸되는 가능성까지를 의미하지만, 승전국의 의사에 따라 점령된 패전국 국토에
> 대한 새로운 법인격法人格의 인정이나 기존 패전국의 국가 주권이 그대로 존속存

續할 수 있는 가능성을 배제하지 않는다.

라고 정의하고 있다.[34]

제2차 세계대전에서 패전하여 '무조건 항복 선언'을 한 독일과 일본이 국가 소멸을 면하고, 존속해 오고 있는 것은 주지하고 있는 바와 같다. 그런데 이것은 고전적 국제법의 기준에서 보면 결국 아주 이례적인 경우가 된다.

국가의 소멸(消滅, State extinction)을 디벨라치오라는 용어와 연관하여 설명하다 보니 다소 장황하게 되었으나 현대 국제법이란 연혁적인 고찰을 필요로 하는 측면이 많으므로 이런 연혁적 분석은 법현상의 진실에 접근함에 있어서 필요하고도 중요한 일이라고 생각된다.

위의 연혁적인 분석과는 시각을 조금 달리하여 국가 소멸이라는 개념을 순수하게 '법논리적 추론'에 따라서 정의한다면, 국가 구성요소의 중요한 상실 또는 소멸로 국가가 국제법상 주체로서 더 이상 존재하지 않게 된 상태를 말한다고 정의할 수 있다. '더 이상 존재하지 않게 된 상태'라는 것은 국가 구성요소의 중요한 상실 또는 소멸로 국제법상 주체로서의 '동일성同一性을 유지하지 못하게 된 상태'를 말한다.

그러므로 국가 소멸이라는 개념의 순수한 법논리적 추론에는 두 가지의 논리적 과제가 등장한다. 첫째는 어느 정도의 국가 구성요소의 상실 또는 소멸을, 국제법상 주체로서의 '동일성을 유지하지 못하게 하는 중요한 것'이라고 볼 것인가 하는 것이다. 둘째로는 국가가 일단 구성요소의 중요한 상실 또는 소멸로 동일성을 유지하지 못하게 된 상태, 즉 국가 소멸의 단계에 갔다가도 상당한 시간이 지난 후에 그 국가 구성요소의 상실 또는 소멸을 회복한다면 다시 그 '동일성의 회복'을 인정해 줄 수 있는가? 하는 문제인데 다른 말로 하면 일단 소멸했던 국가도 "부활復活할 수 있는가?" 하는 문제이다.

가. 어느 정도의 국가 구성요소의 상실, 소멸로 국가는 소멸하는가?

　국제법상 국가 구성요소로서는 주민住民, 영역領域, 정부政府 세 가지를 들고 있다[35]. 이 세 가지 구성 요소 중 어느 한 개라도 소멸되면 그 국가는 '동일성을 상실하여' 소멸하게 된다. 흔히 국가 소멸의 개념을 설명할 때 국가 '동일성의 상실 여부'에 연관하여 설명하게 되므로 논리적으로만 본다면 이 세 가지 구성요소, 예컨대 주민, 영역, 정부 자체의 '동일성'을 검토하는 문제를 제기하게 된다. 그런데 이런 식의 논리적 분석과 검토를 열심히 완결한 여러 학자들의 결론은 '상당한' 주민 수의 변경이나 정부 형태의 변경(예컨대 전제군주제에서 민주공화제로의 변경까지) 그리고 '상당한' 영토 크기의 변경이 있어도 국가의 동일성에는 아무런 영향이 없는 것으로 나와 있다[36]. 하지만 "어느 정도의 영토 크기의 변경이 국가 소멸을 가져오는가?"라는 질문에 관해서는 이들 논리적 분석을 시도한 학자들 간에서는 '명확한 결론'이 나와 있다고 말할 수는 없을 것 같다. 당연히 연혁적인 시각에서 이 문제를 풀어야 한다.

　국제사회가 영토가 전혀 존재하지 않은 국가의 동일성을 인정한 가장 극단적인 예는 이스라엘이다.

　유대인의 조상 이스라엘인이 팔레스타인에 정착한 것은 BC 20세기 무렵이다. BC 11세기에 이스라엘 왕국을 건설했으나, BC 10세기 전반에 이스라엘왕국과 유대왕국으로 분열되었다. 이 두 나라가 아시리아와 신바빌로니아에 의해 각각 멸망된 뒤 BC 1세기에는 로마제국의 보호하에 유대왕국이 다시 수립되었다. 그러나 로마제국에 저항했기 때문에 탄압을 받고 AD 74년 '제1차 유대 독립전쟁'이 로마 제10군단 실바 장군의 공격으로 천연 요새 마사다에서 960명의 유대인 열심 당원 전원이 옥쇄함으로써 실패한 이래 유대인의 나라, 유대 왕국은 멸망되었고, 유대인의 세계 유랑이 시작되었다.

특히 유럽의 유대인은 끊임없는 박해를 받았다.

19세기 후반에는 기독교 사회에 동화되지 못하고 동화를 용인하지도 않았던 유대인들 사이에서 '나라를 건설하려는 움직임'이 일어나기 시작했다. 그 배경은 19세기 유럽에서의 각 민족이 고유한 국가를 희구한 민족주의이다.

유대인이 건국을 희망한 땅은 당시 오스만 제국의 땅이었던 팔레스타인이었다. 팔레스타인의 시온산은 그들 국가 건설의 상징이었으므로 '시온산이 있는 땅으로 돌아가자'는 운동을 '시오니즘'이라고 하고, 그 추진자를 '시오니스트'라고 했다. 유럽에서 유대인 박해가 일어날 때마다 시오니즘의 지지층은 확대되었고, 주로 동유럽에서 유대인은 팔레스타인으로 이주하였다.

그러나 그곳은 무인지대가 아니고, 팔레스타인인(이슬람교도와 그리스도교도 등 아랍인)의 거주지였기 때문에 그들의 반발을 받았다. 제1차 세계대전이 시작되자, 영국은 독일의 동맹국인 오스만제국 내의 아랍인들의 반란을 지원하고, 전후 아랍국가의 독립을 약속했다. 그리고 아랍 측은 이 국가 가운데 팔레스타인을 포함시켜 수락하였다. 한편 영국은 시오니스트들에게도 전쟁 협력을 요구하고, 1917년 벨포아 선언을 발표하여 팔레스타인에서의 유대인의 '민족적 고향; 이스라엘 국가' 수립을 지지했다. 아랍인과 유대인에게 상반된 내용의 지지를 준 영국의 이러한 행동은 확실히 모순되는 것이며, 지금까지 계속되는 팔레스타인 분쟁의 역사적 원인이 되었다. 그러나 전쟁이 끝나자 영국은 위임통치령의 형태로 팔레스타인을 직접 지배했다.

30년대 나치스가 유럽에서 세력을 확대하자 유대인의 팔레스타인 귀환이 증가했다. 특히 독일계 유대인은 자본과 기술을 팔레스타인에 가지고 왔기 때문에 유대인 사회가 크게 성장했다. 이와 동시에 아랍계 팔레스타인인의 반발 또한 고조되었고 쌍방의 알력은 무력충돌로 발전했다.

제2차 세계대전 중 나치스의 유대인 대학살은 시오니스트들로 하여금 그들의 활동에 박차를 가하게 했다. 또한 유럽과 북아메리카에서는 유대인에 대한 동정이 고조되었다. 전쟁이 끝나자 팔레스타인에서는 무력충돌이 격해졌고, 영국에 대한 테러가 빈발했다. 이에 영국은 팔레스타인 문제를 유엔에 맡겼다. 그렇게 해서 이스라엘이 '국가'를 수립하는 데 결정적인 기여를 한 것은 바로 유엔이 되는 셈이다. 유엔은 1947년 총회 결의 181호를 통해 팔레스타인 전 지역의 56.47%를 유대 국가에, 42.88%를 아랍 국가에, 예루살렘 국제지구로 0.65%를 할당한 후 1948년 10월 1일까지 유대 국가와 아랍 국가 건설을 완료하라고 요구했다. 유대인들은 이 유엔 안을 받아들였고, 1948년 5월 14일, 데이비드 벤구리온이 이스라엘 국가 창설을 선언했다. 이것은 AD 74년 옛날 이스라엘 유대 왕국이 로마군에게 멸망한 지 1,874년(대략 2,000년) 만에 일어난 일이다.

하지만 전 지역의 87.5%를 소유하고 있었으며, 인구의 70%를 차지했던 토착 아랍인들에게 이는 받아들여질 수 없는 것이었다. 이스라엘 국가 창설 다음 날인 15일 아랍연합군이 이스라엘을 공격하면서 '1948년 전쟁'이 발발했다. 이스라엘의 전투력은 아랍국보다 훨씬 월등했다. 이스라엘은 1948년 전쟁을 통해 팔레스타인 지역의 78%를 장악할 수 있었다. 이 지역이 현재 이스라엘의 영토에 해당한다.

본래 영토가 없었던 이스라엘에게 국가 소멸 이후 약 2,000년 만에 유엔이나 국제사회가 그 국가를 창설하는 것에 동의한 근거는 '유대 민족에 의해서 중단 없이 주장되어온 파레스타인에 대한 역사적 권원의 주장'을 인정한다는 것이다. 그러므로 이는 이스라엘 국가의 창설이 아니라 실질적으로는 이스라엘 국가의 '부활'이며, 이는 AD 74년에 로마군에게 멸망한 이스라엘 국가와 1948년에 수립된 이스라엘의 국가적 동일성을 약 2,000년 만에 인정한 것으로 보아야 한다는 주장이 있다[37].

일견하여 극히 예외적이고 극단적인 사례로 보이는 이 '이스라엘 국가의 부활'

문제가 갖는 국제법상의 중요한 의의는 이 극단적인 사례가 국제법상 국가 동일성 및 계속성의 원칙에 관련된 중요한 법리의 범주 안에 들어가 있다는 점이다.

군주국이 군사적으로 패망하여 사실상 소멸한 경우에도 그 국가의 (법적으로 정당한) 왕권을 계승할 권리는 국가 전복을 초래한 그 적국의 군사적 강탈에 대한 '적법한 외교적 항변을 지속함으로써' 얼마든지 계속해서 (영원히) 유지될 수 있다[38].

군주 국가이든 공화제 국가이든 관계없이 영토를 완전히 상실한 국가가 해외 망명정부로 존속하는 경우에 외국의 정복으로 소멸한 이 국가의 (법률상 정당한) 주권은 그 망명정부가 국권 회복의 주장을 '실효적인 외교적 수단을 통해서 지속하는 한' 소멸한 것이 아닌 것으로 간주된다[39].

국가 소멸에 이를 정도의 침략이나 무력적 병합에 대항하는 '실효적인 외교적 수단을 통한 항변'의 효력에 관해서 국제법은 군주국의 경우나 공화제 국가의 경우나 동일하게 이를 인정하여 적용하고 있음을 본다.

특히 발트 3국의 경우처럼 어떤 국가의 강제 합병을 국제사회가 처음에는 국제법상 유효한 것으로 간주하다가 발트 3국의 '실효적인 외교적 수단을 통한 항변'을 받아들여서 나중에 소급하여 그 불법성을 인정하여, 군사적 점령에 불과 한 것으로 보고, 사실상 국가가 소멸한 후 상당 기간이 지난 이후에도 '주권과 독립을 회복' 함으로써 그 피점령국의 국가적 동일성을 회복한 것으로 본 예가 있다.

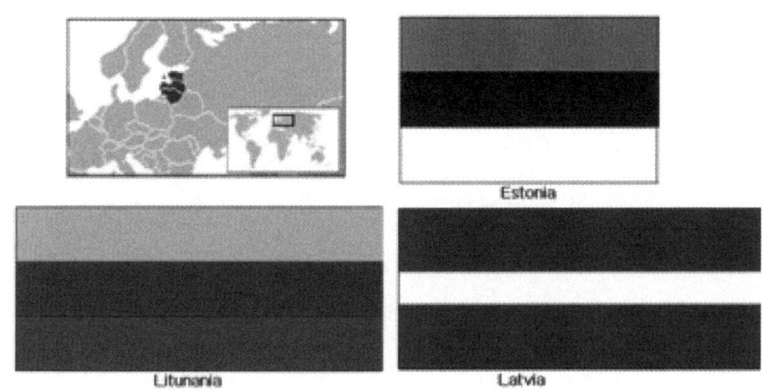

발트 3국, 즉 에스토니아, 라트비아, 리투아니아는 1940년 8월, 자발적으로 소련에 편입되는 형식을 거쳐(실제로는 소련의 군사적 침략에 의해서) 소비에트 연방에 흡수 합병되었다[40]. 발트 3국을 국제법상 적법하게 흡수, 합병하였다는 소련의 완강한 주장은 당시 주변국들(프랑스, 독일[41], 네델란드, 스위스 등)로부터 공식 승인을 받았다. (캐나다는 발트 3국의 소련 합병을 승인함에 있어서 모호한 태도를 취하였다.) 그러나 영국과 미국은 처음부터 소련이 발트 3국을 합병한 사실의 국제법적 적법성을 인정하지 않았다[42].

발트 3국은 합병된 지 51년 만인 1991년에 '독립을 회복' 하였다. 이들 발트 3국은 세 나라가 모두 (예외 없이) 50년이 넘는 기간 동안 실제로 국가가 소멸되어 있었음에도 1940년 합병 전 국가로서의 발트 3국과 1991년 '독립을 회복'한 이후의 국가 사이의 국가적 동일성(Identity)을 주장한다. 이들이 이러한 국가적 동일성을 주장하는 근거는, 1940년에서 1941년 사이에는 소련, 1941년부터 1944년까지는 독일, 그리고 1944년부터 1991년까지는 다시 소련에 의해, 50년 동안 중단 없이 군사적 점령(Belligerent Occupation)하에 있었다고 하는 데에 있다. 발트 3국의 이러한 주장은 그때까지 국제사회의 일반적인 인식에 비추어 상당히 무리한 것으로 보였지만, 점차로 많은 국가들의 긍정적인 반응을 끌어내었다. 현재 유럽연방(EU)에 속한 대부분의 국가들은 발트 3국이 '주권과 독립을 회복'한 것으로서 그 국가의 동일성이 소련에 의한 병합에도 불구하고 계속되어 왔다는 것을 인정하는 태도로 돌아왔다.[43]

어떤 국가의 강제 합병을 국제사회가 처음에는 국제법상 유효한 것으로 간주하다가 나중에 그 불법성을 인정하여, 군사적 점령에 불과한 것으로 보고, 사실상 국가적 기능이 정지된 지 상당 기간이 지난 이후에도 '주권과 독립을 회복'함으로써 그 피점령국의 국가적 동일성의 유지를 인정하게 된 유사한 경우로서, 1938년 독일에 의한 오스트리아의 합병과 1936년 이탈리아에 의한 에티오피아 합병 등을 들 수 있다[44].

1910년 「한일병합조약」과 1919년 실질적 국권 상실 이래 실질적으로 한국의 주권이 회복된 1948년까지의 기간은 정확히 29년간이다. 약 2,000년 후에 동일성을 회복한 이스라엘의 경우는 물론이고, 약 51년 후에 국가 동일성을 회복한 발트 3 국과 비교했을 때, 국가의 중요한 구성요소 즉 정부(대한제국의 정부)가 완전히 없어진 지 29년 만에 주권을 회복한 우리나라의 경우는 그 '국가적 동일성'을 인정하는 데에 아무 어려움이 없다고 볼 수 있다. 법적으로 표현한다면 '정의의 규범력'[45]이 어떤 '사실의 규범력'[46]도 능가할 수 있는 대표적인 경우라고 말할 수 있다.

일본의 1910년 「한일병합조약」의 체결에 한국이 주장하는 것 같은 결정적이고 명백한 법적 흠결이 있다 하더라도, '그 당시' 국제사회에서 합법적으로 성립된 병합조약으로 받아들여졌을 뿐만 아니라 100년이 지난 '지금도' 국제사회에서 합법적으로 성립된 병합조약으로 취급되고 있다는 사실이 가지고 올 '사실의 규범력'을 염려하는 나인균 교수와 같은 학자들의 신중한 지적에 대해서 이만하면 충분한 답변이 되었으리라고 생각한다.

그러나 이 글의 법논리적 추론의 완성을 위해서는 나머지 또 하나의 과제, 즉 국가가 일단 구성요소의 중요한 상실 또는 소멸로 동일성을 유지하지 못하게 된 상태, 즉 국가 소멸의 단계에 갔다가도 상당한 시간이 지난 후에 그 국가 구성요소의 상실 또는 소멸을 회복한다면 다시 그 '동일성의 회복'을 인정해 줄 수 있는가? 하는 문제인데 다른 말로 하면 일단 소멸했던 국가도 부활할 수 있는가? 하는 문제를 반드시 따로 검토하지 않으면 안 된다.

나. 국가의 부활復活은 가능한가?

우리는 이 글에서 대한민국은 대한제국과는 국가적 동일성이 없는 신생 독립국인가? 아니면 그 동일성이 인정됨을 전제로 한 재수립(Resurrected, Wiederer-Richtete)된 국가인가를 지금까지 검토해 왔으므로 국가 부활이나 재수립의 개념은 당연히 성립된다는 것을 전제하는 추론을 계속한 셈이다. 그런데 이제와서 새삼스럽게 "국가의 부활은 가능한가?"라는 문제를 다시 제기하고 있는 것은 무슨 이유인가? 사실 솔직히 말하면, 국내 또는 국외의 여러 학자들에 의한 지금까지의 논구에서 흔히 간과되고 있는 점을 꼭 지적해 두고 싶은 것이 필자의 의도이다.

순수한 법적 논리의 일관성 만을 볼 때, 국가는 일단 소멸하면 그 존재의 계속을 회복할 수 없다고 보는 것이 자연스러울 것이다. 한스 켈젠(Hans Kelsen)이나 마레크(Marek) 같은 학자들은 국가의 동일성이란 그 동일성의 '계속'을 논리상 필요적인 개념으로 갖는 것이라고 본다. 즉, 이들은 국가의 동일성과 계속성은 하나의 결합된 개념이며 구별하거나 떼어놓을 수 없다는 불가분성不可分性이라고 강조한다. 그러므로 '국가의 법적 부활'이란 있을 수 없다고 본다.[47] 그러나 제임스 클로포드 는 국가의 계속성 없는 동일성을 인정할 수 있다는 입장을 취하고 있다.[48]

국가의 동일성과 계속성을 설명하는 이처럼 '상반된 두 가지의 입장'은, 각 입장에 당연히 내포되어야 할 중요한 요소 즉, 국가의 동일성과 계속성을 유지하겠다는 공적公的으로 표명된 국가의 의지意志라는 '주관적 요소'의 중요한 역할을 고려한다면, 국가 주권 개념이 처음으로 정착된 절대 왕조(Absolute Monarchy)시대의 주권 개념에서 연유된 사고방식, 즉 국가를 시간적 영속성을 가진 국제적인 법인격 주체로 보고, 국가 구성요소의 상당한 변경에도 그 동일성과 계속성을 유지할 수 있는 법적 주체로 보는 시각에서 이 두 입장은 얼마든지 '논리적으로 결합'되어 상반되지 않는 일관된 설명으로 완성될 수 있다.

그러므로 주의해야 할 점은 일단 소멸된 국가는 국가의 동일성과 계속성을 유지하겠다는 공적으로 표명된 국가의 의지라는 '주관적 요소' 없이는 어떤 경우에도 부활하거나 재수립될 수 없다는 점이다. 군사적 정복이나 기타 어떤 이유로든 정복한 국가에 병합할 것을 자의로 적법하게 동의한 국가는 그것으로 확정적으로 소멸되는 것이며 다시는 부활할 수 없다. 왜냐하면 켈젠이 지적하고 있는 것처럼 국가의 동일성이란 본래 그 동일성의 '계속'을 논리상 필요적인 개념으로 갖는 것이기 때문이다. 더구나 병합에 동의한 국가의 의사표시에는 금반언禁反言의 원칙(Principle of Estoppel)이 적용된다.

한편 국가 소멸에 이를 정도의 침략으로 인한 불법적 병합에 대한 '실효적인 외교적 수단을 통한 항변'의 효력에 관해서 국제법은 군주국의 경우나, 공화제 국가의 경우나 동일하게 이를 인정하여 적용되고 있음을 이미 지적하였거니와 불법적으로 병합된 국가가 적국의 군사적 정복에 대한 '적법한 외교적 항변을 지속함으로써' 또한 영토를 상실한 망명 국가가 국권 회복의 주장을 '실효적인 외교적 수단을 통해서 지속함으로써' 국가적 동일성을 회복하여 재수립 또는 국가 부활을 할 수 있는 법적 자격을 유지하는 것을 국제법이 당연히 인정하고 또 예견하고 있다는 것을 상기해야만 할 것이다.

그러므로 국가의 동일성과 계속성의 논리적 불가분성을 인정하는 것과 일단 소멸한 국가가 일정한 조건하에 부활 또는 재수립될 수 있는 가능성을 열어 놓는 것은 전혀 논리적으로 상반되는 것이 아니다.

6. 1910년 「한일병합조약」은 무효라는 주장에 대한 찬반론의 검토

1910년 「한일병합조약」이 일본이 주장하는 것처럼 법적으로 성립된 조약이며 유효한 것이었다면 대한제국은 1910년 8월에 확실히 소멸한 것으로 된다. 그렇게 되면 대한제국과 대한민국의 국가적 동일성을 더 이상 검토하거나 논의할 실익은 없게 된다.

그러므로 1910년 「한일병합조약」은 무효라는 주장에 대한 중요한 반론들에 답하는 것은 대한제국과 대한민국의 국가적 동일성을 논의함에 있어서 중요한 선행적 과제가 된다.

「한일병합조약」이 체결된 것은 1910년이므로, 이것은 1945년 '무력사용 금지의 원칙'이나 1928년 '전쟁 불법화 원칙'이 확립되기 이전이다. 오누마大沼保昭 교수는 1910년 당시 일본이 영국, 러시아, 중국, 미국, 독일, 프랑스, 이탈리아, 오스트리아 등의 국가에 대하여 「한일합방조약」의 체결을 통보하였다는 것과 이에 대하여 어느 국가도 이의를 제기하지 않았다는 사실을 지적한다[49]. 나인균 교수는, "당시 일본의 한국병합은 국제사회에서 일본의 내부문제로 간주되었으며, 관련 각국에 한국병합을 통보한 일본의 의사표시는 정복과 병합으로 유효한 영토 취득의 권원(Title)을 설정하기에 충분한 것이었으므로 1910년 한일합방은 국제법 위반이라고 보기 어렵다."고 주장한다.[50]

이는 매우 신중하고 성실한 반론으로서, 당시 일본 제국의 조선왕국 병합에 관하여 국제사회가 보여준 매우 현실적이고 타산적인 반응을 염두에 둔 지적으로 보인다. 그러나 1910년 당시, 두 가지의 현저한 원리[51]로 구성된 구라파식 군사적 점령의 개념이 이미 성문화되어 일반 국제법의 개념으로 확립되어 있었다는 점을 상고하면 단순히 1910년 당시에는 1945년 '무력 사용금지의 원칙'이나 1928년 '전쟁 불법화 원칙'이 확립되기 이전이라는 이유나, 일본 제국으로부터 「한일병합조약」의 체결을 통보받은 어느 국가도 이의를 제기하지 않았다는 사실만으로 「한일병합조약」 체결에 내포된 결정적인 법적 흠결[52]이 치유될 수 있는 것은 아니다. 그러나 국내외적으로 국제법 학자들의 1910년 「한일병합조약」의 유효성에 관련된 논의는 이런 명백한 결론을 도외시하고 이른바 조약 체결에 있어서 개입된 의사의 강박에 대한 국제법상 효력에 관한 논의에만 집중되어 있다.

이렇게 된 데에는 한국 정부나 한국 학자들이 1965년 「한일 기본관계 조약」의 체결을 위한 한일협상 때부터 지금까지 일관해서 이 조약은 합법적으로 성립된 것이 아니라고 주장하면서, 그 합법적으로 성립되지 않았다는 주장의 근거로는 이 조약뿐만 아니라 '1910년 8월 22일 이전에 양국 간에 체결된 모든 조약'들이 절차상 요건의 흠결(전권 위임장의 결여, 조약 체결권자의 비준 서명 결여 등)과 국가대표자에 대한 의사의 강박으로 체결되었다는 사유를 들고 있었던 것에서 연유되고 있는 것으로 보인다.

1965년 「한일기본관계조약」 제2조에서 무효라고 주장될 대상을 "1910년 8월 22일 이전에 양국 간에 체결된 모든 조약"이라고 규정하고 있지만, 학자들 사이에서 법적 효력에 관한 논의의 대상이 되는 것은 한일병합이 이루어지는 과정에서 성립된 다섯 개의 '유사조약'[53]에 한정된다.

「한일병합조약」이 체결되기에 앞서 한일 간에 체결된 4개의 '유사조약'들은 서로 논리적 인과관계로 결합되어 있으므로 이들 조약의 무효를 주장함에 있어서 절차상 요건의 흠결(전권 위임장의 결여, 조약 채결권자의 비준, 서명의 결여 등)과 '국가대표자에 대한 의사의 강박' 등을 상호 연관하여 공통적인 근거로 분석하고 있는 것으로 이해될 수 있다.

그러나 좀 더 구체적으로 관찰해 보자.

앞서 체결된 4개의 유사조약들의 경우에, 조선 왕국의 주권(왕권)을 침탈하려는 집요한 의지를 가지고, 모든 간지를 동원하여 수단과 방법을 가리지 않고 실현하려는 성급함과 관련 국제정세 등의 복잡한 진행 과정의 와중에 조약들을 서둘러 체결하려다가, 일본 제국은 결과적으로 중대한 절차적 흠결과 국가대표에 대한 의사의 강박을 가하는 어리석음을 범한 것이지만, 1910년 「한일병합조약」의 경우에는 이미 일제의 완전한 괴뢰가 되어 있었던 대한제국 내각 총리대신 이완용 등 조약 체결상의 한국 측 국가대표에 대해서는 새삼스럽게 의사에 강박을 가할 필요조차 없었으므로, '국가 대표에 대한 의사의 강박에 관한 문제'는 실제로 이 병합조약에는 해당이 없다.

또한 일제가 극단적인 주의력으로 이 조약에서만큼은 그 조약법상의 절차적 흠결을 다시는 범하지 않으려고 처음부터 용의주도하게 노력하였으므로 조약의 명칭이 표기되지 않았다는 것, 공포 조칙에 찍힌 황제의 어새御璽가 국새國璽가 아니라는 점, 그리고 황제의 수결手決이 없다는 정도의 사실상 극히 '사소한' 절차적 흠결밖에는 지적할 것이 없는 형편이다. 이런 사소한 흠결들에 대해서 한국 측 학자들의 지적이 있으나[54] 일본 측 학자들의 반론이 있다.[55] 그러나 이런 논의는 「한일병합조약」의 법적 성립 여부를 판단함에 있어서는 사실상 결정적으로 중요한 기준이라고 말하기는 어렵다.

다시 더 말할 필요도 없이 1910년 「한일병합조약」을 체결한 한국 측 조약 체결 권자는 조약문에 명기된 대로 '순종 황제'이며 그는 적법한 대한제국의 황제가 아니라는 점 이외에 달리 더 무슨 명백한 무효의 원인을 찾을 필요는 없는 것이다. 즉 그것으로 '충분히' 1910년 「한일병합조약」은 법적으로 성립될 수 없는 무효인 조약임이 분명한 것이다.

일제는 그 당시 이미 그들의 완전한 괴뢰가 되어 있었던 이완용 등 조약 체결상의 한국 측 국가대표에 대해서는 실제로 새삼스럽게 의사에 강박을 가할 필요조차 없었고, 그렇기 때문에 일제가 한국 측 국가대표에 대해서 의사의 강박을 가한 사실이 전혀 없으므로 '국가 대표에 대한 의사의 강박에 관한 문제'는 실제로 이 1910년 「한일병합조약」에는 해당이 없음에도 불구하고, 왜 「한일병합조약」의 법적 성립 여부에 관한 문제를 논의함에 있어서 한일 양국의 학자들은 계속해서 의사의 강박에 관한 국제법상 효력에 관한 학설상의 논쟁, 예컨대 '무효 원인 이분론二分論' 같은 것에 그처럼 몰두하고 있는가?

'무효 원인 2분론'이란, 예컨대 1905년 「을사늑약」의 체결과정에서는 일제의 한국 측 국가대표에 대한 의사의 강박이 있었으며, 이는 '국가 자체에 대한 강박'을 조약 무효의 원인으로 인정하지 않는 당시 국제법 규범상으로도 조약을 무효로 한다는 식으로 1905년 「을사늑약」의 무효를 주장하는 논리이다. 즉, 국가대표에 대한 의사의 강박과 '국가 자체에 대한 강박'을 준별峻別하고 있다는 의미로 이를 '무효 원인 2분론'이라고 칭하는 것이다.

일본 학자들도 1910년 「한일병합조약」의 유효를 주장함에 있어서 놀랍게도 이 '무효 원인 2분론'의 논의에 몰두하고 있다. 물론 이들은 '1910년 「한일병합조약」은 적법하게 성립되었다'는 일본 측의 심각한 주장을 유지하기 위해서 의도적으로 논점을 희석하고 왜곡시키려는 노력을 하는 것이다.

1910년 「한일병합조약」이 채결되기에 앞서 한일 간에 체결된 4개의 '유사조약' 중에서 일제가 한국 측 국가대표에 대해서 가장 역연歷然하고 무도無道하게 의사에 강박을 가한 것은 1905년 「을사늑약」의 체결 과정에서였다. 그러므로 꼭 '무효 원인 2분론' 등을 논하려 한다면 1910년 「한일병합조약」이 아니라 1905년 「을사늑약」에 관해서 논하는 것이 맞다. "1905년 「을사늑약」은 당시의 국제법 규범상 적법하게 성립되었다."라는 것을 주장하려고 하는 일본 학자들은 이 '무효 원인 2분론'의 논리적 타당성과 법리적인 정당성을 집요하게 다투어 이를 모두 부정하는 것에 그들의 노력을 집중한다.

이 1905년 을사늑약의 일방 당사자이며, 조약 체결권자였던 당시 대한제국의 고종 황제는 일본 제국의 강압적 요구로 체결된 이 조약의 불성립과 무효를 조약 체결 직후부터 강하게 주장하였다. 대한제국의 황제인 자신의 의사와는 상관없이 무력에 의해서 강제로 체결된 「을사늑약」을 고종 황제는 처음부터 인정하지 않았으며, 이 「을사늑약」의 효력을 폐기시키기 위해서 고종 황제가 전면적인 외교적 노력을 벌였다는 것은 이미 잘 알려진 사실이다.

고종 황제는 1905년 11월 미국에 보낸 전문電文과 1906년 1월 국서를 통해 이 늑약이 불법, 무효임을 주장하고 선언한 데 이어, 1906년 6월 22일 황실고문 헐버트(H.B. Hulbert)를 특사로 임명하여 친서를 미국 등 9개국 국가 원수에게 전달케 하였다. 그러나 미국에 간 헐버트는 루스벨트 대통령과의 회견을 거부당하고, 어렵사리 만난 루트 국무장관에게도 냉담한 반응을 받았을 뿐이다. 고종은 이에 좌절하지 않고 런던 ‘트리뷴’지 기자인 스토리(Story)에게 옥새가 찍힌 국서國書를 주어 영국에 전하게 하였다. 고종은 이 국서에서 황제인 자신은 을사늑약을 승인하지 않았으며, 주권을 일본에 양도하지 않았음을 역설하고, 이후 세계 열강이 5년 동안 한국을 공동으로 보호하기를 바란다고 제의했다. 이 국서는 중국 주재 영국 총영사 지부支部에 전달되었을 뿐, 영국 정부로부터도 아무런 가시적 반응을 얻지 못했다.

고종 황제가 을사늑약의 무효를 주장하기 위하여 전개한 이러한 외교적 노력들은 1906년 12월 6일자 런던 ‘트리뷴’지에 게재되었고, 1907년 1월 16일에는 영국인 베델과 양기탁이 함께 운영하던 한국의 ‘대한매일신보’에도 게재되었다. 고종 황제가 을사늑약의 무효를 주장하기 위하여 1907년 의정부 참찬 이상설과 전 평리원 검사 이준, 그리고 전 주러 공사 이범진의 아들 이위종을 6월~7월 제2차 만국평화회의가 열리는 헤이그로 파견한 사실은 이른바 ‘헤아 밀사密使 사건’이라고 해서 우리가 잘 알고 있는 바와 같다.

이 1905년 제2차 한일협약, 즉 「을사늑약」의 효력에 관해서는 이것이 국가대표에 대한 강제로 성립되었기 때문에 무효인 조약이라고 하는 학술적인 연구와 평가가 벌써 1906년 프랑스 학계에서 나왔고[56], 1935년 하버드대학교 조약법 연구보고서에서도 지적되었으며[57], 1963년 유엔 국제법 위원회(ILC)에서 조약법에 관한 성문법 초안을 토의하는 과정에서 초안 보고자인 월도크 경卿의 보고서에서도 국가대표에 대한 의사의 강박으로 무효가 되는 조약의 전형적인 예로 인용되고 있다[58]. 그 내용을 여기서 조금 더 자세히 보기로 한다.

가. 프랑스 국제법 학자들의 법적 논리

1905년 11월 17일 체결된 「을사늑약」에 관해서 당시 프랑스의 몇몇 국제법 학자들은 그 체결 과정에 관한 면밀한 검토 후에, 일본 제국 정부가 조선 왕국 측의 조약 체결 대표를 군사력에 의해서 그 의사의 표현을 강박하는 수단으로 조약을 성립시켰으므로 이 조약은 처음부터 무효라고 결론지었다.

파리 법과 대학의 프랑수아 레이 교수는,

> 한일 간의 보호 조약은, 한국 측의 조약 체결 대표에 대해서 일본 제국 정부가 군사력에 의한 강박을 수단으로 하여 이들에게 정신적 및 육체적 폭력을 가하여 체결된 것이라는 것을 알게 되었다. 조약의 서명은, 이토 히로부미와 하야시 곤스케 등의 인도로 조선 왕궁을 침범한 일본 군대의 강압에 의해서 조선의 황제와 그 각료들을 강박하여 얻어낸 것이다. 조선 왕국의 각료들은 이틀간이나 저항하다가 결국 이 협약에 서명했으며, 조선의 황제는 지체 없이 이 협약의 무효를 주장하기 위해 그의 사절使節들을 열강에 파견한 것이다. 이 보호 조약의 체결 과정에 관련된 이와 같은 특별한 사정을 감안할 때 이 조약은 당초부터 무효라고 결론지을 수밖에 없다.

라고 주장했다[59].

조약법의 법리를 적용하여 이를 종합해 보면 이 조약의 체결 과정에는 국가 자체에 대한 강박과 국가대표에 대한 강박이 일본 제국 정부에 의해서 강행되었다.

1905년 당시의 국제법상 '국가 자체에 대한 강박'은 이 조약의 성립을 불법적인 것으로 만들지 않는다. 그러나 이 조약의 경우처럼 '조약체결 당사국 대표'에게 가해진 야만적이고 잔인한 강박은 이 조약이 적법하게 성립되는 것을 방해하는 것으로 판단해야 한다.

특별히 프랑수아 레이 교수의 견해로는, 이 조약의 성립을 무효화시키는 원인으로써 일본 군대의 잔인한 강박 이외에, 이 보호 조약이 체결됨에 앞서서 조선 왕국과 일본 제국이 체결한 여러 조약에서 일본 제국이 조선 왕국의 독립을 보장할 것을 약속한 사실이 있었음에도, 이 보호 조약을 체결함으로서 이러한 약속을 배반한 일본의 의도는 이 협약을 무효로 하는 또 다른 유력한 원인을 구성한다고 보았다[60].

조약을 무효로 하는 중요한 원인으로서 조약 체결 대표에 대한 의사의 강박을 행사한 것을 지적하는 것은 다른 프랑스 학자도 프랑수아 레이 교수의 견해를 따르고 있었다[61].

나. 조약법 협약에 관한 하버드 법대 초안(1935년)

1935년 미국 하버드 법대 교수들은 국제법 법전화 작업의 일환으로 협약 초안을 준비하고 있었다[62]. 이들의 연구보고서 제3장은 조약법에 관한 초안이었다. 이 제3장에 포함된, 의사의 강박(Duress)에 관한 초안, 제32조를 설명하고 있는 기록에는, 강박에 의해서 체결된 조약의 전형적인 사례로써 세 가지를 들고 있는데[63] 그중의 하나가 1905년 11월 17일 체결된 「제2차 한일 협약」이다. 실제로 1905년 일본 제국 군대에 의해서 행사된 '의사의 강박'에 관련하여 앞 절에서 서술한 프랑스 학자들의 법률적 주장은 이 하버드 법대 교수들의 연구에서 모두 그대로 받아들여졌으며, '하버드 초안'에서 인용되고 있다[64].

다. 1963년 국제법 위원회(ILC) 조약법 초안 논의에 제출된 월도크 경의 제2차 보고서

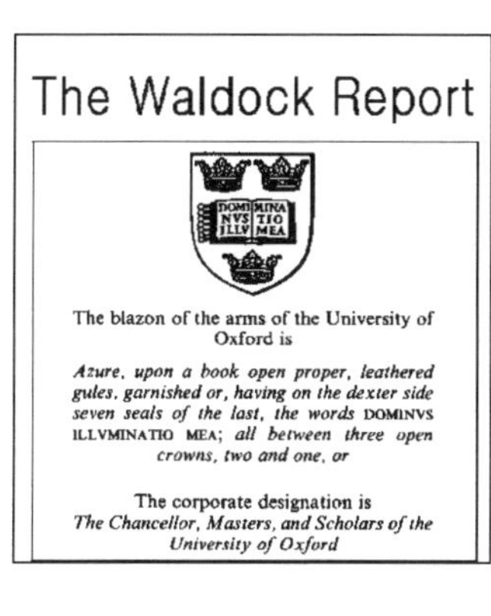

제2차 세계대전이 끝난 후 국제법의 법전화 작업은 국제연합 국제법 위원회에 의해서 계속되었다. 이 법전화 작업 중 조약법에 관한 논의는 1963년 5월에 시작되었다. 그리고 이 ILC에서의 논의는 특별 보고자 월도크 경卿(Sir Waldock)이 제출한 초안(제2차 보고서)에 의해서 이루어졌다[65]. 월도크는 제11조(국가 대표 또는 국가기관 임원에 대한 개인적 강박)에 대한 설명에서 강박으로 체결된 조약의 전형적 사례로써 4가지를 들고 있었는데, 그중의 하나로 1905년 11월 17일 체결된 「제2차 한일 협약」을 인용하고 있다[66]. 1935년 하버드 보고서를 기초로 하여 설명하면서 그는 하버드 보고서가 제시한 3가지 사례에 더하여, 보헤미아와 모라비아를 독일의 보호국으로 만들기 위한 '1939년 3월 15일 보호조약'에 동의하도록 체코 대통령에게 가한 히틀러의 강박 사례를 추가했다[67].

라. 국제연합 국제법 위원회(ILC)에서의 논의

월도크가 제출한 초안(제2차 보고서)을 중심으로 이루어진 국제연합 국제법 위원회에서의 실제 논의 과정에서, 1905년 11월 17일 체결된 「제2차 한일 협약」에 관한 위원들 간의 의견 교환은 없었다. 체코 대통령에게 가한 히틀러의 강박 사례에 대해서만 추가적인 논의가 있었을 뿐이다[68]. 그러나 국제법 위원회(ILC)의 실제 논의 과정에서 위원들 간의 의견 교환이 없었다고 해서, 월도크가 강박으로 체결된 조약의 전형적인 경우로 들고 있는, 1905년 11월 17일 체결된 「제2차 한일 협약」을 포함한 4가지 사례를 국제법 위원회(ILC)의 위원들이 동의하는데 문제가 있었던 것은 아니다. 국가 대표에 대한 의사의 강박을 행사하여 체결된 조약을 무효로 만들게 되는 원인으로, 월도크에 의해서 새롭게 추가된 체코 대통령에게 가한 히틀러의 강박 사례를 논의함으로써 월도크가 인용하고 있는 '의사의 강박으로 인한 조약 무효의 전형적 사례'를 전체적으로 동의하고, 확인하고 있다고 보아야 한다.

일본의 사카모토坂元茂樹 교수는 그의 논문에서, "유감스럽게도 한일 간의 보호조약에 대한 월도크의 이러한 평가에 관하여 위원들 간에 특별한 의견 교환이 있었다는 증거는 없다."라고 지적하고 있다[69]. 그는 국제법 위원회(ILC)의 조약법 초안을 위한 실제 논의과정에서 히틀러의 강박 사례만이 언급된 사실을 강조하고 있다. 이 문제와 관련해서 그는 일본 외무성 조약국장이, "우리는 국제사회 전체가 총의로써 1905년 한일보호조약을 무효인 조약으로 보고 있다고는 받아들이지 않는다."라고 일본 제국 국회에서 발언한 내용을 인용하고 있다[70]. 그러나 조약국장의 이러한 발언은 어디까지나 정치적인 발언이며, 법적으로 볼 때 명백하게 잘못된 발언이다.

노회老獪하게도 사카모토 교수는 그의 복잡한 논문에서 1905년 을사늑약이 '무효가 아니다'라는 결론을 내리고 있지는 않았다. 그는 아주 신중하게, "국제법 위원회의 회의록에(이 특정한 조약에 관한 위원들 간의 논의가) 명백하게 기록되어 있지 않다고 해서 문제의 보호조약이 국가 대표에 대한 강박으로 체결된 조약이 아니라고 결론지을 수는 없다."고까지 지적하고 있다[71].

마. 「을사늑약」과 「한일병합조약」의 적법성을 주장하는 일본 학자들의 논리

반면, 이 1905년 을사늑약과 1910년 「한일병합조약」이 국제법적으로 유효하게 성립된 것이라는 일본 측의 방어적인 주장이 1920년대부터 일본 국제법 학자들에 의한 왕성한 노력으로 자기들 나름대로는 그런대로 정교하고 집요한 이론들로 발표되기 시작했다.

일본 학자들이 1910년 한일병합의 적법성을 방어적으로 주장함에 있어서 제1세대를 이루고 있는 학자로서는 아리가 나가오有賀長雄[72]와 따찌 사꾸다로오立作太郎[73]를 들 수 있다.

아리가 교수는 국가 대표에 대한 의사의 강박을 물리적 강박과 정황적 강박으로 분류하고 있다[74]. 그는 국가 대표인 개인에게 물리적 폭력의 위협으로 조약에 서명하게 하는 것은 이 조약을 당초부터 무효인 것으로 만든다고 주장한다. 그러나 반면에 '정황적 강박'으로 체결된 조약은 무효가 되지 않는다고 그는 주장한다. 그는 특히 1905년 한일보호조약은 국가 대표에 대해서 정황적 강박이 가해진 경우이며, 여기에는 물리적 강박이 없었다고 주장한다[75]. 그는 특히 1905년 한일보호조약에 대해서 제기되어 있는 서구 국제법 학자들의 조약법상의 비판 이론을 방어하기 위해서 특별한 노력을 기울인 것으로 보인다.

그러나 그의 이러한 주장은 논리적이지도 않으며, 따라서 설득력도 없다. 일본의 사카모토 교수조차도 그의 이러한 주장에는 비판적이다. 조약 체결에 대한 동의가 조선 정부 각료들에 의해서 완료될 때까지 아무도 그 회의장을 떠날 수 없게 함으로써 그들을 실질적으로 구금상태에 둔 것을 아리가 교수는 행동의 자유를 구속한 물리적 강제로 보지 않았다는 점을 지적하면서 사카모토 교수는, "과연 국가 대표에 대해서 가해지는 강박을 아리가 교수처럼 제한적으로 해석할 수 있겠는가?"라고 묻고 있다[76].

따찌 사꾸다로오 교수는 "국제법상 조약의 체결 시에 국가의 자유로운 의사의 합치가 없을 때에는 그 조약을 무효로 할 수밖에 없다는 원칙을 적용함에 있어서는 국내법상 계약 체결의 경우, 의사 자치의 원칙을 적용하는 것과 구별해야 할 점이 있다. 국가가 강국의 위협을 받는다든지 전쟁에 패하여 강화조약을 체결하는 경우에도 이러한 의사 자치의 원칙을 차별 없이 적용한다면 패전국이 원하기만 하면 언제나 전쟁의 결과 체결된 강화조약의 무효를 주장할 수 있게 될 것이기 때문이다."[77]라고 지적함으로써 우회적으로 1905년 「을사늑약」의 체결에 대해서 의사의 강박을 이유로 조약 성립의 무효를 주장하는 프랑스 법학자들의 견해를 논리적으로 부정하려고 노력하고 있다. 그러나 이런 그들의 법적 추론은 그들의 주장이 아직 조약 무효 원인 2분론에 대한 법적 이론조차 제대로 이해되어 있지 않은 상태라는 것을 입증하고 있을 뿐이다.

일본 학자들이 「한일병합조약」의 적법성을 주장함에 있어서 제2세대를 이루고 있다고 볼 수 있는 학자로서는 타오까 료오이치田岡良一[78]를 들 수 있다.

타오까 료오이치 교수는 1935년 하버드 보고서의 조약법 협약 초안 제32조에서 정의되고 있는 '강박(Duress)'이라는 개념을 전혀 이해하지 못하고 있거나 아니면 법리적 개념으로 이를 수용하는 것을 거부하고 있다. 그는 하버드 법대 보고서에 나와 있는 'The Comment'에서의 명확한 설명 내용을 통틀어 부정한다. 'The Comment'에서는 이 문제를 명확하게 구분하여 다음과 같이 설명하고 있다[79].

> 조약법 협약에서 사용되고 있는 이 강박(duress)이라는 용어는 어떤 조약에 동의하는 것을 강요하기 위한 목적으로 한 국가가 다른 국가에 사용하는 무력의 행사나 무력에 의한 강박을 포함하지 않는다. 조약에 동의하는 것을 강요받는 국가의 대표는 그 문제된 전쟁에서의 패전이나 상대방 국가의 무력 사용의 결과로 그 협약에 동의하지 아니하면 회복될 수 없는 재정적 위기나 급박한 국가적 파산에 직면하게 된다는 것을 인지하고 그 협약에 동의하는 것이 필요하다

고 결론을 내리는 경우라면 이러한 간접적인 강제는 이 협약에서 사용하고 있
는 강박이라는 용어에 해당되지 않는다.

이에 대한 그의 비판은 다음과 같다.

> 이 설명은 정확성을 결여하고 있다. 국가라는 것은 그 자체가 자연적인 의사를
> 가지고 있지 않다. 국가의 의사는 언제나 어떤 자연인인 개인들에 의해서 표시
> 되는 것이다. 그러므로 국가 자체에 대한 강박과 어떤 개인에 대한 강박을 구별
> 하는 것은 불가능하다. 하버드 보고서에서 설명하고 있는 이른바 국가에 대한
> 강박은, 정확히 말하면 그 국가를 대표하고 있는 국가 수반을 위협하는 행위를
> 말한다. 이러한 국가 수반에 대한 위협이, 그 국가 이익에 대한 심각한 피해가
> 임박하였으며, 급기야 국가 자체의 몰락을 가져올지도 모른다는 공포를 줌으로
> 써 그 조약에 동의할 수밖에 없도록 그의 권한이나 의사에 결정적인 영향을 주
> 는 것이므로 이 둘은 결국 구별할 수 없다.

라고 주장하고 있다[80].

생각건대 국가 자체에 향해서 가해진 강박과 국가대표에 대해서 가해진 의사의
강박을 서로 구별하는 이 제도는 국제법 규범에서 부정될 수 없는 하나의 명확한
법적 제도로써 받아들여지고 있었으며, 또 그때까지 잘 준수되어 왔다.[81] 웨스트
레이크는 그의 저서[82]에서 "자유 합의의 규칙은 국가대표에 대해서 행사되는 무
력과 강압으로부터의 자유를 의미하는 것으로써, 국가 자체의 의지를 강제하는
것을 금지하는 것은 아니다."라고 설명하고 있다. 또한 오펜하임도 그의 저서[83]에
서 강조하기를 조약이 가지는 기속력의 필수적인 요소로서 간주되는 '자유 합의
의 규칙'은 체약국 협상 대표의 의사의 자유를 요구하는 것이며, 전쟁에서의 패배
로 인한 임박한 국가적 위난을 피하기 위해서, 또는 강대국이 약소국에 가하는

실력적 위협으로 조약이 체결되는 경우에 '국가의 의지에 대하여' 적용되는 것은 아니라고 설명한다.

이런 명확하고 평이한 설명은 이른바 국가 자체에 향해서 가해진 강박과 국가 대표에 대해서 가해진 의사의 강박을 서로 구별하는 이 고전적 법리의 내용을 충분히 잘 설명하고 있다고 보여진다.

그럼에도 불구하고 타오까 료오이치 교수는 "국가에 대한 강박은, 정확히 말하면 그 국가를 대표하고 있는 국가수반을 위협하는 행위를 말한다."고 말함으로써 그가 중요한 법리적 오해를 갖고 있다는 것을 들어내고 있다. 국가수반이라 할지라도 자유의사에 억압을 줄 '위협', 즉 '강박'을 받는다면 이는 '자유 합의의 규칙'에 위반되는 것이며 역시 그러한 합의는 조약을 무효로 하기 때문이다.

조약 체결 시, 조약 체결 당사국 국가 대표의 그 조약 체결에 대한 동의가 진정한 자유의사에 기초한 것이어야 한다는 기준, 즉 '의사 진정의 원칙(The Prime Rule of Real Consent)'과 '자유 합의의 원칙(The Notion of Free Consent)'은 그 조약의 적법성을 위한 기본적 조건이었다. 이것은 현대 국제법에 있어서 무력 사용 금지의 원칙 또는 무력에 의한 위협을 금지하는 원칙 등이 나타나기 '이전부터' 국제법의 기본적 원칙이었다. 조약을 체결함에 있어 적용되는 이 '의사 자치의 원칙'은 조금도 변하지 않고 지금까지 유지되어 내려오고 있는 것이다[84].

그러나 평화 조약에 있어서는 패전국의 자유의사에 상관없이 승전국들의 의사에 의해서 구성된 조약의 내용이 패전국에게 일방적으로 부과되는 것이 허용된다. 현대 국제법에 있어서와 같은 무력 사용 금지의 원칙 또는 무력에 의한 위협을 금지하는 원칙 등이 확립되기 이전에, 고전적 국제법은 조약을 체결하기 위하여 무력의 사용이나 무력에 의한 위협으로 국가 자체에 강박을 가하는 것이 그 조약을 부적법한 것으로 만들지 않는다고 보았다. 고전적 국제법에 있어서 이것은 '자유 합의 원칙'에 대한 중요한 예외를 이루고 있는 것이었다[85]. 그리고 이것은 그 당시 국제사회에서 무력의 사용을 허용하기 위한 자연스럽고 필연적인 추론이었다[86].

그러나 그들은 이러한 중요한 예외를 인정한다는 것이 조약 체결에 있어서 '의사 진정의 원칙'을 포기하거나 부인하는 것으로는 보지 않았다.

국가 자체에 향해서 가해진 강박과 국가대표에 대해서 가해진 의사의 강박은 서로 구별되는 법적 효력을 갖는다는 이 원칙은 이른바 '국제사회 모든 국가의 합의로서 도출된 국제법상의 원칙'[87]으로 이 두 가지의 강박은 서로 구별될 수 있는 것으로 상정되고 있었다.

'의사 진정의 원칙'과 '자유 합의의 원칙'은 조약 체결에 관한 국제법상 두 개의 중요한 원칙이다. 그중에서, '자유 합의의 원칙'은 고전 국제법에 있어 정책 이행의 수단으로서 전쟁을 허용하는 법적 제도를 유지하기 위해 제한되는 경우도 있었다. 즉, 1910년 이전까지 고전 국제법의 규범상, 전쟁 수단에 호소하는 것을 허용하기 위한 하나의 필연적 논리 - 하나의 고육지책으로써 - '자유 합의의 원칙'에 대한 예외를 허용하지 않을 수 없었다. 이 문제에 관해서 로버트 젠닝스 경卿은 다음과 같이 설명하고 있다[88].

국제연맹규약이나 전쟁불법화조약 그리고 유엔 헌장이 나타나기 이전의 고전 국제법에 있어서 조약 체결에 관한 국가 행동의 자유에 관해서 조약 체결을 강제하기 위해서 무력을 사용하거나 무력에 의한 위협을 하나의 수단으로 사용함으로써 행사되는 의사의 강박은 그러한 조약을 불법화하는 원인으로 간주되지 않았다. 국제법의 일반 원칙에 비하여 다소 예외적이고 역겨운 고전 국제법의 이 제도는 그 당시 국제 관계에 있어서 무력의 사용이 허용된다는 것을 유지하기 위한 필요한 추론으로써 인정되는 것이었다. 다시 말해서, 무력의 사용은 타국을 강제하기 위한 합법적인 수단이었으며, 이러한 합법적인 수단으로 얻어낸 동의로 성립된 조약은 불법화되지 않는다는 것이었다.

하버드 법대 보고서의 'The Comment'에서는 이를 '간접적 강제'라고 표현하고 있다. 바텔은 이 문제를 좀 더 명확하게 설명하고 있다[89].

어떤 국가가 다소 불리한 조약을 체결함으로써 임박한 전쟁 상태에서 벗어나 필요한 평화를 얻어낼 수 있는 것이 신중한 방법이라는 것을 발견했을 때, 또는 상당한 희생을 치르더라도, 그러한 희생을 치름으로써 임박한 국가적인 위난과 국가 전체의 완전한 파멸을 피할 수 있다고 판단할 경우에, 그러한 희생을 감수하고 또는 그러한 평화조약을 체결함으로써 국가를 구하는 것이 유익한 일이다. 이 경우에 그 국가는 임박하지만 아직 도래하지 않은, 성질상 회복할 수 없는 국가 전체의 파멸을 피하기 위해서, 그것 대신에 그 범위에 있어서 제한되어 있으며, 현존하고 확실한 손실을 그 "자유의 의사"로 선택한 것이 된다.

이러한 바텔의 생생하고 명확한 설명에서 강조하고 있는 점은 평화 조약을 적법하게 체결하기 위하여 '자유 합의의 원칙'은 불가피하게 제한할 수밖에 없지만, '의사 진정의 원칙'은 완전히 지켜지고 있다는 것이다. 국제법 규범상, 전쟁 불법화 원칙이 성립되기 이전부터 현대 국제법에 이르기까지 '의사 진정의 원칙'은 어떤 경우에도 제한되지 않았다.

법학자로서의 지능에 한계가 있었던 때문인지 혹은 서구 국제법 이론을 완전히 이해할 정도의 법학적 연구가 아직 부족했던 때문인지 타오가 료오이치 교수는 결과적으로 국제법의 일반적 법리를 평이하고 명확하게 분석, 설명하고 있는 서구 법학자들의 견해를 무시하고, 1935년 하버드 보고서의 조약법 협약 초안 제32조에서 정의되고 있는 이 '강박'이라는 개념을 처음부터 인정하지 않고 있다.

1910년 한일병합의 적법성을 방어적으로 주장한 일본 학자들 그룹 중에서는 제3세대를 이루고 있다고 볼 수 있는 학자로서 이미 앞에서 몇 번 인용한 바 있는 사카모토[90] 교수를 들 수 있다. 사카모토 교수의 입장은 결국 근본적으로는 따찌 사꾸다로오나 타오까 료오이치 교수의 견해에서 크게 벗어나지 않는 것이다. 그는 1905년 당시 이러한 법리(무효 원인에 관한 2분법)가 관습 국제법으로써 성립하고 있었는지의 여부를 검토하기 위해서, 강박에 관한 오펜하임(Oppenheim), 홀(Hall), 블런츨리(Bluntchili) 및 피오레(Fiore) 등 당시 서양학자의 서술을 장황하게 참조하고 나서[91] 이를 근거로 "국가대표자에 대한 강제가 무효라고 하는 관습법 규칙이 당시 성립되어 있었다."는 결론을 내리고 있다. 그는 "전통적 국제법에 의하면 강제에 의하여 체결된 조약의 법적 효력은 그러한 강제가 국가대표자에 대한 협박인가 아니면 국가 자체에 대한 강제인가에 따라 달라진다."는 것을 인정하였다.[92]

그렇지만 그는 결론적으로 국가 자체에 대한 강박과 국가 대표에 대한 강박이 법리적으로는 구별될 수 있지만 '개별 구체적 상황'에서 그러한 '2분법'을 적용하는 것은 '곤란하다'고 주장한다. 그 이유로 그는 '조약의 무효 원인으로 간주되지 않는, 강대국이 약소국에게 자신의 의사를 강요하기 위하여 국가 원수나 대신이라고 하는 국가의 기관에게 가하는 강제와(조약 체결을 위한 국가대표인, 원수나 대신이 아닌) 개인에 대한 강제를 구별하는 기준'은 '명확하지 않다'고 지적 한다[93].

그가 "조약의 무효 원인으로 간주되지 않는, 강대국이 약소국에게 자신의 의사를 강요하기 위하여 국가 원수나 대신이라고 하는 국가의 기관에 가하는 강제"라는 표현을 하는 것에서 우리는 그가 '국가에 대한 강제'를 "강대국이 약소국에게 자신의 의사를 강요하기 위하여 국가의 기관에게 가하는 강제"로 이해하고 있다는 것을 알 수 있다. 이것은 마치 다오까 교수가 "'국가에 대한 강박'은, 정확히 말하면 그 국가를 대표하고 있는 국가 수반을 위협하는 행위를 말한다."고 말함으로써 중요한 법리적 오해를 갖고 있다는 것을 스스로 들어내고 있었던 것과 똑같은 경우가 된다. 그는 '국가에 대한 강제'를 "강대국이 약소국에게 자신의 의사를 강요하기 위하여 국가 원수나 대신이라고 하는 국가의 기관에게 가하는 강제"로 여전히 오해하고 있는 것이다.

국가 원수나 대신일지라도 자유의사에 억압을 줄 '위협', 즉 '강박'을 받는다면 이는 '의사 진정의 원칙'에 위반되는 것이며 역시 그러한 합의는 결국 그 조약을 무효로 만들게 되는 것이다.

고전 국제법에 있어서 가장 기본적이고 일관된 원칙으로 되어 있는, 조약의 합의에 적용될 '의사 진정의 원칙'에 대한 기본적인 이해가 이처럼 부족하고, 따라서 의사의 강박이 어떻게 해서 조약을 무효로 할 수밖에 없는가? 하는 조약법의 기본적인 법리에 대한 이해가 전혀 안 됐기 때문에, '국가에 대한 강제'와 '국가대표에 대한 강제'를 구별하는 기준"은 '명확하지 않다'고 하거나, '개별 구체적 상황'에서 그러한 '2분법'을 적용하는 것은 '곤란하다'고 고백하는 사정은 충분히 이해할 만하다.

그러나 야단스럽게 국제법상 고전적 전거들을 일일이 상고하고 나서 '법리적으로는 구별될 수 있다'고 자기 나름대로의 이해를 과시하였지만, 사실은 핵심적인 법리적 내용조차도 제대로 이해하고 있지 못하는 한심하고 저열한 그의 주장이나 논리는 어떤 법리적 수준에서도 평가할 가치조차 없는 것이라고 판단할 수밖에 없다.

국제연합 국제법 위원회(ILC)에서 논의된 현대 조약법 법리에 관한 토의 중에서, 국가 자체에 향해서 가해진 강박과 국가대표에 대해서 가해진 의사의 강박을 서로 구별하는 법적 원칙에 관한 오해와 혼돈이 있었다는 것은 흥미로운 일이다[94].

국가 자체에 향해서 가해진 강박과 국가대표에 대해서 가해진 의사의 강박을 구별하는 명확한 구별의 기준이 결여되어 있다고 지적하는 사카모토 교수의 주장과 유사한 문제의 제기는 국제연합 국제법 위원회에서 벌써 논의된 바가 있다. 바인첼은 조약의 체결을 강제할 목적으로 국가에 대한 강박을 행사한다고 할 때, 실제로 조약체결권을 가진 자연인인 개인이나 또는 국가 기관에 이러한 강박을 행사하지 않으면 국가에 대한 강박은 이루어질 수 없다고 주장하였다. 그의 견해에 의하면, 이른바 국가 자체에 대한 강박에 있어서 실제로 강박의 객체는 적어도 간접적으로는 이러한 '자연인'인 개인이나 국가 기관인 공무원이 된다고 주장

했다.[95]

그러나 용어의 법률적 의미를 정확하고 정당하게 추적할 때, 조약 체결을 위한 국가 대표가 강요된 조약의 체결을 거절하고 그 대신 다른 정책 대안을 채택할 '의사의 자유'가 보장되는 한, 강박이란 존재하지 않는 것이 된다. 그러므로 그 이후의 여러 연구[96]에서 바인첼이 한때 제기했던 문제, 즉 '국가 자체에 향해서 가해진 강박'과 '국가대표에 대해서 가해진 의사의 강박'을 구별하기 위한 '명확한 구별의 기준 문제'는 충분히 논리적으로 해결될 수 있는 것으로 이미 받아들여졌던 것이다.

사카모토 교수는 국제법의 핵심적인 법리적 내용조차도 제대로 이해하고 있지 못하는 한심하고 저열한 학문적인 수준에 머물러 있는 학자가 아니고 - 간지奸智까지 동원할 정도로 - 오히려 대단히 지적이며 아주 정책 지향적이고 지나치게 애국적인 국제법 연구자일 수도 있다. 그는 유엔 국제법 위원회(ILC)의 토의 과정에서 한때 제기되었던 이 문제에 관한 바인첼의 논의를 과장해서 강조함으로써 1905년 「을사늑약」 체결 과정에서 자행되었던 일제의 의사 강박행위에 대한 국제법적 평가를 의도적으로 희석시켜 보려고 시도하고 있었던 것인지도 모르는 일이다.

1905년 「을사늑약」 체결 과정에서 자행되었던 일제의 의사 강박행위에 대한 국제법적 평가를 희석시켜 보려는 사카모토 교수의 집요한 의도는 1998년 일본의 진보적 월간지 '세카이世界'가 특별기획으로, '한국병합의 합법성 문제'를 다루었던 '일한대화日韓對話'라는 고정란에 발표된 서울 대학교 이태진 교수의 논문에 답하는 형식으로 제시된 그의 논문에서 더욱 극명하게 표출되고 있다.

이태진 교수는 서울대학교 규장각 도서관리실장으로서 근무 당시, 규장각에 소장된 고문서에 대한 문헌조사 결과 1905년 「을사늑약」에 고종 황제의 서명과 국새 날인이 없는 것을 확인하여, 1992년 5월 12일 이를 발표함으로써 국민적 관심을 환기시켰다. 그는 일본에 국권을 빼앗긴 지 반세기가 넘도록 국권 상실의 과정을 학문적으로 밝힌 역사학적 연구서가 없다는 사실에 "역사학자로서의 부끄러움과 책임감을 느끼고" 일제가 조선 왕국을 보호국이란 명목으로 주권을 잠식하기 시작해서 병합조약이라는 허위의 유사조약으로 그 국권을 강탈해 버릴 때까지 그들이 저지른 역사적 실상實狀을 추적하는 학문적 노력을 계속하였다고 한다[97].

이러한 학문적 노력의 결과 그는 1904년 한일의정서韓日議定書로부터 비롯하여 1910년 「한일병합조약」에 이르는 5개의 유사조약에 관한 조약 강제의 경위와 체결 과정에서 자행된 일제의 기만과 범법 행적들에 관한 세밀한 역사적 증거들을 발견하고 확인하게 되었다.

그는 그때까지 그의 연구 성과를 1996년 '한국사 시민 강좌' 8월호에, 발표하였다.[98] 비슷한 시기에 일본의 암파서점(이와나미 쇼텐)이 출간하는 진보적인 월간지 '세카이世界'는 1998년 7월부터 3년간 '일한대화'라는 고정란을 만들어 '한국병합의 합법성 문제'를 다루게 되었다. 1998년은 소위 '무라야마 발언'이 나온 지 3년째가 되며, 한국에서 김대중이 대통령으로 집권을 시작하여 '한일 간 새로운 파트너십'을 표방하기 위한 정책적 변환이 급하게 이루어지는 시기였다. 이때 이 양심적인 월간지가 '특별한 기획'을 시도한 취지는 아마도 한일 양국 간 과거사 인식의 차이를 초래하는 핵심적인 문제로 '한일 병합의 법적 효력에 관한 논의'가 있음을 주시하고 양국 전문가 간의 '진지한 대화'를 통해서 어떤 돌파구를 제시해 보려는 의도가 있었음 직하다. 이 '특별 기획'의 편집 취지에 들어 맞았는지 이태진 교수의 글은 이 '일한대화'란에 세 번에 걸쳐서 발표되었다.[99] 이 '일한대화'란에 일본 측 전문가로 기고하게 된 사람은 법학자로서는 사카모토 시케끼[100]와 사사카와 노리카츠笹川紀勝[101], 역사학자로는 운노 후쿠쥬海野福壽[102]와 아라이 신이치荒井信一[103] 등 네 사람이다.

사카모토 교수는 이 논문에서도 "강대국이 약소국에게 자신의 의사를 강요하기 위하여 국가 원수나 대신이라고 하는 국가의 기관에게 가하는 강제와 무효로 취급해야 할 국가 대표에 대한 강제를 구별하는 문제"는 '실제로 쉽지 않다'라는 똑같은 문제를 제기하고 있다[104]. 그의 이러한 주장이 논리적으로나 법적으로 유지될 수 없다는 것은 재론할 필요가 없다.

이 부분에 대해서는 똑같이 '세카이世界'의 '일한대화'에 참여한 일본의 국제법 학자인 사사카와 노리가츠 교수가 "사카모도 교수는 '강국이 약국에 자신의 의사를 강제하는 것'과 '국가 원수나 대신이라는 직무상의 기관'은 서로 레벨이 다른 것인데 이것을 하나로 붙여서(똑같은 것으로) 이해하고 있으니 이것은 틀렸다."고 아주 솜씨 있게 비판하고 있다[105].

그러나 사카모토 교수는 1997년 간사이 대학 '법학논집'에 발표되었던 그의 먼젓번 논문[106]과는 달리, 1905년 「을사늑약」 체결 과정에서 자행되었던 일제의 의사 강박행위에 대한 국제법적 평가를 희석시켜 보려는 그의 집요한 의도를 완전히 노골적으로 표출하여 이번에는 몇 가지 강도를 높인 주장을 추가해서 삽입하고 있다.

우선 그는 조약을 무효로 할 수 있는 정도의 '국가대표에 대한 강제'는 그 국가대표자에 대하여 "과거의 잘못된 행적을 폭로한다든지 권총을 들이대는 등의 협박"이어야 하는 데, 1905년 「을사늑약」의 체결 과정에서는 "그러한 '극적인 사태'를 필요로 하지 않는 형태로 '교묘하게' 대한제국에 압력을 가했다고 생각한다."라고 말하고 있다.

더 말할 필요도 없이 조약법적 규범으로 '국가대표에 대한 강제'가 조약을 무효로 만드는 것은 국가대표의 그 조약 체결에 대한 동의가 '진정한 자유의사'에 기초한 것이어야 하기 때문이며 따라서 반드시 "과거의 잘못된 행적을 폭로한다든지 권총을 들이대는 등의 협박" 같은 '극적인 것'일 필요는 없고 '진정한 자유의사'를 억압하는 강제이면 어떤 것이든 '국가대표에 대한 강제'가 되는 것이다.

1997년 간사이 대학 '법학논집'에 발표되었던 그의 먼젓번 논문에서 조약 체결에 대한 동의가 조선 정부 각료들에 의해서 완료될 때까지 아무도 그 회의장을 떠날 수 없게 함으로써 그들을 실질적으로 구금상태에 둔 것을 아리가 교수가 이를 행동의 자유를 구속한 물리적 강제로 보지 않았다는 점을 지적하고, "과연 국가 대표에 대해서 가해지는 강박을 아리가 교수처럼 제한적으로 해석할 수 있겠는가?"라고 지적하던 그 자신의 국제법 학자다운 객관적인 시각과는 아주 대비되는 대단히 억지스럽고 궁색한 주장이라는 느낌을 지울 수 없다.

두 번째의 중요한 변화 - 그 자신의 국제법 학자다운 객관적인 풍모로부터의 변화 - 는 "그러한 '극적인 사태'를 필요로 하지 않는 형태로 '교묘하게' 대한제국에 압력을 가했다고 생각한다."고 하는 표현에서 발견된다. 1905년 「을사늑약」의 체결과정에서 자행되었던 일제의 강제는 명백히 '국가대표에 대한 의사의 강제'였음에도 불구하고, 그는 일제의 강제가 결국은 조약을 무효로 하지 않는 '국가 자체에 대한 강제'였다는 것으로 억지로 주장하려고 했던 것 같다. 그리고 여기에 더하여 이러한 '국가 자체에 대한 강제'는 얼마든지 '교묘하게' 실현되어도 결국 면책되는 것이라는 그의 생각을 어쩔 수 없이 표출한 것이다.

그 당시 국제법에서 '국가 자체에 대한 강제'가 조약을 무효로 하지 않는다고 보는 법리의 진정한 법제도적 취지는, 전쟁 불법화의 인식이 아직 일반적 법적 확신(Opinion Juris)으로 형성되어 있지 않던 그 시기에 전쟁이나 무력의 사용을 국가 정책 수단으로 하여 형성된 국가 간의 관계를 인정하고 받아들이기 위한 하나의 고육지책苦肉之策이었다고 보아야 한다.107

그러므로 그 시기에 있어서도 전쟁의 수단이나 무력의 사용은 얼마든지 '교묘하게' 행사되어도 언제나 면책되는 것은 아니었다. 전쟁이 불법화되기 이전에도, 19세기의 국제법 학자인 윌리엄 홀(William E. Hall)은 "타국에 대한 무력의 사용은 불법행위를 바로잡기 위한 목적으로만 허용되는 것"으로 보고 있었고, 1912년 조지 글로쉬는 무력행사의 정당성 근거를 "권리 침해에 대한 권리보장"에서 찾고 있다.108

아우렐리우스 아우구스티누스나 토마스 아퀴나스의 고전적 정전론正戰論으로부터 유래하는 전쟁의 정당성 문제는 19세기 초에 나타난 이른바 '무차별 전쟁관'에서는 한때 잠시 도외시되다가 1차 대전 이후에 새로운 '차별전쟁관'으로 발전하여 결국 '전쟁불법화 원칙'으로 완성되고 이는 결국 중요한 국제법 규범으로 받아들여진 것이다. 다시 말해서 무력 사용이나 전쟁의 정당성 문제는 적어도 AD 3세기부터 지금까지 계속되어온 국제법학에 있어서 가장 심각하고 중요한 화두였다.

'국가 자체에 대한 강박'은 얼마든지 '교묘하게' 실현되어도 결국 면책되는 것이라는 사카모토 교수의 생각은 '무차별적 전쟁관'에 상통하는 생각이며, 강국은 '교묘하게' - 그 수단과 방법을 가리지 않고 - 약국에게 의사의 강박을 가함으로써 조약을 강제할 수 있다는 인식을 배경으로 한다. 사실 이러한 생각은 제1차 대전 직전에 '아주 짧은 기간 동안만' 소위 '무차별적 전쟁관'이란 이름으로 국제사회에서 회자되었을 뿐이다. 앞에서 이미 상세히 고찰해 온 것처럼 군사적 점령(Belligerent Occupation)에 관한 유럽식 관념이나 원초적으로 전쟁 자체를 불법시하는 규범적 사고가 이런 '무차별적 전쟁관'을 즉시 불식시켰던 것이다. '국가 자체에 대한 강박'은 얼마든지 '교묘하게' 실현되어도 결국 면책되는 것이라는 사카모토 교수의 생각은 그러므로 유럽식 국제법 규범을 제대로 이해하거나 소화하지 못한 '일본식 사고'에 불과하며 하나의 일반 국제법 규범으로 확립된, 사카모토 교수가 말하는 것과 같은 '강자의 법'은 서구 국제법에서는 본래 존재하지 않는다.

이태진 교수의 논문에 답하면서 사카모토 교수는 말하고 있다.

> (…) 조약이라는 법적 외피 - 이 교수의 입장에서는 실밥이 터져 눈에 드러나는 외피 - 를 걸친 '침략'이 행해졌던 것으로 한국 병합은 성립하지 않는다는 것이 이 교수의 논문의 요지이다. 그것에 대하여 당시의 근대 국제법은 이러한 행위를 허용하는 '강자의 법'이었다고 지적하는 것으로 납득시키기는 어려울 것이다. 한편, 가령 근대 국제법의 법리를 부정하는 입장에 서면 당장에 유효설의 입장으로부터 근대 국제법의 그러한 성질에 대한 책임을 왜 일본만 져야 하는가 하는 반발이 등장할 수 있을 것이다. 쉽게 답이 나오지 않는 문제다.

라고 술회한다[109].

앞에서 지적한 것처럼 조약이라는 법적 외피를 걸친 '침략'을 허용하는 '강자의 법' 같은 것은 국제법에는 원래 존재하지 않으므로 사카모도의 이런 서술은 국제법적으로는 성립될 수 없는 '일본인 특유의 궤변'에 불과하다. '존재한 적도 없는 강자의 법'에 대한 책임을 '일본만이 지도록' 추궁하는 사람은 아무도 없다. 아주 명백하고 평이한 국제법적 법리에 입각해서 한일 간의 병합조약은 무효이며 거기에 따른 위법적 침략행위와 군사적 강점 기간 동안의 범죄적 행위에 대한 일본 국가의 책임을 말하고 있을 뿐이다.

사카모도 교수의 궤변에 대한 적절한 답이 "쉽게 나오지 않는다."는 것은 당연하다. 사실 이러한 궤변은 국제법적 법리에 비추어 평가하거나 분석할 가치도 없는 '일본인다운 독단'에 불과하기 때문이다.

그러나 사카모도 교수가 서술한 '일본인 특유의 궤변'에 세뇌되었거나 적어도 상당한 영감을 얻은 사람이 한국인 교수 중에 있었다는 사실은 놀랍고도 유감스러운 일이다. 한국인 A교수는 "윌리엄 홀이나 조지 글로쉬의 견해는 이와 '반대 논지의 서술'이 많은 상황에서 그들의 주장을 받아들이는 것이 타당한가에 관해서는 의문이 있다."고 정리하면서 '반대 논지의 서술을 한 학자들'의 예로 국가대표에 대한 의사의 강박이 조약을 무효로 한다는 법리를 설명하고 있는 학자들로 이 하버드 연구서[110] 에서 인용하고 있는 모든 국제법 학자들을 무차별로 일괄하여 인용하고 있다[111].

윌리엄 홀이나 조지 글로쉬를 포함한 이 모든 학자들은 조약을 무효로 하는 강박으로 '국가대표에 대한 의사의 강박'을 들고 "그것이 '국가에 대한 강박'인 경우에는 조약을 무효로 하는 것으로 보지 않는다."는 이른바 '무효 원인 2분론'에 가담하고 있는 학자들이다.

그중에서 윌리엄 홀과 조지 글로쉬는 '국가에 대한 강박'은 이를 조약 강제로 인한 무효 원인에서 배제함에 있어서는 일정한 '정당화 요건'이 필요하고 그 요건으로는 '불법행위의 추궁'이나 '권리보장의 필요'라는 명분이 있어야 한다는 구체적인 기준을 제시하고 있다. 이 하버드 연구서는 그들의 이런 '구체적 기준'을 추가해서 소개하고 있을 뿐이다.

A교수가 윌리엄 홀이나 조지 글로쉬의 견해에 대해서 '반대 논지의 서술'을 한 학자들로 지적함으로써 결국 마치 '무차별적 전쟁관'을 동조하는 부류에 속하는 것처럼 일괄해서 열거한 학자들은 오히려 "국가에 대한 강박의 경우에는 이를 조약상 강제로 인한 무효 원인에서 배제한다."는 당시 국가의 무력사용을 허용하기 위한 고육지책을 적용함에 있어서 "신중한 태도를 견지해야 한다."는 분명한 입장을 전형적으로 견지하고 있는 사람들이다.

왜냐하면 군사적 강국이 강화조약에서 지나치게 부당하게 강압적으로 약국을 억압하여 강요된 조약을 맺은 경우에는 "그러한 강화조약의 무효를 주장하는 것은 가능하다."고 설명하는 바텔의 다음과 같은 설명에 첨부하는 주석註釋의 형태로, 바텔의 논조에 동조하는 논거로써, 그리고 이 바텔의 주장을 보강하는 취지로, 이 하버드 연구서는 이들 모두를 여기에서 인용하고 있기 때문이다[112].

여기에서 바텔의 설명을 보기로 하자.

강화조약이 정의에 반하고 지나치게 위압적이어서 '국가에 대한 강박'에 의한 경우라도 그 무효를 주장하는 것이 허용되는 경우란, 그 조약이 인간의 보편적 의무와 정의의 개념에 반하는 강박을 동원한 것으로 강화조약이라는 명칭에 부합하지 않게 된 경우이다. 야심에 차고 정의롭지 못한 정복자가 약국을 강압해서 가혹하고 불명예스러우며 도저히 참아낼 수 없는 조건을 강화조약으로 그에게 부과하는 경우에 약국은 그러한 강화조약에 복종할 수 없는 것이

바텔의 저서 '국제법'

다. 약소국이 강국의 억압에 저항할 수 있는 방도가 없기 때문에 할 수 없이 받아들인 '강화조약에 의한 평화'란, 진정한 평화가 아니다. 그것은 인간의 자유정신이 살아 있다면 가능한 첫 번째의 기회가 오자마자 벗어 던져야 할 멍에에 불과한 것이다.

이러한 바텔의 주장에 바로 이어서 인용되고 있는 이들 법학자들은, 강화조약의 경우 '국가에 대한 강박'을 무효 원인에서 배제하는 경우라도 '일정한 정당화 요소가 필요하다'는 바텔의 논조에 동조하며 이 바텔의 주장을 보강하는 취지의 주장을 발표하고 있는 예로써, 여기 이 하버드 연구서에서 인용되고 있다고 보는 것이 맞는 것이다.

블런츨리

예컨대 A교수에 의해서 윌리엄 홀이나 조지 글로쉬의 견해에 대해 '반대 논지의 서술'을 한 학자로 지적됨으로써 결국 마치 '무차별적 전쟁관'을 동조하는 부류에 속하는 것처럼 일괄해서 열거된 학자들 중에는 블런츨리가 들어 있다. 스위스 태생이지만, 후년에 독일에 정착하여 많은 국제법 명저를 낸 블런츨리는 19세기 전쟁법의 기초적 개념을 정립한 학자로 잘 알려져 있다. 그는 1899년과 1907년 '헤이그 평화회의'를 통해서 이른바 '전쟁법의 법전화'를 완성시킨 사람이다. 기독교 정신에 입각해서 인간의 전쟁 행위를 규제할 규범의 기초적 개념을 완성시킨 학자를 '무차별적 전쟁관'을 동조하는 부류에 집어넣고 있는 것은 착오라 해도 국제법 학자로서는 참으로 너무나 무식한 착오가 아닐 수 없다.

원전거元典據인 1935년 미국 국제법 학회지[113]의 어디를 조사해 보아도 윌리엄 홀이나 조지 글로쉬를 제외한 다른 학자들이 바텔의 논지에 특별히 반대하여 A교수가 말하고 있는 것처럼 이 두 사람과 "다른 논지의 서술을 하고 있다."는 증거는 찾을 수 없다. 이들이 윌리엄 홀이나 조지 글로쉬처럼 '국가에 대한 강박'을 조약 강제로 인한 무효 원인에서 배제함에 있어서 '신중한 주의로' 구별하기 위한 정당화 요소로써 어떤 '구체적 기준'에 관한 견해를 추가하고 있지 않다고 해서 이들 모두가 '국가에 대한 강박'은 이를 조약 강제로 인한 무효 원인에서 배제함에 있어서는 '신중한 주의가 필요하다'는 바텔의 논지나 윌리엄 홀 및 조지 글로쉬의 견해에 "반대하고 있다."고 단정하는 것은 전혀 근거 없는 독단에 불과하다.

그러므로,

> "이와는 다른 논지의 서술이 압도적으로 많은 상황에서 윌리엄 홀이나 조지 글로쉬의 저작만을 논거로(모든 '국가에 대한 강제'에 정당화 사유를 요청하고 있다고 보는) 사사가와 교수와 같은 결론을 도출하는 것이 과연 타당한가에 관해서는 의문이 없지 않다."

라고 하는 A교수의 설명은 결국 이들을 모두 "전쟁의 수단이나 무력의 사용은 얼마든지 '교묘하게' 행사되어도 언제나 면책되는 것"이라는 취지에 상통하는 '전쟁 무차별관'을 동조하는 학자들로 분류하는 셈이 되는 것이다. 물론 이러한 '그의 설명'이 논리적으로 성립될 수 없다는 것은 다시 강조할 필요도 없이 자명하다. 그의 이런 식의 일괄 인용은 명백한 전거를 제대로 이해하지도 못하면서 오히려 그것을 의도적으로 정반대의 의미로 활용하려 하는 참으로 무모하고 독단적인 태도라고 지적하지 않을 수 없다. 이것으로 그는 19세기에 군사적 강국의 국가 목표를 위해서 "전쟁의 수단이나 무력의 사용은 얼마든지 '교묘하게' 행사되어도 언제나 면책되는" '강자의 법'이 존재해 있었다고 하는 사카모도 교수의 전제를 묵시적으로 받아들인 셈이 되었다. 이러한 전제를 받아들이기 위해서 그는 '윌리엄 홀이나 조지 글로쉬의 견해'를 "참고할 가치도 없는 소수의 의견"으로 밀어붙이고, 전혀 엉뚱하게도 많은 국제법 학자들을 '국가에 대한 강제의 정당화 사유를 문제 삼는 것'에 명백하고 완강하게 반대하는 부류로 독단적으로 분류하여 일괄 인용을 감행한 것이다. 사실 A교수의 이런 식의 무리한 독단적 시도는 1910년 「한일병합조약」의 적법 유효한 성립을 주장하려는 어떤 일본인 학자에 의해서도 일찍이 감행된 적이 없는 일이다.

고전적 국제법 연구에 관한 성실한 학자들의 권위 있는 전거들을 전혀 반대로 해석함으로써 국제법 법리 전체에 대한 이해가 엉뚱한 오해로 회복하기 어려운 혼돈에 스스로 몰입하게 된 A교수는 "전쟁의 수단이나 무력의 사용은 얼마든지 '교묘하게' 행사되어도 언제나 면책되는 것"이라는 '강자의 법'이 19세기에 존재해 있었다고 하는 사카모도 교수의 오류에 가득 찬 '일본인 특유의 궤변'을 받아들이고 나서, "그러한 '강자의 법'을 배태한" 근대 국제법 전체의 규범적 존재 의의를 통틀어 부정하기 시작한다.

그는,

사카모도 교수나 운노 교수와 같이 이른바 한국병합 관련 조약의 유효 부당론의 입장을 취하면 유효함에도 부당한 것은 그러한 유효를 결정짓는 법의 정당성에 문제가 있기 때문이라는 것은 쉽게 추론할 수 있는 바이다. 그럼에도 불구하고 어째서 법 자체의 부당성이나 문제점에 관해서는 어떠한 비판적 검토도 하지 않고 그러한 법을 한국병합 관련 조약의 유·무효 판단의 기준으로 채용하여 '유효론'의 형식 논리적 근거로 삼고 있는지 이해하기 어렵다.

라고 술회하고 있다.

그러니까 말하자면 '유효 부당론'의 입장을 취하고 있는 사람들 - 사카모도나 운노 같은 일본 학자들이 된다 - 을 위해서 한국인 A교수가 국제법 자체의 부당성이나 문제점에 관해서 비판적 검토를 시작한다는 셈이 된다. 그가 이러한 비판적 검토에 성공(?)하고 나면 '유효 부당론'이 구조적으로 가지고 있는 '논리적 애로', 즉 "어찌해서 유효함에도 불구하고 부당한 것일 수 있는가?"라는 문제는 '해결'되는 것이다. 즉 한국인 A교수는 '유효부당론'에 관해 "일본 학자들보다도 더 우수하고 충직한 첨병尖兵" 역할을 자임自任하고 나선 셈이다. 참으로 안타깝고 불행한 일이다.

바. 1910년 「한일병합조약」에 관한 '유효 부당론'에 대한 평가

잠시 여기서 1910년 「한일병합조약」에 관한 최근의 소위 '유효부당론有效否當論'은 어떤 것이며, 이런 주장이 나오게 된 정황과 사회적 배경은 어떤 것인가를 돌아보는 것이 필요할 것 같다.

1910년 「한일병합조약」의 성립과 효력문제에 관한 논의는 이태진 교수와 운노 후쿠주 교수 등 한국과 일본 측에서 역사학자의 등장으로 종래의 법적 논의가 윤리적, 역사학적 시각을 가미하게 되고, 일본 측의 입장은 1910년 「한일병합조약」에 관한 '유효정당론有效正當論(일제의 한국 병합은 적법 유효하게 성립된 것이며 따라서 일본의 한국 지배는 정당한 것이었다는 주장)'으로부터 이른바 '유효부당론有效不當論(일제의 한국 병합은 법적으로는 유효한 것이었지만, 일본의 한국 지배는 윤리적으로는 부당한 것이었다는 주장)'으로 새롭게 입장이 변화되어, 2000년 이래 상당히 복잡한 국면으로 발전되어 가고 있다.

1910년 「한일병합조약」에 관한 '유효부당론'은 이 '일한대화'에 기고된 사카모토와 운노의 주장에서 그 모습을 드러내었다. 특히 이 시기(1998년 및 그 이후)에 일본에서 1910년 「한일병합조약」에 관한 '유효부당론'이 나타나게 된 정황 또는 사회적 배경을 검토해 보기로 한다.

제2차 세계대전이 종결된 이후 한일 간의 정상적인 외교관계를 회복하기 위한

대화가 시작된 것은 1951년 「대일강화조약」이 발효되기 이전인 1951년 10월부터인
바[114], 그때로부터 1965년 6월 「한일기본관계조약」이 성립되기까지 일본의 일관되
고 확고한 입장은 "일제의 한국병합은 적법, 유효하게 성립된 것이며 따라서 일본
의 한국 지배는 정당한 것이었다."는 주장, 즉 '유효정당론'에 입각한 것이었다.

이러한 일본의 기본 입장은 1945년 종전 이후, 및 1951년 「대일강화조약」 발효
직후부터 1960년대에 이르기까지, 제국주의적 침략전쟁이나 식민통치 및 점령 기
간에 인접국에 자행된 일본의 위법적 침해 행위들에 대한 어떤 형태의 반성과 사
죄도 완강히 거부하는 기고만장한 전쟁 무책임론에 완전히 몰입할 수 있었던 특
이한 '국제관계적 상황'에 기반을 두고 있다. 전후, 일본을 기고만장한 전쟁 무책
임론에 완전히 몰입할 수 있게 한 특이한 '국제관계적 상황'이란 어떤 것이었나?

1945년 제2차 세계대전 종결 처리에 있어 일본을 점령 통치하게 된 미국은 일
본 점령정책의 효율적인 수행을 위해서, 그리고 냉전시대로 접어든 당시 상황에서
일본을 동아시아에서 소련의 진출을 저지하는 최후의 방파제로 삼기 위해서, 일
본의 전쟁 책임을 면제시키는 정책을 추진하였다. 미국이 1951년 샌프란시스코
대일강화조약에서 일본 측의 모든 전쟁 책임을 명시적으로 면제해 줌으로써 일본
국은 연합국 측의 적국이며 침략자인 패전국이 아니라 미국의 '충실한 동맹자'로
법적으로 명확히 정의되었다[115].

미국 정부와 일본 점령통치를 담당했던 맥아더 사령부가 주동하여 주도면밀하
고 철저하게 추진한 종전 이후 정책들에 의해서 침략전쟁을 실제로 주도한 일본
천황 히로히토는 잔학한 전범의 이미지로부터 완전히 벗어나서 평화주의자(Paci-
fist)로 그리고 전쟁행위의 방관자(By-Stander)라는 거짓된 '이미지'를 일본 국민과 국
제사회에 각인시킬 수 있었다. 동아시아에서 팽창하는 공산권 세력을 방어한다
는 일방적인 시각에서 마련된 미국의 이러한 '정책 편의적인 전략'은 예컨대 가장
대표적인 전범자인 히로히토를 살려서 다시 일본 국민의 우상으로 세워준 것과
같은 '허위'와 막돼먹은 '정책 편의주의' 그리고 뿌리 깊은 혐오와 분노를 야기하는

'강대국의 오만' 등으로 구성된 것으로서 1950년대 이후 아시아 국가들 간에 고질적이며 심각한 갈등과 분쟁을 가져다준 원인으로 분석 평가된다. 학자들은 미국이 만들어 놓은 이러한 전후의 모순된 체제를 '샌프란시스코 체제(San Francisco System)'라고 명명하고 비판해 왔다.

이러한 1945년 종전 당시의 국제관계적 상황은 일본을 1951년 「대일강화조약」 발효 직후부터 1960~19070년대에 이르기까지 어떤 형태의 반성과 사죄도 완강히 거부하는 기고만장한 전쟁 무책임론에 몰입할 수 있게 한 것이다.

제2차 세계대전에 있어서 유럽 전역(War Theater)의 전범국인 독일과 태평양 전역의 전범국인 일본은 전쟁 책임에 대한 태도에서 현격하게 구별되는 모습을 보이고 있어 자주 대비된다. 독일은 종전 이후 철저하게 전쟁책임을 인정, 이를 사죄하고 배상하는 일에 성실하게 임하여 왔다. 일본과는 대조적인 독일의 이러한 태도는 어디에서 기인하는 것인가?

독일이 일본보다 더 윤리적이어서 그렇게 된 것이 아니라 더 논리적일 수밖에 없었다는 점을 주목해야 한다. 독일은 피해 국가들에게 성실하고 철저하게 사죄하고 배상함으로써, 히틀러식 나치 독일의 비인도성, 범죄적 침략성으로부터 현대의 독일 국가를 '구별'시킬 수 있다고 판단하고 있었던 것이다. 더 정확하게 표현한다면 유럽사회가 '사회적 당위'로써 이러한 '논리적 정당성의 회복'을 독일에 요구하고 있었다고 보아야 한다. 이런 관념적이며 추상적인 판단을 떠나서 좀 더 현실적인 고찰을 한다면 다음과 같다.

종전 이후 유럽에서의 패전국인 독일과 아시아에서의 패전국인 일본이 처한 전략적인 상황은 기본적으로 아주 유사한 것이었다. 점령 주체인 전승국 즉 미국을 주축으로 한 연합국 측이 유럽에서나 아시아에서 공산권의 새로운 군사적 위협을 받게 된 것, 점령국들이 전범국들(독일과 일본)에게 군대 보유의 제약 등 전략적 억제를 가하고 있었던 것은 정확히 동일하였다.

아주 명백한 차이는 유럽에서는 "독일을 소련의 진출을 저지하기 위한 최후의 방파제로 삼아, 더 이상 적국이나 침략자인 패전국이 아니라 전승국 특히 미국의 충실한 동맹자로 간주하려는 시도" 같은 일은 없었다는 점이다.

여기에는 두 가지 이유가 있다.

첫째, 유럽에는 새로운 군사적 위협인 공산권의 진출을 저지함에 있어 영국이나 프랑스 등 '군사적으로 신뢰할 만한' 미국의 동반자가 전승국들 중에 있었으나 아시아에서는 잠재적으로도 일본과 비견할 군사적 역량을 보유한 국가가 없었다는 것이다.

태평양전쟁에서의 맥아더 장군

물론 중국이 있었다. 중국은 「카이로 선언」 등에서 미국, 영국 및 프랑스 등과 나란히 제2차 세계대전의 종결을 주도하는 '4대 강국'의 하나로 참여한 바가 있다. 그러나 본래 당시 중국의 군사적 역량이란 명목상의 것에 불과한 것임을 당시 연합국들도 잘 알고 있었으며 더구나 중국은 종전에 임박해서는 자국의 국내 문제만으로도 정신이 없는 처지였다. 당시 미국의 주관적인 판단에서 볼 때, 한국이나 기타 아시아 국가들은 어떤 면에서도 미국의 아시아 전략에 보탬이 될만한 군사역량을 가진 것으로 간주될 수는 없었다.

바로 일본 점령군 사령관 맥아더는 태평양전쟁을 치르는 과정에서 일본군과 직접 전투를 벌인 장본인이다. 그는 사이판(1944년 6월 11일~7월 9일)과 필리핀 해전(1944년 6월 19일~6월 21일) 등에서 일본군에 비해 훨씬 월등한 병력과 우수한 장비를 가지고도 일본군의 치열한 저항을 받고 어렵게 승리한 뼈아픈 기억을 가지고 있다. 이러한 그의 개인적인 경험이 일본의 군사적 잠재력을 특별히(어쩌면 과장되게) 중시하게 한 원인이라고 생각된다.

둘째, '문화적인 차이'라고 말할 수 있다.

제2차 세계대전의 적국이며 잔혹하고 야만적인 침략 행위를 자행한 패전국인 전범국가(그것이 독일이든 일본이든)를 갑자기 미국의 충실한 동맹자로 간주하여 소련의 진출을 저지하기 위해, 일본을 안보 전략상의 동반자로 삼는다는 것은 그것이 아무리 절실한 실용적인 이유에서라고 하더라도 명백히 진실과 정의에 반하며, 대단히 부자연스러운 일이다.

왜 일본에 대해서는 이 전략적이고 실용적인 이유에서의 파격을 - 대단히 부자연스러운 대로 - 감수할 수 있었으면서도 독일에 대해서는 그것이 불가능했을까? 다시 말해서 독일의 군사적 잠재력을 소련을 중심으로 한 공산세력의 군사적 진출을 유럽에서 방어하기 위한 전략적 동반자로 활용하기 위해서 뉘른베르크 국제 군사재판에서 '히틀러'를 전범자 명단에서 제외시키고 독일의 전쟁 책임을 면제시키는 것과 같은 일이 일어날 수 있었을까? 이러한 '편의주의적 파격'은 적어도 유럽에서는 '상상조차 할 수 없는 일'이었다. 유럽에서 나치 독일의 전범자들에 대한 처벌과 응징은 집요하고도 철저한 것이었다. 왜 이러한 차이가 나오게 되는 것일까?

일본은 애를 써서 일본 제국의 한반도와 중국 '진출'이 독일 나치 국가의 유럽 '침략'과는 구별되는 대단히 합리적이고 온건한 군사 행동이었다고 강변하고, 히틀러의 '아우슈비츠 집단살해 행위'와 같은 잔학하고 야만적인 기록이 일본의 경우에는 전무하기 때문에 제2차 세계대전 중 독일과 일본의 행위는 당연히 구별되어야 한다고 변명한다. 그러나 일본 군대의 위안부 징집과 성

노예로의 학대행위, 난징 대학살 및 인간을 '나무토막'으로 간주하여 세균전 기술을 개발한 관동군 731부대의 인간 생체실험 기록들은 일본의 침략행위가 갖는 잔학성과 야만성이 독일 나치 국가의 그것과 구별되기는커녕 그것을 훨씬 능가하는 것이라는 것이 분명하기 때문에 일본의 이러한 변명은 우선 논리적으로 성립될 수 없는 것이다.

그러므로 일본에 대해서만 예외적이고 '편의적인 파격'이 허용되는 데에는 똑같이 잔혹하고 야만적인 침략을 자행한 두 패전국, 전범국가 즉 독일과 일본의 행위에 관한 연합국 주체들의 '문화적 평가'에 차이가 있다고 보아야만 한다.

일본은 동양국가이며 일본이 침략의 과정에서 잔학하고 야만적인 행위를 자행한 대상은(물론 사소한 예외가 있겠으나) 중국, 한국 등 동양 국가들이다. 동양인들 간의 법적, 윤리적 기준은 미국이나 영국, 프랑스 등 서방 세계가 잘 이해할 수 없는 '별개 문화권의 현상'이다. 그러므로 같은 서방 국가인 독일이 유럽인들에게 자행한 잔학하고 야만적인 행위를 응징하는 것과 똑같은 법적, 윤리적 기준을 이들 동양 국가들에게 적용하지 않고 다소 '편의적인 파격'을 적용하는 것은 '가능하고 또한 허용되는 것'이라고 그들(미국의 정책 결정자들)은 판단한 것이다.

잔학하고 야만적인 침략전쟁을 실제로 주도한 일본 왕(히로히토)을 전범의 범위에서 정책적으로 제외시키고(그는 동경 국제군사재판에서 전범으로 기소되지 않았다) 아무런 주저 없이 일본 국가의 전쟁 책임을 면제시킨 연합국들 특히 미국의 정치적 편의주의는 이렇게 밖에는 설명될 수 없다.

일본의 전쟁 책임을 면제시킨 연합국들, 특히 미국의 정치적 편의주의에 편승하여 이를 바탕으로 1951년 「대일강화조약」 발효 직후 어떤 형태의 반성과 사죄도 완강히 거부하는 일본의 기고만장한 전쟁 무책임론은 나타나게 된 것이다.

그러면 1960~1970년대 이른바 냉전기간 중 일본 전후 제2세대가 한일관계에서 역시 견고한 전쟁 무책임론에 빠져 있었던 것은 어떻게 설명되어야 하나?

안보 전략적 이유 때문에 채택된 미국의 정치적 편의주의로 종전 직후 잔학하고 야만적인 침략전쟁을 실제로 주도한 일본 왕을 전범에서 제외하고 아무런 주저 없이 일본의 전쟁 책임을 면제시킨 미국에 의해서 군정 통치를 받은 일본 내에서는 제2차 세계대전에 관한 전쟁 책임이나 침략의 과정과 식민 통치 기간에 자행된 일본 제국 정부나 그 군부에 의한 잔학행위 등에 관한 역사적 사실들은 거의 모두 의도적으로 은폐, 인멸 되었으며, 더구나 그 법적, 윤리적 책임을 추궁하는 어떤 논의도 자연스럽게 배제되었다. 젊은 세대에 대한 역사 교육도 그런 선에서 이루어졌다.

그러므로 시간이 흐를수록 침략의 과정과 식민 통치 기간에 자행된 일본 제국 정부나 그 군부에 의한 잔학행위 등에 관한 기록이나 역사적 증거들은 인멸되거나 망각되어 갔으며 일본 국민들의 역사 인식에 있어서 이른바 과거사에 대한 책임의식이 형성될 수 있는 여건은 전혀 성립되어 있지 않았다.

그러나 전쟁 기간 중 독일로부터 막대한 전쟁 피해를 입고 잔학하고 야만적인 침략행위의 직접적인 대상이 되었던 영국과 프랑스 등이 직접 점령 통치에 참여하고 있던 유럽에서는 사정이 전혀 달랐다.

점령 통치 주체들에 의해서 나치 독일의 전범자들에 대한 처벌과 응징은 집요하고도 철저하게 계속되었을 뿐만 아니라 독일 국민에게 과거사에 대한 정확하고 철저한 재인식을 강조하는 정책과 교육이 실시되었다. 그리하여 독일은 피해 국가들에게 성실하고 철저하게 사죄하고 배상함으로써만, 히틀러식 나치 독일의 비인도성, 범죄적 침략성으로부터 현대의 독일 국가를 '구별'시킬 수 있다는 '정당성 회복의 논리'가 하나의 사회적 당위로써 독일에게 요구되고 있다는 것이 독일의 젊은 세대들에게 철저히 교육되고 주입되었다.

유럽과 완전히 대비되는 이러한 동양적인 상황에서 1960~1970년대, 이른바 냉전기간에 일본 전후 제2 세대가 한일관계에 있어서 완고한 전쟁 무책임론에 빠져 있었던 것은 하나의 자연스러운 현상이라고 보아야 할 것이다.

일본의 전후 제2 세대가 특히 한국에 대해서 거의 일본 제국주의 시대에나 있었던 군국주의적인 자존심과 같은 시대착오적인 우월감을 회복하고 철저한 전쟁 무책임론에 몰입할 수 있었던 데에는 위에 지적한 것과는 다른 또 하나의 중요한 이유가 있다.

점령 통치 주체인 미국의 정책적인 비호와 한국전쟁이 가져다준 경제적 호기를 십분 활용하여 종전 이후 장기 집권한 요시다 시게루 정부는 10년도 안 되는 기간에 일본을 경제 대국으로 성장시켰다. 완전히 파괴된 전쟁의 폐허 속에서 전쟁 전에 가지고 있었던 일본의 공업적 기반과 경제적 잠재력이 완전히 되살아난 것은 물론이고, 여기에 더하여 일취월장하는 신기술의 첨병으로 일본은 새로운 면모를 갖추게 된 것이다.

반면에 한국은 그렇지 않아도 일본의 철저하고 혹독한 식민정책으로 일본에 완전히 예속되어 있던 빈약한 공업적 기반마저 한국전쟁의 과정 중 철저히 파괴되고 그 경제적 잠재력은 고갈되어 구조적으로 일본에 예속된 경제적 빈국으로 전락하고 말았다. 이러한 상황에서 일본의 전쟁 책임을 다시 묻고 전쟁 배상금 조로 일본으로부터 경제적 지원을 얻어내려던 박정희 대통령이 일본의 완강한 전쟁 무책임론에 몰려서 결국 '독립 축하금' 조로나마 이른바 '청구권 자금'을 겨우 받아낸 것을 이제 와서 한가롭게 비난만 할 수는 없을 것이다.

일본에 예속된 경제적 빈국이라는 한국의 위상은 경제 외적인 분야에서까지 일본과 미국의 정책적인 의도에 휘말리는 '약한 입장'으로 내몰리게 되었으며 이러한 국제관계적 상황을 잘 아는 일본의 젊은이들이 한국에 대해서 그들의 선각자인 요시다 쇼인이나 후쿠자와 유키치의 가르침을 되새기면서 한국에 대한 우월감을 고스란히 물려받는 것을 단순히 '시대착오적'이라고 나무랄 수만은 없을 것이다.

수양이 덜된 인간은 본래 어느 정도 강한 자에게는 너그럽고 약한 자에게는 가혹하기 마련인데 특히 일본 사람들은 유난히 약한 자에게 가혹한 것으로 정평이 나 있는 편이므로 유독 1960~1970년대 젊은이들만이 기특하게도 약한 한국의 입장에 서서 그들이 잘 배우지도 못한 과거사 문제를 정확하고 공정하게 보아 주기를 기대해서는 안 되는 것인지도 모른다.

일본 전후 제2 세대가 특히 한국에 대해서 거의 일본 제국주의 시대에나 있었던 군국주의적인 자존심과 같은 시대착오적인 우월감을 회복하고 철저한 전쟁 무책임론에 몰입할 수 있었던 데에는 말하자면 이러한 '경제적 요인'이 있었다.

과거사 문제에 관해, 일본은 1980년대부터 차츰 전쟁과 식민지배에 대한 반성과 사죄의 뜻을 표명하기에 이른다[116]. 좀 더 정확히 말하면, 1980년대 '유감 표명'에서 1990년대 이후에 와서는 '사죄와 반성'으로 바뀌고 있다.

일본이 어떤 형태의 반성과 사죄도 완강히 거부하던 종전 직후의 기고만장한 전쟁 무책임론에서 벗어나 1980년대에 와서 차츰 전쟁과 식민지배에 대한 반성과 사죄의 뜻을 표명하는 태도의 변화를 취하게 된 것은 무슨 이유에서인가?

제2차 세계대전의 전후 처리가 외면해 버린 "식민지 지배의 가혹한 실상과 그러한 역사를 어떻게 청산할 것인가?" 즉, "식민주의의 청산과 극복이라는 과제"를 국제사회 모두가 일본에게 요구하고 있다는 것을 인식했기 때문일까?

위에서 검토한 모든 경과를 종합해서 보면, 아주 완만하고 복잡한 과정을 거치는 것이기는 하지만 '식민주의의 청산과 극복이라는 과제'는 국제사회 모두가 일본에게 이를 강하게 요구하고 있기 때문만이 아니라 일본 국민 자신들의 자각에 의해서, 1980년대 이후 "지금까지도 계속 진행되고 또한 변화되어 가는 과정에 있는 것"이라고 보아야 할 것이다. 아주 완만하고 복잡한 과정을 거쳐서 진행되고 있는 것이라고는 하지만, '식민주의의 청산과 극복이라는 과제'에 관해서 지금까지 일본 정부가 취한 가장 극적인 정책의 변화는 1995년의 '무라야마 담화'라고 볼 수 있다. 이 '무라야마 담화'를 통하여 일본 정부는 '식민지 지배'와 '침략'이라는 용어를 사용하면서 식민 강점에 대한 분명한 '사죄'의 뜻을 표명함으로써 일본의 '전쟁 책임을 인정' 하고 있다. 그러나 동시에 '한일합방은 적법하게 체결된 것이었다'는 견해를 고집하고 있어서 일본이 모처럼 인정한 '침략전쟁과 식민지 지배에 대한 책임'은 법적인 것이 아니라 결국 '도의적이며 감정적인 책임'에 불과한 것으로 되어 있다.

과거사 문제에 관한 일본 정부의 획기적인 정책 변화를 나타내는 이 담화는 1995년 당시 일본 정계의 각 계파가 완전한 합의를 이루어서 채택된 문서가 아니다. 따라서 우파 계열에 속한 자민당계 정치인들은 이에 격렬하게 반발하며 오히려 원색적인 망언을 마구 쏟아 놓았지만, 그 이후에 나온 일왕의 사죄 발언과 총리들의 과거사 반성 발언 등을 미루어 볼 때 대체로 일본 정부의 공식 견해로써 유지되고 있다고 볼 수 있다.

과거사에 관한 일본 정부의 정책을 정확히 분석하기 위해 일본 정부의 공식 의사 표시 내용을 다시 한 번 음미해 보기로 한다.

1984년 9월 7일, 전두환 대통령의 방일 시 일왕 히로히토는, "금세기의 한 시기에 불행한 역사가 있었던 것은 참으로 유감이며, 다시는 되풀이되어서는 안 된다고 생각한다."라고 사죄하였다. 이 발언은 불행한 역사를 특정 지을 수 있는 '시기'와, 불행한 과거를 만든 '주체'를 의도적으로 불명하게 표현함으로써 과거사에 대한 일본의 책임 문제를 주도면밀하게 회피하고 있는 것이다.

이후 1990년 5월, 노태우 대통령의 방일 시에 일왕 아키히토는, "우리나라에 의해 초래된 이 불행했던 시기에 귀국 국민들이 겪었던 고통을 생각하고 본인은 통석痛惜의 염念을 금할 수 없다."라고 발언하였다.

여기서 일왕은 생소한 '통석痛惜'이라는 용어를 사용하였는데, 이때 '통석'이라는 말은 원래 재능이나 인덕人德이 뛰어난 인물이 예기치 않은 비극적인 죽음을 맞이했을 때 생전에 가까웠던 사람들이 그 죽음을 애도하고 슬퍼하며 하늘을 원망한다는 뜻으로 쓰이는 말이다. 그러므로 이 말은 일본 정부에 의해서 주도면밀하게 준비된 것으로써, 일본 식민지 지배 시기에 한국인들이 받았던 고난은 단지 '예기치 않은 불행에 불과하며 '천황은 직접적인 책임이 없다'는 것을 의미하고 있다[117].

1995년 10월 5일, 일본 참의원 본회의에서, "한국 병합 조약은 당시 국제 관계 등의 역사적 사정 중에서 법적으로 유효하게 체결되어 실시된 것이라고 인식하고 있습니다."라고 무라야마 일본 수상은 천명하고 있다. 이 무라야마 수상은 이해 8월 15일, 다름 아닌 그 유명한 '무라야마 담화'를 발표한 바 있다.

이러한 일본 수상의 발언에 대해서 당시 한국의 김영삼 정부는 격렬하게 반발하고 주한 일본 대사를 외무부로 소환하여, "「한일병합조약」은 한국민의 의사에 반하여 강압적으로 체결된 것이고 그러므로 본래부터 무효이다."라고 하는 항의의 뜻을 전달했다. 이러한 한국 정부의 격렬한 반발을 무마하기 위해서 동년 10월 13일, 무라야마 수상은, "「한일병합조약」은 형식적으로는 합의로 성립되었지만, 실질적으로는 역시 당시의 역사적 사정이라는 것이 배경이 되었으며, 그러한 배경 아래서 그런 조약이 성립된 것입니다. 그 당시의 상황과 배경이라는 것에 대해서 우리나라 일본은 깊이 반성해야 할 것이 있다고 하겠습니다. 그러므로 저는 이 조약은 체결에 당하여 양측의 입장이 평등했었다고는 생각하지 않습니다."라고 보완적인 설명을 하고 있다. 그러나 그의 이러한 보완적 설명이 1910년 「한일병합조약」이 법적으로 유효하게 성립된 것이라고 하는 그의 앞선 발언을 철회하는 것이 아니라는 점은 분명하다.

결국 종합하건대, 과거사에 관하여 도의적인 책임은 감정적으로 인정하나 법적인 책임은 부정한다는 식의 일본 정부 측의 이중적인 잣대는 결코 즉흥적이거나 우연한 것은 아니며, 한국 국민과 한국 정부에 대해서 어떤 경우에도 과거사에 관련된 일본의 법적 책임을 부정하겠다는 인식과 의지가 지금까지 확고하고 집요하게 견지되고 있는 결과라고 보아야 할 것이다.

그러므로 1998년 '세까이世界' 잡지의 '일한대화日韓對話'에 기고된 사카모토와 운노의 주장에서 그 모습을 드러낸 「한일병합조약」에 관한 '유효부당론'은, 일본 정부의 한국에 대한 정책 변화 곡선의 스펙트럼(Spectrum)상 정확히 '1995년 무라야마 수상의 담화'라고 하는 특정 위치에 일치하고, 여기까지 변화해온 일본의 정책적 입장에 영합한 주장이 되는 셈이다.

「한일병합조약」에 관한 '유효부당론'을 근원적으로 비판하는 모습을 갖추고 있으면서도 실은 그 '논리적 애로'를 해결해 줌으로써 일본 측 주장의 '우수한 첨병尖兵' 노릇을 하고 있는 한국의 젊은 법학자, A교수 같은 사람의 역할은 전체적으로 명백한 학문적 오류에 근거한 것이지만, 무시할 수 없는 가공할 결론에 수렴되고 있다는 점을 간과할 수 없다.

첫째로 "전쟁의 수단이나 무력의 사용은 얼마든지 '교묘하게' 행사되어도 언제나 면책되는 것"이라는 '강자의 법'이 19세기에 존재해 있었다고 하는 사카모도 교수의 오류에 가득 찬 '일본인 특유의 궤변'을 받아들임으로써 그러한 '강자의 법'에 의해서 1910년 「한일병합조약」은 적법, 유효하게 성립된 것으로 설명할 수도 있게 된다. 그리고 두 번째로 근대 국제법 자체의 부당성이나 문제점에 관한 A교수의 비판적 검토를 통해서 일본의 한국 강점과 지배는 "유효한 것임에도 불구하고 부당한 것"일 수 있게 된다.

이로써 일본 정부의 현재의 공식 입장은, 다른 사람도 아닌 한국 학자 A교수에 의해서 완벽하고 충분하게 설명되고 또 방어되는 것이다. 참으로 부끄럽기도 하고 가소로운 결론이기는 하나, 나름대로 한국에서 왕성하게(?) 학문 활동을 계속하고 있는 젊은 학자의 법리적 주장이므로 그의 주장을 검토해 보지 않을 수 없다.

사카모도 교수가 말하고 있는 것과 같은 '강자의 법'이 19세기에 존재해 있었다고 하는 전제하에 A교수는 근대 국제법은 서구 제국주의적 침략정책을 합리화하는 법실증주의적 법리로 무장된 '강자의 법'을 구성하고 있으므로 이런 '사변적이고 제국주의적인' 근대 국제법을 「한일병합조약」의 법적 평가에 적용하는 것은 부적절하다고 주장한다. 그는 한걸음 더 나아가 "한국병합 관련조약의 유·무효有無效를 법적으로 논의하는 것은 '법적인 관점'에서 의미가 없다."고 주장한다.

> (…) 한국병합 관련 조약의 유·무효를 논하는 것은 법적인 관점에서 크게 의미가
> 없는 것으로 생각된다. 이미 살펴 본 바와 같이 유무효 판단의 기준이 되는 법
> 자체가 정당하지 못할 뿐만 아니라 당시 무엇이 법이었는가도 명확하지 않다.

라고 그는 술회하고 있다.

국제법적 법리를 이해하고 설명함에 있어서 논리의 법칙이나 실정국제법을 도외시하거나 유월할 수 있다는 그의 생각은, 앞서 지적한 터무니 없는 학문적 오만이나 법적 논리에 관한 기초적인 무지를 넘어, 이미 국제법의 법규범적 존재 의의를 근원적으로 부정해야 한다는 극단적 결론에 연결되어 있는 것으로서, 국제법 학자로서는 '참으로 놀랍고도 위험한 견해'로 보인다. 왜 그는 언제나 국제법의 법규범적 존재 의의를 근원적으로 부정해야 한다는 국제법 학자로서는 '참으로 놀랍고도 위험한 입장'에 서 있어야 하는 것일까?

그는 또 다른 곳에서는 약간 어조를 달리한 술회를 하고 있다.

> 한국과 일본 사이에 진정한 과거 청산을 위하여 한국병합 관련 조약의 유·무효를 논증하는 일이 의미가 없다고는 생각하지 않는다. 그러나 한국 지배의 불법성을 인정할 의사가 전혀 없는 사람들에게 또는 이미 도덕적인 과오를 인정한 사람들에게 그러한 불법성을 인정할 것을 집요하게 요구하는 것이 얼마나 큰 의미가 있는지는 의문이다.

라고 말한다.

1910년 「한일병합조약」은 무효이며, 따라서 일제의 한국 지배는 법적인 근거가 없는 위법하고 부당한 것이었다는 문제를 확인하기 위해서 우리는 어찌되었거나 '법적인 논의'에서 벗어날 수 없다[118]. 이것은 자명한 일이 아닌가?

「한국병합조약」의 무효를 (법적으로) 주장하는 것은 '법적인 관점에서' 의미가 없다고 한다면 그는 결국 법적으로 유효임을 강변하고 있는 - "한국 지배의 불법성을 인정할 의사가 전혀 없는 사람들인" - 일본의 주장을 '법적으로는 우선 수긍하라'는 권고를 하고 있는 것에 지나지 않는다.

이런 그의 '법적인 견해'는 과연 학문적으로 타당하며 얼마나 진실성을 내포하고 있는 것인지 인내력을 발휘하여 검토해 보기로 하자.

서구 제국주의 열강들이 동양국가들을 제국주의 정책으로 침략할 당시 그들의 확장 정책 및 자원 수탈을 위해서는 동양 국가들을 국제법상 법적 주체로 간주하지 않거나 동등한 법적 권리를 인정하지 않아야 하는 데, 서방 국가들 자신이 발전시킨 국제법 이론상 이렇게 할 수 있는 명분은 당시 동양국가들이 서구의 과학적 문명과 정신적 및 문화적 기준으로 볼 때 "몽매하고 야만적 상태에 있다."는 것이었다.

"서구 제국주의 열강들을 흉내 내어" 중국을 침략하고 조선을 식민지화해서 통치하려고 하는 일본에게 가장 곤란한 점은 일본이 침략하려고 하는 상대 즉 중국이나 조선이 -서구의 과학적 문명을 받아들이는 데에 있어서는 일본에 다소 뒤져 있으나 - 적어도 정신적 및 문화적 기준으로 볼 때는 절대로 일본에 비해서 "몽매하거나 야만적 상태에 있지 않았다."는 점이었다. 몽매하고 야만적 상태에 있기는커녕 중국과 조선은 천 년 이상의 역사를 통해서 일본을 교화시킨 '문화적 스승의 나라'였던 것이다. 그러므로 일본이 당시 특히 조선왕국의 국권을 침탈하고 식민통치를 강행함에 있어서 '서방 국가들이 발전시킨 국제법 이론'을 정직하게 적용함에는 - 물론 당연히 충실하고 정직하게 서구 국제법 이론을 적용하여야 하겠지만 - 상당한 애로와 무리가 있었다.

19세기 말, 한국을 침략할 당시 일본은 '서방 국가들이 발전시킨 국제법 이론'을 아직 충분히 이해하거나 소화하지도 못했고, 그런 법적 규범(Rule of Law)을 정직하게 준수할 의사나 성실성도 없이 마구잡이로 한국의 국권을 침탈하여 왕비(민비閔妃, 후에 명성황후로 추서됨)를 척살刺殺하고 고종황제를 독살毒殺하면서 당시의 서구 국제법 기준으로 볼 때에도 변명의 여지없이 명백히 위법적인 식민통치를 강행시켜 나갔던 것이다.

타국의 영역을 무력으로 침공하여 그 결과로 획득된 타국의 영역에서 자원을 수탈하고 그 소속된 주민의 기본적 인권을 유린하며 법적 지위를 차별하고 무시함으로써 자국의 국력을 신장해 나간다고 하는 이른바 '제국주의적 영토확장 정책'과 '식민주의 정책'은 18, 19세기에 한때 전 세계적으로 풍미하던 정치, 경제적 현상이다. 전 세계적이라고는 하지만 실제로 이러한 현상은 유럽제국주의 국가들이 '아시아와 아프리카 국가'들의 영역을 무력으로 침공하여 침략전쟁을 일으키고 그 결과로 획득된 영역(주로 동양 국가들의 영역)에서 자원을 수탈하고 피식민지 국민들의 기본적 인권을 유린하며 법적 지위를 차별하고 무시함으로써 그들 서방 유럽 제국주의 국가들의 국력을 신장해 나간다는 형식으로 이루어졌다. 이러한 제국주의 침략전쟁과 식민정책의 과정에서 국가 간 분쟁해결의 수단으로써 무력 사용을 정당시한다든지 국제법 주체로써 아시아, 아프리카 국가들의 법적 지위를 제한적으로만 인정함으로써(또는 처음부터 국제법상의 주체성을 부인하고 정당한 법적 권리를 인정하지 않으면서) 국제법은 결과적으로 이들 제국주의 국가들의 침략행위와 식민통치 행위를 법적으로 정당화하는 역할을 해왔다고 말할 수 있다.

따라서 '어찌 되었든 1910년 「한일병합조약」은 법적으로는 유효하게 체결되어 실시된 것이다'라고 보는 일본의 입장에 서는 한, 19세기 한반도에서 일본이 자행한 제국주의, 식민주의 정책들은 적어도 당시(즉, '시제법적인 원칙'119을 적용해서) 제국주의 국가들의 법인 국제법에 의해서 완전히 합법화, 정당화되는 것으로 주장할 수 있다고 보는 견해가 나온다.

A교수가 자주 인용하고 있는 안토니 앙기(Antony Anghie)나 유사한 논지의 저술을 계속 발표하고 있는 제임스 가티(James Thuo Gathii) 등은 "19세기에 있어서 법실증주의적인 국제법은 결과적으로 서방 유럽 국가들의 아시아 아프리카에 대한 침략행위와 식민통치 행위를 법적으로 정당화하는 역할을 해왔다."고 말하고 있다120. 이러한 주장은 19세기 초, 역사상 일시적인 현상으로 서방 유럽 국가 간에 풍미한 제국주의와 식민주의에 대한 '문화 비평적인 평가'에 불과한 것이지 적어도 '법리적 주장'은 아니다. 그들은 대단히 예리하고 과장된 이 문화적 비평을 위해서 역사적 사례나 사회학적 학설들을 마음대로 선택 조합하여 인용하고 있으며 논

리의 전개에 있어 지나치게 무리한 일반화, 단순화를 범하고 있다[121]. 오히려 그들은 원래 법학자임에도 불구하고[122] 자신들의 전문분야가 아닌 문화비평에 나섬으로써 그들의 주장에는 본의 아닌 오류와 논리적 모순이 내포되고 있음을 본다. 예컨대 안토니 앙기는 국제인권법 규범이 실은 서방 국가들이 개발 도상국 인민들에게 서구 자본주의를 강요하기 위한 방편으로 마련된 브레턴우즈(Bretton Woods) 체제에 의해서 비로소 형성되고 만들어졌다고 서술하고 있으나[123] 이러한 주장에는 매우 기발하고 예리하다는 평을 할 수는 있어도 타당하다고 말할 수는 없다. 주지하다시피 국제인권법 규범은 브레턴우즈 체제와는 사실상 관계가 없으며, 제2차 세계대전 과정에서 인권에 대한 지나친 침해를 경험하고, 유대인 학살 등 국가에 의하여 자행된 반인권적 잔혹행위에 대한 국제적 대처가 필요하다는 인식에서 이러한 사태를 예방하고 인권을 철저히 보장하기 위해서 발전되게 된 것이다. 더구나 국제인권법의 정수精髓라고 볼 수 있는 「유럽인권협약」[124]은 유럽연합에 속한 국가들만을 법적으로 기속함으로써 이른바 개도국과는 처음부터 법리상으로 차단되어 있는 것이다. 물론 이 협약의 기본 정신이 현실적으로 인권보호를 위한 미래의 방향을 제시하는 의미 있는 조약이라 볼 수 있기 때문에 그런 의미에서는 개도국과 전혀 무관하다고 할 수 없다.

19세기 서구 국제법 규범은 전체적으로 그리고 처음부터 서방 국가들의 제국주의와 탐욕적인 식민정책을 합리화하기 위해서 형성되었거나 고안된 것은 아니다. 근대국제법 자체는 국민과 국가 사이의 세력균형질서를 담보하기 위하여 고안된 장치이며, 유럽의 제국주의 국가들이 국제법을 식민지 쟁탈전에 교묘하게 왜곡해서 이용하였을 뿐이다. 서방 유럽 국가들의 아시아 아프리카에 대한 침략행위와 탐욕적인 식민통치 행위들이 모두 그리고 언제나 19세기 서방 국제법 규범에 의해서 합법화, 정당화될 수 있는 것은 아니다.

국제법은 한 번도 일국이 타국을 무력으로 식민지화하는 것을 합법화한 적이 없다. 단지 제국주의적 확장 정책을 수행하는 과정에서 법실증주의적 법리를 이들이 왜곡하여 이용하였을 뿐이다. 이는 사회 현상으로서의 법의 한계이다. 따라서 이러한 제국주의와 식민주의가 범하게 되는 모든 불법행위를 법실증주의적 법리를 적용하면 일괄적으로 합리화할 수 있다고 보는 것은 근대국제법과 법실증주의에 대한 근원적인 몰이해에서 비롯된 오해라고 볼 수밖에 없다.

19세기 한반도에서 일본이 자행한 제국주의, 식민주의 정책들이 적어도 - 즉, 시제법적인 원칙을 적용해서 - 19세기 당시의 서방 국가들의 규범인 국제법에 의해서 완전히 합법화, 정당화될 수 있다고 하는 주장이나 판단은 법적으로 정확하지도 않고 그렇기 때문에 타당하다고 인정될 수도 없다.

1910년 당시의 국제법에 의해서도 「한일병합조약」은 명백히 무효이고, 일본의 한반도 지배는 국제법상 합법적인 근거가 없는 것이었다. 따라서 대한제국은 소멸된 것이 아니다.

어찌 됐든 사카모토 교수는 국가 자체에 향해서 가해진 강박과 국가대표에 대해서 가해진 의사의 강박은 '실제적으로 구별할 수 있는 기준이 없다'고 하는 일본의 오래된 다수설을 치밀한 연구(?)로 보완하고 발전시키려고 노력함으로써 - 그러한 노력이 결국 객관적으로 성공하였는가는 자못 의심스러우나 - 1910년 한일병합의 적법성을 주장하는 일본 측의 방어적 법적 논리의 명맥을 지금까지 유지시켜 온 사람이라고 말할 수 있다. 사카모토 교수는 이른바 시제법적^{時際法的} 원리를 적용한다는 당연한 전제하에 법적 효력을 논하기 위한 사실관계를, 1905년 「을사늑약」 체결 당시 일제가 행한 '강박의 사실'을 분석의 대상으로 하고 있다. 그는 이러한 분석 결과 '의사에 대한 강박이 있었다'고 하는 사실 자체에 관해서는 이의를 제기하지 않고 이를 인정하나 이러한 의사의 강박이 당시의 국제법적 기준에서 조약을 무효로 해야 하는 원인이 될 수 있는가에 대한 법리적 이의^{異議}만을 제기하고 있는 것이다. 그러나 앞에서 이미 보아온 바와 같이 사카모토 교수가 여기서 제기하고 있는 '법리적 이의'라는 것은, 무효 원인 2분론과 강박의 개념에 관련된 기초적인 국제법적 법리들에 관한 오해와 이해부족에 근거하고 있고 결과적으로는 이미 명백하게 확립된 국제법적 법리를 부정하거나 배제하고 있는 명백히 논리성이 결여된 주장이 되는 것이다.

따라서 프랑스 학자들의 견해나 하버드 대학 및 유엔 국제법 위원회(ILC)의 조약법에 관한 법전화 자료에서 명확히 나와 있는 대로 "1905년 「을사늑약」은 한국 측 국가대표에 대한 '의사의 강박'이 있었으므로 성립 무효이다"라고 보는 것이 맞는 것이다.

그러나 1905년 「을사늑약」이 무효가 되면 논리 필연적으로 1910년 「한일병합조약」도 당연히 성립 무효가 되는 것인가? 좀 더 구체적으로 1905년 「을사늑약」을 무효로 만든 1905년 일제가 행한 의사의 강박행위 자체가 직접 1910년 「한일합병조약」까지를 무효로 한다고 주장할 수 있는가? 하는 문제는 반드시 잘 검토되어야 한다.

사카모토 교수를 비롯한 일본 학자들은 물론이고 한일병합의 법적 무효를 주장하는 대부분의 한국 국제법 학자의 논문들에서도 1910년 「한일병합조약」 체결 당시 일제가 행한 한국 측 국가대표에 대한 '강박의 사실' 같은 중요한 구체적 사실관계는 처음부터 사실 분석의 대상으로 삼고 있지를 않고 있다.

물론 1905년 「을사늑약」을 비롯한 이른바 4개의 '유사조약[125]'들은 1910년 「한일병합조약」 체결에 이르기까지 상호 긴밀한 인과관계로 연관되어 있으므로 1905년 「을사늑약」이 무효인 것이 확인되면 1910년 합병조약의 법적 유효성의 근거도 다툴 수 있게 되는 관계에 있다고 볼 수 있기 때문에, "1905년의 시점에 조약의 무효 원인으로서의 '강제'를 규율하는 관습국제법상의 조약법 규칙은 시제법적 관점에서 보더라도 한국병합 관련 조약 전체에 대하여 적용될 수 있을 것"이라고 말할 수 있을지 모르겠으나, 그렇다고 해서 1905년 「을사늑약」을 무효로 만든 1905년 일제가 행한 의사의 강박행위 자체가 직접 1910년 「한일합병조약」까지 무효로 한다고 주장할 수는 없을 것이다.

거듭 지적하거니와 1910년 당시 총리대신 이완용을 비롯한 대한제국 조정^{朝廷}

의 각료들은 완전히 일제의 괴뢰가 되어 있었으므로 「한일병합조약」 체결을 위해서는 이들에게 '의사의 강박'을 가할 필요는 전혀 없었다. 따라서 1910년 「한일병합조약」 체결 당시에 일제는 대한제국의 괴뢰 황제 순종을 유폐시켜 놓기 위해서 한국 정부 전체에 대해서 가하고 있던 종래의 정책적인 군사적 강압 체제를 지속시키는 것 이외에 이 조약의 체결을 위한 한국 측 국가대표에 대해서 '의사에 대한 강박'을 별도로 가한 사실이 전혀 없다. 그러므로 1910년 「한일병합조약」 체결의 합법성을 검토함에 있어서는 국가대표에 대한 '의사의 강박' 문제를 논의할 실익은 전혀 없고 의사의 강박에 관한 '무효 원인 2분론' 등에 몰두할 필요도 없다.

정작 1910년 「한일병합조약」 체결 당시에 한국 측 국가대표에 대해서 일제가 전혀 '의사에 대한 강박'을 가한 사실이 없다는 사실을 간과하고 있는, 강박에 관련된 사실관계에 관한 이러한 '모호한 인식과 부정확한 태도'가 1910년 「한일병합조약」의 무효를 주장하는 한국 학자들의 논지를 지리멸렬하게 만들었으며, 무효 원인 2분론과 강박의 개념에 관련된 국제법적 법리들에 관한 일본 학자들의 한심한 오해와 어처구니없는 이해 부족 - 실은 1910년 「한일병합조약」이 적법 유효하게 성립되었다는 그들의 국가적 입장을 관철시키기 위해서 간지를 동원하여 가식적으로 그렇게 표방하고 있는 것인지는 모르겠으나 하여튼 - 을 초래한 것이라고 생각된다.

1910년 「한일병합조약」은 일제와 대한제국 간에 체결된 국가병합조약國家併合條約의 형식을 갖추고는 있으나 대한제국 측의 조약체결권자로 명시되어 있는 순종 황제는 국제법적으로 대한제국의 황제로 인정될 수 없는 일제에 의한 '괴뢰 황제'이므로 이 조약은 일제가 일제 자신과 체결한 조약이 되고, 따라서 의사의 강박에 관련된 '무효 원인 2분론' 등을 따로 적용하여 논의할 필요도 없이 1910년 「한일병합조약」은 원초적 무효이며, 일제의 한국 지배는 법적 근거가 없는 위법한 강점에 불과한 것이다.

7. 대한민국 임시정부

가. 대한민국 임시정부의 고난苦難에 찬 역사

1943년 12월 1일 발표된 「카이로 선언」에는 "한국민이 노예 상태에 놓여 있음을 유의하여 적절한 단계를 거쳐 앞으로 한국을 자유독립국가로 만들 것을 결의한

카이로 회담의 3거두, 장제스, 루스벨트, 처칠

다."라는 문구가 있다. 「카이로 선언」에 관해서는 앞에서 이미 언급한 바 있지만 여기서 이 말을 인용하는 것은 "한국민이 노예 상태에 놓여 있음을 유의하여"[126]라는 문구를 음미하기 위해서다.

이른바 '한일 간의 과거사 문제'를 논하는 사람은, 그가 역사학자이든, 국제법학자이든, 정치인이든 누구든지 대한제국이 일본에 그 국가 주권을 탈취당하여 그 강점하에 식민통치의 지배를 받던 26년간의 세월 동안 우리 한국 사람들이 어떻게 살아왔는가를 겸허하고 숙연한 자세로 잘 확인하고 되도록 생생하게 알아두어야 한다고 생각한다.

제2차 세계대전의 승자인 연합국 측 3대 강국의 거두, 루스벨트, 처칠 그리고 장제스가 이집트 카이로에서 제2차 세계대전의 종결을 위한 최종 전략 방침을 정하려 할 때, 특별히 한국에 관한 조항을 자기들의 선언문(Cairo Communiqué)에 넣기로 하고, "지금 한국 사람들이 부당하게 노예 상태에 있음으로 이들에게 가능한 빨리 자유와 독립을 주어야 한다."라고 말하고 있다.

그때 우리 한국 사람들은 "부당하게 노예 상태에 있었던 것"이다.

노예 상태란 어떤 것인가? '인간으로서의 존엄과 가치를 부정당하고 자유와 생명을 위협받는 생존 형태'를 말하는 것이다.

얼마 전 2009년 11월 8일에 '민족문제연구소'라는 단체가 『친일인명사전』이라는 것을 발간하였는데, 구체적인 반민족 행위를 범한 친일 인사 중에는 1905년 「을사늑약」의 체결에 비분강개하여 1905년 11월 20일자 『황성신문』에 '시일야 방성대곡 是日也 放聲大哭'이라는 제목의 논설을 실었던 장지연張志淵이 포함되어 있어서 세간의 눈길을 끌었다. 알다시피 이 글은 「을사늑약」을 강압적으로 체결시킨 일본의 침략적 저의를 폭로하고, 이 「을사늑약」에 서명한 을사오적을 통렬히 공박함으로써, "오늘에 이르러 목 놓아 통곡하는" 전 국민의 분노를 대변한 글로 유명하다[127].

사실 장지연에게 다소 친일적 행적의 혐의가 있었다는 것은 이 『친일인명사전』이 나오기 훨씬 전에 박노자라는 이름의 한국인으로 귀화한 러시아인 우라지미르 티호노프라는 사람이 쓴 책[128]에서 읽어 이미 알고 있었으나 이처럼 세간에서 회자되니 지사라고 믿었던 사람에 대한 실망이 새삼스러워서 그 느낌이 사뭇 다르다. 그러나 이런 예는 얼마든지 있다.

이승만도 젊은 시절에 그 중요 회원으로 적극적으로 참여해서 활동한 구한말 민족주의 국민운동의 구심체로 알려진 '독립협회'의 후원자이며, 그 회장이기도 한 안경수安駉壽라는 사람은 당시 일제 외무성의 신임과 후광을 배경으로 치부와 출세를 거듭한 어용상인이며 나중에 일제와 결탁하여 고종의 폐위와 황태자 옹립을 위한 쿠데타에 연루되었다가 고종에 의해서 형장에서 처형되었다는 사실도 슬픈 우리 사회의 이면사 중 하나이다[129].

필자가 이런 말을 들추어내는 것은 그 당시 다소의 친일 행위를 범하는 것은 나라를 잃은 백성으로서는 불가항력적인 선택이었으므로 그들을 너무 책할 수는 없는 것이 아니냐? 하고 그들을 변호해 주려는 것은 아니다. 일제하에서 인간으로서의 존엄과 가치를 부정당하고 순간순간 자유와 생명을 위협받는 생존 형태를 영위해야 했던 그 당시 한국 사람들이 순수한 지사적 양심과 지조를 견지하여 민족적 자존심을 잃지 않고 '국권의 회복을 위한 독립운동, 구국 활동에 일생을 바치는 것'이 얼마나 어렵고 고난에 찬 것일 수밖에 없었다는 것을 이야기해 보고 싶었을 뿐이다.

'삼일 독립만세 운동' 이후 자유와 독립에 관한 전 국민의 열망과 열정의 힘을 바탕으로 1919년 4월 11일 상해에서 '대한민국 임시정부'가 '대한민국 임시헌장 선포문'을 채택하는 것으로 발족하였다. 그리고 한국 서울에서 발족한 한성 임시정부, 연해주의 대한민국 의회 정부 등이 그해 9월 11일, 상해 임시정부로 통합됨으로써 해외 망명정부가 수립되었고, 이는 일제의 한반도 침탈에 항거하는 우리 민족의 항일 독립투쟁의 구심체가 되었다.

대한민국 임시정부가 처음 시작할 당시의 열성과 기개는 실로 대단한 것이어서 중국과 만주에 있던 동포의 호응은 물론이고 미주와 하와이 등 해외 각지 동포의 열성과 후원으로 한국인의 항일 독립 활동은 상당히 활발하게 전개되었다.

그러나 처음부터 문제는 우리 한국 사람의 고질적 병폐인 '편 가르기식' 작태가 발동되어 소모적인 갈등과 분열이 만연하였다는 점이다. 초대 정부 수반(首班; 대통령)으로 추대된 이승만은 이른바 서구식 민주주의만이 독립운동의 목표가 되어야 한다는 것을 주장하고 초대 국무총리인 이동휘는 공산혁명을 통한 투쟁 방법만이 가장 효율적인 방도라고 주장하여 임시정부 국무회의는 국권을 도로 찾을 수 있는 중요한 과업을 추진하여 국제사회에서 망명정부로서의 실체를 인정받을 수 있는 실질적인 내실을 갖추기도 전에 대립과 충돌의 장으로 변하곤 하였다.

특히 이승만은 소련은 빨갱이라 위험하니 가까이할 수 없고, 중국은 약해서 힘이 없으니 더불어 일할 수 없고, 오직 백인국가로 그 세력이 좋은 미국만을 하늘같이 신뢰하고 급기야 국무회의의 논의도 거치지 않고 독단으로 '미국에 위임통치를 청원한 사건'이 발생하여 탄핵·면직당하는 사태가 벌어졌다. 그는 정부 수반이라고는 하나 취임식만 치르고 다시 미국에 돌아가 있으면서 처음부터 실제로 상해에서 근무하지도 않는 상태였으며, 탄핵·면직당한 이후에는 그의 영향권 하에 있는 미주지역 동포들의 임시정부에 대한 지지와 후원을 완전히 차단시켜 버렸다.

한편 초대 국무총리인 이동휘는 국무회의에서 러시아로 보내는 정부 대표로 여운형, 안공근, 한형건 세 사람을 임명하였는데 그는 정부에서 여비가 나오자 자기의 심복인 한형권 한 사람만을 시베리아로 출발시키고 그가 러시아에 당도할 때쯤에야 이를 발표하였다. 한형권은 러시아에 들어가 정부 대표로 온 사명을 국경 관리에게 밝히니 즉시 모스크바 정부는 그를 연도에서 환영하게 하여 동포들이 모두 태극기를 들고 나와 그를 환영하였다. 소련의 수령 레닌은 친히 한형권을 만나자 "독립운동 자금이 얼마나 필요하냐?"고 물었다. 한형권은 입에서 나오는 대로 '2백만 루블'이라고 대답하니, 레닌이 "일본을 대항하는 데에 '2백만 루블'로 되겠는가?" 하고 반문하였다고 한다. 한형권은 본국과 미국 등지에 있는 동포들이 자금을 마련하고 있으니 지금 당장은 그 정도면 족하다고 되는 대로 변명하였다. 레닌은 이 변명을 듣고는, "제 민족의 일은 제가 하는 것이 당연하다."고 응수하고는 소련 외교부에 명하여 '2백만 루블'을 한국 임시정부에 당장 지불하게 하였다. 결국 한형권은 그 1차분인 40만 루블을 받고 모스크바를 떠났다. 이동휘는 한형권이 돈을 가지고 들어온다는 기별을 받자, 이러한 사실들을 국무원에 알리지도 않고 자기 심복인 김립을 시베리아로 보내서 그 돈을 자기가 직접 받으려 하였으나 정작 김립은 또한 이동휘를 배반하여 그 돈을 이동휘에게도 주지 않고 북간도에 제 식구들을 위한 땅을 매입하고 상해에 몰래 들어와 숨어 살면서 향락 생활을 하였다. 이 일로 이동휘는 역시 탄핵·면직되어 국무총리를 사임하고 러시아로 도망하였다.

초대 대통령과 초대 국무총리라는 위인들이 이 정도니 당초 임시정부의 열정과 기개는 금방 지리멸렬되고 동포들의 지지와 호응도 차츰 식어 가게 되었다. 임시정부가 상실된 국권을 회복하는 독립운동의 중추가 된다고 믿고 상해로 찾아온 많은 뜻있는 사람들이 상해에 와서 목도한 것은, 국무회의만 열리면 이념 갈등은 물론이고 기호파畿湖派니 서북파西北派니 하여 지방색을 따지고, 망한 나라의 양반

문중 높낮이를 따지는 등, 유치하고 저열한 '편 가르기'로 서로 반목과 대립을 일삼는 모습뿐이었다고 한다. 임시정부에 참여하지 않고 발길을 돌린 예가 많은 데 필자가 아는 가장 현저한 사람은 우당友堂 이회영이다.

우당 이회영은 백사 이항복의 10대손이며, 부친과 백부 및 조부 등이 판서와 영의정을 지낸, 우리 역사에 손꼽을 삼한갑족의 후예다. 그는 「을사늑약」을 막기 위한 배후노력을 했고, 을사오적 암살단에 자금을 부담했다. 1906년 그가 40세 때에는 이상설 등과 만주에서 서전서숙瑞甸書塾을 설립하였고, 1907년 헤이그 밀사 파견의 막후 주동 역할을 했다. 1910년 「한일병합조약」으로 나라의 국권이 상실됨이 확실하게 되자, 육형제 가족회의를 열어 지금 돈으로 약 600여억 원 상당의 전 재산을 정리하고 가족이 모두 함께 망명하여 1911년 서북 간도 지방에 해당하는 만주 유하현 삼원보 추가가에 신흥군관학교를 설립하였다.

신흥군관학교는 우리 민족의 이름으로 항일 무장투쟁을 본격적으로 수행할 수 있게 한 주역들, 즉 독립 운동가와 엘리트 군인들을 양성한 본거지가 되었다. 그가 1915년 및 1919년 2회에 걸친 고종 황제 망명 계획을 추진한 장본인이었음은 앞에서 언급한 바와 같다.

1919년 상해에 임시정부가 수립되자 그의 동료인 이동영 등과 함께 당연히 임시정부에 합류하려 했으나, 파당을 이루어 대립과 분쟁에 몰두하는 모습을 보고 여기에 가담하지 않았다. 다만 그의 실제인 이시영은 상해 임시정부에 끝까지 참여하였다.

그는 권력 다툼의 모습을 보이던 임시정부와는 끝내 거리를 유지하고 독립운동에 독자적 노선을 가는 일종의 아나키스트가 되었다. 철저한 존왕사상만을 교육받고 자라서 전형적인 유교적 교양을 갖춘 명문거족의 후예가 무정부주의자가 된다는 것은 의미가 크다. 우선, 그 정신적인 사상의 틀이 근본적으로 바뀌어야 한다는 것을 생각할 때 거기에 따르는 개인적 고뇌와 숙고가 얼마나 치열한 것이었나를 충분히 짐작하게 한다. 거대한 재산을 정리하여 마련한 독립운동 자금이 모두 떨어지고 난 뒤 그의 일생은 가난의 연속으로, "일주일에 세 끼를 먹으면 잘 먹을 정도"였다고 한다.

1932년 11월, 66세 때 이회영은 무등武藤 일본 관동군 사령관 암살과 한-중-일 아나키스트들의 공동유격대 결성을 위해 만주로 가던 중 대련大連 항에서 일본 수상 경찰에 붙잡혀 고문치사를 당한다.[130]

대한민국 임시정부는 일제의 노회하고 집요한 적대적 음모와 파괴 공작에 시달리고, 영국이나 미국 등 주변국들의 냉담한 시각과 복잡한 국제정세로 하나의 망명정부로서 제대로 대우를 받지 못한 채 방황하게 된 데다가 내부적으로 소모적 분열과 대립을 계속한 까닭에 당초의 영향력과 힘을 키워 나가기는커녕 점차 무력화되어 그 존립조차 위협받게 되었다.

더구나 임정이 발족한 지 채 1년이 지나기도 전부터 중요 요인 중에서 변절, 배신하여 임시정부를 떠나가는 자가 계속 나왔다. 임정 군무차장 김희선, 임시정부의 가장 중요한 홍보 매체이며 기관지이던 『독립신문』 주필이며, 사장이고, 홍사단의 부단장이던 이광수, 의정원 부의장 정인 등은 상해 임시정부를 떠나서 본국으로 들어가, 내놓고 일제에 협력하는 변절을 보였다. 특히 춘원 이광수는 1924년 '민족적 경륜'이라는 논설을 발표하여 종래 그가 주장하던 '민족인격양성론'을 '민족개조론'으로 바꿈으로써 일제의 한국 지배를 정면에서 합리화하고 한국민의 민족성을 근본적으로 평가절하시켰다. 톨스토이에 비견되는 문학적 자질과 당시 광범위한 그의 영향력을 고려할 때, 이러한 그의 변절은 그때까지 한국민의 독립과 자주를 위한 피나는 노력을 일거에 무력화시키는 결정타가 되었다.

1926년에 와서 사람과 지원자금 모두가 떠나 거의 '무정부 상태'에 빠진 임시정부는 백범 김구를 국무령(정부 수반)에 선출한다. 김구는 국무령에 취임하자마자 내각을 국무위원제로 바꾸고 국무령제를 폐지하여 자신은 '국무위원 주석主席'이 되었다. 아마도 이러한 겸손하고 민주적인 개혁이 내각 내의 고질적인 갈등과 내분을 불식시켜 보려는 그의 궁여지책이 아니었나 생각된다.

국무령이든 주석이든 명색이 국가 수반인 백범 김구는 당시 임시정부가 위치한 상해 프랑스 조계 내에서조차 이른바 '국가 원수로서의 외교적 특권' 같은 것을 누린 흔적은 없으며, 임시정부 정청의 집세 30원과 고용원 월급 20원을 지불하지 못해서 여러 번 곤란을 겪었다고 한다[131]. 그 당시 임시정부 주석 김구는, 그의 독립운동에 부담을 주지 않으려고 그의 노모 곽낙원이 1925년 11월 두 아들을 데리고 한국으로 들어가, 식솔도 없이 혼자서 잠은 정청에서 자고, 그들 자신이 가난에 찌들어 전차회사 차표 검사원으로 겨우 연명하는 동포들 집 70여 군데를 전전하며 간신히 밥을 얻어먹고 다니는 '거지 노인'의 행색이었다.

나. 대한민국 임시정부는 국제사회에서 법적 주체主體로서 인정받는 망명정부였나?

1910년 「한일병합조약」이 원초적으로 무효임이 확정되면, 1919년 1월 21일, 고종황제가 일제에 의해서 독살됨으로써 대한제국의 실체가 소멸된 때부터 시작해서, 1945년 제2차 세계대전이 종결될 때까지 26년간 유지되었던 일본의 한반도 지배와 강점은 '군사적 점령'으로 정의될 수밖에 없다. 이것은 또 논리적으로 그 기간 중 대한제국이 국가 소멸에 이르지 않았다는 결론에 도달하게 한다. 그리고 또한 이것은 다시 말해서 대한제국과 대한민국의 국가적 동일성을 인정할 수 있다는 것을 의미하는 것이기도 하다. 1948년 대한민국 수립 당시의 제헌헌법을 시작으로 현행 헌법의 전문前文에서 모두 명문으로 대한제국과 대한민국의 국가적 동일성이 우리 국가 정체성正體性의 기초임이 천명되고 있다.

대한제국과의 국가적 동일성 인정 문제와 국가 정체성에 관한 일관된 대한민국의 헌법적 태도는, 그러나 우선 현 대한민국 정부에 의해서 내부적으로 통일된 정치적 입장으로 확고하게 확립되어 있지 않으며, 확실하게 정리된 학문적인 정론

正論으로 국내 학자들에 의해서 수용되어 있지도 않다고 하는 사실은 앞에서 이미 지적한 바와 같다.

그 이유는 무엇일까?

나인균 교수는 법실증주의적 시각에서 「한일병합조약」을 무효로 간주하여 그 법적 효력을 부인하기는 곤란하다는 이유와 대한민국 임시정부를 독립된 법적 주체로 국제사회에서 인정받은 '망명정부'로 보기는 어렵기 때문에 대한제국의 국가적 동일성은 계속되지 못하고 단절되었다고 본다[132].

1910년 「한일병합조약」을 무효로 간주하여 그 법적 효력을 부인하기는 곤란하다는 '법실증주의적' 이유에 대한 반론은 이 글의 앞부분에서 이미 충분히 제시되었으므로 그가 제기한 문제에 답을 주어야 할 부분은 "대한민국 임시정부가 독립된 법적 주체로 국제사회에서 인정받은 '망명정부'로 보기 어렵기 때문"에 "대한제국의 국가적 동일성은 계속되지 못하고 '단절되었다'고 보아야 하는가?" 만이 남게 된다.

김영수 교수도 서술의 표현에 모호한 점이 많기는 하나, "상해 임시정부를 독립된 법적 주체로 국제사회에서 인정받은 '망명정부'로 보기 어렵기 때문"에 대한제국의 국가적 동일성은 대한민국 임시정부로 계속되지 못하고 결국 '단절되었다'고 보는 것 같다[133].

대한제국과의 국가적 동일성 인정 문제와 국가 정체성에 관한 대한민국 헌법의 명시적이며 일관된 입법적 태도에도 불구하고 특히 이 문제에 관해 정부의 정책이나 학문적인 인식이 사실상 깊은 혼돈에 빠진 것은 이런 만만치 않은 '회의론'에 그 원인이 있는 것이다.

물론 우리 학계에서 대한민국 임시정부는 독립된 법적 주체로 국제사회에서 인정받은 '망명정부'였다고 단정하는 유력한 주장[134]들이 있지만, 사실상 그러한 단정을 수긍하기 어려운 부분(역사적 사실)들이 발견되고 있기 때문에 우선 '대한민국 임시정부'는 국제사회에서 법적 주체로 인정받은 망명정부였나? 하는 문제를 검토하는 일이 필요하다고 본다.

이어서 만일 '대한민국 임시정부'가 국제사회에서 법적 주체로 인정받는 망명정부가 아니었다고 한다면 그것으로 대한제국의 국가적 동일성은 대한민국 임시정부나 대한민국으로 계속되지 못하고 결국 단절된다고 보아야 하는 것인가? 하는 문제를 검토해야 될 것이다.

1) 대한민국 임시정부의 현실적 실체와 그 법적 지위

1919년 3월 1일, 전국적으로 독립의 봉기(이른바 '삼일 독립만세운동')가 일어난 이후에 아령俄領 연해주와 상해 및 국내 한성(서울) 등지에 임시정부[135]가 생겨났고, 이들은 결국 1919년 9월 11일 상해 임시정부로 통합되었다.[136]

대한민국 임시정부는 우선 넓은 의미의 '해외 망명정부(Governments-In-Exile)'라고 볼 수 있다. 해외 망명정부란, 여러 가지 이유(주로 적국 군대의 본토 점령)로 당장은 영토와 국민에 대한 실효적 통치권을 행사할 수 없으나, 자신이 그 국가의 진정한 법적 정부임을 주장하여 잠정적으로 외국에 존재하는 정부를 말한다. 망명정부는 장래에 자국 본토로 복귀하여 실효적 통치권을 회복한다는 가정 및 가능성을 전제로 한다.

해외 망명정부는 주로 제1차, 제2차 세계대전 시 유럽에서 독일에 본토를 점령당한 국가가 우방의 비호를 받아 본토를 회복하기 위한 노력의 일환으로 나타난 관행이다. 제2차 세계대전 시 이러한 해외 망명정부는 22개가 있었다[137]. 우방이 이러한 망명정부를 일단 승인하면 그 망명정부의 외교적 특권(주로 국가 원수와 외교 사절 등에 대한 특권과 면제)을 인정하게 된다. 우방 국가가 이러한 망명정부를 승인하는 이론적 근거는 그 망명정부가 망명 이전에 가졌던 합법성의 계속적인 유효성을 인정하기 때문이라는 것이다.[138]

넓은 의미의 '해외 망명정부'에는 민족해방 운동단체[139], 또는 독립 운동단체[140]를 포함시킬 수도 있을 것이다. 이들은 주로 제국주의 국가들에 의한 식민통치의 압제로부터 해방되어 독립을 쟁취하거나 기존 체제의 전복을 목적으로 활동하는 조직된 단체 또는 정치적 집단을 지칭하며 국제법상 행위의 주체성이 인정되는 경우와 그렇지 않은 경우 또는 다수 국가에 의해서 폭력 테러 집단으로 간주되어 불법시 되는 단체 등을 모두 포함한다.[141]

김영수 교수는 '해외 망명정부'와 '임시정부'를 준별하고 이 후자를 비정통적인 망명단체가 신정부를 형성하여 독립운동을 전개하는 경우로 정의한다.[142] 그리고 그는 대한민국 임시정부를 이 두 가지 범주 중 어느 것에도 들지 않는 '특수한 경우'라고 설명하고 있다. 민족해방 운동단체 또는 독립운동단체의 경우에는, 가까운 장래에 자국 본토로 복귀하여 '실효적 통치권을 회복한다'는 가정 또는 가능성을 반드시 그 존재의 논리적 전제로 하는 것은 아니라고 보는 것이 현실적일 경우도 많을 것이다.

'해외 망명정부'와 '임시정부'를 준별하는 경우에도 '대한제국의 망명정부'가 정통적 의미의 '해외 망명정부'가 될 수 있었던 가능성이 있었으며 이 가능성은 일제에 의한 고종 황제의 독살로 인해서 완전히 사라져 갔다는 사실을 주목해야만 할 것이다.

고종은 생전에 두 번 해외 망명을 시도하였다.

- 고종의 제1차 해외 망명 계획 시도;

1915년 3월 이상설은, 상해 영국 조계 내의 '배달학원'에서 박은식, 신규식 등 독립 운동가들과 회동하여, '신한혁명단'을 조직하고 무력적 독립투쟁을 전개하기로 하였다. 이러한 목적을 위하여 이들은 고종의 해외 망명을 추진하기로 하였다. 1915년 7월 26일 내관 염덕인을 통해 경운궁 함녕전에서 고종에게 망명 관련 서류들을 제출하자, 고종은 외교부장 성낙형을 알현하겠다고 허락하였다. 그러나 고종 알현 직전에 성낙형을 비롯하여 관련자들이 일제에 검거됨으로써 실패로 돌아갔다. 이 사건을 일제는 '보안법 위반 사건'이라고 불렀다.

- 고종의 제2차 해외 망명계획 시도;

약 3년 후인 1917년 우당友堂 이회영李會榮의 주동으로 제2차 해외 망명이 추진되었다. 이회영이 고종의 시종 이교영을 통해 의사를 타진하자 고종은 선뜻 해외 망명 계획을 승낙했다. 고종은 자신이 직접 해외로 망명하여 독립 투쟁을 전개하기로 결심하였던 것이다.

고종은 측근인 민영달에게 망명 결심을 알렸다. 민영달은 "황제의 뜻이 그렇다면 분골쇄신하더라도 뒤를 따르겠다"며 거금 5만 원을 내놓았다. 5만 원은 북경에 고종이 거처할 행궁을 마련할 자금이었다. 자금도 준비되고 행궁 마련 계획까지 세워져 구체화되어 가던 고종의 망명 계획은 당사자인 고종의 예기치 못한 급서로 성사되지 못했다.

고종의 제2차 망명 계획이 성공하여 실현되었다면 어떻게 되었을까?

고종의 망명정부는 고종의 황위가 찬탈된 1907년 7월 20일부터 망명정부가 수립될 1919년 1월까지 대한제국의 국가 주권 행사라는 측면에서 약 13년의 공백은 있었겠지만, 대한제국의 국가적 동일성을 유지함에 있어 큰 문제가 없었을 것이다.[143]

우선 '국내적 상황'을 보면, 당시 한국의 지도층은 여전히 존왕사상尊王思想의 잔재에서 한국 왕실이 결국 한일병합을 불가피한 국가적 운명으로 받아들인 것으로 보고 '왕실의 결정에 따른다'는 핑계로 일본의 한국 통치에 격렬하게 저항하지 않은 면이 있다. 그러므로 고종이 외국에 나가 망명정부를 수립하여 항일의 조칙을 내리면 한국의 지도층이 일본과 타협하여 안주할 명분은 사라질 것이며, 실질적으로 아직 지방을 장악하고 있던 전 현직 한국 관원들이 즉시 일본에 대항하여 상당한 항일의 세력을 구축할 수 있게 되었을 것이다.

더욱 중요한 국면은 '국제적인 상황'인데, 만일 대한제국의 망명정부가 북경에 수립되었더라면, 현실적으로 국제사회에서 법적 주체로써 대한제국이 공식적으로 국가 승인을 다시 받을 수 있는 지위를 갖게 되는 것이다[144]. 당시 동북아에서 일본과의 정치적 이해관계에 절실하게 연계되어 있지 않은 군주 국가들, 예컨대 독일, 스페인, 샴(Siam; 지금은 타이(Thailand))로부터 조선왕국 망명정부가 국가 승인을 받는 것은 어렵지 않았을 것이며, 미국, 영국, 러시아 등과의 외교적인 교섭도 보다 강력한 정치적 효과를 얻어낼 수 있게 되었을 것이다.

그렇게 되면 이 대한제국의 망명정부는 1905년 「을사늑약」과 1910년 보호조약의 무효를 실질적으로 주장하여 일본의 한반도 지배의 법적 근거를 정면으로 부인하고, 국권 회복을 위한 실질적인 정치적 군사적 노력의 구심점이 될 수 있었을 것이다. 이 망명정부는 더 나아가 당시 새로 발족한 세계 국제평화기구인 국제연맹에 진출하여 일본의 침략주의를 규탄하여, 대한제국의 국제적 지위를 확고히 할 수 있었을 것이다. 그러면 그때까지도 하나의 군사적 점령(Belligerent Occupation) 형태로 밖에는 한반도를 강점하고 있지 못한 일본의 입지는 결정적으로 약화되었을 것이다.

고종의 망명정부가 발휘할 이러한 법적, 정치적 강점은 1919년 '삼일 독립선언'이후에 상당한 시일이 걸려서 우여곡절을 거친 후에야 수립된 상해 '대한민국 임시정부'의 실질적 기능과는 비교할 수도 없이 강력하고 현실적인 것이었을 것이다. 고종의 망명정부는 무엇보다도 당시의 국제법적 기준에서 대한제국의 국가적 동일성(同一性; Identity)을 정확히 유지할 수 있었을 것이다.

새로운 시대정신을 반영한 '독립 선언서'를 선포하는 일도 이러한 망명정부가 주체가 되어, 항일의 개전開戰 조칙과 함께 북경에서 선포했더라면, '삼일 운동'에서처럼 사실상 많은 한국 사람의 생명을 일제의 총검 앞에 전혀 무방비 상태로 내맡기어 쓸데없이 희생되게 하지 않아도 좋았을 것이며[145], 국권을 회복하려는 실질적인 의사표시로써 그 명실상부한 의미를 갖출 수 있었을 것이다.

당시에 한국 지도자 중에서 국제법과 국제정치에 관한 어느 정도의 지식과 안목이 갖추어진 인사들이 있었다면, 고종의 망명정부 수립이 국권의 회복에 있어서 얼마나 결정적인 계기가 된다는 것을 이해하였을 것이며, 좀 더 신중하고 집요하게 이 목적을 완수하기 위해 모든 노력을 결집할 수도 있었을 것이다. 두 번씩이나 시도하고도 결국 고종의 망명을 성사시키지 못한 당시 한국 지도자들의 부족한 기량과 안목에 안타까움을 금할 수 없는 일이다.

고종의 망명 시도가 성공할 경우에 일본의 한반도 지배를 와해시킬 수 있는 이런 현실적 가능성에 대해서 일제는 정작 망명을 시도했던 고종 황제 자신이나 우당 이회영 보다 더 정확하고 절실하게 잘 인식하고 있었던 것 같다[146]. 당시 조선 왕국 조정과 왕실을 철저하게 장악하고 있던 일제는, 고종이 자기가 관리하던 상당한 내탕금內帑金을[147] 망명정부로 가지고 나가려고 시도하는 과정에서, '제2차 망명 계획'을 인지하게 되고, 사태의 위험을 알아차린 그들은 이완용, 송병준 등 친일파들에 지시하여 고종을 독약으로 즉시 시해하기로 결정한 것이다. 1919년 1월 21일, 고종이 일제에 의한 독살로 서거함으로써 고종 황제의 제2차 해외 망명은 성공하지 못했다.

만일 고종의 제2차 해외 망명 시도가 성공하여 북경에 대한제국의 망명정부가 설립될 수만 있었다면 대한제국 고종 황제의 북경 정부가 '좁은 의미의 해외 망명정부'로 성립될 가능성은 충분했다. 고종 황제의 제2차 해외 망명은 실패하였으며, 상해의 임시정부, 즉 '대한민국 임시정부'가 이 '좁은 의미의 해외 망명정부' 범위에 들어가는 것으로 분류되려면 여러 가지 요건을 다시 갖추어야만 했다.

망명정부는 망명 이전에 그 국가가 가졌던 합법성의 계속적인 유효성을 근거로 하여, "실효적 통치를 회복하기 위한 노력(적의 군사적 점령으로부터의 해방과 독립을 회복하기 위한 노력)을 얼마나 효과적으로 계속하였는가? 현실적으로 주권적 실체로서의 외교적 활동을 지속할 수 있었는가? 다시 말해서 국제사회에서(적어도 우방 국가들에 의해서) 법적 주체로서 인정받았는가? 등의 여부로 그 주체성의 실질을 평가받을 수 있을 것이다.

2) 임시정부의 실질에 대한 평가
- 실효적 통치를 회복하기 위한 '대한민국 임시정부'의 노력

'대한민국 임시정부'는 실효적 통치를 회복하기 위한 노력, 왜적(일제)의 군사적 점령으로부터 영토와 국민을 해방하고, 국가의 독립을 회복하기 위한 노력을 상당히 효과적으로 계속하였다.

가) 무장 항일투쟁

대한민국 임시정부는 항일 무장운동의 실질적인 구심체로써 당시 만주 일대에서 활동하던 다양한 항일 유격대를 통합 지휘, 지원 하였다. 가장 중요한 항일무장단체로는 만주 왕청현에 근거지를 둔 '북로군정서'와 우당 이회영 등이 유하현 삼원보三源堡에 설립한 신흥무관학교를 중심으로 한 '서로군정서'가 있다.

'북로군정서'의 병력 규모는 초기에는 500여 명이던 것이 1920년 8월에는 1,600명을 넘었다. 김좌진과 이범석 등의 지휘로 1920년 10월 20일에서 23일까지 10여 차례의 전투에서 일본군 동지대東支隊 37여단 소속의 1만 명과 접전을 벌여 수많은 일본군을 사살하였다. 이것이 유명한 '청산리대첩'이다.

'서로군정서'의 신흥학교는, 1919년 5월 3일, 신흥무관학교로 개편되었다. 신흥무관학교는 하사관 3개월, 장교 6개월, 일반독립군 1개월 과정의 군사 훈련을 실시하였으며, 1920년 8월 폐교될 때까지 2천 명이 넘는 졸업생을 배출하여 '북로군정서'를 포함한 여러 독립군 부대에서 항일무장투쟁을 위한 정예 군인으로 활동할 수 있게 하였다. 한국 독립군 무장세력은 나중에 대한민국 임시정부 직속 의용군으로 재편성되었다.[148]

그러나 '대한민국 임시정부'가 당시 모든 항일 무장운동단체를 망라해서 통합하고, 일제에 항거하는 독립전쟁에 있어서 통일된 군사지휘 체계를 수립한 것은 아니었다.[149]

나) 제2차 세계대전시 대일선전포고와 항일 전쟁의 수행

1941년 12월 7일에 일본이 하와이 진주만을 기습공격함으로써 태평양 전쟁이 일어나자 임시정부는 12월 10일에 '대일선전포고'를 하였다. 선전포고 이후 대한민국 임시정부는 연합군 측과 긴밀한 군사 협동작전을 수행했다.

① 중국군대와의 군사협력

만주와 중국 북부 일부가 독립군의 주요 활동지역이기 때문에 중국 군대와의 합동군사작전의 형태를 유지하기 위한 노력들이 당시 임시정부 내각의 주요한 활동이었다.

② 영국군대와의 군사협력

1942년 일본제국군대는 인도-버마 국경을 침략했다. 이에 영국군 당국자는 독립군과의 합동군사작전을 제안했다. 1942년 6월 이청천 장군과 영국군 지휘관 콜린 매켄지(Colin Mackenzie)는 12항목의 문서로 군사협력에 동의하였다. 1942년 9월부터 1944년 4월까지 한국군 특수부대는 임팔(Imphal), 치타공(Chittagong) 지역에 주둔하고 있는 영국군 제17사단의 전투작전에 참가하였다. 이후 수도 랑군(Rangoon; 현재 양곤(Yangon))을 공격하는 육해 공동 작전에도 참가하였다.

③ 미국군대와의 군사협력

대한민국 임시정부와 독립군은, 1941년 12월 8일 일본의 진주만 기습공격 이후 일본에 대한 연합국 군대의 군사적 조치에 적극적으로 참가하였다. 1943~1944년 기간 동안 미군과의 합동작전은 주로 OSS(전략정보국)와 같이 특수정보수집(첩보)의 형태로 계속 이어졌다.[150]

대한민국 임시정부의 광복군 제2지대(이범석) 및 제3지대(김학규)와 미군 OSS와의 합동작전을 위해서 1945년 3월 15일, 한국 광복군에 대한 미군의 특수전 훈련 계획이

성안되고, 22명의 훈련생이 선발되어 6월에는 서안西安과 부양阜陽에 OSS 훈련소가 설치되었다. 선발된 훈련생들의 3개월간 특수전 훈련은 1945년 8월 초에 끝났다.

이들 한국 광복군의 국내 진공작전을 위한 구체적 작전계획은 서안에서 대한민국 임시정부의 김구 주석과 미군 OSS 작전부장(다노베 장군)과의 협의로 성안되었다 [151]. 이 계획에 의하면 이범석이 총지휘하는 94명의 특수전 요원(국내 정진군)은 1945년 8월 20일경 산동에서 미군 잠수함으로 국내에 진입하기로 되어 있었다. 이들은 3개 지대로 나뉘어 국내의 요소를 점령한 후 미군 비행기로 운반되는 무기로 국내 지원병력을 무장시켜서 한반도를 일제의 점령상태에서 탈환한다는 것이었다. 그러나 이 모든 계획은 8월 15일 일제의 무조건 항복 선언으로 실현될 기회를 상실하고 한국 광복군의 국내 진입작전은 무산霧散되었다. [152]

다) 대독선전포고

또 임시정부는 1945년 2월 28일에 대독선전對獨宣戰을 결의하고 독일에 대해서 선전포고를 하였다. [153]

3) 임시정부의 실질에 대한 평가 – 주권적 실체로서의 외교적 활동

임시정부는 국제사회에서, 적어도 우방 국가들에 의해서 법적 주체로써 인정받았는가?

망명정부를 국제법상 법적 주체로 승인하기 위한 국제법상의 '확고한 법적 요건' 같은 것은 없다. 일반적으로 신생국가의 법적 주체를 국제법적으로 인정하는 '국가 승인'이라는 국제법상의 행위는 기존 국가들의 임의적 단독행위이며 따라서 정치적인 임의성이 가장 폭넓게 발휘될 수 있는 것이다. 더구나 '망명정부에 대한 국가 승인'은 이러한 정치적인 임의성의 폭이 더 넓게 인정될 수밖에 없는 것이다.

망명정부가 그 영토와 국민에 대한 실효적인 통치를 할 수 없는 현실적 상황에 처해 있다는 것은 당연히 예상되는 것이지만, 망명정부가 이러한 국가 구성요소의 결여를 용인받을 수 있는 현실적 상황은 성질상 '일시적이어야 할 것'이다. '대한제국 망명정부의 실체'가 통치권을 회복하려는 주체로서의 실효적 기능을 계속 수행함으로써 '일시적인 존재로서의 기본적 성격'을 유지하고 있었는가를 객관적으로 평가해 보아야 할 것이며, 물론 당시의 국제사회에서 법적 주체로 인정받았는가를 객관적으로 정리해 보는 것이 필요하다.

- '대한민국 임시정부'는 현실적으로 주권적 실체로서의 외교적 노력을 지속하였다.

'대한민국 임시정부'는 파리 강화회의(1919년 4월), 국제적십자 총회(1920년 1월) 등 국제회의에 정부 대표를 파견하여 신임장을 제출하고 한국의 독립을 주장하였다. 그러나 일본 제국의 완강한 방해와 국제관계의 예민성으로 인하여 1921년 11월 소위 태평양회의(워싱턴 군축회의) 같은 경우에는 임시정부와 미국 한인회 등이 이 회의에 정부 대표를 참석시키기 위해서 집중적인 노력을 기울였음에도 불구하고 신임장조차 제출할 수 없었다.

1932년 4월 29일(일본 제국의 천장절) 홍구공원(현 노신공원)에서 윤봉길 의사가 도시락 폭탄을 투척함으로써 일본군 최고 사령관 시라카와를 비롯하여 상하이 일본 거류민 단장 등을 죽이고 노무라 등 많은 일본군에게 부상을 입혔다. 이 사건에 대해서 중국 난징 정부의 장제스는 '중국의 백만 대군도 하지 못한 일을 한 사람의 조선인이 해냈다'고 칭찬을 아끼지 않았고 그 이후 대한민국 임시정부와 한국 독립군에 대해서 전폭적인 지원을 하였다. 임시정부는 이러한 우호적인 분위기를 이용하여 중국 정부와 미국 정부로부터의 국가 승인을 얻어내려고 노력하였으나 결국 양 정부의 국가 승인은 얻어내지 못하였다.[154] 다만 1942년 2월, 런던에 망명해 있는 프랑스 망명정부가 외교관계 수립을 제의하여 이 망명정부의 국가 승인

을 받고 임시정부는 주프랑스 대표(대사)를 파견하였다.[155]

만일 1945년 8월 20일로 예정되었던 한국 광복군의 국내 진공작전이 8월 15일 '일제의 무조건 항복선언'으로 무산되지 않고 (일본 천황의 항복 선언이 약 한 달 정도 늦어졌거나, 미국 OSS의 작전 계획이 한 달 정도 일찍 실현되어) 실제로 실현되었다면 이범석이 총지휘하는 94명의 특수전 요원(국내 진공군)은 산동에서 미군 잠수함으로 국내에 진입하여 3개 지대로 나뉘어 국내의 요소를 점령한 후 미군 비행기로 운반되는 무기로 국내 지원병력을 무장시켜서 한반도의 일정 부분을 탈환할 수 있었을 것이다. 그렇게 되면 이 국내 진공부대를 기반으로 대한민국 임시정부는 연합국과 일제에 의해 적어도 '교전단체交戰團體'로는 승인될 수 있었을 것이다.

만일 그렇게 되었다면 대한민국 임시정부와 국가적 동일성을 유지한다는 근거로 대한민국은 당연히 1951년 「대일강화조약」의 협상 주체로 연합국과 나란히 참여할 수 있었을 것이고, 그 평화조약의 전승국戰勝國 측 조약 당사자가 되었을 것이다.

그렇게 되었다면 일본과의 과거사 문제를 놓고 지금처럼 반세기가 넘도록 불쾌하고 굴욕스러운 줄다리기를 하는 일도 없었을 것이고 독도 영유권 분쟁 같은 것은 아예 일어나지도 않았을 것이다. 그러나 이러한 것은 어디까지나 하나의 역사적 가정에 불과한 것이다. 현실적으로 상당한 개연성이 있었던 이러한 역사적 가정假定들은 통탄스럽고 아슬아슬하게도 현실로 실현되지 않았다.

제2차 세계대전 종결 이후, 「대일강화조약」의 협상과 조약 체결의 모든 과정에서 한국 정부는 협상 주체로서의 자격이 처음부터 전적으로 배제되어 있었다. 협상자의 자격이거나 또는 자문역諮問役이라도 강화조약을 위한 회의에 참여하기를 바란다는 한국 정부의 요청을 받고 미국의 정책을 결정하기 위한 검토를 실시한 '대일평화조약 협상에의 한국 정부 참여에 관한 미 국무성보고서'에서 미국은 "1910년 「한일병합조약」이 미국 정부 자신이 승인한 적법하게 발효된 조약이며, 대한민국 상해 임시정부는 국제법상 일반적인 국가 승인을 받은 바가 없는 것으로서 하등의 국가주체 또는 교전 당사자 주체로서의 자격도 인정할 수 없다."[156]고 피력하고 있다.

미국은 제2차 세계대전 종결처리 과정에서, 더 정확히 말하면 1951년 「대일강화조약」의 협상과 체결과정에서 일본 점령 정책의 효율적인 수행과 냉전시대로 접어든 당시 상황에서 일본을 동아시아에서 소련의 진출을 저지하는 반공 전선의 동반자로 삼기 위해서, 한국 정부를 전면적으로, 의식적으로 배제함으로써 일본의 전쟁 책임을 전부 면제시키기로 작정했었다. 한국 정부를 「대일강화조약」 협상에서 배제하고 대한민국 임시정부의 법적 실체를 근본적으로 부정하려 했던 일련의 미국 정부의 태도는 미국 극동 전략의 일환으로 생성된 정책적 고식책姑息策에 불과한 것이었다.[157]

동아시아 전략상의 정책적 편의를 위해서 미국이 상해에서 활동한 대한민국 임시정부를 "국제법상 일반적인 국가 승인을 받은 바가 없는 것으로서 하등의 국가 주체 또는 교전 당사자 주체로서의 자격조차도 인정할 수 없다."고 하고, "제2차 세계대전 중 일본에 대한 전투에 있어, 한국이 주장하는 것 같은 한국 독립군의 항일 군사작전이나, 연합군과의 공동작전 수행을 인정할 수 없다."고 한 것은, 그것이 아무리 제2차 세계대전 종전 당시 미국 극동 전략의 일환으로 생성된 정책적 고식책에 불과한 것이었다고 하더라도 무장 활동을 포함한 정치적 외교적 노력으로 전 한국민을 대표하여 일제의 불법적이며 부당한 한국 지배에 꾸준히 항거해 온 대한민국 임시정부의 엄연한 역사적 실체를 부정하는 강대국의 오만이며, 의도적인 횡포이다.

제2차 세계대전 막바지인 1943년 11월 말, 에짚트의 카이로에 회동한 미·영·중 3국 수뇌들이 전쟁의 종결을 위한 정책회담을 하고, 이른바 「카이로 선언」을 발표하였는데 이 선언의 특별 조항에서 이들 연합국 3거두는 "한국 민족의 노예 상태에 주목하여 적법한 절차를 거친 후(일본에 의한 노예 상태로부터의) 자유와 독립"을 주겠다고 약속하였다[158]. 당시 유럽 열강의 식민지였던 아프리카 여러 나라나 영국의 식민지였던 인도 등이 모두 제국주의 국가들로부터의 독립을 갈구하고 있었던 때인 만큼 연합군 측 전쟁의 지도자인 카이로 3거두가 회담에서 유독 '조선의 자유와 독립'을 명문으로 약속한 것은 특별한 의미가 있는 것이라고 보아야 할 것이다.

1945년 7월 「포츠담 선언」과 1945년 9월 2일 일본의 '무조건 항복 문서'에 의해서 명문으로 추인됨으로써 일본에 대해서 법적 기속력을 가지게 된 이 선언에 관해서,

> ① '조선의 자유와 독립'을 명문으로 약속한 것은 무엇보다도 한국을 국제사회에 있어서 '자유와 독립의 주체'로 간주한 것이니 당시 한국의 지위를 적어도 자유와 독립이 제한된 '비독립국가'로 인정한 것이고,
> ② 독립시기까지 '신탁통치'를 한다든지 - 혹시 '적법한 과정을 거친 후'라는 단서가 이러한 의도를 유보한 것인지도 모르지만[159] - "일본으로부터 분리 독립시킨다."는 표현을 하지 않고 "자유독립국가가 되어야 한다."는 명문으로 약속한 것은 대한민국 임시정부와 같은 대한제국의 국가적 동일성을 유지하고 있는 주체가 있어서 '한국인의 국가'가 소멸하지 않고 있다는 것을 인정한 것이다.

라고 해석하는 견해가 있다.[160]

이런 견해는 매우 철저하고 진지한 논구를 근거로 한 것으로써 공감이 가는 분석이다. 물론 제2차 세계대전 종결과정에서 - 특히 1951년 「대일강화조약」의 체결과 실시라는 과정을 통해서 - 연합국들이 보여준 실질적 조치들을 감안할 때 결국 연합국 수뇌들이 대한제국의 국가적 계속성을 인정한 것으로 해석할 여지는 있지만, 「카이로 선언」의 이같이 '간단한 정치적인 표현'만을 가지고는 '대한민국 임시정부의 법적 주체성'을 '공식 승인한 것'으로 해석하는 것은 무리가 있다.

대한민국 임시정부는 1945년 8월 15일, 일제의 무조건 항복으로 태평양 전쟁이 종식되자 김구 주석의 주장으로 임시정부가 그대로 서울로 돌아가 "국민 앞에 임

시정부를 그대로 바치자"고 결의하여 "임시정부의 자격으로" 귀국하려 하였으나 미군정 당국의 완강한 반대로 1945년 11월 5~29일, "각자 개인 자격으로" 입국하게 된다. 서울로 돌아온 '임시정부의 요인'들은 미군정 당국과 국내 유지들이 덕수궁에 마련한 거국적인 '임시정부 환영회'로 환영받기는 하였으나 '대한민국 임시정부'의 실체는 이것으로 종식된 것이다.[161] 대한민국 임시정부는 당시 미군정 당국에 의해서 어떤 법적 지위도, 정치적인 기능도 인정받지 못하고 즉시 와해되었으며, 유엔이 주도한 대한민국 정부 수립의 과정에서도 어떤 법적인 역할이나 정치적인 기여도 하지 못하였다.

제2차 세계대전 종결 과정에서 특히 점령 당국(미군)이 대한민국 임시정부의 존재를 무시하려고 의식적으로 노력한 것과 주로 유엔에 의해서 대한민국 정부가 수립된 과정만을 본다면, 대한민국은 외형상의 역사적 사실들의 구체적인 진행 과정에서는 대한제국이나 대한민국 임시정부와의 국가적 동일성을 전제로 하여 국가를 재수립한 경우라기보다는 오히려 신생 독립국으로 건국된 모습으로 비추어지는 기술적인 측면이 농후하다는 것을 인정해야 할 여지가 많다.

그러나 1943년 12월 1일 「카이로 선언」과 1945년 7월 26일 「포츠담 선언」을 근거로 한국의 '자유 독립 정부'의 수립을 위한 한국, 미국, 영국, 중국 그리고 소련의 공식적 합의와 그 이후 계속된 유엔의 노력은 어디까지나 한반도 위에 자랑스러운 문화적 전통을 가진 한국이라는 국가가 존속해 있었다고 하는 명확한 인식 위에서만 성립될 수 있는 것이다.

실제로 이러한 인식이 자유롭고 독립한 한국 정부 수립을 위한 연합국과 유엔의 모든 노력의 중요한 근거가 되어있다고 하는 증거는 1945년 9월 18일 미국 트루먼 대통령의 성명에서 잘 나타나 있다.

> (…) 유서 깊은 한국의 수도 서울에서 일본 군대가 항복했다고 하는 것은 자유를 사랑하여 영웅적인 투쟁을 해 온 한국 국민들이 드디어 자유를 회복한다는 사

실을 예고하는 것입니다. 일본 군국주의자들에 의한 오래되고 가혹한 압제 밑
에 있었음에도 한국 국민은 그들의 자랑스러운 문화적 유산을 지키고, 그들 국
가의 자유를 회복시키기 위한 노력에 헌신해 왔던 것입니다. 이제 이러한 압제
는 끝났습니다. 일본 제국주의자들은 물러갔습니다. 일부 일본인들이 잠정적으
로 한반도에 남게 되겠지만, 이들은 순전히 한국 국민을 위해 봉사할 목적으로
만 또한 그들의 기술적인 자격으로 점령군 당국을 위해서 쓰일 수 있는 목적의
한도 내에서만 허용될 것입니다.

라고 극명하게 표현하고 있다[162].

이러한 그들의 인식은 자유를 사랑하여 영웅적인 투쟁을 해 온 한국 국민들의
국가가 한반도에 존속해 왔다고 하는 '국가의 계속성'에 관한 명확한 인식, 바로
그것인 것이다.

그리고 이러한 인식은 저절로 된 것이 아니고 대한민국 임시정부의 고난에 찬
노력과 안중근, 이봉창 그리고 윤봉길 의사들의 살신성인殺身成仁의 희생이 만들
어 낸 값비싼 결과이다.

4) 주체성의 실질에 대한 평가 - 결론

대한민국 임시정부는 실효적 통치를 회복하기 위한 노력(왜적의 군사적 점령으로부터
영토와 국민을 해방시키고 국가의 독립을 회복하기 위한 노력)을 효과적으로 계속하였으며, 현실
적으로 주권적 실체로서의 외교적 활동도 상당한 정도로 지속하였으나 결국 당
시 국제사회에서 법적 주체로서의 자격을 인정받지는 못하였다고 결론 지을 수밖
에 없다.

다. 대한민국 임시정부의 지위: 국가적 동일성은 단절되는가?

대한민국 임시정부가 국제사회에서 법적 주체로서 인정받는 망명정부가 아니었기 때문에 그것으로 대한제국의 국가적 동일성은 대한민국 임시정부나 대한민국으로 계속되지 못하고 결국 단절된다고 보아야 하는가?

바텔은, "군주국이 군사적으로 패망하여 사실상 소멸한 경우에도 그 국가의(법적으로 정당한) 왕권을 계승할 권리는 국가 전복을 초래한 그 적국의 군사적 강탈에 대한 '적법한 외교적 항변을 지속함으로써' 얼마든지 계속해서(영원히) 유지될 수 있다."고 주장하고 있고,[163] 또한 "군주국가이든 공화제 국가이든 관계없이 영토를 완전히 상실한 국가가 해외 망명정부로 존속하는 경우에 외국의 정복으로 소멸한 이 국가의(법률상 정당한) 주권은 그 망명정부가 국권 회복의 주장을 '실효적인 외교적 수단을 통해서 지속하는 한' 소멸한 것이 아닌 것으로 간주된다."[164]는 견해가 있음을 우리는 앞에서 보아왔다.

그러므로 일단 소멸된 국가라도 국가의 동일성과 계속성을 유지하겠다는 공적으로 표명된 국가의 의지라는 '주관적 요소'를 유지함으로써 부활하거나 재수립될 수 있다. 이것은 반면, 국가의 동일성과 계속성을 유지하겠다는 "공적으로 표명된 국가의 의지"라는 '주관적 요소'가 결여된 경우에는 일단 소멸된 국가는 절대로 다시 부활하거나 재수립될 수 없다는 것을 의미하는 것이기도 하다.

그러므로 국가의 동일성과 계속성을 인정함에 있어서, "공적으로 표명된 국가의 의지"라는 '주관적 요소'는 다른 무엇보다도 가장 결정적이며 중요한 역할을 한다는 점을 간과해서는 안 된다. 물론 이런 '주관적 요소'는 '적법한 외교적 항변을 지속함으로써' 유지될 수 있다는 것도 발트 3국의 경우나, 극단적으로 이스라엘 국가 재수립의 경우에 확인된다는 것을 앞에서 이미 지적한 바가 있다.

그런데 '주관적 요소'로서 '적법한 외교적 항변을 지속한다'는 것은 제한적이며 정형적인 요건이라기보다는 상당히 포괄적이며 비정형적인 것이다. 본래 영토가 없었던 이스라엘에게 국가 소멸 이후 약 2,000년 만에 유엔(UN)이나 국제사회가 그 국가를 재수립하는 것에 동의한 근거는 '유대 민족에 의해서 중단 없이 주장되어 온 팔레스타인에 대한 역사적 권원의 주장'을 인정한다는 것이다. 그러나 그 2,000년 동안 이스라엘은 어떤 국제법상 정형적인 의미의 "적법한 외교적 항변을 지속한"것은 아니다.

그러므로 국가의 동일성과 계속성을 인정함에 있어서 "공적으로 표명된 국가의 의지"라는 '주관적 요소'는 국제사회에서 합법성을 가지고 존재하는 유기적 개체인 국가가 그 주체인 국민들에 의해서 독립된 주권적 존재로서 누리고 있던 주권을 '포기하지 않겠다'는 의사를 표시하는 것을 의미하는 것이다. 그러한 의사 표시는 제한적이며 정형적인 "적법한 외교적 항변"의 지속으로 가장 잘 나타낼 수 있는 것이지만, 이러한 '주관적 의지'를 인정함에 있어서는 반드시 제한적이며 정형적인 "적법한 외교적 항변"의 방식을 갖추어야 하는 것은 아니다. 이스라엘의 유대민족처럼 국민 전체가 가담하는 매년 정기적으로 치러지는 종교적 의식을 통해서 아주 명백하고 지속적으로 표출될 수도 있고, 인도나 한국의 경우처럼 국제사회가 확실히 인지할 수 있는 기타 다른 형태의 국민적 저항운동 - 삼일 독립만세 운동 - 으로 표출될 수도 있다.

그러므로 '대한민국 임시정부'가 국제사회에서 법적 주체로 인정받는 망명정부의 자격을 갖추고, 정형적인 "적법한 외교적 항변"을 통해서 국가의 동일성과 계속성을 주장하는 '주관적 의지'를 "공적으로 표명"한 경우가 아니라도, 삼일 독립만세 운동이나 대한민국 임시정부의 지속적인 항일투쟁과 같은 국제사회가 확실히 인지할 수 있는 다른 형태의 국민적 저항이 지속적으로 표출된 경우에는 그 국가의 동일성과 계속성을 인정할 수 있는 것이다.

8. 「카이로 선언」의 한국에 관한 특별조항

다시 「카이로 선언」의 이야기로 돌아가자.

당시 유럽 열강의 식민지였던 아프리카 여러 나라나 영국의 식민지였던 인도 등이 모두 제국주의 국가들로부터의 독립을 갈구하고 있었던 때인 만큼 연합군 측 전쟁의 지도자인 카이로 3거두가 이 회담에서 유독 "조선의 자유와 독립"을 명문으로 약속한 것은 특별한 의미가 있다.

앞에서도 이미 지적한 바와 같이 「카이로 선언」의 이 '한국에 관한 특별조항'을 연합국 측 전쟁의 지도자인 카이로 3거두가 "대한민국 임시정부의 법적 주체성"을 '공식 승인한 것'으로 해석하는 것은 무리가 있지만, 적어도 "대한제국의 국가적 계속성을 인정한 것"으로 해석할 수 있는 법적 근거가 된다.

왜냐하면,

 ① "조선의 자유와 독립"을 명문으로 약속한 것은 무엇보다도 한국을 국제사회에 있어서 '자유와 독립의 주체'로 간주한 것이며

 ② 대한제국의 국가적 동일성은 단절되지 않았으며, 그러므로 '한국인의 국가'가 소멸하지 않고 있다는 것을 인정한 것

이 되기 때문이다.

이 '한국에 관한 특별조항'을 명문으로 삽입하게 한 장본인은 중국의 장제스였다고 한다.[165] 물론 이런 조항이 삽입되게 된 과정은 결코 순탄하게 된 것은 아니다.

카이로 회담에서 미국은 한국 문제에 대해 미·영·중 신탁통치안을 3국 공동의 명의로 제안할 예정이었다. 영국의 동의는 이미 받았고, 중국도 물론 동의하리라고 봤다. 그런데 중국의 장제스는 회담 첫째 날인 11월 23일, 한국 독립의 약속을

선언에 발표하자고 기습적으로 제안했다.

루스벨트와 처칠은 매우 당황했다. 처칠은 회담에서 한국 독립 문제 논의 자체를 반대했다. 하물며 한국 독립 보장을 「카이로 선언」에 넣는다는 것은 단연코 반대였다. 그러나 루스벨트는 장제스의 각별한 요청에 따라 절충에 나설 수밖에 없었다. 루스벨트는 장제스에게 부탁할 사항이 많아 카이로 회담을 주선한 처지였기 때문이다. 루스벨트는 토론 끝에 장제스의 주장을 받아들여 한국의 독립을 보장하고, 처칠과 자신의 주장인 '적당한 시기' 또는 '적당한 절차를 거쳐서'라는 조건을 넣어 1943년 11월 27일(공식적으로는 12월 1일) 세계에 선언했다.[166]

한국을 위한 장제스의 이러한 노력과 강한 의지는 어디서 온 것일까?

카이로 회담을 앞두고 1943년 7월 26일 장제스는 백범의 요청에 응해 백범 등 한국 요인 6명을 비밀리에 공관으로 초빙했다. 이 자리에서 백범은 종전終戰 후 한국의 완전 독립을 주장하고 국제 공동관리를 의미하는 신탁통치를 반대하며, 이 문제에 관한 중국 측의 지지와 지원을 요청했다. 장제스는,

> "영국과 미국 측은 이 국제 공동관리 논조를 확실하게 갖고 있으므로, 장래 '쟁집爭執'이 반드시 매우 많을 것이다. 그러므로 한국 내부 정치적 견해의 통일과 '공작 표현'이 반드시 필요하다. 중국 측은 힘써 싸우겠다."[167]

라고 약속했다.

이러한 장제스의 백범에 대한 호의와 믿음은 1932년 이래로 굳건하고 일관된 것이었다. 그의 백범에 대한 호의와 믿음은 1932년 4월 29일 상해 홍구공원 천장절天章節 기념식장에서 한국 청년 윤봉길이 폭탄투척으로 일제의 거물 인사들을 응징한 사건에서 비롯된다.

이 홍구공원 천장절 기념식장에서 윤봉길의 의거로 다치거나 사망한 일제 거물 인사들의 명단은 다음과 같다.

· 일본군 상해파견 총사령관 시라카와 _(한달 후 사망)

· 일본군 제3함대 사령관 노무라 _(오른쪽 눈 절명)

· 육군 제9사단장 우에다 _(다리 절단)

· 주중 공사 시게미츠 _(다리 절단)

· 일본 거류민 단장 가와바타 _(즉시 사망)

· 주중 총영사 무라이 _(중상)

장제스를 비롯해서 중국 사람들 전체가 이 한국 청년의 용기 있는 의거에 열광하고 감격해 하는 이유는, 이 사건이 있기 바로 3개월 전에 일어난 '상해사변上海事變'과 연결된다.

'상하이사변' 또는 '제1차 상해사변'이라고도 하는 이 사건은 1932년 1월 28일에 중국의 상하이 국제 공동조계 주변에서 일어났던 중일 양군의 무력충돌사건이다. 이는 1937년에 일어난 제2차 중일전쟁이 발발하기 전에 전초전적인 성격을 띠고 일어난 중일 간의 무력충돌이다. 이 무력충돌, 즉 '상하이사변'은 순전히 일본의 계산된 도발로 일어났다.

일본은 만주사변으로 상하이 북동쪽의 광대한 영토를 획득하고, 괴뢰 정부인 만주국을 수립했다. 그러나 일본군은 서양 열강에 대한 영향력 확대를 위해, 서양 열강들이 조계지를 가지고 있는 상하이 지역에 눈독을 들이고 있었다. 언제라도 명분만 갖추어지면 일본군은 상해를 공격하려고 벼르고 있었다.

이들 일본 군부에 상해 공격을 위한 심리적인 계기를 마련해 준 것은 20일 전에 있었던 1932년 1월 8일, '조선 청년 이봉창'의 '일본 천황 폭탄저격 사건'이다. 이 사건의 엉뚱한 진전으로 중일 간의 적대감은 최고조에 달하게 된다.

"사건의 엉뚱한 진전"이란 이런 것이었다.

이봉창이 일황日皇을 저격하였으나 궁내대신이 탄 마차를 천황이 탄 마차로 잘못 판단하였고, 폭탄의 기능 장애와 던지는 시간이 맞지 않은 관계로 천황을 죽이지 못하고 궁내대신이 탄 마차를 부수고 근위병이 탄 말 한 필에게 중상을 입혔을 뿐이다. 너무나 긴장하였기 때문에 천왕이 탄 마차를 잘못 판단하였고 더욱이 폭탄의 위력이 약하였기 때문에 모처럼의 기회를 놓치고 말았던 것이다.

그러나 일제의 상징이며 살아 있는 신神인 천황을 죽이려고 한 일은 일본 정부에 큰 파문을 던졌다. 일본의 총리대신을 비롯하여 전 대신이 사건의 책임을 지고 사표를 제출하였다가 천황의 만류로 유임되었으며 동경 경시 총감을 비롯한 치안담당 간부들이 좌천당하는 등 큰 혼란을 일으켰다.

한편 일제의 침략으로 만주를 잃었던 중국 정부는 크게 환영의 뜻을 표하였고 중국의 각 신문은 이 의거를 대대적으로 보도하여 이봉창의 의로운 행동을 극구 칭찬하였다.

청도에 있던 국민당 기관지 《국민일보》가 특호 활자로, 韓人李奉昌 狙擊 日皇 不幸不中(한인 이봉창 저격 일황 불행부중)이라고 썼다.

'불행히도 일황日皇을 명중시키지 못했다'는 이 기사는 일본인 들을 격분시키기에 충분하였다. 일본 경찰과 군대가 이 신문사를 습격 파괴하였다. 중국 내에 그밖의 여러 신문에서도 똑같이 '不幸不中(불행부중)'이라는 문구를 썼다. 일본은 중국 정부에 엄중한 항의를 하였으며 결국 많은 중국 신문사들이 이 일로 폐쇄를 당하는 사태까지 갔다. 결국 이 일로 중국인들과 일본인들 간의 적대감은 갈 데까지 다 간 것이다.

일본에 매수된 중국인 하나가 일본 중을 때려 숨지게 해 놓고 이것을 빌미로 일본은 결국 '상해사변'을 일으킨 것이다.

1932년 1월 28일, 일본군이 10만 병력과 비행대로 상하이를 공격함으로써 '상하이사변'은 일어났다. 당시 상하이에는 국민당 정부의 채정해蔡廷楷를 사령관으로 하는 약 33,000의 19로군 병력이 있었다. 중국 측은 중앙군 등 30만 명을 더 투입하여 만 1개월간 치열한 시가전을 벌이며 항전했으나 역부족으로 결국 패전하여 일본군에 상하이를 점령당하고 외곽으로 후퇴할 수밖에 없었다. 중국 19로군

의 철수로 인해, 상하이의 중국 군대는 무장해제를 당했고, 상하이는 중국이 자국의 군대를 상주시키지 못하는 지역이 되었다.

4억 중국인들이 치욕과 울분에 떨고 있을 때, 1932년 4월 29일, 상하이 홍구공원에서 백범 김구가 만든 한인애국단 소속 '고려 청년' 윤봉길이 상하이 점령 일본군사령부 사령관 이하 일본군 수뇌들을 섬멸해 버린 것이다. 장제스는 이에 감동해서, 중국의 각지 군관학교를 순회 강연하면서 '고려 청년' 윤봉길은 중국군 30만 명이 해내지 못한 일을 해냈다고 격찬했다. 장제스는 홍구공원에서 윤봉길 의사의 의거가 있기 이전에는 한국 독립운동에 호의가 전혀 없었다. 그러나 홍구공원 의거 후에는 완전히 달라졌다. 이 사건 이후 중국 국민당 정부는 대한민국 임시정부를 전폭적으로 지원하였다.

1943년 카이로 회담에서 장제스가 기민하고 용의주도하게 '한국 독립 조항'을 그 선언서에 삽입시킨 중요한 역사적 사건은 약 10년 전 윤봉길 의사의 조국 독립을 위한 장엄한 살신성인의 희생이 그 밑거름이 된 것이다.

해체 직전까지 간 임시정부의 국가 수반으로, 동포들 집을 전전하며 간신히 밥을 얻어먹고 다니던 '거지 노인' 백범 김구가 한인애국단韓人愛國團이라는 의열조직을 만들고 이봉창의 '동경 사건'과 윤봉길의 '홍구공원 의거'를 성사시켜 대한민국 임시정부 초기의 열정과 기개를 부활시키고, 국제사회를 향해 "대한제국의 국가적 동일성은 단절되지 않았으며, '한국인의 국가'가 소멸하지 않았다."는 것을 강조할 수 있었던 배경과 경과를 잠깐 더 돌아보기로 하자.

1920년대 후반은 대한민국 임시정부에는 어려운 시절이었다.

일본은 벌써 1916년 11월부터 만주에서 활동하는 조선인들의 항일 무장활동을 진압 저지할 목적으로 조선 상치사단 2개(제19, 및 20사단)의 편성에 착수하였으며 1919년에는 만주지역에 이들 일본 육군병력이 실전 배치되었다.

한편 1911년에 설립된 신흥군관학교를 중심으로 한인 무장투쟁의 준비가 무르익어 1920년 6월에는 '체코군단'[168]의 무기를 구입, 1,600여 명의 북로군정서 병력이 소총과 기관총 및 박격포 등 기본 보병 무기로 무장을 제대로 갖추게 되었다.[169] 1920년 6월의 '봉오동 전투'와 동 10월 20~23일에 벌어진 이른바 '청산리 전투'는 만주 지역에 진입하기 시작한 일본 19사단 병력과 홍범도 독립군 및 북로군정서 병력 간의 필연적인 무장 충돌이었다.

나라가 없는 조선인 항일 무장 부대가 제1차 대전의 승전국으로서 동아시아를 무력으로 석권하려는 일본 제국의 본격적인 제국주의 군대를 맞아서 이 정도 전투를 치르고 또 상당한 전과를 올린 것은 실로 가상한 일이지만, 이 정도의 군사력으로 한반도에서 일본 제국주의 세력을 몰아낸다는 것은 당시의 아시아 정세로 볼 때 현실적으로 이루어질 수 없는 환상에 불과하였다.

전략도 없고, 통일된 군사적 지휘체계도 갖추지 못한 한인 무장 단체들은 일본군의 추격을 받아 연해주 지역으로 집결하게 되었는데 1921년 6월 27일, 이른바 '자유시 참변'을 당하여 레닌의 적군赤軍에게 포위, 사상되고 나머지는 모두 강제노역소로 끌려감으로써 어렵게 형성된 한인 무장부대는 결국 모두 괴멸된다[170].

한편 잔인한 일제는 '봉오동 전투'와 '청산리 전투'에서 독립군에게 참패를 당한 보복으로 1920년 10월부터 간도 부근 전 지역에서 한국인에 대한 무차별적인 학살작전을 전개하였다. 이것이 이른바 '간도 참변'[171]이라고 하는 '조선인 섬멸작전'이었다. 일본군은 3~4개월에 걸쳐 수많은 한국인 마을들을 불태우고 재산과 식량을 약탈하였으며, 한국인들을 보는 대로 학살하였다. 옌지현延吉縣 이란거우依蘭溝에서는 30여 호의 전 주민이 몰살당하고 마을 전체가 폐허로 변하였다. 1920년

10월 9일에서 11월 5일까지 27일간 간도일대에서 학살된 사람들은 확인된 수만 해도 3,469명에 이른다. 그 외 확인되지 않은 숫자와 3~4개월에 걸쳐 학살된 수를 합하면 피해자는 적어도 수만 명에 이를 것으로 추정된다.

그리고 일본은 노령露領 연해주에 살고 있던 동포들에 대해서도 똑같은 만행을 계속 자행하였다.

당시 일본의 영토가 아니었던 만주 및 연해주 지역에서 저질러진 한국인에 대한 이러한 일제의 조직적인 만행에 대해서 대한민국 임시정부가 중국이나 러시아 및 일제를 상대로 정치적으로나 외교적으로 대응한 조치는 결국 아무것도 없었다.

일제는 간교하게도 만주 지역 등지에서 한인의 항일투쟁이 계속될 수 있는 이유 중에 중국 지방 당국이나 중국인들의 한국인에 대한 동정과 호의가 중요한 배경 요인으로 작용하고 있는 것을 간취하고 이번에도 또 한 번 조직적으로 중국인과 한인 간에 적대적 감정을 유발하기 위한 음모를 꾸몄는데 그것이 바로 이른바 '만보산 사건萬寶山 事件'이라는 것이다.

만보산 사건은 1931년 7월 2일에 중국 만주 지린성吉林省 창춘현長春縣 싼싱바오三姓堡 '만보산 지역'에서 일본의 술책으로 조선족 농민과 중국인 농민 사이에 수로水路 문제로 일어난 충돌 및 유혈사태이다. 이 사건의 본질은 만주에 세력을 형성한 중국 민족운동 세력과 조선인 민족운동 세력의 반일 공동전선투쟁에 대해 중국인과 조선족을 이간하여 분열시키려는 일본의 치밀한 음모였으며, 이를 만주 침략과 대륙 침탈의 발판으로 삼고 국제적으로는 자기 입장을 유리하게 하려는 술책이었다[172].

사실상 1920년 '간도 참변'과 1931년 '만보산 사건' 이후 만주 지역을 비롯한 중국 전역에서의 한국민에 의한 항일 투쟁의 근거는 실질적으로 상실되었다. 그리고 중국인 일반에게 확산된 조선인에 대한 뿌리 깊은 혐오 감정은 중국에서 한국민의 항일 독립운동 전체를 위협하고 있었다.

해체 직전까지 간 임시정부의 국가 수반으로, 동포들 집을 전전하며 간신히 밥이나 얻어먹고 다니던 '거지 노인', 백범 김구가 한인애국단韓人愛國團이라는 의열조직을 만들고 '이봉창의 동경사건'과 '윤봉길의 홍구공원 의거'를 성사시킨 것은 이러한 상황을 타개하려는 백범白凡의 진지하고 절실한 열망과 과감한 시도로 이루어진 것이다.

중국 내부나 연해주 및 만주 지역에 거주하는 동포들로부터 지원금이나 후원을 기대할 수 없고, 국내 각도, 군, 면에 조직되어 있던 연통제聯通制가 일제에 의해서 발각되어 임시정부와 국내 동포와의 연계도 완전히 차단된 상태에서 백범이 호소할 수 있었던 것은 해외 동포뿐이었다.

백범은 혼자서 해외 동포들에게 계속해서 편지를 썼다. 항공 우편이 없던 당시에 미주 지역에 편지를 보내서 답장을 받으려면 두 달 이상이 걸렸다고 한다. 그는 해외 동포들의 순수한 애국심을 신뢰하였다. 그리고 차츰 회신을 받았다. 겸손하고 절절한 그의 진심이, 동포들의 애국심을 움직여 해외에서 돈도 조금씩 보내왔던 것 같다.

『백범일지』에는 그 돈을 "자신을 위해서는 한 푼도 쓰지 않았다."는 등의 기록은 없다. 그러나 돈을 받는 대로 모두 그의 누더기 옷 주머니 속에 그대로 '실로 꿰매어' 넣어 두었던 모양이다. 일본 천황에게 폭탄 세례를 주려고 동경으로 떠나는 이봉창에게 돈을 줄 때에야 '이 실들을 뜯고' 그에게 '천여 원을 주었다'는 기록에서 이것을 알 수 있다.[173]

암담한 상황에서 '새로운 국면을 타개하기 위한' 어떤 시도가 필요한 시기였다. 백범은 국무회의의 정식 의제로 의열조직 한인애국단韓人愛國團을 조직함을 인준받았다. 암살과 파괴 공작을 정부 이름으로는 할 수 없는 것이니 비용이나 책임을 백범이 전적으로 전담키로 그 전권을 위임받는 대신, 정부에는 결과만을 보고키로 하였다. '이봉창의 동경사건'은 그 첫 번째 시도가 되었다.

그리고 두 번째로 '윤봉길의 홍구공원 의거'를 성사시켜 국제사회를 향해 "대한제국의 국가적 동일성은 단절되지 않았으며, '한국인의 국가'가 소멸하지 않았다."는 것을 「카이로 선언」으로 확실히 선언한 것이다. 즉, 국가적 명맥을 지켜낸 것이다.

"현재 한국민이 노예 상태에 놓여 있음을 유의하여, 앞으로 한국을 자유독립국가로 만들 결의를 가진다."는 1943년 12월 「카이로 선언」의 이 '간단한 정치적인 표현'만을 가지고 "국가적 명맥을 지켜낸 것"이라는 표현을 쓴다는 것은 너무 지나치지 않는가? 하는 반문이 물론 가능하다. 장제스가 아무리 기민하고 용의주도하게 '한국 독립 조항'을 그 선언서에 삽입시키려고 노력했어도 당시의 상황으로 보아서 루스벨트나 처칠의 완강한 반대에 직면해서 이 조항을 못 집어넣었을 수도 있다.

그렇게 되었다면 한국이라는 나라의 '국가적 동일성'은 확실히 끊어졌을까? 반드시 그렇지만은 않을 것이다. 대한민국 임시정부의 활동을 중심으로 한 한국 민족의 치열한 항일 투쟁의 기록이 '국가의 동일성同一性과 계속성을 유지하겠다는 공적으로 표명된 국가의 의지'로써 살아있었으므로 그러한 기록을 근거로 일제의 한반도 지배의 법적 정당성을 부인하고 대한민국의 국가적 정체성을 유지하기 위한 또 다른 노력들이 계속되었을 것이다.

그러나 이러한 노력들은 「카이로 선언」의 '한국 독립 조항'이 없었다면 더욱 어려웠을 것이다. 한국이라는 나라는 미국이나 혹은 다른 열강의 신탁통치하에 들어가게 되었을 수도 있고 최악의 경우에는 일본의 잔존 주권이 인정되는 지역으로 취급되었을 수도 있다.

그래서 윤봉길 의사의 조국 독립을 위한 장엄한 살신성인의 희생이 그 밑거름이 되어 1943년 카이로 회담에서 '한국 독립 조항'을 그 선언서에 삽입시킬 수 있었고, "「카이로 선언」의 '한국 독립 조항'이 한국의 국가적 명맥을 지켜낸 것이다."라고 말할 수 있는 것이다.

우리 젊은 세대들이 거의 예외 없이 과거 한국 독립운동 과정에서 우리 열사들이 감행한 암살과 파괴 공작을 알 카에다의 자살 테러 공격이나 오사마 빈 라덴 등이 2001년 9월 11일 시도한 뉴욕 쌍둥이 무역 회관에 대한 비행기 자폭과 같은 무차별 테러 행위와 동질의 것으로 잘못 인식하고 있는 것을 본다. 그래서 이 문제에 관해서 여기서 언급하고 지나가지 않을 수 없다.

과거 한국 독립운동 과정에서 우리 열사들이 감행한 암살과 파괴 공작은 일제의 불법적 침략으로 상실된 국권을 회복한다는 목적이 분명히 명시된 일종의 '교전행위'로써

① 천황이나 군수뇌 등 공격 대상이 특정되어 있고,

② 일반 민간인의 불필요한 희생을 절대로 회피한다는 금기禁忌를 지키는 등

일정한 한계와 규범을 철저히 준수하고 있는 '공격 행위'라고 말할 수 있다. '윤봉길의 홍구공원 도시락 폭탄투척 사건'에서도 천장절天章節에 참석한 외교사절들이 일단 돌아간 이후에 일제 군수뇌들 만을 살상시킨 사실에서 '절제된 공격행위'의 내용을 잘 알 수 있다.

이에 반하여 알카에다나 빈 라덴 등의 테러 행위는 아랍 민중의 서방 국가에 대한 포괄적인 혐오감 또는 이스람교도가 기독교도 전체에 품는 증오감 등을 표출하는 '무차별적 공격행위'로써 대부분의 경우에 무고한 민간인을 대량으로 살상하는 것을 수단으로 삼고 있다. 9·11 뉴욕 테러의 경우에는 한 번의 공격으로 5,515명의 민간인이 순간적으로 희생된 것을 보면 이것을 알 수 있다[174].

1931년부터 백범 김구 선생의 한인애국단이라는 의열단 활동이 있기 이전에도 우리 한국 독립운동 과정에서 많은 열사들이 암살과 파괴 공작을 감행한 사실이 있다.

1909년 10월 26일, 안중근 의사가 1905년 「을사늑약」의 주범이고, 1907년 7월 고종 황제를 황위에서 쫓아내서 퇴위시킨 장본인인 이토 히로부미를 하얼빈 역에서 총격 사망케 한 것을 필두로,

1921년 9월, 의열단원 김익상이 조선총독부에 폭탄을 투척하였고,

1922년 3월, 의열단원 오성윤이 상해에서 일본 육군 대장 다나카 기이치田中義一를 저격하였으나 실패하였고,

1926년 12월에는 의열단원 나석주 의사가 서울에서 동양척식 회사에 폭탄을 던지고 자결하였다.

여기서 "의열단義烈團"이라 함은 약산若山 김원봉金元鳳이 1919년 11월, 만주 길림에서 조직한 의열 활동 단체를 말한다. 약산 김원봉은 일찍이 신흥군관학교를 중퇴한 일종의 민족주의적 공산주의자이다. 그의 좌파적 사상 때문에 그의 활동은 그동안 국내에서 잘 알려지지 않았으나, 최근에 다시 관심을 집중시키며 많이 연구되고 있다[175].

1940년 9월에 백범 김구가 주석으로 있는 임시정부가 난징 국민정부의 전폭적인 지지와 후원을 바탕으로 '한국 광복군'을 중경에서 창설하였을 때에 약산의 조선의용대도 광복군에 제1지대로 편입되어 통합함으로써 오랜만에 일종의 '좌우합작'이 이루어진다. 그러나 본래 공산주의자를 믿지 않는 백범은 이러한 '좌우합작'에 그다지 큰 신뢰를 보내지 않았다.

의열 활동에 관한 당시 우리 독립지사들의 의지와 사상을 잘 나타낸 기록물은 1923년 1월, 약산이 단재丹齋 신채호申采浩에게 부탁해서 만들어 선포한 '의열단 선언'이다.

천재 역사학자이며 독립투 사였던 신채호의 이 글은 그 당시 우리 국민들이 일제에 항거하는 방법론을 두고 얼마나 심각한 갈등과 번민을 해야 했으며, 의열 활동이 왜 그만큼 중요한 수단이 될 수밖에 없었는가를 웅변으로 말해 주는 명문장이다.

우리가 모두 숙연한 자세로 이 천재 학자의 피를 토하는 문장을 음미하고, 또 마음에 깊이 담아 두어야 함에도 아직까지 제대로 소개조차 되어 있지를 않은 것이 또한 사실이다. 안타까운 일이다.

어쨌든지 일제의 강압으로부터 조국의 광복을 쟁취하는 방법론에 관해서 당시 우리 독립지사들 간에 사상적 갈등이 심했던 것을 이 단재 신채호의 '의열단 선언'에서도 충분히 짐작할 수 있거니와 의열 활동을 중요한 항일투쟁의 수단으로 삼았던 것은 약산이나 백범이나 결국 똑같은 것이었다.

그러나 다른 한편으로 냉정하게 돌이켜 보면 어렵게 이루어낸 이 「카이로 선언」의 '한국 독립 조항'은 한국의 독립과 국가적 동일성, 정체성을 확인해 주는 문제에 관련해서 당연히 기대할 수 있는 법적, 정치적 의미를 인정받지 못하고, 가시적인 정치적 효과를 이루어내는 기능도 결국 하지 못하고 말았다.

「카이로 선언」의 '한국 독립 조항'이 나온 시기는 태평양 전쟁이 종결되기 약 2년 전이므로 늦은 감이 있지만, 자유와 독립을 쟁취해야 할 독립국가의 망명정부로서 상해 임시정부가 국제 사회에서 하나의 국제법적 주체로 승인을 받을 수 있는 명분이 성립된 것이며 당시 임정이 해외 동포, 특히 미국에서 활동하던 독립운동 단체들과 굳건히 단결하여 외교적 노력을 효과적으로 계속했더라면 적어도 미국 정부의 승인을 받는 것이 불가능한 일은 아니었다고 생각된다.

만일 국제법적 주체성을 승인받아 임정臨政이 연합국의 항일 전선에 가담할 수 있었다면 그리하여 이 전쟁의 승리에 동참하고, 임정臨政의 법적 정통성을 계승한 대한민국이 전승국의 일원으로 1951년 「대일강화조약」의 협의와 체결 과정에 참여할 수 있었다면 일본과 현재와 같이 불쾌하고 굴욕적인 '과거사 논쟁'을 벌일 일도 없었을 것이고, 독도 영유권 분쟁 같은 것도 일어날 여지는 없었을 것이다.

9. 일제의 한반도 지배와 통치는 국제법상 군사적 점령에 불과하다

이미 지적한 것처럼 대한제국은 우선 고종이 독살된 1919년 1월 21일까지는 형식상 존속한 것으로 확인된다. 고종의 독살로 촉발된 기미독립운동이 일어나 한반도와 해외에 있는 모든 조선사람들이 왜적의 무도한 총칼 앞에서 맨몸으로 모두 들고 일어나 "대한 독립"을 외쳤으나 일본의 한국 강점은 1919년 1월 21일 이후에도 계속되었으며 그것은 1945년 8월 15일, 제2차 세계대전이 종결되기까지 26년간이나 계속되었다.

「한일병합조약」이 명백히 무효라면, 한국을 26년간이나 무력적으로 강점한 일본의 통치와 지배는 국제법적으로 어떻게 정의되어야 하나?

1903년 러일전쟁의 발발로부터 시작해서, 1945년 제2차 세계대전의 종결 때까지 유지되었던 일본의 한반도 강점은 국제법상 아무런 합법적인 근거가 없는 것이었으므로 일본 침략군의 군사력에 의해서만 유지된 통치와 지배였다. 그러므로 이것은 국제법에서 말하는 이른바 '군사적 점령(Belligerent Occupation)'이다.

가. 국제법에서 말하는 이른바 군사적 점령이라는 개념

군사적 점령의 개념은 19세기에 형성된 다분히 유럽적인 개념이다. 그러나 '점령'이라는 용어는 유럽 이외의 지역에서는 상당히 다른 의미로 사용되기도 하였다. 유럽 이외의 지역에서 식민통치를 하는 국가들은 '점령'에 관해서 보다 오래된 낡은 제도를 적용하여 정복征服과 점령占領을 구별하지 않았다. 그러므로 그들이 생각하기에 비문명적이라고 간주되는 인민이 거주하는 지역에 대한 일방적인 주권적 통치가 허용되는 것으로 취급하였다. 점령에 관한 다양한 견해들이 존재했었기 때문에 군사적 점령의 개념이 발전되어 온 과정에서 이 법적 개념에 관해서는 혼란도 있었다.

군사적 점령에 관한 국제법 규범은 점진적으로 발전되어 왔다. 이 과정에서 군사적 점령의 법적 개념은 '전쟁과 주권의 개념'은 물론이고, 유럽 국가 간에 형성되어 오던 '세력균형의 원리' 등과 구체적으로 연관되면서 형성되어 왔다.

군사적 점령이란 평화 조약이 체결되기까지 그 전쟁의 결과 패전국 쪽이 완전히 소멸된 경우(Debellatio)를 제외하고, 적대 국가 상호 간에 존재하는 임시적 제도로 간주된다. '19세기에' 점령의 개념을 이처럼 주권적 권한을 동반하지 않는 잠정적인 것으로 파악하는 연유는 그때까지 주권의 개념을 엄격하게 정의해 온 복잡하고 기나긴 과정을 반영한 결과로 이해된다. 사실상 점령의 개념이 형성되어 온 과정은 주권의 개념을 발전시켜 온 연혁적인 과정을 정확히 반영하여 그대로 따르고 있는 것이다.

이처럼 점령의 개념과 주권 개념의 형성 과정에 있어서 상호 연관된 보완적인 과정은 20세기까지 계속되었다. 민족 자결권, 민주주의, 그리고 인권의 존중에 관한 새로운 법적 원칙들이 나타나서 종래 국가 주권의 절대적 개념을 제한하고, 새롭게 수정하였으며 군사적 점령자의 권한 행사를 제한하는 모습으로 점령에 관한 국제법의 내용을 수정해 갔다. 예컨대 20세기 말에는 점령자는(그 점령지 내에서) 소수민족의 인권을 존중해 주어야 하는 것으로 요구되었다. 이에 상응하여 소수민족은 자기들을 지배하는 주권자에 대해서 그들의 집단적 이익을 신장해 줄 것을 요구할 수 있는 것으로 인정되었다.

군사적 점령에 관한 법적 규범은 간접적으로 '국가 주권의 계속성의 원칙'과 같은 주권의 구체적 개념들을 정의하는 역할을 해왔다고 볼 수 있다. 군사적 점령의 개념은 19세기의 전 기간을 통해서 다양하게 발전해왔으며 각 지역의 서로 다른 정치적 현실을 반영하게 됨으로써 다양한 내용으로 정의定義되기에 이르렀다.

군사적 점령에 관한 국가의 행위를 규율하는 현대 국제법의 '통일적인 규범'은 19세기 후반에 유럽 국가들 간의 치밀한 국가 관행을 통해서 비로소 성립되었다. 이 문제에 관한 강대국과 약소국 국가 대표들 간의 토론은 '전쟁법의 법전화를 위한 1874년 브리쉘 회의'와 '1899년 제1차 헤이그 평화 회의'에서 가장 중요한 의제로 논의되었다. 이들 회의의 우선적 목적은 전쟁법 규범을 성문 협약으로 법전화法典化하는 것이었다. 그리고 그 결실은 1899년 「헤이그 협약」[176]으로 알려진 성문 법전이다. 이 1899년 「헤이그 협약」에서는 군사적 점령하에 들어간 일반 민간인의 보호와 군사적 점령 기간 중 피점령 정부의 법적 이익을 보장하기 위한 예민한 법적 균형이 이루어졌다.

「헤이그 협약」의 규정에서는 전쟁 기간 중 적의 영역領域을 군사적으로 점령하여 지배하는 이른바 점령군에게 두 가지 의무를 부과하고 있다. 즉, 점령지역 주민의 생명과 재산을 보호할 의무와[177] 점령당한 국가 정부의 주권적 권리를 존중할 의무[178]를 부과한 것이다.

1) 점령지역 주민의 생명과 재산을 보호할 의무

이 인도주의 원칙은 전투원과 비전투원을 엄격하게 구별하는 고전적인 전쟁법상의 기본 원칙에서 연유된다. 전쟁 당사자가 전쟁행위 중 꼭 지켜야 할 '비전투원을 보호해야 할 의무'는 오랜 전통을 가지고 있는 것으로써 유고 그로티우스에 의하면 이미 기독교 성서가 작성될 시기까지 소급된다고 한다.[179]

그러나 전쟁 중에 민간인의 면책특권으로 전쟁의 참화로부터 그 신체적인 안전성을 보장받는 것에 더하여 그 재산의 불가침까지 확대되어야 한다는 것을 강조한 것은 1758년 바텔에 의한 주장이다.[180] 바텔에 의하면 이러한 보장은 유고 그로티우스가 "인도주의 원칙의 출발점"이라고 강조한 고래古來의 전통적 규범을 발전시키는 것이라고 하였다.

고대에는 전쟁 중에 개인도 그 소유의 토지를 상실하였다. 로마 공화정 초기에 이러한 관습이 두드러지게 나타났던 것은 전혀 놀라운 일이 아니다. 그 당시에 전쟁은 공화국과 공동체 간에 수행되었다. 국가는 그 당시에 가진 것이 별로 없었고, 전쟁을 통한 투쟁은 사실상 모든 시민의 공통 과제였다. 그러나 현대의 전쟁은 그 결과에 있어서 국민 개개인에게 직접적인 희생을 강요하는 측면은 덜하다. 전쟁은 한 국가가 다른 국가를 상대로 수행하는 것으로써 무장하지 않은 평화적 시민을 대상으로 수행되는 것은 아니기 때문이다.

정복자는 국가의 모든 공공 재산을 장악한다. 그러나 일반 개인은 자기들의 재산을 그대로 가지고 있는 것이 허용된다. 일반 개인들도 전쟁으로 인해서 간접적인 고통을 받게 마련이지만, 정복당했다고 하는 사실로부터 개인이 강요받는 것은 새로운 통치자에게 복종해야 한다는 사실 정도이다. 다만 정복자에게 대항해서 무기를 든 개인은 그 재산을 잃을 수도 있다.[181]

전시점령에 관한 규범적 내용 중에서 전쟁 중에 민간인의 면책특권免責特權에 관련한 이러한 내용들은 일반 개인을 보호하는 원칙에 초점이 맞추어져 있는 것으로써 전시점령에 관한 공법적公法的인 내용, 예컨대 패전한 군주가 주권을 유지하는가 하는 문제 등과는 별개의 것이다.

바텔에 의하면 점령자는 패전한 군주를 폐위시키고 그 재산을 적법하게 승계받을 수 있다고 보았다. 다시 말해서 바텔에 의하면 점령자와 정복자는 동일시 되었고, 군사적 점령으로 획득한 영토를 그 주권하에 편입시킬 수 있다. 즉, "정복당한 도시나 지방은 피정복 국가의 행정구역 단위 그대로 정복자의 주권에 편입된다."고 보았다. 그리고 그 이후로는 그 새로운 국가에 귀속된다. 정복자는 피정복 적국에 속해있던 기타의 권한도 아울러서 취득한다고 바텔은 보았다. 즉 예컨대 본래 적국의 영토는 아니고 그래서 그 국가의 완전한 주권적 영역 범위에 편입되어 있었던 것은 아니지만, 그 국가가 일정한 권한을 유지하던 도시와 지방에 대해서 똑같은 권한을 정복자가 취득한다고 보았다.

그러나 정복자의 권한이 제3자에게 이전되어야 할 경우에는 이러한 제3자에 대한 영역권領域權의 이전은 평화조약의 발효까지 기다려야만 한다. 부동산, 토지 도시와 지방 등은 그것을 정복한 국가의 재산이 되는 것이다. 그러나 이는 본래 이들이 속해 있던 패전국의 국가소멸, 영토 반환 등이 완료되는 평화조약의 발효 이후에 비로소 영토권의 취득이 완성되는 것이며, 국가의 재산권으로써 안정되고 완벽하게 성립되는 것이다. 평화조약의 효력으로 정복된 도시와 지방 등에 대한 피정복 패전국의 영토적 권리가 완전히 포기될 뿐만이 아니라 회복 불가능할 정도로 그 주권적 권리의 행사가 배제된 이후에만 제3자는 이러한 도시와 지방을 정복자로부터 매입하는 것이 가능하다[182].

『사회계약설』(1762)이라는 그의 저서에서 루소도 역시 전쟁의 개념을 정부와 정부 간에 수행되는 무력적 분쟁으로 정의하고 있다. "전쟁은 개인 대 개인의 관계가 아니라 국가 대 국가의 관계이다. 개인들은 인간으로서 또는 시민으로서가 아니라 군인으로서 전쟁에서의 적대관계에 선다. 그리고 그것은 국가의 구성원으로서가 아니라 그 국가의 방어자인 자격으로서이다."라고 루소는 이 책에서 갈파하고 있다.[183] 그는 공공 재산과 사적 재산을 구분하고 사적 재산에 필연적으로 인정될 일정한 면책특권은 피지배 인민의 권리에 특징적으로 인정되어야 할 요소라고 주장한다. 19세기 전반기까지 루소의 이러한 주장은 별로 큰 관심을 집중시키지는 못했다. 당시에 루소의 주장보다 더 잘 알려진 것은 프랑스 법학자인 포르탈리스(Jean Etienne Marie Portalis)와 탈레랑(Talleyrand) 등이 주장한 인권人權과 의사자치意思自治에 관련된 법리인데 이는 프랑스 대혁명 정신을 지지하고 이에 입각한 주장들에 다분히 영향을 받은 생각들이다[184].

공화력(French Republican Calendar)으로 14 플로레알(Floréal, 꽃피는 달) year VIII(1801년 5월 4일에 해당됨)에 거행된 '프랑스 포획심판원' 개소식에서 포르탈리스는, "전쟁이란 개인 간의 관계가 아니고 국가 간의 관계이다."라고 지적하였다[185]. 탈레랑은 전쟁에 있어 개인의 면책특권을 법적 제도로 확연히 구별시킨 최초의 법학자이다. 1806년 11월 20일 나폴레옹에게 보낸 서신에서 그는 "전쟁이란 국가 간의 관계이며 개인 간의 관계가 아니고, 개인은 우연한 경우가 아니면 적대관계에 서지 않는다는 원칙에 입각할 때, 국제법에서는 평화적이며, 비무장한 민간인의 권리를 침해하는 교전권을 허용하지 않는다."라고 지적했다[186]. 그러나 탈레랑이 정복자의 권리를 제한해야 한다고 주장한 것은 아니다. 똑같은 생각이 프랑스로 진격한 프러시아 군을 지휘한 프러시아 왕이 1870년 8월 11일, "나는 프랑스 전사戰士들과 전쟁을 하는 것이지 프랑스 시민들과 싸우고 있는 것은 아니다."라고 갈파한 것에서도 잘 나타나고 있다.

"전쟁이란 국가 간의 관계이며 개인 간의 관계가 아니고, 개인은 우연한 경우가 아니면 적대관계에 서지 않는다."는 이러한 탈레랑의 원칙은 19세기 말에 완성된 전쟁법의 원칙으로 도입되었으며, 이는 인도법의 원칙인 '루소-포르탈리스 원칙'으로 불리었다. 이 원칙에 의하면 전쟁행위의 수행과정에서 비전투원에게 위해를 가하는 것은 지나친 행동으로 간주되었다. 그리고 탈레랑이 지적한 대로 전쟁법은 기본적으로 전쟁 당사국들은 그 적대하는 나라에 대해서 전쟁 수행상 필요한 최소한도의 위해危害만을 가할 주의의무가 있다는 원칙을 기반으로 성립되었다.[187]

민간인이 전쟁 수행과정에 개입되지 않는 한, 그들에게 무력적 위해를 가할 필요는 없다. 이러한 내용은 각국의 군사 교범에 반영되어 있으며[188] 결국 1899년과 1907년 「헤이그 협약」과 같은 성문 법전에 반영되는 것이다.[189] 따라서 전투원과 비전투원을 구별하고 있는 이러한 원칙은 정복된 지역 내에 있는 민간인의 재산을 무단히 탈취하지 못하도록 하는 전쟁법의 구체적 규범 내용으로 나타나고 있다.

2) 전시점령에 관한 공법적_{公法的}인 내용: '전시 점령'과 '정복_{征服}'을 엄격히 구별하는 국가 자제규범

프랑스 혁명을 계기로 하나의 새로운 국가 자제의무로써 각국이 점령군의 권한을 엄격하게 제한하는 새로운 개념이 나타났다. 이 신개념의 가장 두드러진 내용은 무엇보다도 어떤 국가의 국토는 본래 그 인민에게 속한 것이지 그 왕에게 속한 것이 아니라고 하는 것이다. 이러한 신개념의 논리적 결말은 명확했다. 즉, 1791년 프랑스 제1차 헌법에서는, "왕국은 하나이며 불가분이다.[190] 어떤 왕도 그 국토를 외국에 양보할 권한이 없다."라고 선언하였다. 이 프랑스 헌법으로 인해서 그 이후 적어도 유럽 전역에서는 이 선언이 법적으로 유효한 것으로 승인되었다.[191] 이 프랑스 헌법은 또 "모든 국민은 자유이며, 프랑스는 타국 국민을 정복하기 위해서 그 군사력을 사용하지 않는다."고 선언하였다[192]. 이러한 프랑스 헌법은 일반 인민이 자기들의 정부로부터 점점 더 독립적인 지위를 확인해 가는 시대를 개막하였다. 전쟁은 이미 어떤 왕들만의 군사적인 대결은 아니게 되었다.

이제 국가 간의 전쟁에 있어서 일반 시민은 침략자를 격퇴하고 점령군에 저항하기 위해서 그 목숨도 희생할 것이 기대되게 된다. 스페인 전쟁에서 프랑스 점령군에 대항하여 게릴라 전법이 사용되게 되자[193], 일반 시민들은 1808년 정도에는 이미 명확한 법적 규범으로 인식되어 있던 전쟁에 있어서 인민의 사유재산권 보호라는 면책특권을 훨씬 능가하는 새로운 지위를 요구하게 되었다. 사실상 19세기 중반, 특히 보불전쟁_{普佛戰爭} 이후에서부터는 이미 점령된 영토 안에서 게릴라에 의한 비정규전이 수행되는 경우가 많아지자, 정통 전쟁법_{戰爭法} 상의 '전시점령에 관한 규범(Law of Occupation)'을 시행하는 것이 전적으로 곤란해지게 되었다.

위에 설명한 전쟁법 규범과 전시점령에 관한 규범들은 나폴레옹 전쟁 이후에 유럽에서 나타나게 된 세력균형(The Balance of Power) 이론 성립에 기여하였다. 군사적 점령을 기초로 적국 영토를 일방적으로 병합_{倂合}하는 행위를 금지하는 이러한 규범과 원칙들은 1815년 비엔나 회의에서 수립된 유럽 각국의 영토적 범위가 확고한 안전성을 유지하는 데에 기여하였다.

그리하여 당시 유럽에서 새롭게 형성된 지역국제법 특히 국가 주권 개념의 성립을 위해서는 점령국가의 권한을 엄격히 제한하기 위한 법적 근거를 명확히 하는 새로운 법리를 개발하는 것이 필요하게 되었다. 물론 이 새롭게 개발된 유럽적 법리에 의하면, 정복과 점령을 구별하기 위해서 두 가지 단계를 갖는 논리를 개발하였다.

그 첫 번째 이론적 단계는 단순한 무력적 강제強制만에 의해서는 주권이 양도될 수 없다는 원칙을 수립하는 것이다. 그러므로 군사적 점령 그 자체만을 근거로 해서는 적국의 영토에 대해서 승전국의 주권을 행사할 수 없다.

두 번째 단계는 그레고리 폭스(Gregory Fox)가 '보존의 원칙'194이라고 명명한 원칙, 즉 점령군이 무단히 피점령 지역의 기존 법규의 내용을 변경하거나 공공재산을 수용收用하는 권리에 중대한 제한을 가하고, 그렇게 함으로써 아직 정복되지는 않았으나 군사적으로 점령당한 국가의 주권적 권리의 기초를 유지시키기 위한 원리를 받아들이는 것이다.

이러한 이론에 기초한 프랑스의 국가 관행과 전쟁법규의 실행은 유럽 국가들이 전쟁법의 규범으로써 '주권 불양도성의 원칙'을 받아들이게 되는 효시嚆矢를 이루었다. 1791년 헌법에 의거해서 프랑스는 새로운 점령지역을 그 주권적 영역에 합법적으로 포함시키기 위한 할양조약割讓條約을 패전국과 체결하기 위한 구체적인 법적 조치를 강행하지 않았으며, 적지敵地를 침공한 프랑스 육군은 적국 영토를 일방적으로 병합하지도 않았다.

'국민의 자결권 원칙'에 의거해서 프랑스 국가 이외의 경우에서도 피침략 지역의 인민들은 자신들이 선호하는 국가를 선택할 기본적 권리가 있다고 적어도 프랑스 인들은 생각하였다195. 피점령 지역과 프랑스 영역과의 '재결합'은 그 피점령 국가의 입법기관에서 자주적으로 결의될 사안事案이라고 그들은 생각하였다.196 이렇게 '프랑스와의 재결합을 선택한 국가'('Les Pays Reunis') 는 비로소 프랑스 영역의 일부가 된다[197].

프랑스 최고재판소(Cour de cassation)는 처음에는 다소 주저함이 있었으나[198] 이러한 프랑스적 원칙에 충실해서 프랑스가 점령한 적지역은 점령 사실만으로 즉시 프랑스 영역에 병합되지 않으며 별단의 법적 절차 없이는 그 영역의 법적 지위를 변경하거나 그 인민들에게 점령자의 법령을 복종토록 강요할 수 없다는 판결을 일관되게 유지하였다.

미국은 정복하여 미국의 일부가 된 그 부속영토에 대해서 점령의 개념을 적용하였다. 그들은 의회가 이들 부속영토를 국가 영역 범위 안에 귀속歸屬시키기로 결정하기 전에는 미연방 범위 안에 넣지 않았다.

두 가지의 현저한 원리 - 점령지역 '주민의 생명과 재산을 보호할 의무'라는 인도주의 원리(육전법규에 관한 1899년 「헤이그 제2협약」 제44조~47조)와 '전시 점령'과 '정복征服'을 엄격히 구별하는 자제규범과 같은 공법적公法的인 원리(육전법규에 관한 1899년 「헤이그 제2협약」 제42조~43조) - 로 구성된 유럽식 군사적 점령의 개념은 1899년 육전법규에 관한 「헤이그 제2협약」에서 성문화成文化되어 일반 국제법의 개념으로 확립되었다.

나. 일본의 한반도 지배와 통치는 군사적 점령에 불과하다

1875년 9월 21일, 한국 침략을 시작하기 위해서 일본이 한국으로 파견한 30척의 군함 중 하나인 운양호雲揚號는 한반도 서해안 인천항 근처의 강화만으로 진입하였다. 운양호에서 상륙한 일본의 공격부대와 한국 연안수비대 간의 격전에서 한국은 일본에 완패하였으며, 35명이 전사하고, 16명이 포로가 되었다.

1875년 9월 22일에 발생한 초기 군사 공격작전이 있었던 이래, 제국주의 일본이 한국을 형식상으로 병합하기까지 주로 일련의 정치적인 - 때로는 유사類似 외교적인 형식을 갖춘 - 공작工作들이 진행되었다. 그러나 일본이 한국에 대해서 혹은 한국이 일본에 대해서 정식으로 선전포고한 일도 없으며, 운양호 사건 이외에는 양국 군대 간에 형식상 전면적인 군사적 접전은 없었다.

이런 상황에서 1903년 러일전쟁의 발발부터 시작해서, 1945년 제2차 세계대전의 종결 때까지 유지되었던 일본의 한반도 강점强占을 군사적 점령(Belligerent Occupation)이라고 말할 수 있겠는가?

1895년 일본 경찰과 낭인배들이 조선의 왕비를 시해한 이른바 을미사변 이래, 한국의 궁성은 언제나 일본의 무력으로 유린되었으며 전국적으로 봉기한 한국 의병과 일본 군대와의 접전은 계속되고 있었다. 한반도 전체에 대한 전면적이고 본격적인 일본 군대의 무력적 강점은 러일전쟁 발발 직전인 1904년 1월 21일, 대한제국 고종 황제가 적법하게 선포한 전시 중립선언을 무시하고 일본 군대가 한반도로 진주한 사건으로 비롯된다.

일본 군대는 중립법규를 위반하고 진해만으로 침입, 진해와 마산을 점령하고 인천에 상륙하여 1904년 2월 9일, 서울漢城을 점령해 버렸다.

이때는 아직 「육전중립협약」이 성문화되지 않은 때이나 1780년 2월 러시아 여왕 캐서린 1세(Catherine I)가 주도한 '제1차 무장 중립동맹'과 1800년 '제2차 무장중립동맹'의 성공으로 전쟁 법규상 중립국의 권리와 의무에 관련된 규범들은 1904년 당시에는 그로부터 약 100년 전부터 이미 일반관습국제법으로 잘 성립되어 있는 상태였다.

러시아와 일본이 만주 및 조선반도에 대한 영향권을 놓고 점차 대립을 심화해 가자 대한제국의 고종 황제는 러·일이 무력충돌 시 열국의 공동보장 아래 대한제국을 '영세 중립화' 하는 방안을 추진코자 이미 1900년 8월부터 조병식을 일본으로 보내서 일본 외상 아오키, 러시아 공사 이스볼스키, 프랑스 및 미국 공사들을 차례로 만나서 이해를 구하고 가능성을 타진토록 하였다.

그러나 이러한 고종의 '대한제국 영세중립화'를 위한 외교적 노력은 일본의 집요한 반대로 전혀 성과를 얻지 못하였다. 일본은 '대한제국 중립화'를 단순히 반대할 뿐만 아니라 역逆으로 한국의 중립화 대신 한국을 군사적으로 일본에 종속시키기 위해서 '한일 군사공수동맹안'을 한국 측에 강요하기에 이르렀다.

그리하여 1902년 말까지 러시아와 일본 양국은 대한제국을 '영세 중립화' 하려는 고종 황제의 제안에 대해서 부정적인 결론에 합의한 상태가 되었다.

'대한제국의 영세 중립화안'이 실현 가능성이 없음을 확인한 고종 황제는 1903년 8월, 대한제국을 '전시 중립화' 하기로 결심하고 외부대신 이도재李道宰에게 각 주재 공사 앞으로 보내는 「전시 중립선언에 관한 훈령」을 작성케 하였다. 고종이 지시한 이 훈령은,

> (…) 만주 문제에 관한 러·일의 대결이 '우호관계의 결렬'이라는 사태에 이를 수 있는 상황에 처하여, 대립하고 있는 러·일 양국 사이에서 우리는 러시아와 일본이 우리를 중립국이라고 생각하기를 요구한다. 전쟁이 일어난다면 어떤 군사 작전도 우리나라의 국경 안에서 일어나지 않도록 우리나라의 영토에 어떠한 군대의 통과도 허가해서는 안 된다. 우리 국경의 보전을 위해 분명한 회답이 필요하다.

라고 강조되어 있다 .

1903년 8월 21일 고종은 궁내관 현상건玄尙健을 러시아로 보내서 한국의 「전시중립선언」에 대한 이해와 동의를 요구하는 밀서를 발송하였다.

1904년 1월 13일 러시아로부터 귀국한 궁내관 현상건으로부터 대한제국의 「전시중립선언」에 긍정적인 의사를 표시하는 러시아 황제 니콜라이 2세의 답서를 받은 고종은 1월 21일, 대한제국의 「전시중립선언」을 각국에 타전하였다.

1월 25일, 주일 대한제국 공사로부터 대한제국의 「전시중립선언」 성명서를 수교한 일본 정부는 승인을 거부하고 이를 완전히 무시하였으나 영국, 미국, 독일, 덴마크, 이탈리아 및 러시아로부터는 긍정적 승인의 회신을 받았다.

국제법상 중립(Neutrality)이란 전쟁에 참가하지 않는 국가(중립국)가 교전 당사국에 대하여 갖는 법적 지위이다. 이는 전쟁을 전제로 한 개념이며 중립국과 제3국과의 관계는 평시관계이나, 중립국과 전쟁 당사국과의 관계는 전쟁의 개시와 동시에 발생되는 '전쟁법 상의 권리 의무관계', 즉 전시관계인 것이다. 그리고 중립의 선언은 일방적 행위로써 본래 관련 전쟁 당사국의 승인이 있어야 중립국의 법적 지위가 성립되는 것은 아니다.

고종 황제가 러·일 전쟁 발발 직전에 외교적 활동이나 「전시 중립선언」등으로 러·일 간에 전쟁이 발발할 경우에 대한제국이 중립국으로서의 법적 지위를 갖는다는 점을 충분히 강조한 셈이므로 이 중립선언에 대한 일본의 승인 여부와는 관계없이 전쟁의 개시와 동시에 대한제국은 중립국으로서의 권리와 의무를 갖게 된다고 본다. 다시 말하면 전쟁 당사국들은 대한제국에 대해서 중립법규에 상응하는 법적 의무와 권리를 갖게 된다.

중립법규상 중립국의 영토는 불가침이다.

전쟁 당사국들은 중립국의 영토를 통과하여 군대 또는 탄약이나 군수품의 수송대를 이동시킬 수 없다. 전쟁 당사국들이 이러한 중립법규를 위반하여 중립국 영토를 침해할 경우에 중립국은 이러한 침해를 방지하기 위해서 병력을 사용할 수 있다.

일본 군대가 중립법규를 위반하고 진해만으로 침입, 진해와 마산을 점령하고 인천에 상륙하여 1904년 2월 9일, 서울漢城을 점령했을 때 대한제국 고종은 중립국의 권리 및 의무로 볼 때 당연히 일본의 이러한 영토 침탈을 군사력을 사용해서 배제시켰어야 한다. 일본 군대와 맞설 변변한 현대식 병력이 없는 고종이 어쩔 수 없이 전 국토와 궁성을 점령당한 것은 군사적 점령에 해당한다.

그 이후 일본 군대가 한반도를 완전히 점령한 상태에서 1905년 11월 17일, 「을사늑약」이 강압적으로 성립되고 대한제국은 외교권이 박탈되어 국제사회에서 독립된 법적 주체로서의 지위를 행사할 수 없게 되었다. 이 「을사늑약」은 조약체결권자인 고종 황제 자신이 그 성립이 불법임을 강하게 주장하여 헤이그 평화회의에 밀사를 보내고 각국 정부에 고종의 친서를 보낸 사실은 알려진 바와 같거니와 이를 반대하는 국민의 저항이 강렬하여 열사들은 자진하고 민중은 봉기했던 것이다.

그러나 러일전쟁에서 승리한 일제는 대한제국의 전 국토를 군사력으로 장악하고 1906년 7월 2일에는 대한제국 황제 고종을 완전히 경운궁에 유폐시켜버렸다.

1919년 1월 21일, 일제가 고종을 독약으로 시해하자, 3월 1일 고종의 인산일因山日을 기해서 전 국민이 일제에 항거하여 독립을 절규하는 운동을 벌이고 이것이 항일 투쟁의 구심체인 대한민국 임시정부를 탄생하게 한다.

1919년 4월부터 제2차 세계대전이 종결된 1945년 11월까지 대한민국 임시정부가 중심이 되어서 한반도와 중국 및 미국 등 해외에서 벌인 항일독립 투쟁은 군사적 정치적 외교적 활동으로써 일제에 의한 한국 통치를 부정否定하고 국권을 회복하려는 계속적이고 명시적이며 본격적인 투쟁이었다.

1903년 러일전쟁의 발발로부터 시작해서, 1945년 제2차 세계대전의 종결 때까지 유지되었던 일본의 한반도 강점은 보호조약이나 병합조약 등 이른바 유사조약(Quasi-Treaties)들이 모두 무효가 됨으로 인해서 그들의 식민 지배와 군사적 강점을 법적인 권원으로 확정시켜 줄 아무런 법적 근거가 없게 되었으므로 군사적 점령(Belligerent Occupation) 이상의 의미를 가질 수 없다.

일본의 한반도 강점 기간 동안 실제로 한국 영토와 한국 국민을 지배한 조선총독 들은 일본 육·해군 대장 중에서 임명되었으며 일본 천황에 직속되어 일본 내각의 정치적 및 행정적인 통제를 받지 않았다. 1919년에 형식적으로 무관 총독 임용제를 일시 폐지하였으나 1945년까지 실제로 문관 출신의 총독은 단 한 명도 임명되지 않았다.

그러므로 한국에 대한 지배 형식에 있어서 일본 제국 자신이 '군사적 지배'라는 형식을 한 번도 벗어나지 않은 것이다. 그러므로 일본의 한국 지배는 국제법상으로는 '군사적 점령' 이상의 것이 될 수 없다.

<역대 조선 총독 명단>

순서	이름	임기	신분과 이력
제1대	데라우치 마사타케寺內正毅	1910년 10월 1일 ~1916년 10월 14일	육군대장, 원수, 수상
제2대	하세가와 요시미치長谷川好道	1916년 10월 14일 ~1919년 8월 12일	육군대장, 원수
제3대	사이토 마코토齋藤實	1919년 8월 13일 ~1927년 12월 10일	해군대장, 수상
임시 대리	우가키 가즈시게宇垣一成	1927년 4월 15일 ~1927년 10월 1일	육군대장
제4대	야마나시 한조山梨半造	1927년 12월 10일 ~1929년 8월 17일	육군대장
제5대	사이토 마코토齋藤實	1929년 8월 17일 ~1931년 6월 17일	해군대장, 수상
제6대	우가키 가즈시게宇垣一成	1931년 6월 17일 ~1936년 8월 5일	육군대장
제7대	미나미 지로南次郎	1936년 8월 5일 ~1942년 5월 29일	육군대장
제8대	고이소 구니아키小磯國昭	1942년 5월 29일 ~1944년 7월 21일	육군대장, 수상
제9대	아베 노부유키阿部信行	1944년 7월 24일 ~1945년 9월 28일	육군대장, 수상

이처럼 일제의 한반도에 대한 식민통치 지배와 강점을 군사적 점령으로 본다면, 한반도에 대한 일본의 영토적 관할권에 관한 한, 국제법상 어떤 법적인 권원이 성립된 적도 없고, 당연히 이러한 군사적 점령 기간 중 일본이 한반도에서 한국의 영토, 국민 및 정부(한국 황실 포함)에 대해서 시행한 모든 법률적 행위들은(영토에 대한 모든 조치) 위법적인 자원의 수탈행위가 되고, 한국 국민과 정부에 대한 일제

의 모든 억압적 행정 조치들은 법적 근거 없는 주권 침탈 행위 및 인권 유린 행위가 되어, 원천적으로 당연 무효인 것은 물론이고[199],[200] 그 재산적, 정신적 침해에 관하여 일본 제국의 계승국가인 일본국이 한국민과 한국 정부에 대해서 법률적인 손해배상 책임을 져야만 할 것이다.

일본 정부가 일제의 한반도 침략은 부당하고 사과해야 할 일이기는 하지만, 당시 일본 제국의 한국 병합은 적어도 국제법적으로는 적법·유효한 것이었다는 입장을 지금까지 집요하게 주장하고, 이를 유지하려고 하는 이유는 여기에 있다.

그러나 만일 반대로 「한일병합조약」을 (시제법적 원리를 적용해서) 국제법상 적법하게 성립된 유효한 조약으로 본다면, (일본 사람들과 대부분의 서구 국제법 전문가들은 아직도 그렇게 보고 있다.) 우리 대한민국이라는 나라는 대한제국 및 대한민국 임시정부와는 아무런 관계가 없으며, 대한제국과의 국가적 동일성(Identity)을 전제로 하지 않는, 제2차 세계대전 종결 이후에 유엔과 미국이 한반도의 38도선 이남에 인위적으로 세워 준 '신생독립국가'가 되는 셈이다.

만일 이명박 정부가 최근에 벌인 '대한민국 건국 기념일 논란'이라는 헤프닝에서 2008년을 '건국 60주년'으로 명명하고, 8월 15일을 '건국절(건국 기념일)'로 확정시켰다면 우리 대한민국이라는 나라는, 우리 스스로 대한제국 및 대한민국 임시정부와의 국가적 동일성을 부정하였으므로, 우물쭈물 「한일병합조약」을 국제법상 적법하게 성립된 유효한 조약으로 볼 수밖에 없게 되었을 것이다. 그렇게 되면 대한제국은 1910년 8월 22일에 멸망한 것이 되고, 물론 일본이 한국을 식민 통치한 기간도 1910년부터 1945년까지로 약 36년간으로 계산되며, 그 기간 동안 일본의 한반도에 대한 통치와 지배는 모두 국제법적으로 적법하고 유효한 것이 된다.

대한민국은 대한제국과 국가적 동일성을 유지하는 국가인가? 하는 이 국제법의 전문 용어로 만들어진 어느 모로 보나 재미없고 어려운 질문은 우리 한국 사람들의 정체성을 확실히 규명하는 데에 이만큼 중요한 의미를 내포한다.

그러니 "다 지나간 일인데 아무러면 어떠리."하고 지낼 일이 아니고, 아무리 재미가 없어도 대한민국 국민이라면 한 번쯤은 그 확실한 의미를 짚고 넘어가야만 한다.

지난 세기에 부끄럽게도 '사실상' 우리는 일본에게 국권을 상실했었다. 그런데 왜 꼭 대한제국이 일본에게 패망한 것은 아니라는 '일견 억지와 같은 주장'을 국제사회를 향해서 해야 한다고 말하는가?

국제법상 국가가 소멸(State Extinction; *Debeltio*)하려면 명시적인 항복(Capitulation)을 해야만 한다. 「한일병합조약」은 무효이며, 우리는 일본 제국에 명시적인 항복을 한 적이 없다. 제2차 세계대전 중에 우리는 일본을 향해서 국권 회복을 위해 선전포고를 했고, 많은 젊은 목숨을 희생하며 무력적 항전을 계속했다.

그러므로 '법률적으로' 대한제국은 일본에게 패망한 것이 아니다. 그리고 대한민국은 대한제국과 국가적 동일성을 유지하고 있다. 대한민국의 정체성에 관한 이런 추론은 국제법상 명백히 입증될 수 있다. 우리 정체성에 관한 이런 문제는 국제사회에서 확실히 공론화되어야 한다.

10. 대한민국의 정체성

먼저 '3·1운동'이 갖는, 국가의 동일성과 계속성을 주장하기 위한 '공적으로 표명된 국가의 의지'라는 '주관적 요소'로서 의의를 생각해 본다.

96년 전 '기미독립만세운동'은 일제강점기에 있었던, 한국인들이 독립을 선언하고 만세 운동을 시작한 사건이다. 이 운동의 기폭제가 된 것은 독립선언문 낭독이며, 민족 대표 33인이 주도했다. 순수한 평화적 시위였으나 일본군은 이를 무력으로 진압하였으며 시위 도중 사상자가 생겼다.

본래 건국의 이상理想이나, 시대정신을 반영한 국가수립의 의지를 선포하는 '독립선언문'은 새로운 국가가 국제사회에서 하나의 독립된 주체로서 출발하는 계기에 선포되는 것이다. 그러나 1919년 3월 1일에 기미 독립선언문을 선포하고도 우리는 나라를 국제 사회에서 하나의 새로운 독립된 주체로서 출발시키지 못했으며, 만세 운동 과정에서 전 민족적으로 말할 수 없는 희생을 치르고도 당시 우리나라 사람들이 일본의 무단적 통치의 질곡桎梏에 묶여 있는 상태에서 벗어나 자유와 독립을 쟁취하는 변화를 가져오지도 못했다.

물론 이 기미 독립선언문을 계기로 하여 대한민국 임시정부가 수립되었다고 하는 중요한 역사적 사실을 간과할 수는 없지만, 대한민국 임시정부의 국제법상 지위는 끝내 국제 사회에서 제대로 공인公認되지 않았으며, 대한민국 정부가 수립되는 과정에서도 임시정부의 역할이나 존재가 법적으로나 또는 정치적으로 명백하게 연계連繫되지도 않았다.

이날, 기미 독립선언문을 선포함으로써 일본의 무단적 통치의 질곡에서 벗어나 국권을 회복하기 위한 현실적이고 구체적인 계획이 이 운동을 주도한 민족 지도자들에게 있었던 것도 아니다.

그날 '민족 지도자'들은 우선 '유혈 충돌을 피하기 위해' 본래 학생들과의 약속

장소인 파고다공원으로 나가지 않았다. 그들은 당시 장안에서 제일가는 요정인 태화관에 모여 선언문의 낭독도 없이 한용운의 간단한 취지 설명이 있은 후 축배를 들고, 즉시 일본 경찰에 스스로 신고申告하고, 범죄자가 자수하는 형식으로 그 자리에서 자발적으로 검거되었다.

3월 1일 오후 2시 - '3-1절 노래'에 가사를 '기미년 3월 1일 정오…'라고 지은 것은 정인보의 착오이다 - 본래 약속대로 젊은 학생들은 파고다공원에 모였으나 민족대표들은 보이지 않았다. 학생들은 당황했지만, 곧 경신학교 출신인 정재용이 팔각정에 올라가 독립선언서를 낭독했다.

아무런 국권 회복의 구체적 계획도 없이, 한국 사람들이 일제의 총칼 앞에 무방비 상태로 자신의 목숨을 내던지며 극한적으로 항거한 이유는 무엇인가? 그것은 일제의 독살로 인한 고종의 급서로 촉발된 민족적 절망과 분노였든 것이 아닌가? 여기에는 고종의 망명정부 수립이 실패한 데 대한 현실적인 실망이 겹쳐져 있었다고 보아도 좋을 것이다. 이 만세 운동은 서울에서 시작되어 불과 수개월 만에 전국으로 퍼져 나갔으며 일본, 연해주 등 해외에서도 벌어져 1년여 동안이나 지속되었다. 박은식朴殷植의 저서[201]에 의거하면, 이 만세 운동에 대한 일본의 무력적 진압으로 사망한 한국인은 7,509명, 부상자는 15,961명, 검거된 사람은 모두 46,948명이었다. 아무리 일제의 강점 상태에서 시도된 '독립의 선언'이라고 하지만 당시 한반도의 인구가 약 1,700만 명 정도였던 사실에 비추어, 전체 한국 사람 인구의 12%가 이 운동에 참가한 것이 된다. 또한 참가한 사람 중에 23,470명이 죽거나 다치고, 약 5만 명이 일경에 체포되었다는 것은 '한국 사람 거의 모두'가 이 운동에 가담해서 '목숨을 내걸고' 일제에 실질적으로 항거하였다는 것이 된다. 그러므로 이 만세 운동에는 단순히 건국의 이상理想이나, 시대정신에 입각한 국가 수립의 의지를 선포한다는 '독립선언문 선포 행사' 이상의 '보다 절실한 역사적 연유'가 관련되어 있었다.

그것은 무엇인가?

불법적인 일제의 질곡에 항거하는 '국민적 의사 표시'다.

이보다 더 절실하고 명백한 "국가의 동일성과 계속성을 주장하기 위한 공적으로 표명된 국가의 의지"가 있을 수 있겠는가?

'유혈 충돌을 피하기 위해' 본래 학생들과의 약속 장소인 파고다공원으로 나가지도 않았고, 선언문의 낭독도 생략해 버린 '민족 지도자'들이 이러한 거국적이고 처절한 민족적 항거를 당초에 계획하거나 예상한 것은 아닐 것이다. 그러므로 이 거국적인 의사표시는 '자연발생적인 것'이며 따라서 자연스럽고 순수한 의미에서의 '국민적 의사 표시'가 되는 것이다.

'3·1운동'을 기초로 탄생한 대한민국 임시정부의 확실하고 명백한 국민 대표성을 인정하고 1919년부터 1945년까지의 지속적이고 현저한 정치적 군사적 항일 투쟁의 저항적 실적을 감안할 때, 한국의 경우에 국가의 동일성과 계속성을 인정하기 위한 "공적으로 표명된 국가의 의지"라는 '주관적 요소'는 충분히 갖추어져 있다고 볼 수 있다.

그러므로 '대한민국 임시정부'가 국제사회에서 법적 주체로서 인정받는 망명정부가 아니었다는 이유로 대한제국의 국가적 동일성은 단절되지 않으며, 대한제국과 대한민국의 국가적 동일성은 인정된다.

> "'개천절'은 그렇다 치고, '삼일절'은 무슨 날이지?"
> "일제 때, '만세 운동'을 했던 3월 1일을 기념하는 날이지."
> "음, 골프 치기 딱 좋은 매우 중요한 공휴일이군."

뭐, 꼭 이런 대화를 하는 사람들은 없겠지만, 솔직히 말해서 요즘 우리 국민 중에는 '삼일절'에 관해 막연히 날짜가 3월 1일인 '무언가 중요한 공휴일'이라는 생각 이상의 구체적인 상념을 떠올릴 수 있는 사람은 사실 그리 많지 않을 것이다.

어떤 이는 미국 사람들이 7월 4일을 "4th of July(미국 독립 기념일)"라고 하면서 매년 신나게 폭죽을 터뜨리며 경축하는 것을 보고, 왜 우리는 8월 15일을 그런 식으로 신나게 경축하지 못하는가? 위대한 대한민국을 건국한 날이니 "이날을 '건국 기념일'로 신나게 경축하자." 뭐 이렇게 말을 꺼냈다고도 한다.

미국 사람들은 7월 4일을 또 다른 이름으로 보통 "인디펜던스 데이(Independence Day)"라고 한다. 그러니까 조금 더 정확히 말한다면, 그들에게 이날 7월 4일은 '건국 기념일'은 아니고 '독립 기념일'쯤 되는 날이다. 이날은 영국의 식민지 상태로 있던 13개 주의 대표가 모여 필라델피아에서 독립을 선언한 날이다. 독립 선언이 있은 후 약 8년간에 걸친 독립전쟁 끝에 1783년 9월 3일에야 비로소 미국은 영국과 프랑스로부터 이른바 「파리조약」을 거쳐 '완전한 독립'을 인정받게 되었다. 미국 헌법이 선포된 날은 그로부터 또 5년 후인 1788년 9월 17일이며, 조지 워싱턴을 초대 대통령으로 미국 정부가 정식으로 출범한 것은 그로부터 다시 1년 후인 1789년 9월 24일이다. 그러니까 독립선언서가 발표될 때는 헌법도 없었고, 정부도 없었다. 공인된 방식으로 선포된 '독립의 의지'가 미국 독립의 시작이었다. 거기부터가 '국가 존립'의 시작이었다.

우리가 기미 독립선언서를 발표할 때도 우리에게는 군대도, 헌법도, 정부도, 없었으며 전혀 비무장한 1,700만 동포의 비장한 결의, 국가 독립과 그 존속의 의지, 그것밖에는 없었다. 그것이 대한민국 독립의 시작이며, '대한민국이라는 국가 존립'의 시작이었다. '3·1운동'을 기반으로 대한민국 임시정부가 탄생했고, 대한 독립군이 탄생했고, 결국 29년 후에 대한민국 정부가 수립된 것이다.

매년 3월 1일이 될 때마다 우리 국민이 상기해야 할 일은 바로 이런 것이다. 무슨 다른 엉뚱한 이야기들만 떠들면서 그날을 욕되게 하는가?

거꾸로 생각해서, 우리에게 전체 국민의 12% 이상이 목숨을 내걸고 참여한 '3·1운동' 즉, 1919년 '독립선언서' 발표가 없었다면 어찌 되었을까? 대한제국과 대한민국의 국가적 동일성과 계속성을 주장할 수 있게 하는 '공적으로 표명된 국가의 의지'라는 국가 주권 계속의 '주관적 요소'가 결여되었으므로 결국 대한제국은 1910

년 8월 22일에 '멸망한 나라'로 확정되어 버렸을 것이다. 이 정도의 '국제법적 상식'을 우리 국민이라면 이제는 모두가 숙지하고 있어야만 한다.

삼일 독립선언을 기반으로 이봉창과 윤봉길의 목숨을 내건 의거가 있었고, 그것들을 힘입어 「카이로 선언」이 나왔고, 대한민국 국가 주권의 계속을 확인하는 '국제사회의 보편적 인식'을 만들어 냈고, 태평양 전쟁이 일본의 패망으로 끝난 직후인 1945년 9월 18일 미국의 트루먼 대통령이 그의 성명에서,

> 한국 국민은 그들의 자랑스러운 문화적 유산을 지키고, 그들 국가의 자유를 회복시키기 위한 노력에 헌신해 왔던 것입니다. 이제 이러한 압제는 끝났습니다.

라고 말할 수 있었다. 그리고 「대일강화조약」이 발효되기 4년이나 이전에 대한민국이 수립될 수 있었다.

먼저 '삼일절'이란 이름을 '3·1 독립절'로 바꿔야 한다. 뭐 꼭 미국 사람들을 흉내 내자는 것이 아니다. 그냥 3월 1일이기 때문에 골프 치기 좋은 공휴일로만 인식되어서는 안 되기 때문이다. 이날에는 누구나 한 번쯤 우리 국민이라면 옷깃을 여미고 숙연하게 우리 대한민국이 얼마나 가열한 고난을 이기고 독립을 쟁취했는가를 상기해야만 한다. 그래서 국가적 자존심을 되찾고 확인해야 한다. 아, 정말 더 이상 이날을 욕되게 하지 말았으면 좋겠다. 더 이상 우리의 정체성을 우리 손으로 흠집 내는 일은 하지 말았으면 좋겠다.

주석

1) 봉영식, "상호 방기 상태의 한·일 관계: 조기개선 기대보다 정상회담을 활용할 때", 「이슈 브리프」, 아산정책연구원, 2013.08.14.

2) "광복절을 건국절로", 「미래한국」, 제504호, 2015.08.18.

3) 양동안, "대한민국의 건국 기념일", 외교안보포럼, 제381차, 2008.08.21.

4) 김구, 『백범일지』, 삼중당, 1986, pp.211~212.

5) 김영구, 『잘 몰랐던 한일 과거사 문제』, 다솜출판사, 2010, pp.26~50.

6) *Oppenheim's International Law* (9th edition, 1992) vol. Ⅱ, Ⅲ. section 263. p.698.

7) Hague Conventions of 1899.

8) A 피점령 정부의 주권적 권리를 존중할 의무; 육전법규 제42조~43조 및 B 점령지역 주민의 생명과 재산을 보호할 의무; 육전법규 제44조~47조.

9) Infra note 28.

10) "His [the sovereign's] Power cannot, without his consent, be transferred to another: he cannot forfeit it...." *Leviathan* by Thomas Hobbes 1651. eBooks@Adelaide 2007 (Thomas Hobbes, Lev XX 2-3) (etext.library. Adelaide.edu.au/h/hobbes/thomas/h68l/complete.html)

11) 백충현 "국제법으로 본 1900년대 한일조약들의 문제점", 「한국 시민 강좌」, 제16집. 일조각, 1996, pp.76~78.; 성재호, "조약법을 통해 본 1910년 병합 조약의 무효 - 강제에 의한 조약의 효력을 중심으로 -, 동북아 역사 논총, 제29호, 동북아 역사재단, 2010년 9월, pp.227~263.; 박배근, "한국병합관련조약 유무효론의 의의와 한계", 『법학연구』, 부산대, 제44권 제1호, 2003.; 박배근 "시제법적 관점에서 본 조약체결의 형식과 절차: 한국병합관련조약 유무효론 평가를 위한 일고," 동북아역사재단 주최 국제학술회의, 『일본의 한국병합 효력에 관한 국제법적 재조명』, 2009.6.22.

12) 이근관, "국제 조약상의 강박 이론의 재검토", 이태진 외, 「한국 병합의 불법성 연구」, 서울대학교 출판부, 2004.

13) 이태진, 『일본의 대한제국 강점; 보호 조약에서 병합 조약까지』, 도서 출판 까치, 1995.

14) 사까모도 시게끼(坂元茂樹), "日韓은 구 조약 문제의 陷穽에 빠져서는 안 된다.", - 이태진 논문에 대한 하나의 회답 - 이태진 편저, 『한국 병합, 성립되지 않았다』, 태학사, 2001.

15) 「産經新聞」 2001年 11月 27日字. An academic meeting: 『A reconsideration of Japanese Annexation of Korea from the Historical and International Law Perspectives』was held at Harvard University. 16~17 November 2001, sponsored by the Korea Foundation.

16) 片野次雄, 「日帝時代の 顔」(30), '高宗の 呻吟-2'『友情』(1999. 2. 1); 片野次雄, 「李朝滅亡」, 新潮文庫 か-33-1 (ISBN4-10-140921-8), 平成 9年 7月 1日. pp.364~368.

17) 김삼웅. 『친일정치 100년사』, 동풍, 1995년, pp.62~63.

18) 이태진, 5. 러일전쟁과 일본의 한국 탈취 공작. (blog.naver.com/011gilbut/50177196741)

19) F.A. 매켄지 저, 신복룡 역, 『대한제국의 비극』, 집문당, 1999, pp.146~155.

20) "His [the sovereign's] power cannot, without his consent, be transferred to another: he cannot forfeit it…." Leviathan by Thomas Hobbes 1651. eBooks@Adelaide 2007 (Thomas Hobbes, Lev XX 2-3)

21) P. C. Bundu, "Recognition of revolutionary authorities : Law and Practice of States, *The International and Comparative Law Quarterly*, (1978) the British Institute of International and Comparative Law". pp.18-45.

22) F.A. 매켄지 저, 신복룡 역, 『대한제국의 비극』, 집문당, 1999, pp.146~155.

23) Walters, F. P. *A History of The League of Nations*. London, UK: Oxford University Press, 1960. pp.491-492.

24) Reginald G. Bassett (1968). *Democracy and Foreign Policy*. Routledge, pp.75~76.

25) 앞의 각주 19 참조; "She [the Queen of Hawaii in the 1800's] made it very clear that . . . her . . . abdication was procured under duress and force. In other words, it could not be treated by anyone as a valid surrender of sovereignty . . . ."
Francis Anthony Boyle, "Restoration of the independent nation state of Hawaii under international law", *St. Thomas Law Review*, Volume 7, Summer 1995 (www.hawaii-nation.org/boyleall.html) ;
Like any abdication by coercion, "The forced abdication of [King] James II [of England, for example, or any other rightful ruler for that matter] was strictly . . . illegal [and therefore invalid]"
Statement in Parliament United Kingdom. March 24, 2004
(www.Publications.Parliament.uk/pp/cm200304/cmhansrd/vo040324/halltext/40324h05.htm)

26) Under the doctrines of Public international law a ruler who is deprived of the government of his country by either an invader or revolutionaries remains the legitimate de jure Sovereign of that Country while the de facto regime set up by the revolutionaries or the invader is considered an "usuraer", both constitutionally and internationally.
See Hugo Grotius *De jure belli ac Pacis*, libri Tres, Book I, Chapter 4, Nos. 15-19.; Steahen Kerr, *Dynastic Law The International Commission on Nobility and Royalty* (www.nobility-royalty.com/id70.htm)

27) F.A. 매켄지 저, 신복룡 역, 『대한제국의 비극』, 집문당, 1999, pp.156, 172, 176~179.

28) 김영구, 『잘 몰랐던 한일 과거사 문제』, 다솜출판사, 2010.
김영구, 『대한제국 황태자 이척』, 다솜출판사, 2010.
김영구, 『대한민국을 부탁해』, 다솜출판사, 2012.
김영구, 『대한민국 국민에게 고함』, 다솜출판사, 2012.

29) 일본군대와 경찰이 경운궁의 경비권을 강취(强取)한 날.

30) 이태진, 『일본의 대한제국 강점』, 까치글방, 1995, p.392.

31) 김상태, 『윤치호 일기』, 역사비평사, 2001. (윤치호가 1880년대부터 1940년대까지 60여 년간에 걸쳐 기록한 개인적 메모. 초창기 일기는 한문·국문으로, 1889년 12월 이후부터는 영문으로 기록돼 있다.)

32) 이병조 이중범, 『국제법신강』, 제9개정판, 일조각, 2003, p.133.

33) Karl Ulrich Meyn, "Debellatio", in *Encyclopedia of Public International Law* [Instalment 3 (1982) p.146.]

34) Ibid. ; *Black's Law Dictionary* 7th edition (1999), p.408

35) 「국가의 권리와 의무에 관한 몬테비데오 협약」 제1조를 참고할 것.
Article 1. Montevideo Convention on the Rights and Duties of States. Signed at Montevideo, 26 December 1933. Entered into Force, 26 December 1934. Article 8 reaffirmed by Protocol, 23 December 1936.
몬테비데오 협약 제1조에서는 주민(住民), 영역(領域) 및 정부의 세 가지 국가 구성요소 이외에 '외교적 능력'을 같은 국가 구성요소로서 열거하고 있으나 이는 독자적 구성요소로 고려하지 않아도 된다는 견해가 지배적이다.

36) *Oppenheim's International Law* (9th edition, 1992) vol. I section 57. p.204.; J. L. Kunz, "Identity of States under International Law", 49AJIL72~73(1955); H. Kelsen, *Principles of International Law* 2nd ed. R. W. Tucker , ed.(New York, Holt, Rinehart and Winston, 1966) p.563.; K. Marek, *Identity and Continuity of States in Public International Law* , 2nd ed.(Geneve: Droz, 1968), p.15. ; James Crawford, *The Creation of States in International Law*, Oxford University Press, 1st edition(1979), p.403.

37) Dore Gold and Jeff Helmreich, "An answer to the new anti-zionists: The rights of the Jewish People to the sovereign state in their historic home land." *Jerusalem ViewPoints*, No. 507. 21 Heshvan 5764 / 16 November 2003 (www.jcaa.org/jl/va507.htm)

38) Emerich Vattel, *Le Droit des gens*, Book II, Chapter II, Nos. 145-146.

39) Philip Marshall Brown, "Sovereignty in Exile," 35 *American Journal of International Law* (1941), pp. 666-668.

40) Marek, *Identity and Continuity of States in Public International Law*, (1954), pp. 369~416. ;

41) 1955년 독일연방법원은 소련의 라트비아 합병이 적법한 것(de jure incorporation)이라는 판결을 한 바가 있다. PJIL, 50 (1956), p. 441.

42) *Oppenheim's International Law* (9th edition, 1992) vol. I section 59, p. 207.

43) Peter van Elsuwege, "State Continuity and its Consequences: The Case of the Baltic States". *Leiden Journal of International Law*, Volume 16, Issue 02, June 2003 p. 380. Cambridge University Press.

44) *Oppenheim's International Law* (9th edition, 1992) vol. I section 59. p. 207 and note 5..

45) 또는 '적법성의 원칙' 이라고도 함 법언으로는; '불법으로부터 권리는 발생하지 않는다.' ex injuria jus non oritur는 원칙.

46) 또는 '실효성의 원칙'이라고도 함 법언으로는; '법은 사실에서 생긴다.' ex facto jus oritur 는 원칙.

47) H. Kelsen, *Principles of International Law* 2nd ed. R. W. Tucker, ed. (New York, Holt, Rinehart and Winston, 1966) p. 563. ; K. Marek, *Identity and Continuity of States in Public International Law*, 2nd ed. (Geneve: Droz, 1968), p. 403.

48) James Crawford, *The Creation of States in International Law*, Oxford University Press, 1st edition (1979), p. 403.

49) 大沼保昭, "在日朝鮮人の法的地位に關する一考察〈四〉", 「法學協會雜誌」, 97券2號(1980). p. 195~204.

50) 나인균, "대한민국과 대한제국은 동일한가?", 「대한국제법 학회 논총」, 제44권 1호, 1999, p. 136.

51) ① 점령지역 '주민의 생명과 재산을 보호할 의무'라는 인도주의(人道主義) 원리. 『육전법규에 관한 1899년 헤이그 제2협약』, 제44조~47조.
      ② 전시 '점령'과 '정복(征服)'을 엄격히 구별하는 자제규범과 같은 공법적(公法的)인 원리. 『육전법규에 관한 1899년 헤이그 제2협약』, 제42조~43조.

52) 순종(純宗)은 적법한 대한제국의 황제로서 즉위한 것으로 인정되지 않는다. 따라서 일본 제국의 괴뢰 황제에 불과하므로 결국 일본 제국이 그 자신과 합병조약을 체결한 것이 되는 것이다. 이 사실로부터 생기는 '조약 체결권자의 부재(不在)'라는 명백한 흠결.

53) 1) 1904년 2월 23일 한일의정서
        러일전쟁을 일으킨 일본이 군사적으로 강요한 외교 문서.
        ① 조선은 시정개선에 관한 일본 정부의 권고를 받아들여야 한다.
        ② 일본 정부는 조선왕조의 독립과 영토 보전을 보증한다.
        ③ 일본제국군대는 전술·전략상 필요한 지역을 자유롭게 이용할 수 권리를 가진다.
      2) 1904년 8월 22일 제1차 한일협약
        러일전쟁 직후 일본이 군사적으로 강요한 외교 문서.
        ① 조선은 일본의 재정 고문의 관리와 지도를 따라야 한다.
        ② 조선은, 일본 정부가 추천하는 외국인을 외교 고문으로 하며 외교에 관한 사항 일체를 그의 관리와 지도에 따라야 한다.
        ③ 조선은 외국과의 조약 또는 협정체결시 일본제국과 사전협의를 하여야 한다.
      3) 1905년 11월 17일 제2차 한일협약(乙巳勒約)
        조선을 일본의 보호국화 하려고 강압적으로 체결한 조약.
      4) 1907년 7월 24일 제3차 한일(新)협약(丁未7條約).
        조선을 일본의 식민지화 하려고 강압적으로 체결한 조약.
      5) 1910년 8월22일 한일합방조약(韓日倂合條約).
        일본이 조선을 병합하려고 강제한 조약.
        이들 다섯 개의 조약은 외형상 조약이라는 형식을 표방(標榜)하고 있으나 조약법상의 여러 중요한 요건 을 위반(違反)하거나 결여(缺如)하고 있으므로 이를 조약으로 볼 수 없다는 의미로 이들을 유사조약(類似條約; quasi-treaty)이라 지칭하는 것이다.

Ⅰ. 우리는 누구인가?

54)　이태진,『일본의 대한제국 강점』, 도서출판 까치, 1995, pp.204~207, 317.

55)　坂元茂樹, "日韓保護條約の 效力", 「法學新報」 中央大學 法學會, 第104卷, 第10. 11號 (1998. 8.), pp.5~10. ; 海野福壽, "李 敎授, 「韓國併合不成立論」を 再檢討する", 『世界』第666號, (1999. 10)

56)　Francis Ray, "La Situation Internationale de la Coree", *Revue Generale de Droit International Public*, Tome XIII, 1906; p.55. ; Tomsic , "La Construction du Droit International", *Libraire de la Cour D' appel et de L'ordre des Avocats*, 1931, pp.57~58. ; J. De. Louter, *Le Droit International Public Positif*, Tom Ⅰ, Imprimerie de L' Universite, 1920., p.479.

57)　*Research in International Law*, Drafts of Conventions Prepared for the Codification of International Law, Supplement to the AJIL vol. 29, (1935). p.1157.

58)　Sir Humphrey Waldock, Special Rapporteur, The Second Report on the Law of Treaties Document A/CN. 4/156 and Add. 1-3, in *Yearbook of the International Law Commission*, vol. Ⅱ, p.50.

59)　Francis Rey, op. cit., pp.55~56.

60)　그는 이런 예로써 다음의 4가지 조약을 들고 있다.

　　　1) The Japan-Korea Amity Treaty of August 26 1894. [Article 1]

　　　2) The Japan-China Peace Treaty of April 17, 1895. [Article 1]

　　　3) The West Rosen Treaty of April 25, 1898. [Article 1]

　　　4) The First Anglo-Japan Allied Treaty of January 30, 1902. [Article 1] Ibid. p.56. n.2.

61)　Paul Fauchille, *Trait de Droit International Public*, Tome Ⅰ. Paris. 1926. p.299.

62)　Research in International Law, Drafts of Conventions Prepared for the Codification of International Law, 'Supplement' to the AJIL vol. 29, 1935..

63)　이 세 가지 사례는 다음과 같다;
　　　1) The surrounding of the Diet of Poland in 1773 by the Russian Army.
　　　2) Coercion employed by the Japan with the aid of soldiers aganst the Emperor of Korea and his ministers to obtain the assent to the Treaty of November 17, 1905.
　　　3) Coercion used by the U.S. against the Haitian Assembly in 1915.

64)　Supplement to the AJIL vol. 29, (1935). p.1157.

65)　H. Waldock, *The Second Report on the Law of Treaties* (A/CN. 4/156); Sir Claud Humphrey Meredith Waldock (1904-1981), 1904년 영국 출생 법률가, 판사. 1961~1972 유엔 국제법 위원회 위원. 1979~1981 국제사법재판소 소장. 1973~1981 국제사법재판소 판사.

66)　Ibid. pp.42-43.

67)　Sir Humphrey Waldock, Special Rapporteur, The Second Report on the Law of Treaties Document A/CN. 4/156 and Add.1-3, *Yearbook of the International Law Commission*, vol. Ⅱ, p.50.

68)　681st Meeting, May 16, 1963. in *Yearbook of the International Law Commission*, vol. Ⅰ, pp.48-50

69)　坂元茂樹, "日韓保護條約の效力"-强制による條約の觀点から-「関西大学 法學論集」第44號, 第4-5合併號. pp.361~2.

70)　Ibid. ; 平成五年 三月 二三日 參議員 豫算委員會 會議錄 第7號 (丹波條約局長 答辯), p.9.

71)　坂元茂樹, op. cit.

72)　아리가 나가오(有賀長雄) 교수 (1860-1921)
　　　사회학자(社会学者), 국제법학자(国際法学者), 1860년 일본 오사카(大坂) 출생, 1882년(明治15) 동경대학 문학부를 졸업, 독일에 유학하였다. 귀국 후, 추밀원, 내각, 및 농상무성 등에서 근무. 1898년부터는 육군대학, 동경제국대학, 와세다 대학 등에서 사회학과 국제법을 강의하였다. 저서인『社会学』3卷 (1883~1884) 에서는 스펜서의 사회적 다원이즘(진화론)에 따라 일본 사회의 특질을 강조하였다. 이는 체계적인 사회학 저술로는 일본 최초의 것이라고 평가된다. 그의 대표적 저서로는 1889년의『국가학』이 있다.

73) 따찌 사꾸다로오(立作太郎) 교수 (1874-1943)
1874년 동경 출생. 1897년(명치 30년) 동경제국대학 법학부 정치학과를 졸업. 1900년(명치 33년) 외교사를 연구하기 위해 영국, 독일, 및 프랑스에 유학. 1904년에 귀국, 동경제국대학 교수로 외교사, 국제법 등을 강의. 1905년 법학박사. 1920년(대정 9년) 일본 학사원 회원이 됨.
1909년에는 런던 해전법규 회의, 1919년 파리 강화회의, 1922년 워싱턴 회의, 1930년(소화 5년) 헤이그 국제법전 편찬회의 등에 일본 대표로 출석.
1934년 동경제국대학 정년 퇴임, 명예교수가 됨. 퇴임 후에도 많은 연구 저서를 발간하였다. 그는 일본에서 정통적인 국제법학을 창시한 학자로서 HPll, OPPenheim 등에 관한 연구의 기초를 세웠고, 일본 학계에 실증적 국제법학의 학풍을 수립하였다. 그는 학자로서 순수하고 면밀한 연구를 착실히 쌓아나가는 것을 중시하고, 학문에 몰두하는 학자로서의 전형(典型)을 보여주었다. 그는 국제법학과 외교사에 관해서 저서와 논문을 다수 발표하였다. 그의 주저(主著)로는『平時国際法論』(1930) ,『戦時国際法論』(1931) 등이 있다.

74) 有賀長雄, "日韓協約と 強迫問題",『外交時報』第102號, p.64~68.

75) Ibid.

76) 坂元茂樹, op. cit.

77) 立作太郎,『平時国際法論』日本評論社 1937. p.554.

78) 타오까 료오이치(田岡 良一)(1898~1985)
일본의 국제법학자. 1922년 쿄토대학 법학부 정치학과 졸업. 1924년 토호쿠 제국대학 조교수. 리용대학 유학. 1930년 토호쿠대학 교수 1940년 쿄토제국대학 법학부 교수. 쿄토대학 에서「공습과 국제법」이란 논문으로 법학박사 학위. 1950년 쿄토대학 법학부장. 1960년 쿄토대학 정년 퇴임. 1961년 国際法学会理事長, 1963년 宇宙開発審議会 委員, 1964년 日本学士院会員, 1967년 常設国際仲裁裁判所判事 (1985년까지).

79) Supplement to the AJIL vol. 29, (1935). p.1152

80) 田岡良一,『国際法』(ダイヤモンド 社、1941) , pp.399~400.

81) Bluntschli, *Droit International Codifie* (Lardy trans. 1881), sec.409.; F de Martens, *Traite de Droit International* (Leo trans., 1883), sec. 108.; Pradier-Fodere , *Traite de Droit International Public* (1885), sec.1076.; Woolsey, *International Law* (6th edition, 1899), sec.104.; F de Visscher, "Des Traites Imoses par la Violence" , 12 *Revue de Droit International et de Leislation Comparee*, 3rd ser. (1931), p.515ff. pp.520~21.

82) Westlake, *International Law.* (1910)

83) Oppenheim, *International Law* 4th edition, 1928, p.711

84) Ian Brownlie, *International Law and the Use of Force by States* (1963), pp.404~6.; Delupis, *International Law and the Independent States* (2nd ed. 1987) pp.141~223.; Guggenheim, *Recueil des cours, Academie de Droit International de La Haye*, 74 (1949), i, pp.194~236.

85) Hugo Grotius, *De Jure Belli ac Pacis*, lib. II, ch. XVII, sec.19. (*Classics of International Law*, Kelsey trans., pp.435~798.); E. Vattel, *Droit des Gens*, lib.IV, ch IV, sec.37, (*Classics of International law*, Fenwick trans., p.356.)

86) "This rule, although obnoxious to a general Principle of law, …" '법의 일반 원칙에 비추어 아주 역겨운 것이지만' 이라는 표현을 그는 쓰고 있다.
Sir Robert Jennings, Sir Arthur Watts ed. *Oppenheim's International Law*, 9th edition. (Longman, 1992), sec. 641. p.1290.

87) Grotius, op. cit

88) Sir Robert Jennings, Sir Arthur Watts ed. *Oppenheim's International Law*, 9th edition. (Longman, 1992), sec.641. p.1290.

89) Vattel, op. cit.

90) 사까모도 시케키(坂元 茂樹)
1950年 5月 30日 출생, 일본 나가사끼 출신의 일본 법학자. 고베대학 교수, 전공; 국제법.
간사이대학 법학부 졸업, 동 대학원 박사과정 퇴학. 류큐 대학 조교수. 미시간대학 객원연구원 간사이대학 법학부
교수를 역임하고, 2003년부터 고베대학 대학원 법학 연구과 교수가 됨. 유엔 국제법 위원회(ILC) 일본 정부 옵서버.

91) 坂元 茂樹 op. cit., pp. 341~2, 346~7.

92) Ibid. p. 339.

93) Ibid. p. 342.

94) Comment of Mr. Barto , *Yearbook of the International Law Commission*, vol. I , 681st meeting (1963), p. 47. Para. 18.

95) H. Weinschel, "Willens-magel bei völkerrechtlichen Vertragen", 15 *Zeitschrift fur Völkerrecht* (1929~30), p. 446 ff.

96) Research in International Law, Drafts of Conventions Prepared for the Codification of International Law, 'Supplement' to the AJIL vol. 29, (1935), p. 1154. ; Guggenheim, *Recueil des cours, Academie de Droit International de La Haye*, 74 (1949), i, pp. 194~236. ; Ian Brownlie, *International Law and the Use of Force by States* (1963), pp. 404~6. ; Delupis, *International Law and the Independent States* (2nd ed. 1987) pp. 141~223.

97) 이태진, 『일본의 대한제국 강점』, 까치글방, 1995, p. 3.

98) 李泰鎭, "日本의 大韓帝國 國權 侵奪과 條約 强制", 「韓國史 市民講座」, 一潮閣. 제19집(1996).

99) 李泰鎭, "韓國併合は成立していない"-日本の大韓帝國國權侵奪と條約强制-(上), 『世界』第650號(1998. 7.). ; 李泰鎭, "韓國併合は成立していない"-日本の大韓帝國國權侵奪と條約强制-(下), 『世界』第651號(1998. 8.); 李泰鎭, "韓國侵略に關聯する諸條約だけが破格であった"『世界』第659號(1999. 3.).

100) 坂元茂樹, "日韓は舊條約問題の落とし穴に陷ってはならない", 『世界』第652號(1998. 9.)

101) 笹川紀勝, "日韓における法的な『對話』をゆざして", 『世界』第663號(1999. 7.)

102) 海野福壽, "李教授『韓國併合 不成立論』を 再檢討する", 『世界』第666號(1999. 10.)

103) 荒井信一, "歷史における合法論と不法論を考える", 『世界』第681號(2000. 11.)

104) Ibid. p. 342. ; 사카모토(坂元茂樹), "日韓은 舊條約 문제의 陷穽에 빠져서는 안 된다.", -이태진 논문에 대한 하나의 회답- 이태진 편저, 『한국병합, 성립하지 않았다』, 태학사, 2001, p. 86.

105) 笹川紀勝, op. cit. ; 사사카와 노리가츠(笹川紀勝), "日韓의 법적 '대화'를 목표하여", -<제2차 일한협약> 강제문제를 보는 관점, 이태진 편저, 「한국병합, 성립하지 않았다」, p. 134.

106) 坂元茂樹, "日韓保護條約の效力"-强制による條約の觀点から-「関西大学 法學論集」第44號, 第4-5合倂號. pp. 361~2.

107) Sir Robert Jennings, Sir Arthur Watts ed. *Oppenheim's International Law*, 9th edition. (Longman, 1992), sec. 641. p. 1290.

108) William. E. Hall, *International Law*, (6th edition. 1909), p. 319. ; Georg Grosch, *Der Zwang im Völkerrecht*. (1912), pp. 90~91. cited in 'Supplement' to the AJIL vol. 29, (1935), p. 1151.

109) 사카모토(坂元茂樹), "日韓은 舊條約 문제의 陷穽에 빠져서는 안 된다.", p. 96.

110) Harvard Research in International Law, 'Supplement' to the AJIL vol. 29, (1935)

111) A교수는 하버드 연구서가 인용하고 있는 학자들 중에서 De Louter, Crandall, 그리고 오펜하임만을 그의 일괄 인용에서 누락시키고 있는데, 이 세 사람만이 바텔의 논지에 반대하지 않는다는 취지라면 이 또한 다른 하나의 '근거 없는 독단'이 되는 것이다.
이 글에서 필자는 이 한국의 젊은 학자 A교수를 익명으로 기술하고 있다. 그의 연구 자료도 인용에서 모두 삭제하였다.

깨어나라 대한민국

그의 학문적인 주장의 내용을 정면에서 비판해야 하는 이 글이 젊은 그에게 개인적인 피해를 주고 싶지 않기 때문이다.

112) Among more recent writers, see;
G. F. de Martens, *Precis du Droit des Gens* (2d ed., Verge, 1864, sec. 50), who restricted the rule of freedom of consent to the freedom of the negotiator against the employment of constraint against his person for the purpose of coercing him into signing a treaty when otherwise he would not do so;
Despagnet, *Cours de Droit International Public* (1905), p. 541;
Fauchille, *Traite de Droit International Public*, Pt. 3 (1926), p. 298;
Cavaglieri, "Regies Generales du Droit de la Paix," 26 *Recueil des Cours* (1929), p. 511;
TomSic, *La Reconstruction du Droit International en Matiere des Traites* (1931), p. 40 ff, where the opinions of various writers are summarized;
Fiore, *International Law Codified* (Borchard trans., 1918), Prt. 758, who limits the rule to the employment of "true Physical violence" against a PleniPotentiary or head of the State so as to deprive him of all Power of deliberation and of freedom of judgment.
Pradier-Foder£, *Traite de Droit International Public* (1885), sec. 1076;
F. de Martens, *Traite de Droit International* (L6o trPns., 1883), sec. 108;
Bluntschli, *Droit International Codifie* (Lardy trans., 1881), sec. 409, who limits the application of the rule to cases where "violence or menaces, serious and immediate" are employed against the treaty-making representatives of a State;
Phillimore, *Commentaries upon International Law* (3d ed., 1882), p. 75;
Woolsey, *International Law* (6th ed., 1899), sec. 104, who limits the rule to "unjust duress or violence practiced on the sovereign or the treaty-making agent";
Phillipson, *Termination of War and Treaties of Peace* (1916), p. 163, who apparently limits the rule to the use of Physical violence, and only violence which is "serious enough to influence a reasonable man—metus qui in homine constantissimo cadit";
Westlake, *International Law* (1910), p. 290, who holds that the rule of freedom of consent "means only freedom against force and intimidation practiced on the contracting agent of the State," but not that which "is practiced on the will of the State itself."
Strupp, *Elements du Droit International Public* (1927), p. 176;
De Louter, *Droit International Public Positif* (1920), p. 478;
Crandall, *Treaties, Their Making and Enforcement* (2d ed., 1916), p. 4;
Oppenheim, *International Law* (4th ed., 1928), p. 711, who emphasizes that freedom of consent as an essential element of a binding treaty means only the freedom of the representatives of the contracting States, and does not apply to treaties concluded under circumstances of urgent distress such as defeat in war or the menace of a strong State against a weak one;
Hall, *International Law* (6th ed., 1909), p. 319, who like most other writers limits the rule to the use of force against the persons of the treaty-making representatives of the State and who points out that the use of force against another State is recognized by international law as a permitted means for redressing wrongs;
Grosch, *Der Zwang im Volkerrecht* (1912), p. 92 ff, who maintains that a treaty obtained through the use of force against another State as such is valid, because it must be assumed that the force so used was employed in the exercise of a lawful right and for the purpose of enforcing international law, but that coercion used against the persons of the treaty-making representatives of a State renders the treaty invalid, because as in the law of private contracts, it is assumed that an essential condition of a contract, namely, freedom of consent, is lacking in such a case.
Harvard Research in International Law, 'Supplement' to the AJIL vol. 29, (1935), pp. 1150~51.

113) 'Supplement' to the AJIL vol. 29, (1935), pp. 1150~51.

114) 국민대학교 일본학연구소, 「한일회담 외교문서 해제집 Ⅰ; 예비회담~5차 회담」, 동북아역사자료총서 08, 동북아역사재단, 2008, p. 19.

115) 1951년 샌프란시스코 대일강화조약 제14조.

(b) 본 조약에 별도의 규정이 있는 경우를 제외하고, 연합국은 연합국의 모든 배상, 청구권, 그리고 전쟁 수행 중에

Ⅰ. 우리는 누구인가?

일본 국가 또는 일본 국민의 행동으로 인하여 발생한 연합국과 그 국민의 청구권과 점령군의 직접군사비에 관한 연합의 청구권을 모두 포기한다.

116) 일본 수상의 사죄가 최초로 나타난 것은 1982년 8월 24일 스즈키 젠코오(鈴木善幸) 수상의 발언이다. 그는 교과서 문제에 관한 기자 회견에서, "과거의 전쟁을 통해 중대한 손해를 준 책임을 깊게 통감한다. 이 전쟁을 침략이라고 비판하는 견해가 있는 것을 인식할 필요가 있다."라고 발언하였다

117) 나까쓰까 아키라(中塚明)저, 성해준 역, 「近代 日本の 朝鮮認識」op. cit., pp. 19~20.

118) 김창록, "법사학의 관점에서 본 1910년 조약", 동북아역사재단 주최 국제학술회의, 『일본의 한국병합 효력에 관한 국제법적 재조명』, 2009. 6. 22. 동북아역사재단 대회의실.

119) 시제법적인 원칙 "법적인 사실은 그 당시의 법에 의하여 평가되어야 하며 그에 관한 분쟁이 발생하거나 해결되는 시점에 유효한 법에 의하여 평가되어서는 안 된다."는 국제법상의 원칙.
doctrine of inter-temporal law; Intertemporal law refers to the law that international courts apply to evaluate changes in international law after the formulation of a treaty and changes in the meaning of the expressions in the treaty. The existence of a right must be determined based on the law at the time of the creation of the right and the international law applicable to the continued existence of that right.

120) Antony Anghie, *Imperialism, Sovereignty and the Making of International Law*, Cambridge: Cambridge University Press, 2004.; A. Anghie, 'The Evolution of International Law: Colonial and Postcolonial Realities', 27(5) *Third World Quarterly* (2006) 739-53.; James Gathii, "Imperialism, Colonialism and International Law" (April 14, 2006). *bepress Legal Series*. Working Paper 1262. (law. bepress. com/expresso/ePs/1262)

121) "Foreword" by James Crawford, in Antony Anghie, *Imperialism, Sovereignty and the Making of International Law, p. xii.*

122) 이들은 둘 다 미국의 저명한 법과대학 현직 법학 교수들이며, 모두 Harvard Law School에서 법학으로 학위를 받은 사람들이다.

123) Antony Anghie, *Imperialism, Sovereignty and the Making of International Law*, p. 260.~264.

124) 「인권 및 기본적 자유의 보호에 관한 유럽협약」, The European Convention on Human Rights, 서명일 1950. 11. 4 / 발효일 1953. 9. 3 / 제3의정서(1970년 9월 21일 발효), 제5의정서(1971년 12월 20일 발효), 제8의정서(1990년 1월 1일 발효), 제11의정서(1998년 11월 1일 발효)에 의한 개정 / 당사국 수 41.

125) Qua-sai Treaties 이 말은 이들 조약은 조약으로 볼 수 없는 것들이라는 강한 의미를 가지고 있다.

126) (…) mindful of the enslavement of the people of Korea,

127) 장지연, 시일야방성대곡 (是日也放聲大哭, 오늘 목놓아 통곡하노라)
1905년 11월 20일, 황성신문 2101호

128) 박노자, 『우리가 몰랐던 동아시아』, 한겨레출판, 2007), p. 140~141.

129) Ibid, p. 134~137.

130) 이정규, 이관식, 「우당 이회영 약전」, 을유문고-263, 을유문화사, 1985); 이은숙, 「가슴에 품은 뜻 하늘에 사무쳐」; 〈서간도 시종기〉, 인물연구소, 1981.

131) 김구, op. cit., p. 218.

132) 나인균, 앞의 논문, "대한민국과 대한제국은 동일한가?"「대한국제법 학회 논총」제44권 1호, (1999), 결론 부분 참조.

133) 김영수, 『대한민국 임시정부 헌법론』, 삼영사, 1980, pp. 64~68.

134) K. W. Nam, *Völkerrechtliche und staatrechitliche Probleme des zweigeteilten Korea und die Frage der Vereinigung der koreanischen Nation*, jur Diss. Mainz 1975, (Bern, Frankfurt/M 1975), pp. 87~89.; 김명기, 유하영, "大韓民國臨時政府의 正統性에 관한 硏究", 「국제법학회논총」, 제38권 1호 (1993), pp. 11~20.; 이용중, "대한민국 임시정부의 지위와 대일 항전에 대한 국제법적 고찰", 「국제법학회논총」, 제54권 1호 (2009). pp. 105~24.

135) 俄嶺의 大韓國民議會政府, 上海의 臨時政府, 漢城臨時政府, 그리고 정치적 조직으로서의 기본적 실체도 갖추지 못한, 朝鮮民國臨時政府, 新韓民國臨時政府, 大韓民間政府, 臨時大韓共和政府, 高麗臨時政府 등이 있었다.

   국사편찬위원회,『한국사 -48: 임시정부의 수립과 독립전쟁』, 탐구당, 2001), pp. 107~120.

136) 李延複,『大韓民國臨時政府 30年史』, 국학자료원, 1999, p. 28.

137) ① Free Belgian Forces ② Bulgarian government-in-exile ③ Charlotte, Grand Duchess of Luxembourg ④ Czechoslovak government-in-exile ⑤ Dutch government in exile ⑥ Estonian Government in Exile ⑦ Zdeněk Fierlinger ⑧ Free French Forces ⑨ Charles de Gaulle ⑩ Greek government in exile ⑪ Haakon VII of Norway ⑫ Haile Selassie I of Ethiopia ⑬ History of Belgium ⑭ History of Luxembourg ⑮ History of Norway Nygaardsvold's Cabinet Peter II of Yugoslavia Commonwealth of the Philippines Polish government-in-exile Jan Šrámek Yugoslavia Zog of Albania. (en. wikipedia. org/wiki/Category: Governments_in_exile_during_World_War_II)

138) 이병조, 이중범,『국제법신강』, 제9개정판, 일조각, 2003, p. 135.

139) National Liberation Movements

140) Independence Movements

141) ① Algerian FLN, ② American Revolutionary War, ③ Armia Krajowa, ④ Belarusian partisans, ⑤ Chittagong Hill Tracts Conflict, ⑥ Colombian guerrilla movements, ⑦ Cursed soldiers, ⑧ East Turkestan independence movement, ⑨ Front de libération du Québec, ⑩ Greek National Liberation Front, ⑪ Greek Resistance, ⑫ Hezbollah, ⑬ Indian National Army, ⑭ Korean independence movement, ⑮ Kosovo Liberation Army, Militant Zionist groups, Mozambican War of Independence, National liberation Armies, Norwegian resistance movement, Palestine Liberation Organization, Polish Underground State, Resistance, Resistance movements, Solidarity (Polish union movement), Soviet Partisans Tibetan independence movement, Yugoslav Resistance, Yugoslav Partisans, Zapatista Army of National Liberation (en. wikipedia. org/wiki/Category:National_liberation_movements)

142) 김영수, op. cit., pp. 18~19. 별표 참조.

143) Accordingly, matters pertaining to de jure Governments-in-Exile are matters of public international law. The de jure sovereignty of a state which has been usurped by a foreign conqueror is not extinguished by such usurpation but survives as long as such sovereignty is kept alive by competent diplomatic protests.
   Philip Marshall Brown, "Sovereignty in Exile," 35 *American Journal of International Law* (1941), pp. 666-668.
   ; Stephen Kerr, *Dynastic Law The International Commission on Nobility and Royalty* (www. nobility-royalty. com/id70. htm)

144) Ibid.

145) 박은식(朴殷植)의《한국독립운동지혈사 韓國獨立運動之血史》에 의하면, 이 만세운동에 대한 일본의 무력적 진압으로 사망(死亡)한 한국인은 7,509명, 부상(負傷)한 자는 15,961명, 검거(檢擧)된 사람은 모두 46,948명이었다.

146) 고종이 해외 망명 계획을 받아들인 직접적인 동기는 당시 일본이 세자이자 순종의 동생 영친왕을 일본의 왕족 이방자와 혼인시키려 했기 때문이라고 한다.
   순종이 후사가 없는 관국에서 왕세자 영친왕이 일본 여인과 혼인한다면 조선 왕실의 맥이 완전히 끊길 것으로 판단한 고종은 조선의 왕통(王統)을 유지하기 위한 목적으로 자신이 직접 해외로 망명하여 독립투쟁을 전개하기로 하였다는 것이다.
   이는 일제에게 부당하게 침탈된 국가 주권을 결단코 회복하여, 침략자의 질곡에 속박된 자신의 백성을 시급하게 구제해야 한다는 절박한 당위(當爲)와 비교해 볼 때, 그 상황 인식(認識)과 정치적인 목적에서 '많은 거리가 있는 것'이라고 지적하지 않을 수 없다.

147) [이덕일 사랑] "고종의 비밀 금괴" 고종은 금괴 85만 냥을 12개의 항아리에 나누어 황실재정을 담당하던 이용익(李容翊)에게 맡겨 매장시키고, 이를 독립운동 자금으로 쓰기 위해 망명을 기도하다가 이를 눈치챈 어주도감(御廚都監) 한상학(韓相鶴)과 그의 사돈 이완용, 조선총독부의 밀계에 의해 독살되었다는 것이다. (www. chosun. com/site/data/html_dir/2007/08/07/2007080701109. html)

148) 김준엽, 박용섭 편저,『한국독립운동사』, 한국일보사, 1987.; 김윤환, 박용욱 외,『독립군의 군사교전』, 민문고, 1995. 민족역사부흥회 한국독립운동사 시리즈 4,『두산백과사전』등 참조.

149) 李延馥,『大韓民國臨時政府 30年史』, 국학자료원, 1999, pp.185~188.

150) 김영구,『독도 문제의 진실』, p.101. Note.140.(English), p.289. Note.94.(Korean); 김준엽, 박용섭 편저,『한국독립운동사』, 한국일보사, 1987.; 김윤환, 박용욱 외,『독립군의 군사교전』, 민문고, 1995. 민족역사부흥회 한국독립운동사 시리즈 4.

151) 김구,『백범일지』, 삼중당, 1983, pp.259~260.

152) 李延馥,『大韓民國臨時政府 30年史』, pp.225~29.; 김구,『백범일지』, 삼중당, 1986, pp.260~262.

153) 李炫熙,『大韓民國臨時政府史』, 집문당, 1982, p.338.

154) Ibid. p.169.

155) Ibid.

156) 『대일평화조약 협상에의 한국 참여에 관한 미 국무성보고서』
Department of State Div. of Research for Far East, PARTICIPATION OF THE REPUBLIC OF KOREA IN THE JAPANESE PEACE SETTLEMENT. (December 12. 1949). 신용하 편저,『독도 영유권 자료의 탐구』제3권, 독도연구보존협회, 2000, pp.278~282.

157) 김영구, "샌프란시스코 대일강화조약과 독도 문제",「역사와 과학으로 본 우리 영토 독도 심포지엄 발표자료집」, 한국해양연구원, 2008년 8월 13일(수) 서울, 롯데호텔, pp.63~65.

158) The aforesaid three great Powers, mindful of the enslavement of the People of Korea, are determined that in due course Korea shall become free and independent.
Cairo Communiqué, December 1, 1943. Japan National Diet Library. December 1, 1943. (www.ndl.go.jp/constitution/e/shiryo/01/002_46shoshi.html.)

159) 회담 직전, 처칠 총리가 루스벨트 대통령에게서 종전 후 한국에 완전 독립을 승인하지 않고 신탁통치를 한다는 내용의 합의를 이끌어낸 사실이 '시카고선'지에 보도되었다.

160) 김명기, "국제법상 일본으로부터 한국의 분리에 관한 연구",『대한국제법학회논총』, 제33권 1호 (1988), pp.42~43.

161) 김구,『백범일지』, 삼중당, 1986, pp.266~268.

162) ⅩⅢ Bulletin, Dept. of State, No.326. Seat. 23. 1945, p.435 cited in M. Whiteman ed. *Digest of International Law*, Dept. of State. (1963), Vol. 2, pp.172~173.

163) Emerich Vattel, *Le Droit des gens*, Book II, Chapter II, Nos. 145-146.

164) Philip Marshall Brown, "Sovereignty in Exile," 35 *American Journal of International Law* (1941), p.666-668.

165) 《디지털 동아일보》, 다시 보는 한국역사, 10·끝, 카이로 선언과 김구, 신용하 이화학술원 석좌교수, 2007.6.9. (www.donga.com/fbin/output?f=j_s&n=200706090060&mpin=1)

166) Ibid.

167) '총재접견한국영수회담기요(總裁接見韓國領袖會談紀要)' Ibid.

168) 러시아 혁명에 이어 일어난 1918~20년의 내전기에 백군과 협력하여 반혁명 측에서 레닌의 적군(赤軍; Red Prmy)과 싸우던 무장 세력 중에서 가장 강력한 '체코군단'은 때마침 체코슬로바키아 공화국이 성립됨에 따라 주둔하고 있던 우라지보스토크에서 철군하여 귀국을 서두르게 되고, 일제에 항거하는 조선인에 대한 동지적(同志的) 감정에서 그들의 무기 일체를 한국 독립군에게 매각하기에 이른다.

169) 이범석,『우둥불』, 삼육출판사, 1986, p.478.

170) 국사편찬위원회,『한민족 독립운동사』, 4 [독립전쟁편], 1988.;『한국독립전쟁사』, 삼광출판사, 1989.;『한국독립운동사강의』, 한국근현대사연구회, 1998.

171) 조동걸, "1920년 간도참변의 실상", 「역사비평」, 1998년 겨울호(통권 45호), 1998.11, pp.47~57.

172) 1931년 4월, 일본 정부에 매수된 중국인 정영덕(鄭永德)은 장롱도전 공사(長農稻田公司)를 설립하고 만보산 지방의 미개간지 약 200ha를 조선족 농민 이승훈(李昇薰) 등 8인에게 10년간 조차해 주었는데 이승훈은 이 계약을 근거로 조선인 농민 180여 명을 이 지방에 이주시켜 개척에 착수했다.
이 개척 작업에서 가장 먼저 시작한 것이 이통강(伊通河)에 통한 관개수로공사(길이가 약 2,000여 리, 폭이 약 3장)였다. 문제는 이 수로 개척과 제방 축조가 부근 중국인 농지에 미치는 피해가 많다는 점이다. 필연적으로 토착 중국 농민들은 한국 농민들의 수로공사에 반대 운동을 일으키고 현(縣)당국에 탄원·진정하여 공사 진행을 강제로 중지시켰다.
그러나 일본 영사관 소속 일본 경찰 60명이 중국 농민의 반대를 무력으로 억압하여 이 수로공사는 1931년 6월 말에 준공되었다. 상황이 이에 이르자 중국 농민 약 400여 명이 7월 1일에 봉기하여 이 관개수로 약 2리를 매몰하는 사건이 벌어졌다. 이로써 조선족 농민, 일본 영사관 경찰과 중국인 지주, 조선족 주민 사이에 일대 충돌이 일어났다.
중국 국민당 정부 측은 일본 측의 대응에 강경하게 대항하였으나 일본은 아무런 성의를 보이지 않을 뿐만 아니라 애매한 태도만 취하였다.
일본 영사 경찰서는 조선족 다수가 살상되었다는 허위정보를 제공하였으며, 조선 내 신문들은 민족감정을 자극하는 오보(誤報)를 하면서, 조선 내에 거류하는 중국인을 적대시하는 운동을 도발시켰다. 이 때문에 인천을 필두로 경성·원산·평양·부산·대전·천안 각지에서 중국인 배척운동이 일어났으며, 평양과 부산과 천안에서는 대낮에 중국인 상점과 가옥을 파괴하고 구타·학살하는 사건이 며칠간 계속되는 등 잔인한 폭력사태로 확산되었다. 일제는 조작된 기사를 보도하게 하였고, 부산과 천안에서 불량배를 매수하여 폭력행위를 조장하였다.
이러한 사태는 《동아일보》 등이 오보임을 알리고 진정을 호소하는 보도를 내보내서 7월 10일 이후로 겨우 진정되었다. 폭동의 피해는 100여 명(평양과 부산과 천안에서만 94명)의 중국인 사망자가 있었던 반면, 일본인 사망자는 없었다.
조선 총독부와 일본 경찰은 이 사태를 방관하는 한편, 형식적으로 제지하는 태도를 보였으나 극히 소극적이고 냉담하였다. 그러나 이 폭동이 가라앉자 총독부 당국은 단호한 태도로 한국인에 대한 광범위한 검거를 시작하였다.
이후 중국에서는 조선족에 일반에 대한 완강한 배척운동이 일어나게 되었다. 즉, 일본의 음모가 완전히 성공한 것이었다.
참고: 박영석, 「만보산 사건 연구(萬寶山事件研究)」, 아세아문화사, 1978.

173) 김구, op. cit., p.224.

174) 이 문제에 대한 상세한 연구는 동국 대학교 이 용중 교수의 논문에서 체계 있게 잘 다루어 지고 있다.
이용중, "대한민국 임시정부의 지위와 대일 항전에 대한 국제법적 고찰", 「국제법학회논총」, 제54권 1호 (2009). 참조.

175) 김삼웅, 「약산 김원봉 평전」, 시대의 창, 2008.

176) 「육전법규에 관한 1899년 헤이그 제2협약」 Convention (II) with Respect to the Laws and Customs of War on Land and its annex: Regulations concerning the Laws and Customs of War on Land. The Hague, 29 July 1899. http://www.icrc.org/ihl.nsf/FULL/150
'군사적 점령'에 관한 규정은 「육전법규에 관한 1907년 헤이그 제4협약」에서도 규정되고 있다. 1907 Regulations: Convention (IV) respecting the Laws and Customs of War on Land and its annex: Regulations concerning the Laws and Customs of War on Land. The Hague, 18 October 1907 (www.icrc.org/ihl.nsf/FULL/195)

177) 「육전법규에 관한 1899년 헤이그 제2협약」 제44조~47조.

178) 「육전법규에 관한 1899년 헤이그 제2협약」 제42조~43조.

179) Hugo Grotius, *De Jure Belli Ac Pacis* (The Rights of War and Peace) (1625), Book III, Chap. XI, Paras. 9, 10.

180) Vattel, *The Law of Nations*, at Para. 200.

181) Vattel, *The Law of Nations*, at Para. 195. Para. 199.

182) Vattel, *The Law of Nations*, at para. 197. 198.

183) Jean-Jacques Rousseau, *The Social Contract*, Book I.4 (Trans. by G. D. H. Cole, 1762)

184) J.C. Bluntschli, *Das Beuterecht im Krieg und das Seebeuterecht Inbesondere: Eine Völkerrechtliche Untersuchung* (Nordlingen: C.H. Beck,1878): 60.

185) August Wilhelm Heffter, *Das Europpische Völkerrecht der Gegenwart* (Berlin: E.H. Schroeder, 1844), at pars. 119, note 3.

186) Ibid.

187) Heffter, *Das Europpische Völkerrecht*, at para. 119, note 3.

188) 블런츨리(Bluntschli)가 이 책에서 서술하고 있는 바에 의하면, 1793년 및 1796년 발간된 프랑스 군사형법전에서는 약탈행위 등, 민간인 재산을 무단히 탈취하는 행위를 엄격히 금지하고 있으며, 1845년 프러시아 형사법 규정에서도 그리고 1872년 독일 군형법전에서도 인가되지 않은 약탈행위, 민간인 재산 탈취행위를 금지하고 있다. 물론 1863년 에 나온 미육군 야전지침서(소위 "Lieber Code"라고 불리는 미육군 전투교범)에서도 유사한 규정이 내포되어 있다. Bluntschli, Das Beuterecht, at 64-69.

189) Raphael Lemkin, *Axis Rule in Occuapied Europe* (Washington: Carnegie Endowment for International Peace, 1944): 79.

190) The Constitution of 3 September, 1791, Title II ("Of the Division of the Kingdom and of the Status of Citizens")

191) 이 헌법 부칙에서는; "아시아, 아프리카 및 미주지역에 있는 프랑스 식민지들은 프랑스 왕국에 속한 영역이지만, 이 헌법 규정의 적용에서 배제된다."라는 주의규정을 두었다.

192) The Constitution of 3 September, 1791, Title VI ("Of the Relations of the French Nation with Foreign Nations"): 이 조항에서는 "프랑스는 정복을 수행하기 위해서 전쟁의 수단을 사용하는 것을 포기한다. 프랑스는 그 군사력을 타국 국민의 자유를 억압하는 목적으로 사용하지 않는다."라고 규정되어 있다.

193) 19세기 유럽에서 게릴라 전법이 발전되게 된 경위와 법적 의미 등에 관해서는 Francis Lieber, Guerrilla Parties (New York: Nostrand,1862). 를 참고할 것.

194) Gregory H. Fox, "The Occupation of Iraq" *Georgetown Journal of International Law* 36 (2005) 195-297, 199.

195) Verzijl은 자유, 평등, 박애라는 프랑스 국가의 이상(理想)을 받아들이는 국가나 인민에 대해서 주권적 독립과 자결권을 보장하겠다는 약속을 천명(闡明)한 "프랑스 국가 포고" (1792년 12월 15~17일)를 소개하고 있다. J. H. W. Verzijl, *International Law in Historical Perspective* Vol. IX-P (Leyden: Sijthoff, 1978). p.152.

196) Nehal Bhuta, "The Antinomies of Transformative Occupation", *European Journal of International Law* 16 (2005), p.733; Thomas Baty, "The Relations of Invaders to Insurgents", *Yale Law Journal* 36 (1927), pp.974-977.

198) (…) reported on an early decision of the Paris Cour de cassaion from 23 Frimaire year V, which determined that a French area occupied by an enemy was no longer to be considered part of France. Edgar Loning, *Die Verwaltung des General-Gouvernements im Elsaß* (Strassburg: K.J. Trubner, 1874),p.27. note 1. 이 책에서 Edgar Loning은 Paris Cour de cassation 이 23 Frimaire year V(1798년 12월 14일에 해당)에 재판한 판결문을 인용하고 있다. 여기서 이 프랑스 최고법원은 적의 점령하에 들어간 프랑스 영토는 이미 프랑스의 국토가 아니라고 판결하였다.

199) Sir, M. F. Lindley, *The Acquisition and government of backward territory in international law* - being a treatise on the law and practice relating to colonial expansion-, Longmans, Green and Co. Ltd. (London, New York etc., 1926) xx, [2], 391 p. ; LCCN: 26010149 ; LC: JX4027 .L5. Reprinted (New York; Negro University Press, 1969), pp.161~64. ; Eyal Benvenisti, "The Origins of the Concept of Belligerent Occupation" , *Legal Working Paper Series*. (February 2008), Tel Aviv University Working Paper 66.

200) (…) Such an occupation, whatever the ultimate ambition of the conqueror, did not confer a title so long as the war was not terminated (debellatio) either through simple cessation of hostilities or by a treaty of peace (…) Purporting to annex during a war an occupied part of enemy territory was unlawful and invalid. *Oppenheim's International Law* (9th edition) vol. I , section 265.

201) 한국독립운동지 혈사(韓國獨立運動之 血史). 역사학자 박은식이 1920년에 집필하고, 상하이의 유신사(維新社)에서 간행한 한국의 항일 독립운동에 관한 한문으로 된 역사서.

대한민국의 헌법적 국가 이념, 자유민주주의

II

1. 자유민주주의란 무엇인가?

지금 우리는 헌법적 가치, 헌법적 질서가 무너지는 '위험한 고비'에 와 있다.

친북 성향의 노무현 대통령은 자기 자신이 헌법 질서의 궁극적 수호자이며 국가 안보의 최종적 책임자인 대통령이면서 NLL을 포기하는 발언을 북한 김정일 앞에서 했다. 야권의 정치인들은 천안함 폭침이 북한과는 아무런 상관이 없는 일이라고 아직도 억지를 부리고 있다. 좌파 정치 이론의 주창자인 백낙청 교수는 "우리 헌법상 기본질서는 자유민주주의 체제가 아니다."라고 까지 주장하고 있다.

백낙청 교수는 "헌법 전문前文과 그 제4조에 규정된 '자유민주적 기본질서'를 '자유민주주의적 기본질서'로 좁혀 해석하는 것은 잘못된 것이다."라고 주장한다. 그는 "대한민국은 자유민주주의뿐만 아니라 사회민주주의, 심지어 사회주의도 원칙상 용인하는 국가이다. 따라서 헌법의 '자유민주적 기본질서'는 칸트적 의미로 '공화주의적' 민주주의를 하는 체제로 보아야 한다."라고 말하고 있다.

그는 이런 주장을 위해 각주에서 칸트의 『영구평화론』을 인용하고 있다. 그러나 『영구평화론』202 어디에도 '칸트적 의미'의 '공화주의적' 민주주의가 "자유민주주의와 구별되어야 한다."는 주장은 없다. 그것은 아주 당연한 결과이다. 왜냐하면 칸트는 1795년 『영구평화론』을 통해, 국제 정치에서 평화를 확대하기 위해 필요한 조건을 논했을 뿐이기 때문이다. 그가 이 논문에서 평화를 확대하기 위한 첫 번째 조건으로 제시한 것은 '국가의 체제'이다.

『영구평화론』에서 칸트가 주장하는 '공화정'과 구별될 수 있는 유일한 개념은 '군주정'이지, '자유민주주의 체제'가 될 수 없다. 칸트의 『영구평화론』으로부터 어떤 이성적 논리로도 '칸트적 의미'의 '공화주의적' 민주주의가 "자유민주주의와는 구별 되어야 한다."는 결론을 끄집어 낼 수는 없다.

그의 주장은 일견해서 논리적 또는 학문적 근거가 전혀 없는 잘못된 주장이다.

한마디로 일고의 가치도 없는 무식한 자의 의미 없는 떠벌임에 지나지 않는다. 미국에서도 가장 학비가 비싸고 명문이라고 하는 브라운 대학교에서 영문학을 공부했기 때문에 한국에서는 그래도 석학이라고 대우받는 백낙청 교수 같은 사람을 '무식한 자'라고 말하는 것은 약간 이상하게 들릴지도 모른다.

그러나 그는 그 비싼 대학교에서 영문학을 공부했을 뿐, 칸트의 철학적 사상을 체계 있게 공부한 것은 아닌 것 같다. 그를 '무식한 사람'이라고 판단할 수밖에 없는 것은 그의 주장이 칸트의 철학적 사상의 내용을 조금이라도 아는 사람으로서는 도저히 내세울 수 없는 추론이기 때문이다.

백낙청 교수는 칸트의 법철학 사상에 대해서는 전혀 문외한이면서 대단히 부적당한 곳에서 '칸트적 의미의 민주주의'라는 말을 만들어 써서 아는 체를 한다. 백낙청 교수뿐만이 아니라 종북 좌파들은 대체로 아는 체를 잘하는 경향이 있다. 그러나 그의 설명은 완전한 오류와 착각에 사로잡힌 무식한 궤변에 불과하다.

임마누엘 칸트는『순수이성 비판(Kritik der reinen Vernunft)』이라는 철학책을 1781년에 저술하였다. 이 책에서 그는 인간의 존엄성은 어디에서 오는가? 사람의 자유란 철학적으로 어떻게 정의되어야 하는가? 하는 것들에 대해서 가장 철저한 철학적인 사유(思惟; 이미 경험하여 아는 사실을 기초로, 아직 경험

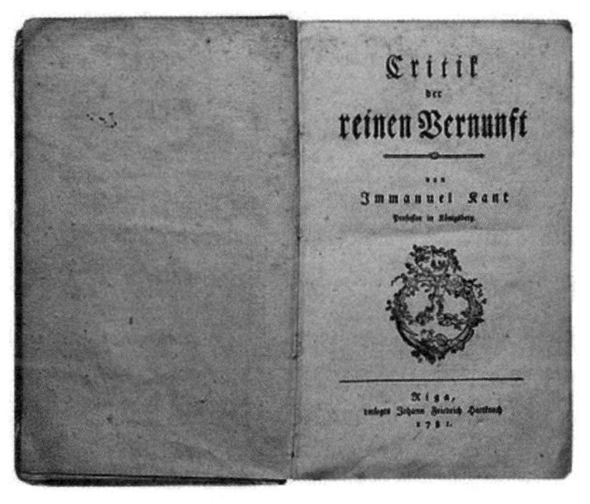

임마누엘 칸트가 1781년 발간한 철학책, 『순수이성 비판』

하지 않은 사실의 관계를 파악하는 정신적 과정을 말함)를 완성시켰다. 그런데 이 칸트의 철학적 추론이야말로 자유민주주의 사상의 진수(眞髓; 사물이나 일의 중심 부분에서도 가장 중요한 부분)인 것이다.

임마누엘 칸트의 철학적 추론으로 완성된 이성적 개인주의는 자유민주주의 사

상의 가장 중요한 개념 요소가 된다. 난삽하기로 유명한 그의 철학적 사유의 내용을 여기서 간단히 소개하면 다음과 같다.

아주 난삽하고 어려운 '철학 이야기'를 끄집어내서 우리 독자들을 괴롭히는 것이 미안하여 여기서 잠깐 '잡담'을 삽입하기로 하겠다.

사실 칸트의 『순수이성 비판』은 우리나라에서도 필자가 아직 고등학생일 때부터 이미 여러 권이 번역되어 나와 있었다. 법학 교수는 법철학 시간이나 법학개론 강의에서 반드시 칸트의 법사상을 강의하게 된다. 그러나 칸트의 『순수이성 비판』을 독일어로 완독하고 강의하는 분이 몇 분이나 될까? 솔직히 의심이 된다. 그러나 여러 종류의 해설서가 나와 있어서 이럭저럭 매년 칸트의 법사상을 강의하고는 했다.

마이클 셀던의 책, 『정의란 무엇인가?』

하버드 대학교의 마이클 셀던 교수가 2009년에 『정의란 무엇인가?(Justice; What's the right thing to do?)』라는 책[203]을 발간했는데 여기에서 그는 이 어려운 칸트의 법철학 사상을 아주 재치 있게 설명하고 있다.

이 책은 매우 유명했으므로 우리나라에서도 공부깨나 한다는 대학생들은 아마 많이 그의 책을 구해서 보았을 것으로 짐작된다.

자, 그러면 이제 칸트의 법철학으로 들어가 보자.

첫째, "사람의 자유란 철학적으로 어떻게 정의되어야 하는가?"라는 질문에 대해서, 그는 "인간은 자신을 어떤 목적의 수단으로 사용하는 것이 아니라, 자기 자신이 그 행위의 주체가 될 수 있을 때 비로소 '자유롭다'고 말할 수 있다."라고 답하고 있다.

둘째, "인간의 존엄성은 어디에서 오는가?"라는 질문에 대해서, 그는 "자기 자신이 그 행위의 주체가 되어 비로소 자유롭다고 말할 수 있을 때, 인간은 존엄성을 갖게 된다. 즉, 인간은 '자유로울 수 있기 때문에' 존귀한 것이다."라고 답한다.

셋째, "진정한 도덕적 가치는 어디에서 오는가?"라는 질문에 대해서, "경험에서 출발하지 않는 이성적 인식, 즉 '순수이성'이 판단하는 최고의 도덕적 법칙에 따라서 선택된 목적과 행위는 이성을 가진 모든 인간 개체에게 가치 있고 적합한 행위가 된다. 이것이야말로 최고의 실천적 가치를 구현하는 길이 된다." 라고 답하고 있다.

임마누엘 칸트가 설명하는 것처럼, 창조주가 인간에게 부여한 '자유의 권리'는 인간이 존귀하다고 인정받을 수 있는 핵심적인 이유다. 그리고 이렇게 자유롭기 때문에 존귀하다고 인정을 받을 수 있는 인간은 높은 교육을 받았는가? 토지나 재산(돈) 등을 얼마나 가지고 있는가? 존귀한 부모에게서 태어났는가? 등을 따질 것도 없이 모두가 평등한 것이다.

그리하여 인간은 누구나 하나님이 주신 이 생명을 영위함에 있어 누구의 압제도 받아서는 안 된다. 어린이나 병약한 사람은 보호를 받을 권리가 있으며, 위급 시에 여자와 어린이를 먼저 보호해야 하는 것은 자기 자신의 생명을 영위할 권리를 갖는 것과 똑같이 인간은 모든 다른 사람의 생명을 보호하고 존중해야 할 의무를 가지고 있기 때문이다.

자유의 권리, 생명의 권리 그리고 행복을 추구할 권리는 자유민주주의 체제의 국가가 모든 국민에게 절대적으로 보장해야 할 권리이다.

이런 권리를 확보시키기 위해서 자유로운 시민들의 사회적 계약에 따라 조직한 것이 바로 국가 권력이다. 그러므로 국가의 권력은 이러한 시민들의 동의同意에 그 정당성의 근거를 가지고 있는 것이다.

이것이 우리 대한민국 국민이 헌법적 결단을 통해서 이 나라의 근간적인 국가 체제로 선택하고 있는 자유민주주의 사상의 요체이다. 백낙청 교수 같은 사람이 이런 자유민주주의 사상의 요체를 이해하고 있을까? 결국 그는 이런 자유민주주의 사상의 요체를 잘 이해하지 못하고 있다고 판단할 수밖에 없다. 잘 알지도 못하면서 칸트에 관해 무식한 궤변을 늘어놓고 있기 때문이다. 우리 사회에서 중요한 때마다 자유민주주의를 잘 아는 것처럼 말하는 사람들은 많다. 그러나 백낙청 교수 말고도 자유민주주의 사상의 요체를 제대로 잘 알지도 못하면서 여러 가지 주장을 내놓는 사람들이 많다. 필자는 그런 분들이 필자가 여기에 설명하고 있는 이 부분을 정독해서 자유민주주의 사상의 요체를 정말로 잘 이해하게 되기를 바란다.

유럽에서 인간의 '자유를 위한 투쟁'의 역사는 13세기부터 19세기까지 600년 이상의 시련과 투쟁을 거쳐서 완성된다. 이 자유민주주의 완성을 위한 투쟁의 계보를 보면,

1215년 영국의 대헌장(Magna Carta),

1689년 존 로크의 『통치론』 - 이 책은 '시민정부의 참된 기원, 범위 및 그 목적에 관한 시론'이라는 긴 이름을 갖는데 사회계약설에 의거한 민주적 시민 국가 형성의 원리를 설명한다.

1776년 7월 4일 미국의 독립선언서 채택,

1781년 임마누엘 칸트의 『순수이성 비판』 초판 출간,

1789년 7월 14일 프랑스 시민 혁명 -1799년 11월 9일까지 약 10년간 계속된다.

으로 이어진다.

1919년 제1차 대전 이후, 사회주의, 공산주의 등이 모두 자신들을 민주주의(Democracy)라고 지칭하므로, 이들과 구별키 위해 우드로 윌슨이 자유민주주의(Liberal Democracy)라는 말을 쓰기 시작했다. 이런 오랜 시련과 투쟁의 결실로, '법의 지배의 원칙', '인간의 존엄', '개인의 평등 및 자유' 그리고 '인간적 행복을 추구할 수 있는 권리' 등을 근간으로 하는 '자유민주주의'라는 국가 이념이 주로 미국과

유럽에서 완성되었다

오랜 시련과 희생을 거쳐서 확인된바, 이 자유민주주의 사상을 실제로 실현하고 완성하기 위한 필수적인 조건은, 시민 각자의 정신적 바탕으로 이성적 개인주의, 철저한 합리주의, 그리고 법치주의가 확립되어야 하는 것으로 판명되었다.

그러나 여기에 이 자유민주주의 사상을 실제로 실현하고 완성할 수 있는 중요한 필수적인 사회적 조건이 또 하나 있다. 그것은 자유시장 경제체제를 전제로 발전되어온 경제적 기반(Fundamental)이 형성되어 있어야 한다는 것이다.

맹자孟子는,

일반 백성이 떳떳이 살 수 있는 생업生業이 없으면 인하여 떳떳이 살 수 있는 마음이 없어지는 것이다. 만일 떳떳이 살 수 있는 마음이 없다면 아무 거리낌 없이 제멋대로 행동하고, 사악邪惡하고 사치奢侈하지 않음이 없을 것이다. 그리하여 죄에 빠짐에 이른 뒤에 따라서 이들을 처벌處罰한다면 이것은 백성을 그물질하는 것이다. 어찌 어진 사람들이 다스리는 지위에 있으면서 백성들을 그물질하는 짓을 할 수 있겠는가?204

라고 말하였다.

동양 사상에서 흔히 말하는 유항산 유항심有恒産 有恒心이라고 하는 것이다. 본래 이성적 개인주의, 철저한 합리주의, 그리고 법치주의와 같은 것은 인간의 기본적 생존과 존엄을 무리 없이 보장받는 경제적인 여건이 갖추어진 이후에야 기대할 수 있는 이성적인 인간 행위의 기준과 양식에 관한 사상인 것이다. 보릿고개 때마다 당장 식솔들의 끼니를 걱정해야 하는 가장이 무슨 이성적 개인주의, 철저한 합리주의, 그리고 법치주의와 같은 것을 따질 수가 있겠는가? 그런데 어느 정도 먹고사는 일이 해결된다고 해도 도대체 이성적 개인주의, 철저한 합리주의, 그리고 법치주의와 같은 것은 우리 한국 사람에게는 처음부터 사실 매우 생소한 것들이다.

이성적 개인주의만 해도 그렇다. 우리는 개인주의에는 생소하다. 우리는 가족중심주의이며 오히려 솔직하게 말해서 대부분 집단적 이기주의에 오히려 익숙하다.

그다음으로 법치주의에 관해서 보자. 우리는 '법의 지배 원칙'보다 다중의 위력을 배경으로 한 감성적 지배(요즘 유행어로 '떼법'이라고 한다)에 우선 호소한다. 다중이 모이면 공권력도 얼마든지 무시할 수 있다는 식의 '곤란한 사고(思考, 생각)'가 많은 선량한(?) 우리 한국 시민들에게는 얼마든지 익숙한 것이 현실이다.

그 다음으로 합리주의에 관해서 보자. 17세기의 유명한 수학자이며 철학자인 데카르트(Descartes, Rene)의 사상이나 저술을 돌아보지 않더라도, 합리주의는 서구 인간들에게는 오래되고 뿌리 깊은 사상적 원류를 가지고 있다. 우리에게도 조선왕조 말기에 다산 정약용 등 실학사상가들의 저서에서 상당히 철저한 합리주의의 경향을 발견할 수 있다. 그러나 사실 합리주의는 비단 한국 사람뿐만 아니라 우리네 동양인들에게는 잘 어울리지 않는 느낌이다. 동양인들은 아무래도 합리주의와 같은 정직하고 철저한 사유보다는 '근두운'을 타고 훨훨 날아다니는 손오공처럼 자유분방하고 융통성 있는 사유를 선호하는 것 같다.

동양에서 자유민주주의를 국가적 체제의 근간으로 선택한 가장 본격적인 국가가 우리 한국이므로, 중국이나 일본보다는 우리가 가장 먼저 이 자유민주주의를 완성시키고 꽃을 피워야 하겠지만 아무래도 서구인들이 추구하는 합리주의보다는 조금 색다른 접근 방법이 개발되어야 할 것 같다.

그렇지만 지금은 아직 우리가 자유민주주의를 제대로 키워내기만 하기에도 벅찬 초보 단계이니, 정직하고 철저한 사유를 해나가는 방식에 익숙해지도록 우선 노력해서 합리주의를 제대로 배워야 한다고 생각한다. 사실 말이지, 자유민주주의란 우리 한국 사람에게는 매우 생소한 것들이라는 것을 처음부터 정직하게 인정하고 자유민주주의를 제대로 키워내기 위해서 열심히 노력해야 된다는 것을 강조하지 않을 수 없다. 그러므로 자유민주주의를 잘 아는 체하기 전에 우선 자기 자신이 얼마나 이 유럽적인 사고방식에 대해서 익숙한가를 자문해 두어야만 한다. 헌법적인 결단으로 우리가 이 자유민주주의라는 국가 체제를 선택했기 때문에 우리는 어차피 이 자유민주주의를 완성시키고 꽃을 피워내야만 한다. 그리고 무엇보다도 지금 21세기의 시점에서 다른 어떤 사상적 국가 체제보다도 자유민주주의 체제가 가장 이상적인 체제라고 하는 것이 입증되어 있는 만큼 다른 선택의 여지는 없다.

우리 한국 사람에게는 매우 생소한 이 자유민주주의라는 국가 체제를 완성시키고 꽃을 피워내기 위해서는 어떻게 해야 하나?

이성적 개인주의, 철저한 합리주의, 그리고 법치주의를 우선 우리들 자신이 한 사람 한 사람 정직하게 체질화해야 한다고 지적해 두고 싶다. 예컨대 3, 4년 동안 미국이나 유럽에서 공부하고 돌아온 아들 녀석이 있는 사람은 그 녀석이 운전하는 모습을 옆에서 주의 깊게 볼 필요가 있다. 아주 답답할 정도로 세세한 교통법규까지 철저하게 지키면서 운전하는 것을 발견하게 될 것이다. 철저한 합리주의 그리고 법치주의란 무슨 거창한 것이 아니고 바로 이런 것이다. 시민들 각자가 아주 답답할 정도로 세세한 교통법규까지 철저하게 지키면서 운전함으로써 자유민주주의 국가의 도시교통질서다운 것이 비로소 유지되는 것이다. 사실 도시 교통질서는 많은 중요한 문제 중에서 하나의 아주 비근한 예에 불과하다.

우리들이 매일 매일의 생활에서 시민으로서 자신의 권리를 행사하고 의무를 이행함에 있어서 아주 답답할 정도로 정직하고 철저하게 법을 지키며, 이성적 개인주의자로서, 철저하게 합리주의적 방식으로 모든 선택과 행위 양식을 유지 한다면 우리의 자유민주주의 국가 체제는 잘 유지되고 잘 운행될 것이다.

우리는 자유민주주의 국가 체제를 육성함에 있어서 아직 초보단계이므로 동양적인 자유분방함은 잠시 참아두어야만 한다. 여기서 인간의 존엄성, 개인의 생명권, 평등권 및 자유권의 존중에 대해서 강조해서 언급하고 지나가지 않을 수 없다.

지금의 우리 사회에 대해서 약간 비판적인 견해를 아무래도 밝혀야 할 것 같다. 한국 사람들이 모두들 자신만은 자유민주주의 정신에 도통한 것처럼 말하고 행동하지만, 인간의 존엄성, 개인의 생명권, 평등권 및 자유권의 존중에 대해서 기본적인 이해나 공감을 가지고 있는 사람은, 지금의 한국 사회에서는 참으로 놀랍게도 사실 얼마 안 되는 것 같다.

2014년 12월 5일, 미국 케네디 공항에서 '대한항공 땅콩 회항 사건'이 벌어졌다. 대한항공 객실본부장이었던 조 부사장은 기내 직원이 땅콩을 손님에게 배부하는 태도를 트집 잡아서 객실 사무장에게 무릎을 꿇고 용서를 애걸하도록 강요하고, 급기야 항공기를 램프 유턴시킨 뒤 사무장을 강제로 하선下船시킨 사건이다. 조 부사장은 대한항공이 소속한 한진그룹 조 회장의 딸이다. 요즘 유행하는 용어로 이른바 '조현아 갑질 사건'이다.

'갑질'이란 사회적으로 우세한 입장에 있는 자(갑)가 열세에 있는 자(을)를 제압하고 무도한 월권을 행사하는 것을 지칭하는 말이다. 인간관계를 물리적인 힘의 우열로 가늠하는 이런 용어는 아무리 유행어이지만 아마 우리나라에만 있는 것으로 안다. 왜 이런 유행어까지 나타나게 되었는가? 모두 입으로는 그럴듯하게 법치주의를 말하면서도 우리 한국 사람들은 너나 할 것 없이 모두가 못 가진 자, 힘없는 자는 가차 없이 짓밟으면서 살아가야 한다는 무시무시한 생각을 의식 저 밑바닥에 '당연한 것으로' 깔고 살아가고 있기 때문이 아닐까? 그러니 재벌의 딸이 안하무인 격으로 저지른 버르장머리 없는 짓을 비난하기에 앞서서 나에게도 이런 파렴치한 짓을 범한 경험은 없는가? 우리 각자가 차분히 자성하는 계기가 되어야 한다고 생각한다.

못 가진 자, 교육을 받지 못한 자, 힘없는 자도 국가 체제 내에서 '기본적인 보호'를 받으면서 살아갈 수 있는 국가, 그런 것이 자유민주주의 체제의 법치국가이다. 왜냐하면 개인의 생명권, 평등권 및 자유권을 존중해야 하는 것은 주로 국가 권력의 할 일이라고 생각하는 경향이 있으나, 시민 상호 간에도 이러한 기본권을 서로 존중해야 하는 것은 당연한 이치이기 때문이다.

자유민주주의적 사상이 본래는 유럽에서 비롯된 것이며, 따라서 우리 한국 사람들에게는 본래 생소한 것이라는 점을 여러 번 강조했지만, 조금 더 분석적으로 말한다면 자유민주주의 사상 중에서 이성적 개인주의나 철저한 합리주의 등이 우리에게 생소한 것이며 사실 인간의 존엄성, 개인의 생명권, 평등권 및 자유권의 존중과 같은 근본적인 사상에 관하여는 오히려 우리가 유럽 사람들보다 더 심오한 정신적인 바탕을 가지고 있다.

단군께서 고조선을 개국할 당시에 선포한 국가의 이상理想이 무엇이었는가? 그것은 '홍익인간弘益人間의 정신'이었다. 홍익인간의 이념은 경천애인敬天愛人의 의미를 그 내용으로 담고 있다. 이는 현대 자유민주주의 사상에서 인간의 존엄성, 개인의 생명권, 평등권 및 자유권을 서로 존중한다는 정신과 직결되는 것이다.

본래 우리 한국 사람들은 인간의 생명 자체를 지극히 존중하였다. 뿐만 아니라 살아 있는 모든 생명체를 사랑하고 존중해야 한다고 믿었다. 이어령 교수는 "길에 기어다니는 벌레를 혹여 밟더라도 그 생명체를 상하지 않게 하려고 한국 사람들은 일찍부터 부드러운 짚신을 신고 다녔다."라고 말하고 있다. 물론 이런 표현은 원로 시인께서 문학적인 영감에 도취되어 약간 과장되게 표현하고 있는 감이 없지 않지만, 우리 한국 사람들의 정서적인 자세의 본질을 꿰뚫은 발언임에는 틀림이 없다.

경천애인敬天愛人하던 한국 사람들이 어찌해서 지금은 너나 할 것 없이 모두가 못 가진 자, 힘없는 자는 가차 없이 짓밟으면서 살아가야 한다는 이런 무시무시한 생각을 의식 저 밑바닥에 '당연한 것으로' 깔고 살아가게 되었는가? 끊임없는 국난을 겪으면서 가열한 생존의 조건 속에서 겨우겨우 삶을 이어 온 우리 한국 사람들의 역사적 환경 탓도 있겠지만, 이는 특히 해방 이후 잘못된 교육제도의 탓이 크다고 생각한다. 미국 대통령 버락 오바마는 자세한 사정도 모르고 기회 있을 때마다 한국의 치열한 교육열을 칭찬하고 있지만, 어릴 때는 "누가 누가 잘하나?" 식의 유치원 교육부터 초등 교육 이후 계속되는, 신분 상승의 가열하고 직접적인 수단으로 채용되는 암기식 경쟁 교육이 인성을 망가뜨리고 결국은 못 가진 자, 힘없는 자는 가차 없이 짓밟으면서 살아가야 한다는 무시무시한 생각을 의식 저 밑바닥에 '당연한 것으로' 깔고 살아가게 만들어 버린 것이다.

그러나 이런 것은 우리 한국 사람의 본래 모습은 아니다.

조금만 정신 차리면 이런 파행적 교육의 독소는 금방 치유될 수 있다. 왜냐하면 우리는 그저 본연의 모습으로 돌아가기만 하면 인간의 존엄성, 개인의 생명권, 평등권 및 자유권의 존중과 같은 자유민주주의의 근본적인 사상을 꽃 피우게 할 수 있기 때문이다.

이 자유민주주의는 한국 사람에게는 매우 생소한 것이기 때문에 우리는 자유민주주의 국가 체제를 육성함에 있어서 너나 할 것 없이 모두 아직 초보단계이므로 처음부터 정직하고 철저하게 체질화해야 한다고 앞에서 말했다. 군인을 만들기 위해서 사관학교에서는 1학년생들에게 '직각보행'과 '직각식사'를 시킨다. 군인에게는 준법정신 및 질서와 정돈에 관한 의식이 뼛속까지 체질화되어야 하기 때문이다. 우리 국민들이 자유민주주의를 뼛속까지 체질화하기 위해서 어떻게 연습을 해야 할까? 하는 문제를 나는 가끔 생각한다.

참고가 될 것 같아서 한 가지 에피소드를 더 지적하고 지나가야겠다.

나는 1976년에 제3차 유엔해양법회의 한국 대표단의 일원으로 뉴욕 유엔본부에서 개최된 맘모스 회의에 참석하게 되었다. 해군 현역 중령이며 서울 해군 본부에서 법무 차감의 직책을 가지고 있던 나는 당시 36세의 무척이나 건방진 젊은이에 불과했다.

오전 회의가 끝나면 점심시간이다. 지금은 우리나라도 모든 것이 발전하여 건물들도 화려해졌지만 그 당시 내가 유엔 본부를 갔을 때 그 건물의 취향이나 시설은 당시의 한국 기준으로는 참으로 부러울 정도로 우아하고 근사했다. 점심은 그 우아하게 치장된 대표단 식당(영어로 '델리게이션 라운지(Delegation lounge)'라고 했다)에서 먹게 된다. 그런데 깜짝 놀라게도 그 점심식사라는 것이 무척 간소한 것이었다. 작은 접시 위에 얇게 썬 식빵(토스트)과 햄과 채소를 겹겹이 올려놓은 것이 전부다. 거기에 음료로 뜨거운 커피 한 잔 또는 차디찬 코크(코카 콜라)를 받아 들고 호화롭게 꾸민 응접실 소파 같은 데에 친한 사람들과 모여 앉아서 이것을 먹는 것이다.

문제는 이 식사를 받아 들기까지의 과정이다. 회의가 끝나고 참석한 대표들은 한꺼번에 회의장에서 나와 이 '델리게이션 라운지'로 모두 모이게 된다. 배식하는 곳은 한 군데뿐이므로 참석자들은 여기서 줄을 서게 된다. 자연히 이 줄은 아주 장사진을 이룬다. 당연히 이 줄에 서서 무척 오래 기다려야 그 보잘것없는 식사 한 접시를 겨우 얻게 되는 것이다. 물론 절대로 공짜도 아니다. 상당히 싸기는 했지만.

내가 이 장황한 이야기를 여기서 꺼내는 이유는, 줄을 서서 기다리는 사람들의 모습에서 당시 나는 아주 깊은 인상을 받았기 때문이다. 이 줄에 서 있는 대표단 속에는 각국의 외무장관들이 많이 끼어 있었고, 유엔 고위직에 있는 유명 인사들도 많이 있었다. 그들은 모두 도착한 순서로 그 줄에 서서 같이 온 사람들과 담소를 나누면서 자기 차례를 기다리는 것이다. 간혹 아주 젊은 유엔 직원이 이들 앞에 서 있어도 절대로 유명 인사들에게 차례를 양보하거나 양보 받는 경우가 없다.

요즘 우리 유명 정치인들도 가끔 군부대를 방문하여 병사들과 같이 군대 식당에서 식사를 하는 모습이 방영된다. 그들은 병사들과 식판을 들고 '차례를 기다려서' 음식을 받고 또 같이 식사를 하는 모습이 요란스럽게 방영된다. 그러나 이들이 '식판을 들고 차례를 기다려서 음식을 받는 모습"은 방송국 카메라를 의식한 일종의 '쇼'인 경우가 많다. 그러나 유엔 본부 '델리게이션 라운지'에서 차례를 기다리는 각국의 외무장관이나 유엔 고위 인사의 기다림은 쇼가 아니고 그들의 생활이었다. 물론 거기에는 카메라 같은 것은 없었으니까.

나는 이것이 자유민주주의를 600년간 학습한 서방 국가 사람들의 모습이라고 생각했다. 각국의 정부 고위 인사나 젊은 유엔 직원이나 똑같이 양보할 수 없는 개인적 권리(certain unalienable individual right)를 가지고 있는 사람인 것이다. 이런 정도로 자유민주주의를 뼛속까지 체질화하기 위해서 우리는 아마 더 많은 노력을 해야 할 것 같다.

2. 자유민주주의 이념은
저절로 확립되는 것이 아니다

미국의 독립선언서가 채택된 것이 1776년 7월 4일이므로 미국의 독립을 위한 투쟁과 승리는 그동안 서구에서 진행된 자유민주주의의 탄생을 위한 시민혁명의 정점에서 꽃핀 하나의 역사적인 사건이다.

13세기부터 약 500년 이상 계속된 이 '자유를 위한 투쟁'의 정신을 서구인들(특히 미국인들)은 깊이 체득하고 있다. 그들에게는 '개인의 존엄과 자유'는 '절대로 양보할 수 없는 천부의 권리'라는 것이 모든 국가 기능과 사회 현상을 지배해야 할 가장 으뜸가는 원칙으로 자연스럽게 받아들여져 있다.

그러나 미국에서조차 처음부터 이처럼 자유민주주의 원칙들이 모든 국가 기능과 사회 현상을 지배해야 할 가장 으뜸가는 당연한 원칙으로 받아들여진 것은 아니다. 인간의 존엄과 사회적 정의 그리고 개인의 권리를 지키려는 법적 이상주의자들의 확고한 신념과 헌신적인 노력에 의해서 이러한 원칙들이 어렵게 확인되고 비로소 존중받게 되었던 것이다.

개인주의와 자유지상주의 그리고 합리주의 등을 건국 이념으로 삼았던 초기 미국에서 노예제도는 이념적으로 소화하기 어려운 사회적인 난제이며 역사적인 숙제였다. 전 유럽이 아직 제국주의와 중상주의 정책에 몰두하고 있던 1840년대에, 유럽에서 만연하던 노예 거래에 경종을 울리고, 자유라는 인간의 본원적인 권리를 확인함으로써 미국 헌법에 차원 높고 아름다운 전통을 수립한 미국 역사상 의미 있는 하나의 장章을 기록한 사건이 있다.

아미스타드(Amistad)라는 노예선에 감금되어 팔려가던 아프리카 흑인들이 선상 반란을 일으켜 그 노예선을 탈취하고, 자유를 찾아서 도주하다가 다시 나포되어 미국 법원에서 재판을 받게 된 사건이 그것인데 연방 대법원 재판에서는 존 퀸시 애덤스(John Quincy Adams)가 직접 변호인으로 변론에 나선다. 전직 대통령인 존 퀸시 애덤스는 자신이 임명한 판사들 앞에서 인종차별에 대한 고정관념과 정부 권력층의 실질적인 이해타산에 의거하여 노예 문제를 처리하려고 하는 완강한 의도에 맞서서 미국 최고법원의 법정에서, 자유와 인권이라는 인간의 본질적 문제에 관련된 정의를 살려내야 하는 어려운 입장에 서게 된다.

아미스타드 판결 당시 미국 전역에 걸쳐 노예의 매매(Slave Trade)는 금지되었으나, 노예제 자체의 합법성 여부는 주마다 달랐다. 이 사건의 재판이 행해진 뉴욕과 코네티컷 주에서 노예제도는 이미 폐지되어 있었다. 연방검사는 아프리카 야만인들을 살인죄로 처벌할 것을 주장하고, 에스파냐 정부는 조약을 근거로 '화물(44명의 생존 토인들)'의 인도를 요구한다. 미국 해군은 연방법상의 보상규정을 들어 재산의 분배를 요청하고, 농장주는 이들이 막대한 대가를 지불한 '사유재산'임을 주장한다.

아미스타드 호

그의 변론은 건국의 아버지인 미국적 이상에 호소하는 것에 초점을 맞춘 것이었다. 그는 "이들 44명의 토인은 에스파냐 법에 의해서도 본래 자유인이며, 더구나 불법으로 체포, 납치, 수송된 자유민이다. 이들이 잃어버린 자유를 되찾기 위해 행한 잔혹한 방법은 유감스러운 일이나 불가피했던 자구 행위였다."라고 변론한다. 즉, 이들의 선상 반란은 '자연권'의 행사이자 '정당방위'라고 그는 주장한 것이다. 미국 연방 대법원 판결에서 이들 토인들의 선상 반란의 형사책임은 불문에 부치는 것으로 결정되었다. 아직 남북전쟁이 일어나기 20년 전인 이 재판의 변론에서 존 퀸시 애덤스는,

존 퀸시 애덤스

> 건국의 아버지들이여, 우리는 지금 우리가 겪고 있는 두려움과 편견과 이기심을 극복하기 위해서 당신들의 예지와 강력한 격려가 절실히 필요합니다. 정의로운 일을 할 수 있는 용기를 우리에게 주십시오. 그 용기의 실현이 내란(남북전쟁과 같은)을 가져올 수밖에 없다고 해도 그것은 할 수 없는 일입니다. 만일 그러한 전쟁이 결국 일어난다고 하면, 그것은 미국 혁명의 마지막 전쟁(the last battle of the American Revolution)이 될 것입니다.

라고 끝을 맺고 있다.

존 퀸시 애덤스가 '정의를 실현하기 위한 용기'에 대해서 "그 용기의 실현이 내란(남북전쟁)을 가져올 수밖에 없다고 해도 그것은 할 수 없는 일입니다."라고 말하면서 두려움 속에서 예견한 미국 남북전쟁은 그로부터 정확히 20년 후에 실제로 일어났다.

자유민주주의의 정의를 위한 용기를 실현하기 위해서 치러진 6년 동안의 내전內戰인 이 남북전쟁에서 미국 사람 29만여 명이 전사하였다. 그들에게도 자유민주주의를 실현한다는 일이 절대로 용이한 일은 아니었으며 실로 뼈아픈 대가를 치르고 얻어낸 역사적 성취, 그것이었다.

3. 한국적 자유민주주의 성장의 역정^{歷程}

한국적 자유민주주의 성장의 역정을 돌아보자.

이동휘

백범 김구

대한민국 상해 임시정부는 1919년 4월 11일에 성립되었다. 대한민국 임시헌장 제1조에는 '대한민국은 민주 공화제로 함'이라고 명시되어 있다. 그러나 자유민주주의를 집중적으로 추구하기에는 시기적으로, 그리고 장소적으로 불운했다.

'시기적으로 불운했다'는 것은, 대한민국 임시정부가 출발하기 2년 전인 1917년에 공산혁명이 발발했다는 사실이다. 이 혁명이 공산주의 사상을 배태한 공산혁명으로 성공해서 소비에트가 결성된 것이 1922년이다. 시기적으로 이때가 바로 상해 임시정부를 중심으로 한 우리 한국인들의 항일 독립 투쟁이 시작된 때와 일치한다.

'장소적으로 불운했다'는 것은 항일 독립운동이 불붙기 시작한 바로 그곳, 만주와 연해주까지 공산혁명이 파급된 것이다. 1920년대에는 공산혁명이 러시아 전역에서 완성되어 연해주 지방까지 미치게됨으로써 항일무장투쟁을 시도하는 우리 독립투사들은 손쉽게 그 사상적 추진력을 공산주의 사상에서 얻어내려고 하는

"

것이 상례였다. 그러므로 그들은 유럽에서 600년 이상 고귀한 희생과 투쟁으로 완성된 자유민주주의 사상에 접해 보기도 전에 유럽에서 이단적 사상으로 낙인 찍힌 공산주의 사상에 몰두하게 되는 것이었다.

상해 임시정부의 초대 국무총리였던 이동휘 선생도 바로 이런 전형적인 좌파 독립운동가(자칭 '민족주의적 공산주의자'[205])인데 그는 상해 임시정부를 좌파 정부로 만들려고 획책하다가 백범 김구의 반대로 실패한다.

김산(장지락)　　　헬렌 포스터 스노우

김산(본명 장지락)이라는 치열한 독립투사가 있다. 그는 15세의 어린 나이에 신흥군관학교에 입교하였으며 항일무장투쟁의 방편으로 중국 공산당에 입당한다. 장제스의 국공합작 파기로 발단된 중국의 내전에 그는 중국 공산당 측에 가담하여 치열한 전투에 참가한다. 두 번이나 일본 관헌에 체포되었다가 요행히 살아서 다시 공산당에 복귀하려 했으나 중국 공산당은 그를 의심하여 공산당에서 제명하고 나중에 결국 그를 총살한다. 그가 당에서 제명당하고 연안에 중국공산당 요원에게 경제학과 화학 등을 강의하고 있는 동안 그곳에 와 있던 미국의 기자, 헬렌 포스터 스노우는 그를 2개월간 면담하고 그의 치열한 투쟁의 생애를 요약한 책 『김산의 아리랑』이라는 영문 저서[206]를 발간한다. 헬렌이 정확하게 기록하고 있는 것처럼 그는 공산당원이기 전에 "평생 목숨을 걸고 진리를 추구한 한 사람의 순레자이다."

장지락과 비슷한 삶을 살다가 이름도 없이 사라져 간 수많은 우리 독립투사들이 있다. 이처럼 20세기 초, 만주와 중국 대륙에서 중국 공산주의자들 속에 들어가 그들 중국 공산주의자들보다 더 치열하게 싸우다가 죽어간 우리 독립투사들이야말로 공산주의자라기보다는 진정한 의미의 '휴머니스트'이다. 그들의 열정과 헌신이 중국 공산당이 아닌 우리 조국의 독립과 자유민주주의의 창달을 위해서 직접 바쳐질 수 있었더라면 그들은 훨씬 더 행복했을 것이다. 우리의 독립지사들은 이처럼 시기적으로 그리고 장소적으로 너무나 불운했다.

이승만 전 대통령

대한민국은 1948년 8월 15일 정부수립에 앞서서 7월 17일 헌법을 제정하였으며, 그 헌법에서 자유민주주의를 국가 기본 정치체제로 선택하였다. 제헌국회 초대 국회의장이며, 초대 대통령이던 이승만이 미국에서 독립운동을 하면서 미국적 자유민주주의를 잘 알았기 때문에 대한민국의 국가 이념을 자유민주주의로 선택하게 된 것이다.

대한제국 이래, 근대 국가로 새롭게 출발하는 대한민국이 그 국가 이념을 자유민주주의로 명확하게 선택한 것은 건국 직후, 가혹한 전란戰亂과 극심한 정변 속에서도 우리가 이만큼 발전할 수 있었던 법적인 기초가 되었다. 그러므로 대한민국의 국가 이념을 자유민주주의로 선택한 것은, 이승만 대통령이 한 일 중에서 가장 중요하고 훌륭한 일이다.

대한민국 건국 초기에는 어떠했는가?

1948년 7월 12일 제정되고, 7월 17일에 공포된 대한민국 제헌헌법에는 자유민주주의 이념에 입각한 국가 기본 체제가 다음과 같이 명백히 명시되었다.

- 국민주권주의(2조)

- 법치주의 원칙과 기본권의 보장(2장)

- 3권분립에 의한 견제와 균형(3, 4, 5장)

- 사유재산권의 보장(15조)

- 자유시장경제 체제(전문, 84조)

대한민국이 건국 초기에 자유민주주의 정치 체제와 자유시장경제 체제를 헌법적 가치로 선택한 것은 틀림이 없으나, 전쟁과 정변을 겪는 과정에서 실제로는 법치주의가 거의 실종되고 견제와 균형은 깨져 버렸다.

박정희 전 대통령

1960년부터 1985년까지 군사혁명 이후, 군사 정권 시기에는 어떠했는가?

형식상 자유민주주의 체제를 표방하고는 있었으나, 법치주의 원칙과 기본권의 보장, 3권분립에 의한 견제와 균형이 거의 실종되어 있었다. 박정희 대통령은 집요한 추진력으로 고질적 국가 절대빈곤의 굴레를 벗고, 그의 16년 재임기간 중 유럽에서 200년이 넘게 걸린 근대 산업화의 기초를 완벽하게 이룩한 것이다. 박정희 대통령에 의한 이러한 산업화의 완성은 '자유민주주의의 기초를 세운 것'이라고 보아야 한다.

'산업화의 완성'에 성공한 우리도 항산恒産을 이루었으니 항심恒心도 가능하게 되었다. 즉, 인간의 존엄성, 개인의 가치와 창의성, 법의 지배의 원칙, 견제와 균형 등 이런 '자유민주주의의 가치'를 차분히 추구하고 또 누릴 수 있게 되었다는 말이다.

그러나 어찌 된 판인지, '산업화의 완성'에 성공하고, 민주화를 이룩한 이후, 그러니까 1986년부터 현재에 이르기까지 우리는 끝없는 분열, 증오와 혼돈의 시기를 겪고 있다.

역사 교과서 논쟁으로 진보와 보수가 갈라져 논쟁을 벌이고 있기를 수십 년이 지나가고 있다. 일부 역사학자들은 "대한민국의 헌법적 국가 이념과 국가 체제는 자유민주주의가 아니다."라고 공언하고 있다. 전교조에 속한 교사들은 "자유민주주의는 반북, 멸공을 위해 개인의 자유를 제한하고, 진정한 민주주의를 유보하려는 사이비 민주주의이다."라고 학생들을 가르치고 있다.

전교조는 북한을 추종하고 남한 사회에 친북·종북 성향을 전파하는 비이성적 정치조직이다. 전교조의 활동으로 학교와 학생은 정치투쟁의 하수인이 되고 있다. 김대중 정부가 이 조직을 합법화시킨 이래 정부는 이를 아직도 용인하고 있다. 2004년 육군사관학교에서 가입교생을 상대로 한 의식조사 결과 250여 명의 가입교생 가운데 34%가 우리의 주적으로 미국을 꼽았다. 이런 결과는 전교조의 교육과 선전의 탓이라고 《동아일보》는 보도했다.

조정래라는 소설가의 장편소설 『태백산맥』이라는 책이 있다.

소설 『태백산맥』에서, 북한 인민군은 친일과거사를 정돈해 주기 위해 나타난 해방 전사들이며, 이들과 맞서 싸운 국방군은 무능한 독재자 이승만의 졸개들이다. 미군은 한국인을 능멸하며 만행도 서슴지 않는 잔악한 오랑캐로 묘사된다. 이 책은 남한 내부의 정치적, 사회적 모순만을 집중적으로 강조함으로써, 국가 체제에 대한 부정적 인식과 대중의 증오심을 우리 사회에 깊이 심어 놓았다.

1983년에 발표하기 시작한 소설 『태백산맥』은 2015년으로, 32년의 연륜을 갖춘 문학작품이 되었다. 지금부터 7년 전에 이미 700만 부가 팔렸으니 2015년인 지금쯤 독서 인구는 줄잡아서 2,000만 명이 훨씬 넘을 것으로 추산된다. 천재적인 대중 소설적 기법으로 이만한 수의 독자들에게 감동을 준 조정래의 문학적 기량을 인정해야만 하겠지만, 역사인식이나 아주 기초적인 사회학이나 철학적 소양도 없이 함부로 우리 대한민국의 국가적 기본 가치를 폄하시킨 그의 무지無知와 무책임성을 국민 대중은 결국 알아차리게 될 것이다. 다만 시간이 많이 걸릴 뿐이다.

4. 헌법적 국가 이념, 자유민주주의의 위기

가. 인식의 혼돈과 편 가르기 습성

대한민국은 헌법상 명문 규정과는 상관없이 아직 실질적으로 자유민주주의 국가 이념을 완전한 국민적 합의로 확인하고 받아들이지 못하는 혼돈 속에 있다. 우리 대한민국이라는 나라의 정신적인 또는 정치적인 기반은 매우 불안한 상태로 남아 있다. 국민의 정신적, 정치적인 기반이 제대로 확립되어 있지 못한 국가는 아무리 외형적으로 경제적 기반이 튼튼하다고 해도, 아무리 '이만하면 잘 산다'고 자랑을 해도, 그것이 무너지는 것은 사실 시간문제다.

자유민주주의 정치의 바탕을 이루는 것은 사실상 개인의 책임의식과 독자적인 윤리적 판단 능력이다. 그리고 이것은 다분히 서구적 개인주의와 합리주의에 정신적인 뿌리를 두고 있다. 우리는 이러한 서구적 개인주의와 합리주의를 우리답게 정신적으로나 문화적으로 완전히 소화하지 못하고 이것을 개인의 책임의식과 독자적인 윤리적 판단 능력으로 발전시키고 교육시키지 못했음을 인정해야 한다.

이 책 1장에서 '위기의 대한민국'이라는 제목으로 필자는 "결심을 단단히 하고 현 정부를 반드시 뒤집어엎고 말겠다는 야당"이라는 표현을 썼다. 아니 어떻게 양당 정치의 구조를 가진 자유민주주의를 하는 정상적인 민주국가에서 야당이 "현 정부를 반드시 뒤집어엎고 말겠다."고 단단히 결심을 하고 사사건건 트집을 잡고 여당과 현 정부의 의도에 딴지를 걸 수가 있는가? 산적한 노동개혁 입법과 경제활성화 법안이 국회에 상정되어 있지만, 다수결 원칙을 빼버린 소위 국회선진화법을 빌미로 야당은 법안 통과를 의도적으로 거부하여 국회는 실질적으로 기능 정지 상태로 있은 지 오래다. 그러므로 지금 우리 대한민국의 정치 형태를 보면, '병적이다', '위기다'라는 표현이 조금도 과장이라는 생각이 들지 않는다. 우리 사회가

지니고 있는 모든 갈등 구조는 결국 모두가 이 고질적으로 뿌리내려 있는 '편 가르기' 습성에서 온다는 사실에 대한 철저한 반성이 필요한 때가 아닌가 한다. 우리는 이러한 잘못된 '편 가르기'의 정신적 뿌리에서 하루속히 벗어나야 한다. 우리가 대한민국 임시정부를 통해서 자유민주주의 정치를 시작한 지도 이제 벌써 90년이 더 지났다. 이제는 그만 정신을 차리고 병적인 '편 가르기 습성'에서 벗어날 때도 된 것이 아닌가?

자기 자신도 제대로 잘 알지 못하는 개념과 정치적 주장의 아집을 근거로 해서 '편 가르기'를 하고, 자기편에 들어 있지 않은 사람의 견해는 아무런 근거도 없이 공격하고, 무슨 일이든지 시작하려고 하면 우선 붕당으로 편을 갈라서 서로에게 치열한 적개심을 불태우는 치졸한 모습들에서 벗어나려면 어떻게 해야 하는가? 병적인 '편 가르기 습성'의 원인으로, "전통적으로 가족의 개념 속에 개인이 몰입되는 정신적 분위기에서 살아왔다."고 하는 변명이 이제는 더 이상 통하지 않는다고 본다. 가장 중요한 것은 우리 사회의 교육과 훈련의 기본 철학을 제대로 정립하는 일이다.

필자는 여기에서 미국 대통령 버락 오바마의 연설을 인용하려고 한다. 그는 2011년 1월 12일, 애리조나 대학교 맥케일 의료 센터에서 거행된 총격 사건의 희생자들을 추모하는 집회에서 추모연설을 한다.

애리조나 총격 사건은, 2011년 1월 8일(현지 시각) 한 20대의 백인 남자가 투손의 슈퍼마켓 앞에서 지역구 시민들에게 연설하고 있는 가브리엘 기퍼즈 민주당 하원의원을 총격한 후에, 20여 발을 거기에 운집한 군중을 향해서 무차별 난사한 사건이다. 이 총격 사건으로 6명이 숨지고 13명이 다쳤다.

존 에프 케네디에 필적할 만큼 연설 잘하는 대통령으로 정평이 나 있는 버락 오바마지만, 이번 연설은 '드물게' 감동적이다. 왜 '드물게'라는 말을 쓰는가 하면, 그의 다른 연설들이 듣는 이의 이성理性에 호소하는 경향이 두드러졌던 것에 비해서, 이번 연설은 정말 훌륭하고 절묘하게 듣는 이의 감성에 호소하고 있기 때문이다. 그러나 여기서 필자가 정말 깊게 감동을 받은 것은, 물론 잘 쓰인 버락 오바마의 연설도 좋았지만, 결국 상당히 추상적인 표현으로 아주 보편적인 윤리적 가치에 대해서 말하고 있는 버락 오바마의 연설에 감성적으로 완전히 몰입해 주고 있는 미국 시민들, 즉 그의 청중들이었다.

그가 연설 중, 희생자 한 사람 한 사람의 프로필에 대해서 추모하는 말을 할 때 물론 청중들은 기립해서 '희생자와 그 가족들에게' 박수를 보냈다. 그러나 그의 '연설 내용'에 공감해서 처음으로 모두 일어나 '버락 오바마에게' 박수를 보낸 내용은,

> 우리가 할 수 없는 것은, 절대로 해서는 안 되는 것은, 이러한 비극적 사건을 상대방을 적대시하는 기회로 이용하는 일입니다. 우리는 그런 일을 할 수 없습니다.

라고 말하고 있을 때였다. 그리고 두 번째 기립 박수는 그가,

> 우리는 '정중한 방식(civility)'을 고수해야만 합니다. 왜냐하면 우리는 존 롤(John Roll) 판사나 개비 기퍼스(Gabby Giffords)와 같은 '공복의 표본' 처럼 살기를 원하기 때문입니다. 그들은 우리가 미국인이며 그것이 최우선적 과제라는 것, 우리 미국인은 상대방도 국가에 대한 애정이 있다는 사실을 당연한 전제로 하고서만 서로의 견해에 이의를 제기한다는 것, "다 함께 더불어 일해 나가야 한다."는 우리의 과제가 '미국적인 꿈'을 후대에 잘 물려주기 위해서 우리의 관심을 끊임없이 확대해 주는 '필요적 요건'이라는 사실을 잘 알고 있기 때문입니다.

라고 말했을 때였다.

사실 '정중한 방식(Civility)'이라는 말은 지금 우리 한국 사람들에게는 아직 익숙하지 않은 용어가 아닌가 하는 생각이 든다. 우리 사회에서 어떤 정치인이, "상대방도 국가에 대한 애정이 있다는 사실을 당연한 전제로 하고서만 서로의 견해에

이의를 제기할 수 있는 것입니다. 그것은 우리 한국 사람들이 당연히 고수해야 할 '최우선적 원칙'입니다."라고 주장한다면, 우리 청중들은 또는 상당한 교양과 식견을 갖춘 동료 정치인들은, 감성적으로 즉시 공감해서 모두 일어나 그에게 박수를 보낼까?

우리 국회에서 논쟁의 당사자들이 "상대방도 국가에 대한 애정이 있다는 사실을 당연한 전제로 한다."는 소위 상호신뢰의 전제는 한 번도 있어 본 적이 없다고 보아야 할 것이다. 여야는 국회에서 물리적 폭력으로 충돌하고, 국회 밖에서도 정치인들은 솔선해서 국민을 파당으로 분열시켜 극한적 투쟁에 몰입시키고 있다.

우리 사회에서는 '정중한 방식(Civility)'에 관한 규범적 인식은 자유민주주의 정치를 도입한 이래 한 번도 소개된 적도 없고 그러므로 강조되어 중요시되지도 않은, 극히 생소한 개념이다.

2014년 봄에 발생한 '세월호 사고'는 우리에게 많은 것을 생각하게 한다. '세월호 사고'는 2014년 4월 16일, 한반도 남해안 진도 부근에서 제주로 가던 여객선이 침몰한 사고이다. 승객 중 다수가 제주로 수학여행을 가던 단원고교 학생으로 탑승인원 476명 중 295명이 사망하고 9명이 실종되었다. 발생된 지 꽤 지났지만 이 선박사고는 우리 국가와 우리 사회에 엄청난 숙제를 던지고 아직도 수습이 완결되지 않은 채로 진행 중이다.

이 사건을 다루는 많은 사람들, 정부 정책 담당자들, 정치인들, 유족들 그리고 그 밖에 언론과 여론 단체들이 "상대방도 국가에 대한 애정이 있다는 사실을 당연한 전제로 하고 나서야만 서로의 견해에 이의를 제기하는" 이른바 '정중한 방식(Civility)'의 원칙을 지키는 것 같지는 않다.

본래 특히 우리네 정치인들은 일찍이 이런 원칙을 제대로 지키려고 노력한 적은 없다. 그러나 다른 어느 때보다 유독 이 '세월호 사고' 처리의 과정에서는 여당과 야당이, 정부와 국회가, 심지어는 언론과 언론이 전문가와 전문가들이 자기와 다른 견해를 가지고 있다는 단지 그 이유 하나만으로 치열한 적개심을 표출하면서 '편 가르기'를 하고, 집요하게 서로 대립하는 모습을 보였다.

가장 눈에 띄는 것은 그 유족들의 입장이다. 그들은 자신들도 모르게 정부에 대해서 그리고 국민 일반에 대해서 '사회적으로 우세한 입장'에 서게 되었다. 갑자기 요즘 흔히 말하는 '갑'이 된 것이다. 이것은 전혀 그들의 잘못은 아니다. 그들이 나서서 이런 '갑'의 지위를 요구한 적도 없다. 구태여 원인을 따지자면 주로 정부와 야당이 벌이고 있는 '극한적인 편 가르기 싸움'에 그 원인이 있다고 말할 수밖에 없다.

외유 중이던 국무총리가 허둥지둥 귀국하여, 바로 현장으로 달려와 무조건 그들 유족들에게 사과하였다. 대통령은 해양경찰을 해산시켜 버렸다. '구조의 책임을 물었다'는 명분이었으나 다분히 그들 유족의 슬픔에 보상한다는 의식이 앞섰던 것 같다. 소관부처 장관이라고 할 수 있는 해양수산부장관은 사건 발생 직후부터 그가 장관직에서 떠나기 얼마 전까지 현장인 팽목항을 떠나지 않고 그곳을 '장관 근무지'로 삼았다. 이것은 2002년 6월 29일 서해에서 벌어진 남북한 간 두 번째의 해상교전인 '연평해전' 때와는 아주 대조적이다.

북한군의 선제공격을 당한 대한민국 해군의 참수리 357호는 교전 후 예인 도중에 침몰하였고, 정장을 포함한 승무원 6명이 전사하고, 19명이 부상당하는 인명 피해를 겪었다. 적과의 전투에서 국가의 안전을 위해 분투하다가 전사한 이들 전사자, 전상자들에게 그 당시 우리 정부가 보여주었던 냉담한 태도는 그것 역시 상당히 병적인 것이었다.

교전 이틀 후 국군수도병원에서 해군장으로 거행된 합동 영결식이 열렸을 때조차 당시의 대통령 김대중은 참석하지 않았으며, 국무총리, 국방부 장관, 합참의장 등 내각과 군의 핵심 인사들마저 참석하지 않았다. NLL을 지킴에 있어서 김대중은 우리 해군 전투함에 이상한 교전교칙을 강요하여, 치욕스러운 전투 결과를 초래하게 하여 장병들을 전사하게 해 놓고, 전투가 끝난 이후에, 젊은 장병들이 장렬하게 전사한 것을 파악한 우리 정부가 한 일은 대통령이 월드컵 축구 경기를 관람하려고 일본행 비행기를 탄 일이 전부다. 그들의 호국 정신을 기리는 포상 같은 것도 물론 없었다.

세월호 사건의 희생자들은 해상 사고의 무고한 희생자들이기는 하지만, 연평해전의 경우처럼 스스로 나라를 지키다가 전사한 국가 보위의 호국 영령들은 아니다. 그러므로 아주 멀쩡한 정신으로 이성적 판단을 한다면, 세월호 사건에서 보여준 한국 정부나 한국 사회 전반의 태도들, 예컨대 가슴에 노란 리본을 달고 세월호 사건을 들먹이면 얼마든지, 언제든지 정부를 공격하고 공권력을 무시해도 면책될 수 있다고 생각하는 풍조들은 아주 신랄하게 지적한다면 하나의 '병적인 집단 히스테리'이다. 아무런 생산적인 목적에 기여함이 전혀 없는, 분명히 '잘못된 병적인 현상'이라고 본다.

앞에서도 지적했다시피 이런 '병적인 집단 히스테리'가 시작될 수 있는 단초를 제공한 것은, 위급사태를 수습하기 위하여 단호하고 소신 있는 지휘의 모습은 보여주지 못하고, 기회만 있으면 유족들에게 사과의 말만을 남발한 국무총리와 이 여객선 사고가 발생하자마자 사건 현장인 팽목항에서 수염도 안 깎고 흉한 모습으로 시묘侍墓살이를 한 해양수산부장관, 그리고 아무런 대책 없이 죽어간 젊은 학생들에 대한 연민의 정을 여과 없이 표현하고 있던 '여성 대통령'이다.

순진하고 당황스러운 정부 측의 이런 태도를 빌미로 삼아서 본격적으로 나선 것은 야당(그 당시 '새정치민주연합', 지금은 '더불어민주당'으로 개명하였다) 정치인들이다. 그들은 언제나 정부와 여당을 공격할 수 있는 정치적인 '핑계'를 애타게 찾고 있었는데, 바로 이 세월호 사건에서 아주 적절하고 만만한 '먹잇감'을 발견하게 된 것이다. 그들은 이른바 '세월호 특별법 안'을 만들었는데 그 법은 유가족들을 제치고 이 야당의원들이 악랄하게 만들어 낸 법안이다. 이 법의 내용을 보면, 헌법이나 법률적 기준과는 상관없이 온갖 무리한 요구를 정부를 향해서 강요하고 있는 것으로 구성되어 있다. 예컨대;

- 사망자 전원을 의사자로 처리할 것.

- 유가족들에게 공무원시험 가산점을 줄 것.

- 유가족들에게 생활안정기금을 평생 지원할 것.

- 세월호 사고 진상 조사위원들에게 사법 수사권과 형사소추권을 부여할 것.

- 국가 예산으로 지원되는 세월호 추모재단을 설립할 것.

- 세월호 사고일을 국가 추념일로 지정할 것.

- 세월호 사고 추모비를 건립하고, 추모 공원을 지정할 것.

이런 내용들이다.

야당 정치인들이 고안한 이런 요구들은 삽시간에 유족들을 앞세운 반정부 집단에 좋은 투쟁의 목표가 되었다. 그들의 '요구'는 "무리한 요구의 실행을 위한 잡다한 무리한 요구들"로 계속 확장되고 발전되어 갔다. 예컨대 "오후 6시 광화문 광장에서 '세월호 문화제' 행사를 열겠으니 광화문 일대의 교통을 통제하고 길을 열어 달라." 뭐 이런 종류인데, 이런 요구를 관철시키기 위해서 세월호 유가족, 알바 노조, '청년좌파' 등 시민 학생단체 관계자들 다중이 집단으로 모여서 밤을 새워서 경찰과 대치하는 것이다.

노란색 조끼를 입고 있는 이들 시위대들은 광화문 광장이나 백상기념관 등 서울 도심의 도로 위에 누워 잠을 청하거나, 쭈그리고 앉아 시간을 보내다가 이따금씩 깃발을 휘두르거나 구호를 외치고 경찰관과 승강이를 벌이는 것을 임무로 삼았다. 그러나 이들 노란색 리본이나 노란색 조끼를 입고 있는 자들에 대해서 경찰이나 검찰에서 이들의 명백한 '도로 점거'나 '공무집행 방해'를 의법 처리하려는 어떤 시도도 없었다. 세월호 유가족을 앞세우기만 하면 이들은 대한민국에서 치외법권자가 되는 것이었다. 세월호 사고에 관련되는 한, 정부는 법치국가이기를 포기했고 정부와 여당을 공격하는 일이라면 무슨 일이라도 벌이는 야당 정치인들과 반체제 집단들은 이미 이것을 예민하게 간취하고 있었던 것이다.

만일 이때 박근혜 대통령이 나서서,

> 우리가 할 수 없는 것은, 절대로 해서는 안 되는 것은, 세월호 참사와 같은 이러한 비극적 사건을 정부나 상대방 정당을 적대시하는 기회로 이용하는 일입니다. 우리는 그런 일을 할 수 없습니다. 해서는 안 됩니다.
> 우리 대한민국 국민은 정치인이든지, 사회단체를 대표하는 사람이든지, 누구든지 상대방도 국가에 대한 애정이 있다는 사실을 당연한 전제로 하고서만 서로의 견해에 이의를 제기한다는 것을 원칙으로 해야만 합니다. 우리는 다 함께 더불어 일해 나가야 한다는 당면의 과제가 모처럼 키워낸 대한민국을 후대에 잘 물려주기 위해서 우리들의 정치적 관심을 끊임없이 확대해 주는 필수적 요건이라는 사실을 잘 알고 있기 때문입니다.

라고 말했다면,

야당 정치인들, 세월호 유가족, 알바 노조, '청년좌파' 등 시민 학생단체 관계자들은 어떤 반응을 보였을까? 그들은 버락 오바마 미국 대통령의 연설에 진정 어린 공감을 표시한 미국의 청중들처럼 우리 박근혜 대통령의 말에 공감해서 '모두 일어나 박수를' 보냈을까? 그런 일이 벌어질 수만 있다면 얼마나 좋을까? 상상으로나마 필자는 그런 생각을 하게 된다.

그러나 앞에서 지적했다시피, 여기서 중요한 필수적 요건은 잘 쓰인 버락 오바마 대통령의 연설문이 아니다. 결국 상당히 추상적인 표현으로 아주 보편적인 윤리적 가치에 대해서 말하고 있는 버락 오바마의 연설에 감성적으로 완전히 몰입하는 미국 시민들, 즉 그의 청중들이다. 무식한 아집과 야만적인 적대감으로만 무장되어 있어서, 정부와 여당을 공격하는 일이라면 무슨 일이라도 벌이는 야당 정치인들과 반체제 집단이 박근혜 대통령의 이런 진정 어린 호소에 공감해서 모두 일어나 박수를 보내지는 않았을 것이다. 자유민주주의 이념의 기준에서 볼 때, 이들은 아직 '미성숙한 시민들(An Uncivilized Citizen)'에 불과한 것이다.

법적으로 우세한 물리적 입장, 즉 '갑'의 지위에 갑자기 서게 된 세월호 유족들이 이른바 '갑질을 벌인 것'은 '정중한 방식(Civility)'에 관한 규범적 인식이 결여된 '미성숙한 시민들'에게는 어찌 보면 당연하고(?) 필연적인 결과다.

세월호 가족대책위 위원장 등 유가족 5명은 2014년 9월 17일 새벽 영등포구 여의도의 한 식당에서 새정치민주연합 김현 의원과 함께 술을 마시고 대리기사, 행인 2명과 시비가 붙어 이들에게 집단으로 폭력을 행사한 혐의로 불구속 입건됐다. 폭행 시비 현장에 있던 김현 의원이 사건의 단초를 제공했다는 의혹을 받았다. 대리기사 및 당시 목격자들은 폭행의 시작이 김현 의원과의 실랑이 때문이었다고 주장하고 있다. 증언에 따르면 김현 의원은 현장에서 "너, 내가 누군지 알아?", "국회의원한테 이렇게밖에 못해?" 등의 발언을 했다고 한다.

표창원 범죄과학연구소 대표는 "어떤 각도에서 보아도 김현 국회의원의 행동은 명백한 '갑질 패악'이다. 우선 세월호 유가족 대표들과 술자리를 가졌다는 것만으로도 정치적 윤리성과 도덕성은 질타 받아 마땅하다."고 김현 의원을 맹비난했다. 이어 그는 "대리기사에게 30분 넘게 대기하라고 하다가 떠나려는 것을 힘으로 막는 것은 형법상 '업무방해'의 책임을 물을 수 있다"며 "더구나 국회의원의 지위와 힘을 내세웠다면 아주 질 나쁜 갑질"이라고 덧붙였다.

새정치민주연합은 여론의 집중 포화를 맞게 된 김현 의원을 국정감사를 핑계로 잠시 외국으로 피신시켰다. 이 집단폭행 사건을 구태여 여기에 인용하고 있는 목적은 세월호 유가족들과 야당의원(김현 의원은 새정치민주연합 비례대표 의원이다)들이 어느 정도로 자기들의 우세한 물리적 입장(갑의 위치)에 기고만장해 있었는가를 확인하기 위해서다. 그런데 세월호 사고에 관한 한, 그들 세월호 유가족들과 야당의원들이 국민에 대해서, 또는 정부에 대해서, 기고만장해 있을 아무런 논리적 근거나 법적인 이유가 없다는 점에 주목해야만 한다. 그러므로 누가 처음에 이런 단초를 제공했든지 간에 이런 '집단 히스테리'는 결단코 시급히 치유하여 극복되어야 한다.

나. 우리 사회 전체의 좌편향에 대한 반성

우리 정치인, 정치 집단들은 '편 가르기'를 잘하는 것만큼이나 국민적 성취를 정치인 자신들의 업적으로 도둑질하여 내세우기를 좋아한다.

1960년 아무런 견제도 받지 않고 언제까지나 언론을 억압하고 부패정치를 영속시켜 나갈 수 있을 것 같던 자유당 정권을 전복시킨 것은 민주적 정당성으로 무장된 야당의 정치세력이나 어떤 명망 있는 정치인의 합리적인 지도력에 의해서가 아니라, 광화문 앞에서 경찰의 발포로 죽은 학생 수십 명의 피로 시작된 '4·19 학생운동'에 의해서였다. 이런 역사적 경과는 건강한 민주주의 국가로 발전해야 할 대한민국 건국 초기의 역사적 당위성으로 볼 때, 양식이 있는 정치인들에게는 부끄러운 일이고, 국민들에게는 불행한 일이다.

그러나 놀라운 일은 당시 참으로 부끄럽고 미안해하며 조국의 운명에 대해서 뼛속 깊이 우려하고 반성한 정치인은 없는 것 같았고, 오히려 서로 앞다투어 학생의 피로 이루어진 갑작스러운 정치적 변혁을 자신들의 정치적 노력의 결과인양, 정치권력의 쟁취를 위한 명분으로 사용하는 데에만 급급하였다.

그 이후에도 이런 병폐는 계속되었다.

예컨대 '민주화'라는 정치적 성취에 관해서 보자.

흔히 민주화의 성취가 진보적 색깔을 가진 어떤 정치집단의 독자적인 업적인 것처럼 주장되고, 놀랍게도 그런 억지가 잘 받아들여지는 것이 우리 사회다. '6월 민주항쟁'의 의미는 어떤 시각으로 보든지 간에 우리나라에 진정한 민주화의 새 시대를 연 일종의 '시민운동'으로 보아야 한다. 그리고 그런 시각으로 본다면, 6월 10일, 성공회 서울주교 대성당에서 시작된 항의 시위에 자발적으로 참여한 일반 시민들(이른바 '넥타이 부대')과 저항의 뜻으로 차를 세우고 경적을 울리며 항의의 민의를 고조시킨 택시 운전사들이야말로 '6월 민주항쟁'의 진정한 주체라고 보아야 할 것이다.

또 감사 성찬례 때 피아노를 연주할 예전 봉사자가 필요하다는 명분으로 민주헌법쟁취 국민운동본부 관계자가 경찰의 감시를 피해 교회 안에 들어올 수 있도록 배려한 당시 성공회 서울 대성당 '무명의 신부'는 비록 그가 야당 정치인도 아니고 민추협 간부도 아니지만 그야말로 '6월 민주항쟁'의 주체라고 본다. 6·10 항쟁을 통한 민주화의 업적을 '자기들만의 공로'로 가로채려고 오만과 독선을 내비치는 한심한 정치지도자들을 경계하면서 어떤 국회의원은 "어떤 위치에 있었느냐?로 평가를 내린다면 당시 명동성당의 문을 열어줬던 수위 아저씨가 가장 큰 공로자일 것"이라고 지적하고 있다. 맞는 말이 아닌가?

'6월 민주항쟁'으로 열린 민주화의 변혁이 어떤 것인지 벌써 20년도 더 지났으니 그 시대를 살아보지 않은 사람은 실감하기 어려울지도 모른다. '6·29 선언' 이후, 대통령 직선제로 당선된 사람은 김영삼도 김대중도 아닌 노태우였다.

전두환 정권하에서는 양식 있는 시민이 예민한 정치적 문제를 화제에 담는 일은 없었다. 더구나 그런 정치적 문제에 대해서 설사 객관적인 견해일지라도 비판적인 견해를 말한다는 것은 아무리 사사로운 자리라고 해도 상상할 수 없는 일이었다. 그런데 노태우 정권에 오자 확연히 달라졌다. 예민한 정치적 문제가 활발히 토론되었으며 사사로운 자리에서는 상당히 비판적이고 객관적인 견해가 나왔다. 그래서 그때 유행한 말이 "여기 대한민국 맞아?"라는 말이다. 이런 것이 말하자면 당시 민주화 변혁의 사실상의 모습이었으며 그 공로는 당연히 '시민'의 몫이라고 생각한다. 어떤 의미로 보든지 단순히 군사 정권에 맞섰던 전력을 가지고 있었다고 해서 '6월 민주항쟁'의 공로를 전적으로 어떤 특정 정치인들이 전유하는 것은 온당치 못하다.

노태우 정권 이후 집권한 김영삼 정권과 김대중 정권은 자신들을 '문민정부' 또는 '국민의 정부'라고 자칭, 타칭으로 호칭한다. 이런 오만하고 독선적인 호칭이 아무런 거부감 없이 받아들여지고 있다는 것은 우리 사회가 갖는 민주적 후진성의 표징이며 우리 정치인들의 저열한 수준을 잘 나타내는 증거라고 생각한다.

‘문민정부’라는 호칭에 관해서 보면, 전두환이나 노태우가 ‘신 군부의 쿠데타’로 정권을 거머쥔 사람들임에는 틀림이 없지만, 적어도 이들 정부도 군인이나 군사 집단이 통치했던 것은 아니므로 법률적으로 또는 가장 평범한 정치적 상식으로 보아서 이들도 틀림없이 ‘문민정부’이다.

‘국민의 정부’라는 호칭은 더더구나 ‘독선의 극치’라고 본다.

이말대로라면 김대중 대통령만 ‘국민이 뽑아 준 대통령’이라는 말이 되는데, 반어적 의미로 보면 민주국가인 대한민국에서 다른 모든 역대 정부는 헌법적으로 인정될 수 없는 ‘불법적인 정부’가 되어 버린다. 적어도 국정을 책임지는 대통령의 이런 독선적 정신 상태는 민주 국가에서는 결코 용서할 수 없는 것이다.

독선은 언제나 오만으로부터 온다. 그런데 민주적 지도자가 가장 금기시해야 하는 것이 바로 오만이다. 민주적 지도자는 국민과 국가에 대해서 겸허할 줄 알아야 한다. 겸허함은 대통령이 되기 위한 치장적 덕목이 아니라 가장 긴요한 논리 필연적인 덕목이다. 이것은 대통령에게 절대적이며 가장 먼저 요구되는 덕목이다.

미국 대통령 버락 오바마는 그의 취임 연설을 “나는 오늘 대통령에게 주어진 중차대한 임무에 겸허한 마음으로 임하기 위해 이 자리에 섰습니다.”라고 시작하

고 있다. 참으로 적절하고 가장 긴요한 선언 이 아닌가?

필자는 이명박 정부가 어려움에 처한 이 나라를 회생과 도약의 단계로 잘 이끌어 주지는 못하면서 노무현 정부나 김대중 정부의 치세를 '잃어버린 10년'이라고 말하고 있었던 것을 가장 듣기 싫어했다. 왜냐하면 이것도 다른 종류의 오만이기 때문이다. 아주 조금만 생각하면 이런 종류의 오만이 얼마나 경직된 사고와 불철저한 사유思惟에 기인한다는 것은 금방 판명된다. 조금 다른 말로 표현하면, 이런 종류의 오만하고 부정적인 견해는 사실상 윤리적으로 또는 정치적으로 무의미한 것이다. 즉 아무런 구체적인 의미를 담을 수 없다.

전임 대통령의 정부가 추구한 정책들에 포함된 많은 중요한 오류들을 왜 직접적이고 구체적으로 지적하지 못하고 이런 포괄적, 부정적 표현으로 지적하는 것에 안주하려 하는가? '잃어버린 10년'이라는 표현 속에는 보수와 진보를 구별하려는 '편 가르기 식' 의도가 숨어 있는 것을 누구나 잘 알고 있다. 그러나 우리가 당면하고 있는 정치적 과제들은 현실적으로 보수와 진보를 구별하고 있을 만큼 단순하지도 한가롭지도 않다.

더구나 이명박은 노무현이나 김대중의 국가 통치상의 '범죄적 작폐'를 하나도 개선하거나 치유하지도 못하고 "자신은 좌도 아니고 우도 아닌 중도"라는 이상한 변명을 중얼거리면서 모처럼 국민이 그에게 준 대통령의 책무를 처음부터 배반하고, 저버린 자가 아닌가? 그러므로 엄밀하게 말한다면, '잃어버린 10년' 보다도 더 아쉽고 부끄럽게, 우리 역사의 '중요한 15년'이 그렇게 허비된 것이다.

지금 우리 한국 사람들은 그가 어디에 서 있든지, 역사 앞에서 피를 토하는 심경으로 우리들이 그동안 범해 온 혼돈과 오류를 극복하기 위해서 치열하게 반성하고 반복해서 숙고해야 한다.

자유민주주의는 인간의 존엄성, 개인의 생명권, 평등권 및 자유권을 존중하는 국가 체제이기 때문에 논리적으로 전체주의나 사회주의와는 절대로 상용(相容, 서로 받아들이는 것)하거나 공존할 수 없는 체제이다. 헌법상으로 사상과 사유思惟의 자유가 인정된다고 해도 자유민주주의와 상용하거나 공존할 수 없는 이런 정치적 사회적 체제를 옹호하고 도입하려는 정치적 사상과 사유가 허용될 수는 없다. 그러므로 이런 정치세력은 현행 헌법상 명백한 불법 집단으로 간주되고, 그러한 세력의 정치적 활동은 근원적으로 배제되게 되어 있다. 그들은 어떤 정당 활동이나 선거 참여도 부정된다. 이것은 우리의 헌법과 현행 실정법에 명기되어 있고 이미 모든 선진 자유민주주의 국가에서도 가장 명백한 법적인 관행이며, 각종 실정법 규범으로 확립된 원칙이다.

그러나 우리는 지금 역사 교과서 논쟁으로 진보와 보수가 갈라져 논쟁을 벌이고 있기를 수십 년이 지나가고 있다. 일부 역사학자들은 "대한민국의 헌법적 국가 이념과 국가 체제는 자유민주주의가 아니다."라고 공언하고 있다. 전교조에 속한 교사들은 심지어 "자유민주주의는 반북, 멸공을 위해 개인의 자유를 제한하고, 진정한 민주주의를 유보하려는 사이비 민주주의이다."라고 학생들을 가르치고 있다. 이러한 심각한 혼돈과 오류를 우리는 빨리 극복하지 않으면 안 된다.

거듭 지적하거니와 자유민주주의 체제에서 사상과 언론의 자유가 인정되고 보장된다고 해도, 자유민주주의 자체를 부정하고, 우리의 헌법적 이상理想 또는 원칙과는 도저히 상용하거나 공존할 수 없는 이런 정치적, 사회적 체제를 옹호하고 도입하려는 정치적 사상과 언론, 및 그러한 활동들이 법적으로 허용될 수는 없다. 이것은 당연하고 명백한 논리상의 원칙이다. 그런데 지금 우리 대한민국에서는 이러한 '명백한 원칙'이 완전히 무시되고 있다.

1) 역사 교과서 문제

먼저 역사 교과서 문제를 돌아보기로 하자. 한국 역사 교과서의 국정화 논란은 2013년 교학사 교과서 채택과 관련하여 격렬한 이념 충돌이 벌어지면서 문제가 본격화되었다.

2013년 한국사 검정 교과서 사태 당시, 전국 고등학교의 동문회와 지역단체 등이 대대적으로 보수 진영에서 제작한 교학사 교과서에 대한 채택 철회 운동을 전개하였다. 이것은 소위 말하는 좌파나 야권 세력의 움직임도 있었지만, 동문회와 학부모회 등 여야로 구분하기 어려운 세력들까지 동참한 사실이 강조되어 지적되기도 한다. 그러나 이런 현상에는 물론 종북 좌파 세력이나 북한 측의 비밀 자금에 의해서 움직이는 반정부 세력이 이러한 민간단체를 이용했을 가능성도 충분히 있다. 왜냐하면 한국 역사 교과서에 관련된 논쟁은 단순한 교과서 채택의 문제를 떠나서 사실 매우 뿌리가 깊은 이념 논쟁의 양상을 언제나 띄워 왔기 때문이다.

이에 여당을 중심으로 교학사 교과서 살리기 운동이 전개되었고, 2014년 1월 8일 교육부는 교학사 교과서 채택 철회 과정에서 각 학교 당국에 대한 좌파 단체들로부터의 '외압'이 있었다는 조사 결과를 발표하였다. 같은 날 여당에서는 역사 과목을 종전의 단일 국정 교과서로 되돌리는 방안을 검토한다는 입장을 표명하였다.

2014년 1월 박근혜 정부가 한국사 교과서 국정화 방침을 발표하자 전국적으로 이 정부방침에 반대하는 격렬한 움직임이 있었다. 고려대학교 역사 계열 학과 교수진 등 70여 개 대학 사학계史學界 교수들이 국정화 교과서 집필을 거부하고 각 학교 대학생들은 국정화 반대 대자보 붙이기 운동을 벌이는 등 국정화 반대 움직임이 결렬하게 확산되고 있다. 그 밖에 정치권에서는 야당 새정치민주연합, 정의당, 시민단체, 진보단체 등 야권에서는 교과서 국정화 반대 입장을 보이고 있으며 여당 새누리당 내에도 국정화에 반대하는 계파가 존재한다.

한마디로 지금 대한민국은 역사 교과서 문제로 격렬한 '이념 전쟁 상태'에 몰입되어 있다. 이런 시대착오적인 국론 분열을 보는 대다수 국민의 느낌은 우리 사회가, 우리 대한민국이 무언가 대단히 잘못되어 가고 있다는 '참담함' 바로 그것이다.

정부와 여당이 역사 교과서 국정화 방침을 채택한 근거는 교학사를 제외한 검인정 교과서들이 천편일률적으로 그리고 지나치게 좌편향된 내용으로 기술되어 있다는 데에 있다. 그러나 야당과 반정부 단체들은 오히려 교학사 교과서가 친일, 친미로 '역사를 왜곡한' 교과서라는 주장이다.

야당과 반정부 단체 등 교과서 국정화를 반대하는 쪽의 논리적 근거는 현재 나와 있는 검인정 교과서들이 결코 그다지 좌편향 되어 있지도 않고, 정부가 계획한 대로 교과서 검인정제를 폐지하고 국정 교과서로 획일화한다면, 이것은 사상의 자유를 억압하고, 교육내용을 정부의 임의대로 규제하여 획일화함으로써 사상과 교육의 "다양성을 근본으로부터 차단하는 것" 이므로 '민주주의' 원칙에 반한다는 것이다.

거리로 뛰쳐나와서 소리를 지르는 구호나 손에 든 자극적인 피켓의 문안들은 이런 일견 논리적인(?) 이유와 많이 동떨어지는 경우가 많으나 그런 자극적이고 과장된 의사표시까지 여기서 문제 삼을 필요는 없고,

① '별로 좌편향 되어 있지도 않으므로 문제될 것이 없다'는 주장과,

② 국정 교과서로 획일화한다면, 이것은 사상의 자유와 교육내용을 정부의 임의대로 규제하여 획일화함으로써 사상과 교육의 "다양성을 근본으로부터 차단하는 것" 이므로 '민주주의' 원칙에 반한다.

라는 주장에 대해서 검토해 보기로 한다.

"별로 좌편향되어 있지도 않으므로 문제될 것이 없다는 주장"에 속하는 견해가 나와 있었다. 그 견해의 요지[207]를 소개한다;

검인정 교과서로 발간된 한국사 교과서들을 분석해 보니,

① 북한을 무비판적으로 또는 긍정적으로 소개한 교과서는 '없었다'.

② 이승만, 박정희의 통치 업적에 관해, 일부 기술 내용에서 부정적으로 표현하려는 의도는 엿보였다. 그러나 전체적으로 "크게 문제될 것은 없었다."

③ 정부나 새누리당에서 검인정 국사 교과서들이 좌경화되어 있다는 주장은 '최종본'이 아닌 '수정 전' 교과서를 바탕으로 한 판단인 것 같다. 검인정 교과서 출판사들은, 교육부 수정명령을 받아서 '모두 이를 수정하였으며', 학생들은 실제로는 이들 '수정 후 교과서'로 공부하고 있다[208].

그러나 이와는 상당히 다른 견해도 있다.

김진 중앙일보 논설위원이 검정교과서 8종 중에서 가장 많이 채택된(점유율 33%) 미래엔 출판사의 『국사 교과서』를 집중적으로 검토한 견해[209]를 발표했다. 그는 "분석 결과 65군데의 문제점을 발견했다"고 말했다. 약 10페이지가 조금 넘는 이 내용을 여기에 모두 전재할 수는 없을 것 같다. 그러나 역사 교과서 문제를 논의하는 출발이, 지금 우리 아이들이 배우고 있는 우리 역사 교과서가 얼마나 왜곡된 내용을 담고 있는지를 생생하게 아는 데에서 시작되어야 한다고 본다면 우리 국민 누구나 그의 글을 한 번씩 꼭 읽어보기를 권하고 싶다.

독자들의 이해를 돕기 위해서 하나의 예를 들겠다.

김진 의원은 이 책의 서술을 평가하는 의견으로, "경제 성장이나 근대화 업적의 기술이 누락되었다."라고 지적한 부분이 있다. 그러나 필자가 보기에 사실 이런 평가만으로는 충분하지 않다.

당시 전 세계의 140개 이상이 되는 개발도상국들이 국제기구나 선진국의 원조를 받으면서 경제 회생을 도모하였지만, 그들 대부분은 정권 담당자들이 개인적 부를 축적하고, 구조적 부정의 사회적 체제만을 키웠을 뿐 산업화에 성공하지 못했다. 오직 박정희 대통령의 개발 독재만이 한국의 산업화를 세계에서 전례가 없는 속도로 성공시켰다. 우리나라 대통령 중에서도 독재를 한 박정희 대통령만이 가족 비리가 하나도 없었으며 박정희 대통령은 "우리도 한 번 잘살아 보자!"라는 구호로 전 국민을 단결시키고, 분기시키는 데에 성공하고, '새마을운동'과 같은 국민운동으로 나태와 인습에서 헤어나지 못하던 우리 사회에 합리적 진취의 기상을 불어넣는 데에 성공하였다. 그는 당시 우리나라보다도 경제 발전에서 비교적 앞서 있던 필리핀이나 다른 동남아 국가 및 아프리카 국가들보다 결국 더 우수하며 청렴하고 진정성 있는 공무원 사회를 육성시켰다. 그처럼 짧은 기간 동안 당시 한국처럼 악조건 속에서 고도 산업구조를 육성하는 일에 성공한 것이 결코 저절로 된 것은 아니며 그 당시 지도자인 박정희 대통령과 그의 지도력에 호응해서 세계 여러 국가 중에서 유례가 없는 근면과 헌신으로 국가 발전에 매진했던 대다수 우리 국민의 우수한 근성을 강조하는 기술이 빠져 있는 것은 역사 교과서로서는 중대한 결함이다.

또 이 책에서는 민주화 운동의 가장 중요한 역할을 '천주교 정의구현 사제단'이 앞장서서 주도한 것처럼 기술하고 있다. 이것도 정확하지도 않고, 심하게 왜곡된 서술이다. 고문치사 사건을 강하게 부각시키면서, 대한민국 국가 자체가 타도해야 할 악의 본체인 것처럼 묘사하고 있는 것은 전형적인 종북 좌파의 논조이다. 이런 책으로 어린 학생들에게 대한민국의 역사를 가르치라고 한다는 것은 언어도단이다. 이런 역사 기술을 "좌편향되지 않았다."고 평가하는 것은 잘못된 것이다.

이런 '이상한 역사 교과서'를 계속 우리 아이들에게 가르쳐야 한다고, 이런 교과서를 고치는 것은 '역사 왜곡'이 된다고 야당 대표가 커다란 피켓을 들고 '일인시위'를 하고 있었다. 이런 모습을 보는 느낌은 사람마다 같을 수는 없다. 어떤 이는 "별 한가한 친구도 다 있군" 하면서 웃을 것이다. 어떤 이는 "저런 큰일 낼 인사가 있나!" 하고 속으로만 분노할 것이다. 필자의 느낌은 솔직히 '깊은 슬픔'이다. 이런 시대착오적인 이념적 혼돈으로 이토록 국론이 분열되어 거리마다, 학교마다 치열한 적대감으로 우리끼리 서로 대치하는 부끄러운 모습을 언제까지나 계속해야 하나? 하나님께서 우리 대한민국을 이렇게 그냥 내 버리시지는 않을 텐데 참으로 슬프고 답답하다. 그러나 이제 다시 마음을 추스르고 본래 우리들의 질문으로 돌아가자.

> ① '별로 좌편향되어 있지도 않으므로 문제될 것이 없다'는 주장과
>
> ② 국정 교과서로 획일화한다면, 이것은 사상의 자유와 교육내용을 정부의 임
> 의대로 규제함으로써 사상과 교육의 "다양성을 근본으로부터 차단하는 것"
> 이므로 '민주주의' 원칙에 반한다는 주장이 있다.

먼저 첫 번째 문제에 관해서, 명백히 좌편향되어 있으며, 대한민국의 국가적 정체성을 부정하는 태도로 일관되어 있어서 중·고등학생을 교육하는 교과서의 기술로는 부적합하다. 라는 판단에 도달하는 것이 어쩔 수 없는 필자의 결론이다.

두 번째 문제에 관해서 보면, '민주주의'라는 용어를 지나치게 자주 아주 왜곡된 방식으로 사용하면서도 명백히 좌편향된 서술로 우리의 헌법적 이념인 '자유민주주의'를 실질적으로 폄하하고 공격하고 있으며, 대한민국의 국가적 정체성을 근원적으로 부정하는 태도로 일관된 이 역사 교과서의 서술은 이미 사상과 언론의 '다양성의 범주'를 일탈한 것이다. 국가의 자존自尊과 정체성의 유지를 위해서 반드시 이 교과서 내용들을 전부 즉시 고쳐야만 한다. 이들 좌편향된 교과서 집필자들은 우리 대한민국을 향해서 이념적 전쟁을 선포하여 도전하고 있는 것이다. 이런 자들이 역사학자라는 모습으로 우리 사회에 존재하는 한, '잠정적으로라도' 역사 교과서를 국정화하는 도리밖에 없다.

그러나 이 역사 교과서 문제는 이것만으로는 해결될 수 없을 것 같다.

아무리 역사 교과서를 제대로 만든다고 해도 그 교과서로 중·고등학생들에게 역사를 가르치는 사람이 전교조 교사들일 경우에는 문제가 원점으로 돌아갈 수밖에 없기 때문이다. 그러므로 전교조를 우선적으로 불법 집단으로 규정해야 한다. 먼저 우리 사회에서 체제 부정적 인자들을 발본색원해야 한다. 언제나 제도가 먼저일 수는 없고 사람이 먼저이며, 이점을 간과한 제도는 국가적 사회적 역량

의 낭비만을 초래한다.

도대체 아무리 검인정 교과서 제도라고 해도 뉴라이트가 지원하는 교학사 교과서 하나만 좌편향이 아니고, 나머지 7개 종류의 교과서 모두가 천편일률적으로 좌편향으로 기술되는 우리 사회의 구조 자체에 문제가 있는 것이다. 국민 모두가 자유민주주의 이념과 체제에 완전한 이해와 투철한 신념이 형성되어 있다면 이런 현상은 진작에 나오지 않았을 것이다. 정부가 지금 '뉴라이트가 지원하는' 교학사 교과서를 살리기 위해서 '교과서 국정화'라는 제도를 강행하는 것이라면 그것부터 문제가 될 수 있는 것이다.

2) 입법부의 문제

우리는 앞에서 중·고등학생들이 배울 역사 교과서의 좌편향 문제를 돌아보았다. 그러나 앞에서 지적했다시피 이와 같은 시대착오적인 이념적 충돌은 역사 교과서에서 그치지 않는다. 우리 사회 전체가 이상한 좌편향이라는 병마에 지금 시달리고 있는 것이다. 우선 우리 국회에서 일어나고 일들을 돌아보자.

국회에서는 지금 무슨 일이 벌어지고 있나?

놀랍게도 많은 국민들이 국회에서 실제로 벌어지고 있는 사실들을 잘 모르고 있다. 여당의 원내 대표를 하고 있던 여당 국회의원이 정치적 원칙도 없고, 마지막 윤리적 양심도 없는 일부 야당의원들과 실질적으로 야합해서 우리 헌법상의 시장경제 원칙을 정면으로 부인하는 「사회적 경제기본법」을 발의하였다.

이 법이 통과되면, 우리 경제는 '그리스'가 망한 똑같은 전철을 밟으면서 급속도로 허물어지게 되어 있다. 우리의 통일을 막고 있는 남한 내부의 수많은 종북 좌파들을 나무라서 무엇하겠는가? 바로 여당 내부에서 여당 원내대표라는 자가 이런 식으로 헌법적 가치를 짓밟고 있는 판에! 그리고 그 여당의원의 아무것도 모르는 철없는 지역구 유권자들은 "우리 대구 동부 지역구에서 대통령감이 나왔다."
고 술회하고 있는 것이다.

그런데 「사회적 경제기본법」을 만드는 일이 그렇게 큰일날 일인가?

이 법을 발의한 사람들은, "이 법은 협동조합과 사회적 기업을 만들어 취약 계
층을 보호하고, 복지 안전망을 확충하여, 시장경제의 단점을 보완하기 위한 법"이
라고 설명한다.

그러나 정부가 세금으로 협동조합과 사회적 기업을 의무적으로 지원하게 하고,
대통령 직속으로 사회적 경제위원회를 만들라고 강제하는 이 「사회적 경제기본
법」은 시장경제의 단점을 보완하는 수준이 아니라, 국가 경제 활동에 관한 한 정
부 만능주의를 전제로 한 제도이다. 정부가 경제질서를 인위적으로 주도하는 것
과 다름없기 때문에, 개인과 기업의 경제상의 자유와 창의는 원초적으로 억압,
말살되고, 틀림없이 광범위한 도덕적 해이를 낳게 된다.

정부에 의한 인위적 경제 활동의 통제는 공산주의 사회에서나 하는 일이다. 우
리가 소련을 비롯한 동구권 사회주의 국가들의 몰락이라는 역사적 경험에서 이
미 잘 보아 왔듯이, 이는 필연코 치명적인 결과를 낳는다. 눈먼 정부의 돈(세금)을
타내기 위한 광범위한 로비가 판칠 것이고, 정부는 무소불위의 신처럼 군림하게
된다. 지속적인 수익 창출을 하지 못하는 사회적 기업들이 속출해서 세금만 낭비
하고, 본연의 목적보다는 정치 활동에 몰두하는 사회적 기업이나 협동조합이 대
거 출현하게 될 것이다.

냉전 종식 이후에 살아남은 베트남이나 중국과 같은 사회주의 국가가 경제적
회생을 할 수 있었던 것은, 사회주의 국가 체제 속에서도 그래도 어색한 대로 시
장경제 원칙을 도입했기 때문이다. 북한이 '정상 국가'로 살아남으려면, '개혁과 개
방을 해야 한다'고 우리는 주장한다. 그 개혁의 '핵심적 내용'이 바로 시장경제체제
로의 개혁이다. 그런데 우리 대한민국이 지금 갑자기 시장경제체제를 부정하고
공산주의식 정부 주도의 통제경제로 돌아간다면, 경제적으로 틀림없이 망하게 되

는 것은 당연한 결과이고, 한반도 평화통일에 있어서 적화통일赤化統一 이외의 '통일의 명분'은 논리상으로도 완전히 없어지는 것이다.

우리 현행 헌법 제119조를 자세히 논할 필요도 없이, 이런 법은 우리의 가장 중요한 헌법적 가치를 부정하는 입법이다. 이런 입법을 지금 우리 국회에서 여야가 야합해서 만들어 내려고 하고 있다. 참으로 큰일 날 일이 아닌가?

이런 일이 지금 우리 국회에서 벌어지고 있다.

3) 사법부의 좌편향 문제

서울행정법원 행정6부(재판장 김정숙)가 지난 2015년 12월 3일, '백남기 농민 쾌유와 국가 폭력 규탄 범국민 대책위원회(백남기 범대위)'가 "서울 도심 집회 금지 처분의 효력을 정지해 달라"며 서울지방경찰청을 상대로 낸 집행정지 신청을 받아들였다. 김정숙 판사 등은 11월 14일 청와대로 진격하려고 했던 폭력집회 가담 세력에게 "집회가 공공질서에 직접적 위협을 주거나 심각한 교통 불편을 일으킨다고 단정할 수 없다."는 판단으로 내린 것이다.

2015년 11월 17일에 서울 도심 한복판에서 열린 민노총 시위는 민주노총 산하 53개 노조에 속한 10만 군중이 모인 것이다.

당시, 경찰차 유리창을 깨고 밧줄을 걸어 경찰차를 넘어뜨리려 줄을 당기고 있는 시위 군중을 향해서 경찰이 물대포를 쏘았는데, 이 물대포에 60대 농민이 부상을 입었다. 그 사람이 '백남기 농민'이다. 한겨레신문과 경향신문은, 공권력을 향한 폭도적인 테러 행위는 지적하지 않고 이를 '경찰의 과잉진압'이라고 규탄하는 보도를 했다. 참으로 '무심한 언론'이 우리 사회에 '근거 없는 적대감'을 조장하고 있는 것이다.

우리에게는 일반인보다는 좀 더 사실에 투철한 '기자', 국민들에게 보다 확실한 진실과 정의를 계도할 수 있는 '진정한 언론인'은 없는 것인가?

그날 도심에 모였던 10만 군중 속에 나의 사랑하는 형제와 이웃이 피켓을 들고 거기에 서 있었을 수도 있다. 그러니 이들에 대한 불법적인 과잉진압을 동조하는 국민은 아마 아무도 없었을 것이다. 그러나 '복면을 한 채로' 공권력을 향한 폭도적인 테러행위를 자행한 시위자들이 있었다. 경찰차 속에 갇혀서 쇠파이프를 든 복면 테러분자들의 악의적인 공격에 속수무책으로 당하고 있던 젊은 전경戰警은 바로 우리의 아들들이다. 우리가 아끼는 대한민국의 법치주의를 위해서 이런 자들을 발본색원해서 엄벌에 처하도록 해야 하는 것이 우리들의, 법치국가인 우리 대한민국의 '시급한 과제'가 될 수밖에 없다.

2015년 11월 14일, 청와대로 진격하려고 했던 폭력집회 가담세력은 원래 노동개혁 입법 반대, 역사 교과서 국정화 반대 등을 명분으로 반정부 폭력 난동을 자행한 단체들인데 똑같은 집단이 이번에는 자기들의 난동 집회에서 부상당한 농민을 반정부 집회의 또 다른 새로운 감정적 빌미로 삼아서 다시 대규모 난동을 획책하고 있는 것이 분명했다. 이런 그들에게 사법부는 그들의 집회가 "공공질서에 직접적 위협을 주거나 심각한 교통 불편을 일으킨다고 단정할 수 없다."는 판단을 내린 것이다.

박정희부터 박근혜에 이르기까지 모든 선거에서 단 한 번도 보수·우파 후보를 지지한 적이 없는 진보·좌파라고 자신을 스스로 소개한 한 시민이,

지난번 폭력시위에 대한 경찰 대응을 국가폭력으로 규정하고, 국가폭력규탄을 구호로 신청한 집회금지 가처분을 집회결사의 자유라는 이름으로 받아들인 김 정숙 판사는 지난 민노총의 폭력시위를 진압한 경찰이 '국가폭력'이라고 판단 했다고 유추할 수가 있는데, '백남기 농민의 쾌유와 국가폭력규탄 범국민대책 위원회'의 시위가 박근혜 퇴진을 외치는 불법시위로 돌변하고 폭력시위로 변하 여 청와대로 돌진하려 할 때 사회안정을 위한 경찰이 지난번 시위처럼 차벽을

> 치고 시위대와 물대포 등으로 대결하다가 사상자가 발생하면 모든 책임을 지고
> 김정숙 판사는 즉각 사퇴하여야 할 것이다.

라는 글을 올리고 있었다.[210]

2015년 12월 5일 오후 3시에 시작되어 오후 8시 37분에 종료된 제2차 집회시위에서는 박근혜 정부가 추진하려고 하는 '복면금지법안'에 항의하는 뜻으로 시위대들은 일제히 가면을 착용하여 시위에 임하였다. 2차 민중 총궐기 집회에는 야당의 문재인 대표, 이종걸 원내대표, 정청래, 유승희 최고위원, 안민석 의원 등이 참석하여 평화 시위를 유도하기 위해 가슴에 '평화'라고 쓴 배지를 차고 나타났다. 이들 야당의원들이 가슴에 달고 나온 '평화' 배지 때문인지 시위대들은 경찰의 통제선을 준수하였으며, 1차 민중 총궐기와 같이 청와대 방면 행진을 강행, 시도하지도 않고, 쇠파이프 등을 사용한 폭력 난동을 시도하지도 않았다. 결국 경찰의 '서울 도심 집회 금지 처분'의 효력을 정지시킨 서울행정법원 행정6부 재판장 김정숙 판사는 '즉각 사퇴'의 곤경을 겪지 않아도 되게 되었다.

무지막지한 폭력집단의 집회가, "공공질서에 직접적 위협을 주거나 심각한 교통 불편을 일으킨다고 단정할 수 없다."는 판단을 한 서울행정법원 김정숙 판사는 '다니엘 같은 명판사'(셰익스피어의 『베니스의 상인』이라는 희곡에 이런 말이 나온다)가 된 셈이다.

지금 우리 사회를 풍미하고 있는 전형적인 좌파적 논조에 전적으로 동의하고 있던 한 사람의 시민도 저 무도한 폭력시위를 진저리를 치며 걱정을 했는데 김정숙 판사는 어떻게 쇠파이프에 얻어맞으면서 그 무도한 폭력시위를 진압한 경찰을 '국가폭력'이라고 단정하고도 '다니엘 같은 명판사'라는 말을 들으면서 안도의 휘파람을 불수가 있었는가?

위의 '자칭 좌파적 시민'의 글 이외에도 서울행정법원 김정숙 판사를 '폭도들에게 집회 허가를 내준 법관'이라고 규탄하는 많은 시민들의 비난이 인터넷 댓글과 가두시위 등 여러 형태로 분출되었다. 그중에서도 '사법부 전체의 좌파적 경향'을

염려하는 글이 많았다.

사법부를 '폭도들에게 집회 허가를 내준 법관들'이라고 규탄하는 많은 시민들의 비난은 근거가 없는 것인가? 우리 사법부 전체가 좌파적 경향으로 심각하게 오염되어 있다고 하는 염려는 어느 정도 근거가 있는가? 그것이 사실이라면, 사법부까지 이념적 혼돈에 심각하게 오염되어 있다고 하는 것은 우리에게 어떤 의미가 있으며 우리는 이런 사태에 어떻게 대처해야 하나?

"아니, 누가 법학 교수 아니랄까 봐 되게 따지고 있네."

"김일성 돈으로 사법고시 합격한 놈들 다 파면시켜야지, 무슨 말이 그리 많소?"

성미 급한 사람들은 이렇게 일갈一喝을 할지도 모른다.

그렇지만 이 일은 그런 식으로 성깔 나오는 대로 일갈을 하고 그냥 지나갈 그런 문제가 아니다. 사법부까지 이념적 혼돈에 심각하게 오염되어 있다고 하는 것은 이 대한민국이 이제는 구제할 수 없을 정도로 망해 가고 있다는 말인데 절대로 우물쭈물 그냥 넘어갈 문제가 아니다.

서울 행정법원 행정6부 김정숙 판사는 전라도 광주 출신으로 광주경신여자고등학교를 나오고 고려대학교 법학과를 나와서 사법시험에 합격하여 판사의 길을 걷고 있는 사람이라고 한다. 그녀가 악명 높은 '우리법연구회' 회원인지 여부는 확인되지 않았다. 그가 '이념적으로 좌경화된 법관인가'의 여부를 묻기 전에, 이미 서울 도심을 전쟁터를 방불케 하는 아수라장으로 만든 폭력 난동 집회의 주모자들에게 똑같은 폭력 난동 집회로 발전할 소지가 있는 집회를 허가한 그들의 '판결'은 사회 정의와 법질서의 최후의 보루인 사법적 판단으로서는 이해하기 곤란한 판결이라고 생각하지 않을 수 없다.

'우리법연구회'는 1987년 6·29 선언 후에 제5공화국의 사법부 수뇌부가 그대로 유임된 일로 발생한 사법 파동을 겪으며 창립된 진보 성향 판사들의 모임이다. 전체 회원은 약

140여 명으로 박시환 대법관, 강금실 전 법무부 장관, 김종훈 전 대법원장 비서실장, 박범계 전 법무비서관 등이 노무현 정부 시절 요직에 발탁된 사실이 있다.

문제의 핵심은 법원 내에 사조직이 있다는 사실이다. 자신들은 현재까지도 순수 '연구모임'이라고 주장하지만, 이념적인 색깔을 가지고 정치적 행태를 보인 기록들이 있다. 용산참사 수사기록을 공개해 논란이 되고 있는 이광범 서울고법 부장판사나, 국회 점거농성을 벌인 민노당 당직자들에게 공소기각 판결을 내린 마은혁 서울남부지법 판사가 '우리법연구회' 출신이다. 이들은 2008년 11월 촛불시위 담당 판사들에게 재판을 신속히 하라는 이메일을 보낸 신영철 서울중앙지방법원장이 2009년 2월 대법관에 임명되자 이메일을 보낸 사실을 뒤늦게 문제 삼으며 신 대법관 사퇴 촉구에 앞장서기도 했다.

'우리법연구회' 소속 판사들이 좌편향된 판결을 한 몇 가지 예를 들면 다음과 같다.

1. '우리법연구회' 소속인 서울행정법원 부장판사는 2009년 12월 31일, 학업성취도 평가를 거부했다가 파면, 해임 등의 중징계를 받은 전교조 교사 7명이 낸 해임처분취소 청구소송에서 "해임 처분은 징계 권한 남용으로 무효"라는 판결을 하였다.

2. '우리법연구회' 소속인 인천지법 행정1부 부장판사는 2011년 12월 9일, 민노당에 불법 후원금을 낸 전교조 교사 7명에 내려진 징계를 취소하라고 판결했다.[211]

3. 2011년 3월 17일, 전주지법 형사1단독 판사는 이른바 '빨치산 추모제' 사건 관련, 전교조 소속 김형근 교사에 무죄를 선고했다.[212]

4. 2009년 2월 17일, 서울남부지법 민사16부 부장판사는 "미국산 쇠고기에 대한 왜곡보도로 사회적 혼란을 초래하여 정신적 고통 등을 당하였다"며 국민소송인단 2,455명이 MBC의 'PD수첩'을 상대로 제기한 손해배상 소송을 기각했다.[213]

5. 2009년 10월 22일, 남북공동선언 실천연대 사건에서 서울고법 형사10부 부장판사는 핵심 간부 4인에 대해서 집행유예 판결을 함으로써 모두를 석방하였다.

6. 2009년 11월 11일, 서울남부지법 형사5단독 판사는 미디어법 개정에 반대하며 국회 시설을 불법점거, 연좌농성을 벌인 민주노동당 당직자들에 대해서 공소 기각 판결을 내렸다.[214]

앞에 열거된 몇 개의 판결들의 공통점은, 현행법을 명시적으로 위반하고 대한민국의 현 체제에 적대적 파괴행위를 자행한 자들을 의도적으로 두둔하고 있으며, 불법과 폭력을 비호하는 결론을 판결에서 유도함으로써 사법부의 판결이 결과적으로 우리의 헌법적 가치를 부정하고 공격하는 모습으로 나타나고 있다는 점이다.

물론 모든 현역 법관들이 예외 없이 몽땅 좌편향으로 돌아선 것은 아니지만, 1999년에 시작된 김대중 좌파 정부 때부터 노무현, 이명박에 이르는 15년도 더 넘는 오랫동안 혼돈의 정권이 계속되어 1980년대 주사파 운동권 출신들이 사법부에 들어와서 '우리법연구회' 같은 사조직으로 결속되고, 육성되고, 이제는 사법부의 핵심으로 들어와 있어서 사법부 전체의 의식을 시대착오적인 좌편향으로 이끌고 있다는 점은 부정할 수 없게 되었다.

야당이건 심지어 여당까지도 한국의 정치인들이라면 어떤 이유에서건 무조건 우선 대한민국의 현 체제와 정부를 공격하는 것을 능사로 삼는 지금과 같은 망국의 풍조를 '좌편향'이라고 말한다면, 정치인들이란 본래 부평초와 같아서 이제는 더 이상 '민주화'란 명분으로는 '살아남을 수 없다'는 것을 이들이 알아차리기만 하면 이들의 시대착오적이고 어처구니없는 '좌편향'을 고치는 일은 의외로 쉽게 해낼 수도 있을 것 같다. 그러나 사법부의 이런 시대착오적인 '좌편향'을 고치는 일은 그리 간단히 되기는 어려울 것 같다. 왜냐하면 우선 사법부의 법관들이란 철저한 독립기관이기 때문이다. 그리고 더욱 곤란한 것은 우리 현행의 사법제도상으로는 재판의 판결문은 쉽사리 공개되지 않는 다는 점이다.

필자와 같은 학자가 철옹성 같은 사법제도 속에서 말도 안 되는 '좌편향' 판결을 지금도 쏟아내고 있는 저 386 판사들의 한심한 작태를 일거에 고칠 수 있는 묘안을 어찌 생각해 낼 수가 있으랴! 그저 겸허하게 한 가지 제안을 여기에 제시하려고 한다.

모든 법관들이 자발적으로 판결문과 증거자료들을 판결 즉시 그 전부를 공개하는 것을 '당연한 일상적인 관례'로 만들어 주기를 바란다. 개별 법관들이 사법부와 우리 대한민국을 살리기 위해서 이 정도는 해줄 수 있으리라고 기대한다.

그리고 여기에 더해서 지금은 대한민국의 언론 자체가 심하게 좌경화되어 있는 만큼 사법부를 홍보하고 판결의 공정한 내용을 정당하게 분석 비평할 수 있는 독립된 인터넷 매체들이 많이 나와야 한다. 사명감이 있는 로펌들이 이 일을 해줄 수 있다고 필자는 생각한다. 이처럼 '열려 있는 체제'가 확보될 수만 있다면 우수한 사법부의 엘리트들은 금방 자정自淨의 과정을 이루어낼 수 있을 것이다.

다. 자유민주주의의 완성을 위하여

1987년부터 지금까지 29년간이나 계속되어 온 혼돈과 역사적 퇴행을 종식시키는 '변화'가 필요하다. 왜 대한민국은 이미 거덜이 난 북한의 공산주의 이념의 늪에 빠져서 국민이 갈라져야 하나? 왜 지도자와 국민이 한데 뭉쳐서 열정과 희생과 헌신으로 2차 세계대전 이후 독립한 140개 국가 중에서 유일하게 근대화, 산업화를 이룩한 자랑스러운 역사를 외면하는가? 왜 파당을 만들어 서로가 서로를 향해 소모적인 증오의 감정만을 키우고 있는가? 폐허 속에서, 맨손으로, 인접 국가의 적대감과 질시 속에서, 의욕만으로, 이만큼 자랑스러운 나라, 대한민국을 키워 낸 한국인의 기백을 왜 흩뜨려 버리려고 하는가?

이런 모든 과제의 해결책은 우리의 헌법 정신인 자유민주주의로 돌아가야 한다는 의식의 회복이다. 우리 대한민국은 지금 자유민주주의의 완성을 위하여 국민이 모두 단결하고 힘을 모아야 한다.

그럼 어떻게 해야 하나?

우리의 헌법 정신, 자유민주주의는 철저히 학습되어야 하고, 국민의 의식 속에 철저하게 체질화되어야 하며, 지도자들은 끊임없이 이를 국민에게 강조하고 상기시켜야 한다.

미국과 같이 오래전에 이미 자유민주주의가 안정적으로 정착한 사회에서도 정치 지도자들은 기회 있을 때마다 개국의 선조들(The Founding Fathers)이 선언한 독립선언서의 조항들을 국민에게 강조하고 상기시켜서 자기들의 헌법 정신을 강조하고 있다. 지금부터 55년 전 미국의 젊은 대통령 존 에프 케네디는 그의 취임 연설에서 다음과 같이 말하고 있다.

(…) 인간의 권리는 정부의 관용으로 실현되는 것이 아니라 하느님의 손으로 실현되는 것이라는 우리 건국의 아버지들의 혁명적인 신념은 지금도 전 세계에서 우리들의 과제가 되어 살아 있습니다. (…) 그러니 사랑하는 미국 국민들이여! 국가가 여러분을 위해서 무엇을 해줄 수 있겠는가를 묻지 말고, 여러분이 국가를 위해서 무엇을 할 것인가를 먼저 자문해 주십시오.

존 에프 케네디

재취임하는 버락 오바마 미국 대통령

버락 오바마 미국 대통령은 최초의 흑인 대통령인 동시에 흑인으로 대통령에 재선된 최초의 사람이다. 그는 또한 2013년 그의 재취임 연설 서두에서 자유민주주의 이념의 요체를 가장 아름답게 요약한 미국 독립선언서 제2조를 그대로 인용하고 있다.

우리를 남다르게 만드는 것, 우리를 미국인으로 만드는 것은 200년도 훨씬 전에 우리 선조들에 의해서 만들어졌던 독립선언서 안에 명백하게 표현되어 있는 다음과 같은 이상理想에 대한 우리의 전폭적인 공감과 헌신입니다.
즉, "우리는 – 만인은 평등하게 창조되었다; 만인은 누구나 창조주에 의하여 양도할 수 없는 확고한 권리를 부여받았다; 생명의 권리, 자유의 권리 그리고 행복을 추구할 수 있는 권리는 확고하게 창조주로부터 부여받은 이들 권리 안에 들어 있다 – 라고 하는 진리를 우리는 자명한 것으로 신봉"하는 이상理想 말입니다.

백범 김구 선생이 1911년 서른다섯 살에 이른바 '안악 사건'으로 두 번째로 일경에 체포되어 서대문 감옥에서 온갖 모진 고문을 당하게 되었을 때이다. 그는 밤을 새워 자신을 고문하는 일경들이 이미 남의 나라(대한제국)의 국권을 전부 탈취하고 나서도 그 국가적 야욕을 완성하려고 저리도 밤낮없이 나랏일에 몰두하는 것을 감탄하면서, 평소 나라를 위하여 저 왜놈들만큼도 정성과 힘을 쓰지 못한 것을 부끄러워했다고 한다. 그러나 자신이 17년 전에 치하포에서 국모 살해에 대한 복수로 일본 육군 중위 쓰치다土田讓亮를 때려죽인 김창수와 동일 인물인 것도 전혀 모르고 맹목적으로 잔인한 신문을 계속하는 점과 자신이 김창수라는 것을 잘 아는 한인(조선인) 형사와 정탐들이 이 사실을 절대로 일경들에게 밀고하지 않고 있는 것을 보고 비로소 민족적 자존심을 되찾았다고 한다.

마흔 살도 채 안된 백범 김구는 서대문 감옥에서 일경에게 모진 고문을 당하면서 국권을 상실한 조국과 젊은 자기 자신에 대한 치열하고 철저한 사색을 통하여 비로소 민족적 자존심을 되찾았다. 그리고 우리는 이봉창 윤봉길 등 수많은 독립투사들의 희생을 바탕으로 결국 국권을 되찾았다.

통탄할 한일 간의 과거사에서 우리 한국 사람들이 겪은 가열한 연단과 시련을 상기하고, 우리 선조들의 애국의 열정과 조국의 국권 회복을 위해 바친 헌신과 희생으로부터 우리는 대한민국 국민으로서의 국가적 자존심을 언제라도 재확인하고 새롭게 분발할 수 있어야만 한다.

아놀드 토인비는 『시련에 처한 문명』이란 그의 저서에서, "문명의 실패로 인한 역사적 고통을 통해서 얻게 되는 배움은 문화적 진보를 위한 최고의 수단일지도 모른다."고 말했다[215]. 한국 사람들은 이러한 한일 과거사에 점철된 역사적 고통을 통해서 겪은 연단鍊鍛과 시련試鍊으로부터 결국 '문화적 진보를 위한 가장 가치 있는 수단'을 얻고 있어야만 한다. 불행한 역사를 통해서 점철된 그토록 가열한 연단과 시련을 통해서 우리는 뚜렷한 '국민적 교훈'을 얻어내고 있어야만 한다.

다시는 '편 가르기의 작폐'를 연출하여 애써 이룩한 국가적 실체를 소모해 버리는 어리석음을 되풀이하지 않기 위해서 위로는 국가의 최고지도자부터, 아래로는 겨우 인지人智가 성장하기 시작한 초등학생에 이르기까지 철저하게 숙지된 '한

국인의 국가를 지키는 절대적 행동 지침' 예컨대,

> 공인公人은 절대로 '편 가르기'를 해서는 안 된다.
>
> 개인이나 정당政黨의 이익을 위한 주장이 아무리 정당正當한 것일지라도 그것을 쟁취하기 위해서 '편 가르기'를 하여 무리 속에 들어가 편을 갈라서 '서로 다투는 것'은 국가나 국민의 안전과 이익을 침해하는 것이며, 그러한 투쟁이나 주장은 절대로 용인容認될 수 없다.

라는 원칙 같은 것을 마련하여 철저히 교육하고 훈련해야 하는 것이 아닌가? 우리에게 이런 지혜와 이런 경각심만 있다면, 미국처럼 자유민주주의 이념의 요체를 가장 아름답게 요약한 미국 독립선언서와 같은 훌륭한 문서가 실체적인 유산으로 우리에게는 없어도, 우리는 언제나 하늘을 우러러 한 점 부끄럼 없이 살기를 위해 노력하며(이런 것을 경천敬天이라고 한다), 모든 이웃을 사랑하고 더 나아가 모든 생명을 아끼고 사랑하는 마음(이런 것을 애인愛人이라고 한다)을 가진 우리들이다. 홍익인간弘益人間의 국가적 이상理想을 가진 우리들은 21세기 현대에 자유민주주의를 가장 이상적으로 꽃피울 수 있는 기본적인 국가적, 국민적 소양을 갖추고 있는 것이다.

그러므로 우리들은 경천애인敬天愛人과 홍익인간弘益人間의 이상理想을 품은 '한국사람' 본래의 모습으로 돌아가기만 하면 된다. 개인의 창의력과 인간의 존엄성을 귀중하게 여겨 온 우리들 자신의 모습으로 돌아가자. 그렇게 하면 우리들의 자유민주주의는 저 미국 사람이나 유럽 사람들보다 더 완벽하게 성공한다. 틀림없이 성공할 수 있다.

아쉬운 마음으로 우리 정치 지도자들에게 겸허하게 하나의 조언을 드리고 싶다.

적어도 정치 지도자라면 윤리적 기준에 관하여 국가적 또는 사회적 보루로써 국민이 분노를 느끼고 상처받는 일이 없도록 지켜내야 한다. 모름지기 정치 지도

자는 독선과 오만의 유혹을 벗어나서 겸허한 자세로 국민을 고무 격려하여 새로운 희망과 자신감을 회복시켜 나가야 한다.

2009년 1월 20일, 미국 대통령에 취임한 버락 오바마가 미국 국민을 고무 격려하는 말로 그의 취임 연설을 시작하는 모습을 상기해 보자.

> 이제 저를 포함한 44명의 미국인이 이 자리에서 대통령 취임 선서를 한 셈입니다. 그 대통령 선서의 말들은 이 나라가 번영의 상승 곡선 위에 있을 때 그리고 세계가 평화를 구가할 때에 선언되기도 했지만, 이 나라가 시련의 먹구름 속에 있을 때 그리고 전 세계가 증오의 격정에 휘 몰릴 때에 선언되기도 했습니다. 그 모든 순간에 이 나라 미국은 대통령이나 고위직에 있는 몇몇 지도자들의 정치적 안목과 자질에 의존한 것이 아니라, 미국 국민 모두가 우리 선조가 제시한 민주적 이상과 이 나라의 건국 이념을 선언한 기본적 문서들에 천명된 원칙과 진실에 충실함으로써 국가의 기능을 유지해 온 것입니다.
> 이 나라 미국이 지금까지 그렇게 해온 것처럼, 지금 이 시대의 미국인들도 반드시 그렇게 해야만 할 것입니다.

라고 시작하고 있다.

이 말들은 미국 국민들을 고무시키기 위해 참으로 적절하게 선택된 것이다. "건국의 아버지들이 제시한 민주적 이상과 건국이념을 선언한 기본적 문서들에 천명된 원칙과 진실"은 미국 독립선언서와 미국 헌법에서 명기하고 있는 '법 지배의 원칙', '만민 평등의 원칙', '행복 추구의 원칙'들이다. 이 미국의 헌법적 이상은 다민족 국가인 미국 사람들의 정치적 이상이 되어 왔으나 사실상 이것들은 그러한 법적, 정치적 의미를 넘어서 그들 모두의 '아메리칸 드림'과 자존심이 근원을 이루고 있는 것이다.

버락 오바마가 미국 대통령에 취임하는 그 영광의 정점에 서서, 미국은 이런 선서를 하는 대통령의 정치적 안목이나 개인적 자질에 의존하는 것이 아니라, 자기들의 꿈과 자존심의 근원인 '헌법적 이상'에 충실하려는 미국 국민 각자의 노력에 의존해서 지금까지 그 국가적 기능을 발전시켜왔으며 앞으로도 그렇게 되어야 한다고 갈파하는 것은, 미국 국민이 사실상 그날 그 대통령 취임식이 표상하는 모든 영광의 '실질적 주인'이라고 하는 사실을 확인하는 것이며, 이 취임 연설의 결론에서 미국 국민에게 "새로운 책임의 시대를 열자"고 호소하기 위한 논리적 서두가 되는 것이다.

그러므로 이것보다 더 효율적으로 더 정당하게 미국 국민들을 고무시킬 수 있는 방식은 없을 것이다.

그러나 생각해 보면, 대통령이나 정치 지도자의 정치적 안목이나 개인적 자질에 의존한 것이 아니라, 국민 한 사람 한 사람의 희생과 헌신에 의존해서 그 많은 국난을 극복하고, 지금 여기 아직도 조금은 자존심이 남아 있는 나라, 대한민국이 서 있도록 한 바로 그 당사자들은 다름 아닌 '대한민국의 국민들'이다.

17세기 조선왕조 숙종 때, 정부가 '비워 놓은 섬'인 울릉도와 독도를 일본 사람들이 들어와서 마구잡이로 수탈하고 있었을 때 이들을 쫓아내고 이 섬을 지킨 것은 아무런 관직도 가져본 적이 없는 안용복이라는 민초였다.

1950년대 「대일강화조약」에서 미국은 태평양 전쟁 중 연합국의 적敵이며 제국주의 침략의 주체였던 일본을 극동에서 미국의 전략적 동반자로 정의하고 그 전쟁책임을 원천적으로 면제하였다. 이 왜곡된 평화조약이 발효되자마자 일본은 정부 선박과 경비정들을 보내서 독도를 실력으로 점유하려고 시도하였다. 이때 이들의 실력적 침범을 물리치고 독도를 지킨 것은 울릉도 출신 제대군인 홍순칠과 34명의 '민간인'의용수비대였다.

아주 오래전부터 언제나 그래 왔다.

이상할 정도로 이 한반도에서는 결정적인 시기에 나라를 지키고 구한 것은, 왕도, 대통령도, 장군도 아니고 언제나 민초들이었다. 특히 우리나라는 의병의 봉기가 나라를 구한 예가 많다.

17세기에 조선왕조가 겪은 가장 참담한 외침의 역사가 임진왜란이다. 이 임진왜란에서 이순신 장군의 중요한 승전의 역사는 이미 잘 알려진 바와 같지만, 육전이나 해전에서 의병, 즉 민초들의 참전이 왜적을 격퇴하는 중요한 계기가 되었다는 것은 잘 알려지지 않은 것 같다. 그중에서 의병장 곽재우의 활약은 우리가 잊어서는 안 되는 중요한 역사이다. '홍의 장군' 곽재우는 나이 41세 때 임진왜란이 터지자 읽던 책을 버리고 재산을 팔아 고향 의령에서 의병을 일으켜 싸움터로 나섰다. 그는 붉은 비단으로 군복을 만들어 입었기 때문에 사람들은 그를 '홍의 장군'이라고 불렀다. 곽재우가 싸운 대표적인 전투는 정암진鼎岩津에서 벌어졌다.

정암진은 의령에서 교통의 요충지로 중요한 요새다. 그는 이곳을 중심으로 남강과 낙동강 일대를 방어했다. 1592년 6월 초, 왜군이 전라감사 일행으로 위장하여 함안에서 남원군 운봉을 넘어 전라도 북부를 공격하려고 정암진을 넘어왔을 때, 곽재우는 휘하에서 자기를 닮은 장정 10명을 뽑아 자기와 똑같이 붉은 옷을 입혀 백마를 태워 내보냈다. 이 위장 전술로 왜군들은 여기저기 나타나는 홍의 장군을 잡으려고 우왕좌왕 갈피를 못 잡았다. 왜군은 정암진 전투에서 거의 전멸하다시피 했다. 김시민이 진주성을 지킬 수 있었던 것은 곽재우의 이 정암진 승리가 절대적 요인이 되었다. 이 정암진 전투와 김시민 장군의 진주성 수성守城으로 경상도 성주와 현풍, 영산, 창녕 일대가 왜적에게서 벗어났고, 적군은 경상도에서 전라도로 곧장 쳐들어가지 못하여 호남의 곡창지대가 왜군의 손에 넘어가는 것을 끝까지 막을 수 있었다. 이것은 또 이순신 장군의 수군이 성공적인 작전을 계속할 수 있었던 결정적인 요건이기도 했다. 왜군들은 추풍령을 지나 금산과 무주, 진안 등 전라도 북부 일부만을 침입했던 것이다. 물론 이러한 전세가 수렴되어 정유재란에서 조선 왕국은 결국 왜군을 패퇴시키고 나라를 지킬 수 있었던 것이다.

그러니 한국의 대통령이나 정치 지도자들은 버락 오바마가 한 것 이상으로 당연히 모든 정치적 공로를 국민에게 돌리며 국민을 정당하고도 정중하게 고무할 줄 알아야 할 것이다.

그러나 이것은 혹시 필자의 개인적 편견일지도 모르겠지만, 사실 지금까지 한국의 어떤 정치 지도자도 버락 오바마가 그의 취임 연설 초두에서 한 만큼 풀뿌리 민초들, 즉 국민을 존중하고, 이들을 고무하려고 시도한 기록은 없다.

오히려 그들은 민초들의 피나는 헌신의 결과를 자기들만의 공로로 윤색하여 이를 찬탈하고 그들을 짓밟으려 하였다. 이것이 우리 한국적 풍토 위에 아주 오래전부터 조성되어 온 '불행한 지도자와 국민과의 관계'이다.

앞에서 말한 17세기 임진왜란의 경우로 돌아가 보자.

임진왜란 발발 초기, 도망치기 바빴던 관군 수령들은 의병장들의 승전보에 위기감과 질투심을 느껴 의병장들을 모함하였다. 조선왕 선조宣祖 또한 승전보를 올리는 이순신과 의병장들에게 두려움을 느끼고 그들을 제거하려 하였다. 이순신이 죄도 없이 압송되고, 전라도 지역에서 의병을 일으킨 김덕령 또한 '이몽학의 난' 때 누명을 쓰고 처형되었다. 곽재우에게도 누명의 화살이 날아왔으나, 결국 그는 모든 관직을 사양하고 고향의 초야에 묻혀 선비로서 깨끗한 생애를 마칠 수 있었다.

그러나 버락 오바마의 취임 연설 중에 가장 감동적인 백미는, '새로운 책임감의 시대'를 열자고 제의하는 그의 결론 부분일 것이다. 이 부분을 그대로 여기에 인용한다.

우리가 지금 당면하고 있는 도전은 전에 없이 새로운 것일지도 모릅니다. 우리가 그 도전에 대응하기 위해서 사용할 방책들도 전혀 새로운 것이어야 할지도 모릅니다. 하지만 우리가 이 위기 극복에 성공하기 위해서 반드시 의존해야 할 가치들, 즉 열심과 정직, 용기와 정정당당함, 관용과 호기심, 충성과 애국 같은 덕목들은 오래된 것이며, 또한 진실 바로 그것입니다. 이 진실들은 지금까지 우리 미국의 역사를 통해서 미국의 발전을 추진시킨 조용한 힘의 원천이 되어 왔습니다.

우리의 방책은 옛날 그 당시에도 요구되었던 것은 바로 이런 진실로 복귀하는 것입니다.

그리고 지금 우리에게 요구되는 것은, '책임감의 새로운 시대'를 여는 것입니다. 즉 모든 미국인들이 자기 자신과 국가와 그리고 전 세계에 대한 의무를 인식하는 것입니다. 여기서 의무란 마지못해 응낙하는 그런 의무가 아니라, 어려운 책무에 우리의 모든 것을 헌신하는 것보다 더 우리의 정신을 잘 충족시키고, 우리의 인품을 올바르게 정의함에 있어 더 이상 적절한 방식은 없다는 사실에 대한 확실한 이해와 신념으로, 기꺼이 그리고 단호히 받아들이는 그런 의무를 말합니다.

이것이 바로 시민권에 대한 대가이며 약속입니다. 이것이 우리 믿음의 원천입니다. 즉 하나님이 각자의 불확실한 운명을 구체적인 것으로 실현시키기 위해 우리를 불러 주셨다는 사실을 알고 이해하는 지식, 바로 그것입니다.

이것이 우리의 자유, 우리의 신조가 지니는 의미입니다. 인종과 신념에 상관없이 모든 남녀노소가, 이 거대한 취임식 행사에 참석할 수 있는 이유입니다. 지금부터 60년도 채 안 된 최근에, 동네 식당조차 출입할 수 없었던 아버지를 가진 제가, 여러분들 앞에 이렇게 서서, 이렇게 신성한 대통령 선서를 할 수 있게 된 이유입니다.

라고 말하고 있는 것을 본다.

놀랍게도 그는 국민 개인의 책임에 대해서 말하고 있다. 그는 '새로운 책임의 시대'를 열 것을 선언함으로써 미국 국민 한 사람, 한 사람이 책임을 분담하여 풍랑을 헤쳐 나가자고 진심으로 호소하고 있다. 다분히 존 에프 케네디를 연상시키는 세련된 감각의 언어로, 위기에 처한 미국과 전 세계 모든 사람에게 희망을 주고, 새로운 힘으로 온전히 각자의 능력을 발휘해서 가치 있는 세계를 만들어 갈 방향을 그는 제시하고 있다.

이미 선거 기간 동안 감동적인 연설로 미국 유권자들을 심리적으로 장악하고, 아주 짧은 기간 동안 세계인들의 관심을 확실히 집중시킨 바 있는, '말 잘하는' 흑인 대통령 버락 오바마가 약 21분 46초에 걸쳐서 그 특유의 역동적인 억양과 정확한 숨 고르기를 섞어 가며 읽어 내려간 이 취임 연설은, 아무래도 '그냥 듣기보다는 읽어야 더 큰 감동을 받는' 연설이라고 할 수 있다.

'말만 잘하는 정치인'들에게 번번히 배반당하고 혹심한 경제적 위기와 동족인 북한의 핵무기라는 막무가내의 안보적 위협 앞에 아무런 방비 없이 노출된 채로, 지치고 실의에 빠진 우리 한국 사람들을 향해서 누가 '두려움보다는 희망을, 갈등과 불화보다는 목적을 위한 단결'을 선택하라고 격려할 수 있을까?

정말 겸허하고 윤리적 가치에 충실한 정직한 지도자만이 그렇게 할 수 있을 것이다.

버락 오바마가 적절히 지적한 것처럼,

> "정부가 실현해야 하고 또 실현할 수 있는 최대한의 역량은, 궁극적으로 국민이
> 정부와 대통령이라는 지도자에게 주는 신뢰와 결의에 비례하는 것"이다.

그런데 여기 우리 한국적 현실에서 그것보다 먼저 필요한 것은 한국 국민의 마지막 저력을 고무하여 새로운 희망과 자신감을 회복시키는 일이다.

고양된 정신력과 자신감을 회복한 다음에야 국민은 자발적으로 '두려움보다는 희망을, 갈등과 불화보다는 목적을 위한 단결을 선택하여' 정부와 대통령이라는 지도자에게 참으로 건강한 신뢰와 명확한 결의를 줄 수 있는 것이 아닐까?

202) 임마누엘 칸트 지음/이한구 옮김, 「영구 평화론: 하나의 철학적 기획」, 서광사/2008.

203) Michael Sandel, *Justice; What's the right thing to do?*, Farrar, Straus and Giroux. 18 West 18th Str. New York. 2009. 마이클 샌델 저, 김명철 역, 『정의란 무엇인가』, 와이즈베리, 2014.

204) 無恒産而有恒心者는 惟士爲能이어니와 若民則無恒産이면 因無恒心이니 苟無恒心이면 放僻邪侈를 無不爲已니 及陷 於罪然後에 從而刑之면 是는 罔民也라 焉有仁人在位하여 罔民을 而可爲也리오

205) 공산주의 이론의 본질상, '민족주의적 공산주의'란 존재하지 않는다.

206) Kim San and Nym Wales, *Song of Arirang-The Life Story of Korean Rebel*, The John Day co. New York, 1941. ※ Nym Wales는 Helen Poster Snow의 필명임. 이 책의 번역본으로는 김산, 님 웨일스 조, 조우화 역, 『아리랑』, 도 서출판 동녘, 1984. 이 있다.

207) (서울=뉴스1) 권형진 기자 2015. 10. 21.

208) news1. kr/Articles/?2462411

209) 김하온, 홍준영, 직격인터뷰 24회, 김진 중앙일보 논설위원의 '채택율 1위 검정 역사 교과서' 문제점 분석, 《중앙일 보》오피니언, 2015. 10. 29. (news. joins. com/Article/18965835)

210) 안복순(hel***), "서울행정법원 판사는, 社會安定에 책임 없나?" Chosun. com 토론마당, 2015. 12. 04. (forum. chosun. com/bbs. message. view. screen?message_id=1209301&bbs_id=1010¤t_sequence=054Pb~&start_ sequence=zzzzz~&start_Page=1¤t_Page=3&list_ui_type=0&search_field=1&search_word=&search_ limit=all&sort_field=0&classified_value=&cv=)

211) 이에 앞서 2011년 1월 서울중앙지법은 2005년부터 2008년까지 1인당 매월 1만~2만 원씩 후원금을 낸 인천지역 교 사 7명에게 벌금 30만~50만 원의 유죄 판결을 내렸었다. 인천시교육청은 이 판결에 따라 교사 중 1명에겐 해임, 6명 에겐 정직 2~3월의 징계를 내렸다. 이는 현행법상 공무원·교원노조의 정치활동이 금지돼 있으며 교육기본법 제6조 1항에 따라 교사는 '교육의 정치적 중립성'을 지켜야 하기 때문이다.

212) 진 판사는 "주한미군 철수, 연방제통일 등 주장은 그 표현만으로 섣불리 실질적 해악성이 있다고 단정해선 안 된다." "이적 표현물도 개인 용도였을 뿐 다수인을 상대로 선전·선동하기 위해 작성·소지했다고 인정할 수 없다."고 판시했다.

김형근 교사는 2005년 5월 28일 전북 순창 회문산 청소년 수련원에서 열린 '남녘 통일애국열사 추모제'에 임실 관촌 중 학생, 학부모 등 180여 명을 인솔, 행사에 참석한 자이다. 전야제에선 빨치산을 "통일애국열사"로 찬양하는 등 극 단적 주장이 쏟아졌었다.

검찰 기소내용에 따르면, 김교사는 전야제에서 "제국주의 양키 놈은 한 놈도 남김없이 섬멸하자" "미국과 이승만 괴 뢰 정부를 끝까지 타도하자"는 등 빨치산 출신의 발언에 손뼉을 치고 구호를 외치는 등 호응했다. 관촌중 학생들은 빨치산 출신 장기수들을 "훌륭한 분"이라고 표현한 편지를 낭독하고, "미국의 이라크전쟁에 반대해 반전 배지를 전 국에 배포했다."며 "전쟁 위협하는 외세를 몰아내고 우리 민족끼리 통일하자"는 등 구호를 제창하며 손뼉을 쳤다.

213) '시민과 함께하는 변호사들(시변)'은 2008년 9월 "PD수첩의 선동적인 허위·왜곡방송으로 엄청난 사회 혼란이 초래 돼 행복추구권을 침해당했다."며 국민소송인단 2,455명을 원고로 1인당 100만 원씩 모두 24억 5500만 원의 손해배 상 청구소송을 제기했었다. MBC의 왜곡보도에는 좌편향 이념, 민주적 기본질서 무시, 불법과 폭력 비호, 공권력에 대한 적대감, 고의성, 시청자 무시의 기조가 일관되게 깔려있었다.

214) 마 판사는 "민주당과 민노당 소속 의원, 당직자 150여 명이 한나라당의 미디어법 등의 국회 상정을 저지하고자 국회 중앙홀에서 연좌농성을 함께했음에도 민노당 측만 기소한 것은 차별취급에 해당한다."고 밝혔다. 검찰은 민주당 측 농성자들은 국회의장이 해당 법안을 직권 상정하지 않겠다는 방침을 밝힌 직후 자진 퇴거한 점을 고려해 기소하지 않았었다. 당시 언론 보도에 따르면, 마은혁 판사는 1987년 결성된 사회주의 지하 혁명조직인 '인천지역 민주노동자 연맹(인민노련)'의 핵심 멤버였다. 인민노련은 인천·부천지역의 공장 근로자를 상대로 사회주의 의식화 교육을 시키 고 배후에서 파업을 독려한 혐의가 있었다고 한다.

마 판사는 진보신당의 노회찬 대표, 조승수 의원 등과 함께 당시 인민노련의 조직원으로 활동했다. 일부 인사들은 1989년 구속됐으나 마 판사는 적발되지 않았었다.

215) Arnold J. Toynbee, *Civilization on trial*, New York : Oxford Univ. Press, 1948. p. 25.

한일관계에 있어서의
혼돈

III

1. 1910년 「한일병합조약」의 무효를 전제로 한 한일 간 법적관계

한일 간에는 1910년 「한일병합조약」의 무효를 전제로 한, 한일 간 외교관계를 다시 정리함에 있어 반드시 처리해야 할 법적 과제가 있다.

가장 첫 번째 대상은 1965년 「한일기본관계조약」이다.

1965년 「한일기본관계조약」을 체결함에 있어서, 한국과 일본은 이 조약의 합의 내용을 구성하는 중요한 부분, 즉 일본제국과 대한제국과의 사이에 체결된 모든 조약 및 협정의 효력에 관해서 중대한 견해의 차이가 있었다.

한국 정부의 공식 입장은 1910년 「한일병합조약」과 이 병합조약의 논리적 전제를 이루고 있는 몇 개의 유사조약들은 명백히 당초부터 무효라고 하는 것이었다. 그러나 일본 정부의 입장은, 1910년 「한일병합조약」은 체결 당시 법적으로 완전히 적법 유효하게 성립되었으며 제2차 세계대전에서 일본이 패망함으로 인해서 일본의 식민지배가 종식될(1945년 8월) 때까지 유효했다고 하는 것이다.

이러한 양국의 중요한 견해 차이는 양측 간 조약 자체의 합의를 불가능하게 하는 것이었음에도, 양측은 일부러 모호한 조약문안을 기술적으로 고안하여 동일한 조약에 대해 일본과 한국이 서로 다른 해석을 할 수 있게 함으로써 중요한 견해의 차이가 조약 합의의 성립을 방해하는 것을 회피한 것이다. 즉, 모호한 용어로 의사의 불일치를 숨김으로써 조약 입안과정에서 양국의 입장 차이를 교묘히 피해 갔다.

1965년 「한일기본관계조약」의 협의를 위한 '한일회담 회의록'의 발췌에서 이 부분의 토의 경과를 보면,

당초 한국의 입장은 "구한말에 일본과 체결된 모든 조약의 무효임을 규정한다. 무효의 시점을 '당초부터'(ab initio null and void)로 하도록 최대한의 노력을 한다."는 것이었다. 그러나 일본이 이러한 조항의 불필요를 완강하게 주장하므로 한국은 다시 '당

초부터(ab initio)'라는 문구를 삭제하고, 그냥 '무효이다(are null and void)'라는 안을 제시하였다. 그러나 일본은 1965년 2월 10일, '무효이다'라는 안은 어떤 경우라도 수락할 수 없다고 하고 '무효로 되었다(have become null and void)'라는 안을 제시하였다.

한국은 이러한 일본 측의 수정안을 거부하고 '무효이었다(have been null and void)'라는 수정안을 제시하였으나 이번에는 일본 쪽에서 거부하였다. 그러나 약 10일 이후인 1965년 2월 20일, 한일 양측은 '이미 무효이다(are already null and void)'라는 문안에 갑자기 완전 상호 합의하게 되었다.[216]

기술적으로 고안된 조약 문안은 다음과 같다[217].

제2조

1910년 8월 22일 이전에 대일본제국과 대한제국과의 사이에 체결된 모든 조약 및 협정은 이미 무효임이 확인된다.

Article 2

It is confirmed that all treaties or agreements concluded between the Empire of Japan and the Empire of Korea on or before August 22, 1910 are already null and void.

일부러 고안된 모호한 조약문안에 대한 양국의 해석은 당연히 서로 달랐다. 일본 외무성 아시아 국장, 우시로쿠 도라오後宮虎郎는 일본 국회에 나가 답변하기를 "'already'라는 자구字句를 삽입함으로써 적어도 한때 유효했던 시기가 있었다는 일본 측 입장을 분명히 표명한 것이다."라고 설명하였다.[218] 그러나 당시 한국 외무장관 이동원李東元은 "already null and void라는 표현은 '국제법상의 관용구'로서 무효를 가장 강하게 표현하는 용어이며, already는 무효의 시점에 대해 어떠한 영향도 미치지 못한다는 것은 조약 해석상으로나 기타의 상식으로도 명백하다.”라고 한국 국회에서 답변하였다.

물론 이러한 양측 대표의 국내적 설명은 조약 자체의 합의를 위해서 양측이 많은 고심 끝에 ‘모호한 조약문안’을 만들어서 ‘기술적으로 합의하게’된 실제 사정을 감추고 자국 국민들이 안심하고(?) 조약을 받아들이게 하려는 각기 정부 측의 가상한 노력으로 보인다.

그러나 특히 한국 외무장관 이동원의 설명에는 문제가 있다. “already null and void”라는 표현은 ‘국제법상의 관용구’가 아니다. 차라리 “ab initio null and void”라는 표현을 ‘국제법상의 관용구’라고 설명하는 편이 더 맞는 말이다. 물론 “already는 무효의 시점에 대해 어떠한 영향도 미치지 못한다.”는 해석은 논리적으로 무리가 있다. 물론 해석상의 상식도 아니다.

한국 측이 already라는 어구를 삽입하는 것에 동의한 것은 우선 이 기본관계협약의 성립 자체를 위해서 부분적 문제에 대한 일본의 완강한 태도를 조정하여 궁극적으로 이 협약의 합의를 완성시키려는 하나의 고식책이었으며, 일설에는 이 기본관계조약 제3조에서 규정하고 있는 이른바 ‘관할권 조항’[219]을 일본이 받아들이는 대가로 한국 측이 양보한 것이라는 설이 있다.[220]

조약 체결과정에서 ‘주고 받기식’(동가상환同價相換; *quid pro quo*) 흥정의 일환으로 했든지, 조약의 합의를 완성시키려는 하나의 고식책으로 한 것이든지 한국 측이 already라는 어구를 삽입하는 것에 동의한 것은 확실히 너무나 서둘러서 한 ‘중요한 양보’이다. 이것으로 일본은 최소한도 ‘일방적인 국내용’이라는 제약이 있지만 1910년 「한일병합조약」은 체결 당시 법적으로 완전히 적법 유효하게 성립되었다.”는 주장을 유지할 수 있게 된 것이다.

이 ‘모호한 조항’을 받아들이는 양보를 감행한 한국 측의 용단은 1965년 「한일기본관계조약」의 성립 이후 꾸준히 한일 양국 간의 모든 외교적 관계를 근본적으로 위험하게 하는 이른바 ‘과거사 문제’를 배태하여 지금까지 오게 된 것이다. 그러므로 지금이라도 반드시 이 ‘모호한 조항’을 고치지 않으면 한일 과거사 문제는 해결될 수 없다.

가. 정치적 평가

이 '모호한 조항'을 받아들인 '서두름'과 '양보'에 관해서 소위 '청구권 자금'을 일본으로부터 받아내서 긴급한 국가 경제를 회생시킨다는 정책적 당면과제를 해결하려 했던 당시 박정희 정부의 입장에서 그들 나름대로의 변명도 있을 수 있다. 그러므로 이 1965년 「한일기본관계조약」의 체결과정에 보여준 한국 정부의 정책적 선택(그들의 '서두름'과 '양보')에 관해서는 역사적으로나 정치적으로 다양한 평가가 나올 수 있다는 것을 인정한다.

1965년 「한일기본관계조약」이 한국 측의 일방적인 '서두름'과 '양보' 속에 이루어졌던 때로부터 50년이나 지난 지금, 법적인 평가를 잠시 미루어 두고 아주 솔직한 정책적 평가만을 해본다고 해도, 한일 간에 이 '엉거주춤한 합의의 구조'를 더 이상 그대로 유지하고 있어야 할 이유나 명분은 이미 존재하지 않는 것 같다.

50년 전에 이 기본관계조약을 이런 '엉거주춤한 합의의 구조'로 받아들여야 했던 것이 그 당시의 냉전 구조 속에서 어쩔 수 없는 선택이었다고 해도 이미 그러한 냉전 구조는 존재하지 않는다. 한일 과거사 문제의 '핵심'은 1910년 「한일병합조약」의 유효론에 있고, 일본 측이 아직도 그 유효론에 매달릴 수 있게 하는 법적, 논리적 근거를 이 '엉거주춤한 합의의 구조'가 제공하고 있는 것이 틀림없는 것일진대 지금이라도 이 '모호한 조항'을 고쳐야 한다는 것은 지금 우리에게 가장 필요한 선결적 과제가 된다.

한일 과거사 문제의 '핵심'은 1965년 「한일기본관계 조약」으로 인해서 미해결인 채로 남겨져 있으며 과거사에 관한 양국민의 견해 차이가 해소될 수 있는 모든 가능성을 이 조약이 명백히 방해하고 있음으로 한일 간 민족 감정이 악화되는 구조적인 원인을 제공하고 있다.

미래지향적 시도를 위해 '과거사 문제'를 회피한다는 것이 얼마나 무용한 방책임은 이미 일본 사람들 자신이 너무나 잘 알고 있다.

미래지향에 서는 것은 중요하지만, 미래지향의 강조가 '과거를 물에 흘려보낸다'는 식의 심정상 은폐 수단이 되는 것은 바람직하지 않다. 미래는 현재의 연장선상에만 있을 수 있고 현재는 과거의 산물 이외에 아무것도 아니다. 과거에 우리들이 그다지 자랑스러울 것도 없는 것을 이웃 나라에 행해 온 것은 부정할 수 없는 사실이다. 그리고 우리들의 지금까지의 대응이 반드시 충분한 것이 아니라는 점은 상대방의 반응으로부터도 분명하다. 이러한 논의가 아직도 제기되고 있다는 사실에 일본 국민은 눈을 돌릴 필요가 있다. 일본의 한국 국권 침탈은 결코 제국주의 일반론으로도 호도될 수 없다.

라고 사카모도 교수가 술회하고 있다[221].

한일 간에 '미래지향적이며 호혜적인' 외교관계를 수립하기 위한 가장 중요한 전제는 다른 무엇보다도 서로 대등한 국가적 입지를 정립하는 일이다.

정치적, 경제적 분야에 있어서 한일 양국의 국가적 능력이나 정치적 입지가 대등한가? 아니, 적어도 일본이 한국이라는 나라를 대등한 정치적 동반자로 인식하고 있는가?를 주목해야 한다.

한국전쟁 이래 최근 80년대까지 한일관계는 자본주의 국가 중에서 미국 다음으로 강력한 경제 대국인 일본과 '한강의 기적'을 어렵게 이룩하여 산업화의 길을 바쁘게 달려가는 한국과의 대응관계였으며, 그만큼 한국에게 일본이라는 나라는 국가적 역량에 있어 결코 대등할 수 없는 '한 수 위'의 국가였다.

일본은 지금 90년대 초의 '버블 붕괴' 이후, '잃어버린 10년'의 여파에서 이제 막 벗어나려 하고 있다. 지금도 아직 통계 수치 면에서 한국이 일본의 경제적 역량을 따라잡았다고 말할 수는 없다. 그러나 거대한 인구와 광대한 국토를 배경으로 갑자기 강대국으로 급부상하는 중국의 위협과 적어도 아시아 쪽에서 정치적 영향력을 축소해 가는 초강대국 미국의 새로운 전략적 위상 등을 감안할 때, 일본이 중요한 파트너로서 손을 잡아야 하는 상대는 정치적으로 자유민주주의라는 체제와 기타 윤리적, 문화적 가치를 많은 부분 공유하고 있는 한국뿐이라는 공감대가 일본에서 서서히 형성되어 가고 있다.

한국전쟁 직후 욱일승천의 기세로 발전해 가던 경제 대국 일본과 극도로 빈곤한 한국이라는 두 나라의 국가적 위상이 과거사 문제를 더욱 왜곡된 것으로 정착되게 한 것이라면, 이제는 '미래지향적이며 호혜적인' 외교관계를 수립하기 위한 서로 대등한 국가적 입지를 정립할 수 있는 때가 온 것이라고 볼 수도 있다.

이러한 일본 내부의 공감대를 절대로 간과하지 말고 일본과의 '대등한 위상'을 확고히 하여 '미래지향적이고 호혜적인 외교관계'를 실질적으로 굳혀 나가는 것은 전적으로 한국 정치가 이룩해야 할 당면의 과제라고 말할 수 있다. 이 당면 과제의 해결에 있어서 과거사 문제의 극복은 가장 먼저 넘어야 할 전제적 관문이다.

그리고 과거사 문제의 극복을 위해서는 1965년 「한일기본관계조약」을 '명확한 합의'로 개정하는 일이 반드시 필요하다.

나. 법적 분석과 평가

그러나 이 1965년 「한일기본관계조약」의 문제는 조약체결의 과정과 내용에 관한 것인 만큼 적어도 '국제법적 평가'가 나와 있어야 한다. 그런데 이 문제를 다룬 국제법 논문 중에서 '모호한 조약 문언'을 사용하여 양국민을 기만한 이 조약 체결의 사안에 대한 국제법적 평가를 시도한 논문을 아직 보지 못했다.

1965년 「한일기본관계조약」에 있어서 이러한 중요한 논점에 대한 공식 입장의 불일치에 관련된 한일 양국의 '의사의 합치'는 한일 양국이 기본적 외교관계를 수립함에 있어서 가장 기본적이며, 핵심적인 문제이므로 양국은 협상 과정에서 이 문제를 그만큼 중요시하여, '의사의 합치' 그것이 안 되면 최소한도 '본질적인 접근점의 합의'라도 이루어 보려고 모색해 왔던 것이다. 그러나 실제로 그들은 이러한 시도에 모두 실패하였다.

조약법(The Law of Treaties)의 법리상으로 보건대, 당사자를 기속할 수 있는 조약의 규범적 효력이란 조약 당사자들 간의 명시적인 의사의 합치를 근거로 한다. 이것이 이른바 국제법상의 근본 원칙인 'pacta sunt servanda.(약속은 지켜져야 한다.)'에 의거한 '조약의 기속력'이라는 것이다.

조약 체결의 기술상 당장 합의하기 곤란한 문제는 '추후에 합의하기로 합의'할 수 있다. 이러한 조약을 이른바 예비적 조약(Preliminary Agreement)이라고 한다. 이러한 합의를 라틴어 용어로는 'pactum de contrahendo'라고 한다. 그러나 1965년 「한일기본관계조약」에 있어서 문제된 중요한 논점에 관해서는 '추후에 합의하기로 합의'되어 있지 않으므로 이 조약은 일종의 '예비적 조약'이라는 형식으로 합의가 곤란한 부분을 정식으로 분리하여 유예시키지도 않았다. 다만 음모적인 교감을 통해서 의도적인 모호성(A Calculated Ambiguity)을 견지함으로써 '중요한 미합의'를 은폐된 상태로 남겨 두었을 뿐이다.

국제사회에서 국가 간에 첨예하게 대립되는 국가 이익을 절충, 조화시키려는 법적인 노력이 조약의 체결이라는 형식으로 나타나는 것이 보통이기 때문에 조약에는 합의되기 어려운 문제를 '의도적인 모호성'이 있는 조항으로 회피하는 예가 종종 있다. 이러한 '의도적인 모호성'이 있는 조항은 '추후에 합의하기로 합의'되거나 또는 '추후에 논의하기로 합의'되는 것이 보통이다. 이러한 예비적 합의에 관한 내용은 명시적인 경우도 있고, 묵시적인 경우도 있다. 묵시적인 경우에는 '의도적인 모호성'이 있는 조항이 '단순히 은폐되어 있는 모습'으로 존재하는 경우도 있다. 그러나 어느 경우에나 '모호성 있는 조항'으로 회피된 '예민한 문제'는 그 조약의 가장 중요한 핵심적인 내용일 수는 없다. 명시적이건, 묵시적이건 그 '예민한 문제'는 '추후에 합의하기로 합의'되거나 '추후에 논의하기로 합의'될 수 있는 문제에 국한된다.

왜냐하면 결국 그 '예민한 문제'는 아직 합의되지 않은 상태이며 만일 그 '예민한 문제'가 그 조약의 가장 중요한 합의의 내용을 이룬다면 그 조약은 결국 '합의되지 않은 것'이 될 것이기 때문이다. 가장 핵심적이며 중요한 문제에 관한 양국 간의 의사의 합치가 없으면 이 조약에 관한 합의는 결국 아무것도 존재하지 않는 것이라고 말할 수밖에 없다. 그리고 합의가 없는 조약은 무효이다.

1965년「한일기본관계조약」제2조 속에 내포된 이처럼 명백한 상호 합의의 흠결을 법적으로 어떻게 처리해야 할 것인가?

"약속은 지켜져야 한다."라는 원칙에 따라 엄격히 말하면, 이 문제에 관한 양국의 합의가 이 조약의 성립상 가장 중요한 것이기 때문에 1965년「한일기본관계조약」속에서 한일 양국 간 합의(Pactum)는 처음부터 아무것도 존재하지 않았으며, 그러므로 이 기본관계조약은 법 이론상 무효이다.

국제법에는 '조약의 무효화'를 정하는 적절한 절차가 전통적으로 결여되어 있다. 대부분의 경우에 이러한 특별한 상황을 당장 처리하기 위한 실질적 결론은 쉽사리 나올 수도 없고, 또 절차적 논점들이 명백하게 정의되어 있지도 않다. 그러나 적어도, 한일 양국 어느 일방에 의해서 조약의 무효화를 선언하기 위한 국제법상의 절차가 시작되거나, 상호 합의가 결여된 이 조약의 치명적 결함을 보완하기 위한 모종의 법적, 외교적 절차가 시작되기 전이라도, 1965년「한일기본관계 조약」에 관련하여 이 조약의 어떠한 규정도 구속력을 가지거나 구속력을 주장할 수 없다는 것은 명백하다. 왜냐하면 구체적이고, 명료한 합의가 존재하지 않았기 때문에 그 조항들은 한일 양 당사국에 대해서 아무런 구속력을 발생시킬 수 없다.

더욱이 이 조약은 상호 합의의 결여를 고의적으로 은폐하기 위한 '조작된 수단'으로 성립되었다. "불법으로부터 권리는 발생하지 않는다.(Ex injuria jus non oritur.)"라는 옛 라틴 격언에서 명백히 지적하고 있듯이, 어떤 법적 권리도 그러한 법 규칙의 위반에 근거해서는 발생할 수 없기 때문이다.

2. 1998년 「한일어업협정」
   : '의도된 모호한 조항'을 채택한 다른 조약

한일 간에는 음모적인 교감을 통해서 의도적인 모호성(A Calculated Ambiguity)을 가진 조항을 포함시킴으로써 '중요한 미합의未合意'를 은폐시킨 또 다른 예가 있다. 그것은 1999년 1월 22일에 발효된 1998년 「한일어업협정」이다.

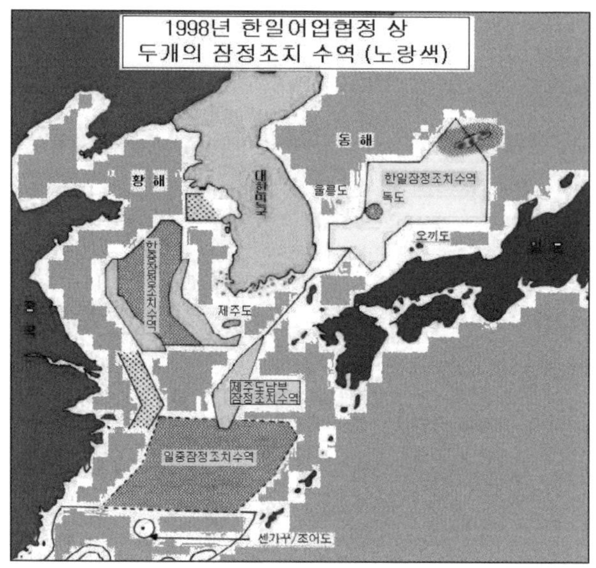

이 협정은 신 해양법질서의 수용이 세계의 어느 다른 지역보다 늦은 동북아시아지역에서, 특히 생물자원의 개발과 보존에 관련된 새로운 해양법적 제도의 도입과 개편이 강하게 요구되고 있다는 시대적인 추세를 수용하고, EEZ체제의 도입에 따른 한국 연안어업의 충격을 완화하며, 한국과 일본 사이에 첨예한 영유권 분쟁으로 대두되어 있는 독도 문제로 인하여 EEZ 경계 획정이 곤란하다는 사정 등을 감안하여 잠정적으로 타결되었다.

특히 한일 간 어업협상의 타결만을 졸속하게 추구하기 위해서 가장 난제로 부상되어 있던 독도 문제를 회피하는 방편으로서 협정 수역의 상당 부분을, '중간수역'이라고(한국 정부만이) 임의로 호칭하는 두 개의 '특수한 잠정조치 수역'을 합의하기에 이른 것이다.

'중간수역'이란 경제수역 경계 획정 문제의 곤란성을 회피하고 어자원의 개발과 보존 및 관리를 우선적으로 추진키 위해 특별히 한일 간에 '합의되는' 수역이다. 이는 유엔해양법협약 제74조 3항이 규정하는 이른바 '잠정적 합의수역'에 해당하는 것으로 보아야 한다. 실제로 「신 한일어업협정」 문안에는 '중간수역'이란 용어도, '잠정적 합의수역'이란 용어도 사용되고 있지 않다. 다만 한국 측은 이 협정을 설명하는 각종 문서에 국내적으로 '중간수역'이란 용어를 사용하고 있고, 일본은 '잠정적 합의수역' 또는 '공동관리수역'이란 용어를 사용하고 있다.

1998년 「신 한일어업협정」에서 한일 간에 합의된 '중간수역'은 독도를 포함하고 있는 동해 '중간수역'과 제주도 남부에 설정된 '중간수역' 두 개가 있다. 물론 이들 중에서 독도를 포함하고 있는 동해 '중간수역'이 가장 심각한 문제로 논의되었다.

이 잠정조치 수역의 합의 문제에 관해서는, 한일 간에 실질적으로 첨예한 분쟁 대상인 독도의 영유권이 명백하게 한국의 권원權原으로 확인되고, 더 이상 훼손되지 않기 위해서 독도를 그 안에 내포하는 이러한 잠정적 조치수역이 합의되어서는 안 된다는 비판적인 견해[223]가 제기되었으나 이를 묵살하고 잠정적 조치수역의 합의 이외에는 대안이 없다는 이유로 한국 정부에 의해서 그대로 진행된 바가 있다.

1998년 「신 한일어업협정」에 관한 우려와 비판적 견해와는 대조적으로, 우리 한국 정부와 한국의 많은 국제법 학자들은 이 「신 한일어업협정」은 EEZ 경계 문제와는 별개이며, 어업에 관한 사항만을 잠정적으로 합의한 것이므로 독도가 '중간수역' 안에 들어가 있더라도 독도 영유권 문제에는 아무런 영향을 주지 않는다고 주장하고[224] 이 문제에 관한 우려와 비판에 대하여 "사실을 왜곡하여 여론을 오도하는, 어설픈 국제법 논쟁"이라고 반박하였으며[225] 정부는 이러한 어용적 논조를 배경으로 본격적인 대국민 홍보를 실시한 바가 있다[226].

이 1998년 「신 한일어업협정」에서 합의된 두 개의 '중간수역', 즉 독도를 포함하고 있는 동해 '중간수역'과 제주도 남부에 설정된 '중간수역'에 관한 이 협정의 규정은 조약법 상으로 중대한 결함과 위법성을 포함하고 있다.

가. 동해東海에 설정된 '중간수역'에 관한 규정

동해東海에 설정된 '중간수역'에 관해서 보기로 하자. 이 잠정적 조치수역을 규정한 제9조 1항은;

> 1. 다음의 각 점을 순차적으로 직선으로 연결하는 선에 의하여 둘러싸이는 수
>   역에 있어서는 부속서 I의 제2항의 규정을 적용한다.

라고 규정되어 있다.

제9조 제1항의 규정에는 이상하거나 문제되는 표현은 하나도 없다. 이들은 조약 규정으로 성립되기에 충분할 만큼 분명하고 명백한 표현을 가지고 있다.

이 조항에서 잠정적 조치수역을 규정하고 있는 방법은 그것이 기하학적 다각형(아래 그림의 분홍색 다각형)으로써 이례적인 모양이긴 하지만, 동중국해에 설정된 제주도 남측 잠정조치 수역보다는 충분히 명백하고 분명하다. 그러므로 적어도 이 다각형을 획선하는 기하학적 합의幾何學的 合意에 관한 한, 고의적으로 조작된 문안에 의해 감추어진 당사국 간의 의사의 불일치(입장의 차이) 같은 것은 없는 것 같다.

잠정적 조치수역을 구성하는 기하학적 획선에 관한 이러한 양국 간의 명확한 의사의 합치는 결코 용이하게 성립된 것은 아니고, 사실상 한일 양국 간의 신경 날카로운 정치적 거래라고 하는 길고도 험난한 과정을 거쳐서 이루어 낸 것이다.[227]

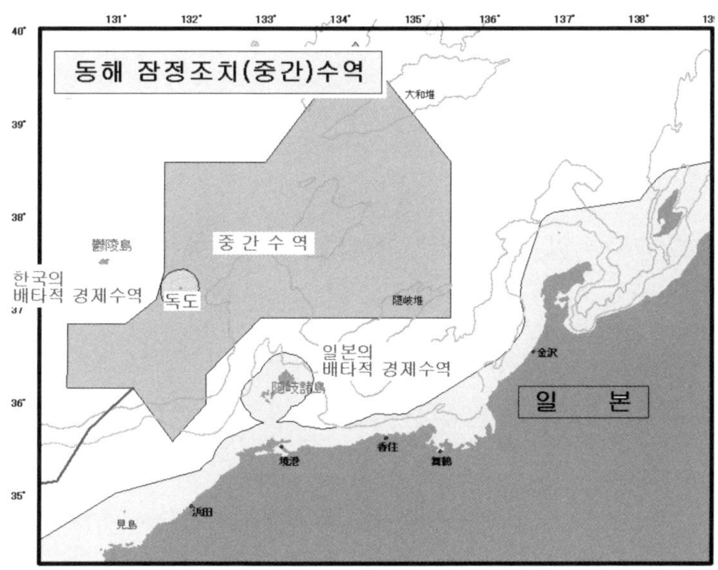

1) 기하학적 합의와 35해리의 '전속적 관할수역 범위'

국가의 본토 연안에서부터 명백히 다툼이 없이 그 연안국의 EEZ로 간주될 수 있는 범위의 연안 해역 지역의 일정 부분까지를 '그 연안국의 전속 관할권하에 있는 것으로' 본다. 이러한 '전속적 관할수역의 범위'는, 이웃 국가 간에 관할권의 범위가 중복되는 EEZ에 잠정적 조치수역을 설정하기 위해 합의를 함에 있어서 하나의 기초적인 기준이 된다. 1997년 「일중어업협정」을 체결함에 있어서, 1997년 9월 3일, 중국과 일본은 52해리를 이 '전속적 관할수역의 범위'로 합의하였다. 대조적으로, 1998년 「한일어업협정」을 교섭하는 과정에서, 한국과 일본은 35해리를 '전속적 관할수역의 범위'로 정하는 데 합의하였다. 잠정적 조치수역의 설정에 있어서 하나의 중요한 기준으로, 1998년 9월 초에 이 35해리 '전속적 관할수역의 범위'는 한일 양국 간 합의에 이른 것이고, 동해 중간수역이라는 기하학적 합의도 기본적으로는 이 35해리 '전속적 관할수역의 범위'를 적용함으로써 성립된 것이다. 다만 한국은 그의 영토領土인 독도로부터 이 35해리 '전속적 관할수역의 범위'를 적용하는 것을 '포기'했을 뿐이다.

2) 한국은 그 영토領土인 독도로부터 '35해리 관할수역'을 '포기'할 수 있나?

한일 양국이 모두 "자국의 영토領土라고 주장하고 있는" 독도로부터 똑같이 '35해리 관할수역'을 '포기'하지 않았다면 동해 중간수역이라는 합의는 '기하학적으로' 성립될 수 없다.

그러나 신기하게도, 독도에 관한 이 의미심장한 한일 양측의 전속적 관할 주장의 포기는 동해 가운데에 잠정적 조치수역을 설정함에 있어서, 협상의 초기부터 아무런 소동도 없이 이 어업협정을 체결하기 위한 아주 당연한 전제로 양 당사국에 의해서 받아들여졌다. 이 점은 협상 개시 즉시 거의 기정사실로써 받아들여졌으며, 협상의 전 과정을 통해서 한 번도 양국 간 정식 의제로 제기되어 논의된 바도 없다. 그러나 이 논리적 전제를 수용함으로써 한일 양국은 똑같이 독도의 주권적 권원을 주장하는 자국의 법적 지위의 일관성을 유지함에 있어서 심각한 어려움에 빠지게 되는 것이다.

일본은 제3차 유엔해양법회의의 협상 기간 동안 일관되게 제121조 3항을 반대하였다[228]. 도서島嶼 제도에 관해서 일본은 일관된 정책을 유지하여 왔다. 즉, 어떠한 작은 섬이라도 그것이 인간의 거주가 가능한 섬인지의 여부, 섬이 가지고 있는 크기, 지리적 특성의 평가가 어떠하든지 간에 상관없이 모든 (작은)섬은 영해領海뿐만 아니라 EEZ와 대륙붕大陸棚을 가질 권한이 주어져야 한다는 것이다[229]. 그래서 일본이 독도가 일본 영토의 한 부분이라고 주장하는 한, 일본은 독도로부터의 35해리 '전속적 관할수역의 범위'를 적용하는 권리를 '포기하여서는 안 된다'. 그러나 일본은 그것을 포기하였다. 그리고도 일본은 도서제도와 관련하여 그들

종래의 정책을 전면적으로 변경하거나, 독도에 대한 주권적 권원의 주장을 포기할 준비가 된 것으로는 보이지 않는다.

일본과는 대조적으로, 한국은 제3차 유엔해양법회의에서 제121조 3항에 관한 논의가 진행되는 동안 도서 제도와 관련된 국가적 입장을 명확히 발표하지 않았다. 전술한 유엔해양법협약 제121조 제3항과 같이 문제가 되고 있는 규정과 관련하여, 한국은 작은 섬들도 EEZ와 대륙붕을 가질 권한이 있다고 주장하는 것과 같은 일관된 기록은 가지고 있지 않다. 독도로부터 35해리 '전속적 관할수역의 범위'를 적용하는 배타적 권리를 포기함에 있어 그럴싸한 변명이 절박하게 필요했던 한국 정부를 위해, 유엔해양법협약 제121조 3항은 때맞춘 '구세주' 처럼 보였던 것 같다. 어찌 됐든 아주 분명한 사실은 한국이 아무런 소동도 없이 독도로부터 35해리 '전속적 관할수역의 범위'를 적용하는 권리를 포기했다는 것이다.

그런데 유엔해양법협약 제121조 3항은 정말로 한국이 독도로부터의 35해리 '전속적 관할수역의 범위'를 포기함에 있어 설득력 있는 변명이 될 수 있는가? 라는 질문은 답변되지 않은 채로 그대로 남아 있다.

121조 3항의 주된 목적은 아주 적은 섬이 특히 타국이 주장하는 관할 수역에서 멀리 떨어진 외해外海에 있는 경우에, 인류 공동의 유산으로 되어 있는 공해公海수역230을 잠식하여 바다 한가운데서 넓은 국가 관할 수역을 주장할 수 없게 하기 위함이다. 그러나 사실상 외해 가운데 놓여 있는 암도岩島가 이러한 관할수역을 주장할 수 있게 되는 경우는 많지 않다. 일반적으로 문제의 암도들은 서로 충돌하는 연안국의 관할권 주장이 중복하는 지역에 위치하는 것이 대부분이다. 이러한 경우에 121조 3항에 해당하는 암도가 어떤 역할을 할 수 있는가?에 대해 121조 3항 자체는 침묵하고 있으며 따라서 법규의 의미가 불투명하다231.

이러한 경우에는 목적론적인 해석으로 법규의 의미를 보충할 수 있다. 미국 국제법학회지(American Journal of International Law)의 수석 편집인이었던 고故 조나단 차니(Jonathan I. Charney) 교수는 1970년대 '제3차 해양법회의'에서 나타난 121조 3항에 관련된 논의의 자료(Travaux Preparatoire)와 이 조항의 목적 등을 참조하여 다음과 같이 해석하고 있다[232].

다른 육지 영토의 관할수역 범위 밖에서, 즉 바다 한가운데 위치하고 있는 121조 3항에 해당하는 암도는 12해리의 영해와 그 영해 외측 12해리의 접속수역만을 갖는다고 본다. 그러나 동일한 국가의 다른 육지로부터 기점 되는 대륙붕과 배타적 경제수역 범위 안에 위치한 121조 3항에 해당하는 암도는 대륙붕과 배타적 경제수역의 경계 획정에 있어서 정당한 정황적 요소로 고려되어야 한다고 본다. 즉, 이러한 섬은 121조 3항에 해당하는 암도로 취급되지 않는다는 것이다.[233]

이런 조나단 차니 교수가 주장하는 법적인 추론은, 거안距岸 400해리가 되지 않는 비교적 좁은 해양 공간인 동해東海 가운데에 위치한 독도에 관해서 한국이 "「유엔해양법협약」 제121조 3항에 근거해서 35해리 '전속적 관할수역의 범위'를 포기했다."고 하는 변명 - 당시 유엔해양법 재판소 재판관으로 있던 박춘호 교수와 한국 외교부는 이런 변명을 하고 있었다. - 을 '정당하다'거나 적어도 '법적 근거가 있다'고 응원해 주지 않는다.

한국 정부는 2006년 6월, 도쿄에서 개최된 한일 간 제5차 해양경계 협상에서 한일 간 EEZ 경계선을 협상함에 있어 독도가 합법적 기점으로서 간주되어야 한다는 기본적 입장을 다시 명백히 하였다. 그러나 그들은 이(새롭게 변경된) 기본적 입장이 1998년 어업협정에서 잠정적 조치수역을 이상한 모양의 다각형으로 설정하였을 때, 독도로부터의 35해리 '전속적 관할수역의 범위'를 적용하는 배타적 권리를 포기한 당시의 한국의 법적인 입장과 어떻게 양립될 수 있는 것인지에 대한 어떠한 적절한 설명도 제시하지 않고 있다.[234]

다시 강조하거니와 한일 양국이 모두 '자국의 영토라고 주장하고 있는' 독도로부터 ㎖해리 관할수역'을 동시에 '포기'하지 않았다면 동해 중간수역이라는 합의는 '기하학적으로' 성립될 수 없다.

한일 양국이 실제로 이렇게 하는 것은 가능한가?

양국이 서로 합의하여 공동으로 그 배타적 지위를 포기한다면, 대답은 긍정적이다. 왜냐하면, 동의同意는 오류誤謬를 보정補正할 수 있기 때문이다. 하지만 이렇게 하는 것이 실제로 한국과 일본에게 의미하는 바는 무엇인가? 본질적으로 이는 한·일 양국이 모두 상대국의 독도에 대한 주권적 주장을 '인정하는 것'이 된다.

독도의 적법한 소유자로 당연히 '추정'되고 있는 한국에게 있어, 이 시나리오는 명백히 부적절하고, 불합리하며 잘못된 것으로 보인다. 하지만 이 주권적 분쟁에서 '무리하고 독단적인 경쟁자'에 불과한 일본의 이러한 시나리오 개발은 독도에 대한 일본의 주권을 주장함에 있어 일본의 법적인 지위를 일단 본질적으로 '강화' 시키는 것이 된다. 이것이 바로 일본이 잠정적 조치수역을 합의하는 과정에서(다소 과도한 한국 측의 주장을 수용하여) 두 번씩이나 중요한 '희생'을 감수하면서까지 이 별나게 이상하게 생긴 잠정적 조치수역의 기하학적 합의를 성사시키고 또 지금까지 유지하게 된 이유라고 말할 수 있다[235].

나. 「한일어업협정」은 예비적 협정이다

이 1998년 「한일어업협정」의 기본 골격을 보면, 배타적 경제수역제도의 규제조치에 따라 잠정적 조치수역에서 생물자원을 보존하고 관리한다는 조항(협약 부속서 I 제2, 3항)이 명확히 존재한다. 또 이 어업협정은, "명확히 규정된 잠정적 조치수역 내에서의 생물자원의 보존 및 관리를 위한 규제조치는 앞으로 양국에 의해 협의되고, 권고되고, 결정되고, 준수된다."고 규정하고 있다.(협약 제12조 4, 5항) 생물자원의 보존 및 관리를 위한 규제조치에 관한 이 규정은 실제로 규제 조치들이 한일어업공동위원회에 의해 '앞으로 결정된다'는 의미에서 분명히 예비적 협정(A Pactum De Contrahendo)이다.

한국 정부는 한국의 독도 지배의 배타성을 보호하고 공동관리를 회피하기 위해서, 중간수역에서의 자원규제조치를 실행하는 구체적인 합의를 추진하는 것을 거부한다고 하는 확고한 태도를 처음부터 지금까지 그대로 시종일관 유지하고 있다. 그리고 독도에 대한 합법적인 소유자로 '추정되고 있는' 한국에 비해서, '주제넘는' 경쟁자에 불과한 일본은 이 불완전한 1998년 「한일어업협정」을 유지시키기 위해서 '예비적 협정을 완성시키는 추가적 합의'에 응해야 하는 조약상의 의무를 구태여 한국에 강요하고 원용하지 않음으로써 한국의 이러한 완고한 태도를 사실상 수용하고 있다.

결과적으로 발효된 지 16년이나 지난 이 1998년 「한일어업협정」은 조약법적인 시각에서 분명히 '예비적 조약(A Preliminary Treaty)'의 형태로 아직도 남아 있다. 예비적 조약이란 '추후에 합의하기로 하는 합의'를 포함한 조약이며, 이 1998년 「한일어업협정」의 경우에는 '추후에 합의하기로 한 합의'를 이행치 않음으로써 '합의를 성립시키지 않은 채'로 있는 것이다. 즉, 한일 양국의 '합의'에 의한, 또 다른 형식의 '명확한 합의의 회피'이다.

조약법상 조약 부적법화 문제(Procedure for the invalidation of a treaty)의 논의는 잠시 접어둔다고 하더라도 이 어업협정의 두 당사국이 법 앞에서 솔직하고 성실해야 할 가장 기본적인 의무를 의도적으로 위반하고 있는 사실에 대해서 국제사회는 이를 어떻게 평가하고 대처해야 할 것인가?

'고의적으로 합의合意의 부존재不存在를 은폐隱蔽'함으로써 신의信義의 원칙을 명백하게 위반하고 있는 이따위 어업협정의 적법성適法性을 용인해야 하는 어떠한 설득력 있는 변명을 찾을 수 있을까?

이 특별한 상황을 합리화하는 어떤 설득력 있는 설명도 결국 정당화될 수 없다고 한다면, 일본의 잘못된 협박으로 유도된 절박한 서두름으로 정신박약 상태가 되어 버린 만만한 조약 상대국인 한국에게 이 어업협정을 통해서 악의적인 조약상의 조작을 시도한 일본은 모두 국제법상의 원칙에 의해 지배되어야 할 그들의 기본적 책임을 위반했다는 비판으로부터 자유로울 수 없다.

1998년 한일어업협정은 일본의 공격적인 영토 주권에 대한 도전에 당면하여 독도 영유권 문제를 조용히 덮어두려는 외교 정책과 한국 학자들의 명백한 국제법상의 무지無知로 빚어진 조약법상의 파행적인 조약 체결의 또 하나의 예에 속한다.

3. 한일 과거사 문제에 관련된 우리의 현주소

1910년 「한일병합조약」을 필두로 대한제국 말년에 한일 간에 체결되었던 '유사 조약'들과 1965년 「한일기본관계조약」에 이어 1998년 「한일어업협정」의 체결에서 보는 이러한 '일관된 법적인 혼돈混沌 현상'은 양국 간의 평화적 관계라는 현상의 유지(Status Quo)에 기여하기는커녕, 오히려 한일 간의 관계를 고질적인 갈등과 대립으로 몰아가는 근본적인 원인이 되고 있다. 이는 서구 국제법을 본질적으로 잘못 계수繼受한 일본과 일본의 집요한 공격적 의도에 끌려다니는 한국이라는 국가의 수동적인 자세가 빚어내는 '불행한 역사적 구도'가 지금까지도 여전히 계속되고 있다는 증거다.

특히 1965년 「한일기본관계조약」과 이에 이어 1998년 「한일어업협정」의 문제는 '기망적 합의에 의한, 또 다른 형식의 명확한 합의의 회피'이기 때문에 이들 조약에 어떤 기속력도 인정될 수 없다는 데에서 끝나지 않는다. 국제사회의 법 주체로서 일반적 신의칙에 위반하여 이런 부적법한 합의에 가담한 당사국인 한국과 일본은 결국 자신들의 과거사 문제를 해결할 수 있는 '기본적인 자격'을 상실하게 되었다는 점에 주목해야 한다.

즉, 1965년 「한일기본관계조약」과 이에 이은 1998년 「한일어업협정」은 설사 양국 정부가 한일 간 과거사 문제를 해결하려는 획기적 의지를 가지고 새로운 정책적 시도를 하는 경우에도 이들의 정책적 노력을 논리적으로 가로막는 '법률적인 장애'로서 기능하게 될 것이다.

1965년 「한일기본관계조약」 제2조는, 「한일병합조약」이 '일단은 적법하게 성립되었던 것'이라는 해석을 가능하게 하여, 결국 "대한제국은 당시 일제에 의해서 '법적으로 멸망되었다'는 것을 한국이 인정하는 것"으로 되어 있다.

일본의 한국 병합이 당시의 법체제상 적법하게 성립된 것으로 인정하는 이런 조약은 대한제국과 대한민국의 국가적 계속성을 국가 정체성의 기본으로 삼고 있는 우리 헌법상의 법적, 논리적인 전제에 모순될 뿐만 아니라, 이런 조약을 그대로 놓아두고는 한일 간의 정상적 외교관계가 이루어지는 것은 불가능하게 된다.

한편, 1998년 「한일어업협정」은 제9조에서 동해 한가운데에 '중간수역'이라고 통칭되는 「잠정적 어업자원 관리조치수역」을 합의해 놓았는데 아주 특이한 기하학적 다각형으로 된 이 수역이 합의되는 데에는 독도 영유권에 관해서 한국과 일본이 동등한 지위에 있다는 암묵적인 합의가 논리 필연적으로 전제되어 있는 것이다. 그러므로 이 조약이 살아 있는 한, 한국은 절대로 일본의 독도 영유권 주장을 배제하거나 일본의 부당한 영토권 주장을 다투는 어떤 법적 추론도 효과적으로 관철할 수 없게 된 것이다[236].

한일 간의 과거사 문제를 해결하기 위해서는 우선 이런 법적 장애부터 제거시켜야 한다. 아마 이 두 개의 조약을 수정하거나 폐지하는 것만 해도 외교 관례상 그렇게 수월한 일은 아니다. 광복 이래 지금까지 인접 국가인 일본에 대해서 합리적이고 정상적인 관계를 이룩하여 오지 못한 우리들의 습관적 타성을 깨고 새로운 지평을 열겠다는 결연한 국가적 결의가 있어야만 할 것이다. '조용하고 단호한 대응' 어쩌고 하는 위선적이고 타성적인 대일외교 기조에서는 절대로 할 수 없는 일이다.

1965년 「한일기본관계조약」의 문제점을 알고 있는 사람은 많다. 이 협약이 이런 형태로 타결될 수밖에 없었던 것은 미국의 서두름이 '상황적 압박'으로 작용해서 한국 정부의 외교적 의사결정을 왜곡시킨 것이다. 어떤 베테랑 한국 외교관[237]은 오늘의 한일관계가 만족스럽지 못한 데에는 1965년 '한일협정체제'의 '불완전성'이 그 요인이라는 것도 인정하고 있으면서도 이 '한일협정체제'가 지난 50년 동안 그런대로 역사적 사명을 '잘 수행해 왔다'고 완강하게 변명하고 있다. 그는 이 기본관계조약 제2조가 한일 간 역사적 인식의 괴리를 고착시키고 있는 '법적인 장애'라고 지적하고, 이 조약을 수정하거나 폐지해야 한다는 주장을 절대로 받아들이려 하지 않는 것 같다.

그는 이 협약이 이처럼 불완전하게 체결된 원인을 당시 한국 정부의 교섭력 부족으로 볼 수도 없고, 미국의 서두름이 '상황적 압박'으로 작용한 것도 아니며, 근본적인 원인은 당시 국제법 질서의 구조적 한계에서 연유된 것이라고 설명하고 있다.

이 부분에 관련된 그의 주장을 여기에서 그대로 인용하면,

> (…) 조약에 관한 국제법이 성문화되지 않았고, 관습법은 명확하지 않았다. 유엔은 탈식민지화를 위해서는 많은 노력을 경주했지만, 식민 지배를 청산하는 국제법 규범을 만드는 노력은 하지 않았다. (…)

라고 말하고 있다.

오늘날까지도 해결하지 못하는 한일 간의 법적 문제가 많이 남아 있는 원인으로서 1965년 「한일기본관계조약」의 내용이 불충분하고, 문안이 명확하지 않았기 때문이라는 것을 인정하고 있으면서도 이 협약의 결함으로 지적되어야 할 근본적인 원인은 당시의 "국제법 질서의 구조적인 한계에 있다."라는 그의 주장은 이런 식의 다소 모호하고 포괄적 설명으로 호도糊塗되어 있다.

물론 조약법 협약은 1965년 「한일기본관계조약」이 체결된 이후인 1969년 5월 23일에야 체결되었다. 그러나 이 조약법 협약은 조약법에 관한 관습 국제법을 법전화codify한 협약이다. 이 협약 대부분의 내용은 이 협약의 발효와는 관계없이 '그 이전부터' 법적 기속력이 있는 '국제관습규범'으로 존재하고 있었던 것이다.[238] 특히 "조약체결의 목적으로 국가를 대표하기 위하여 권한을 부여받은 것으로 간주될 수 없는 자가 행한 조약체결에 관한 행위는, 그 국가에 의하여 추인되지 아니하는 한, 법적 효과를 가지지 아니한다."라고 규정하고 있는 「조약법에 관한 비엔나 협약」 제8조의 규정은 이른바 '조약 체결권자의 적법성'에 관련된 규정으로

써 조약 체결에 관련된 가장 기초적이고 근본적인 관습 국제법 규범이다. 그러므로 어떤 조약이 1969년 「조약법에 관한 비엔나 협약」 발효일 이전에 체결되었다는 이유로 이러한 규범을 벗어날 수는 없는 것이다.[239]

1910년 8월 22일 체결된 「한일병합조약」이 부적법한 조약이라는 결론의 근거는 당시의 왕위계승에 관한 국제공법상 강압에 의한 양위나 즉위는 명백히 무효이다. 그러므로 순종은 적법한 대한제국의 황제가 아니며, 따라서 한국 측 조약체결권자에 명백한 법적 흠결이 있으므로 이 조약은 처음부터 성립되지 아니한 것으로 간주될 수밖에 없다는 것이다. 이러한 국제법적 추론을 인정하는 데에 충분한 관습 국제법 규범이 1965년에 엄존하고 있었으므로 적어도 「한일병합조약」의 불성립 무효를 주장함에 있어서 그 베테랑 외교관이 주장하는 이른바 '국제법 질서의 구조적인 한계' 같은 것은 존재하지 않는다. 이런 태도는 「한일병합조약」의 법적 타당성(Legality) 자체를 국제법적으로 검토하는 것을 그만두어야 한다는 일본의 주장을 은근히 옹호하고 그런 이론을 열심히 논증코자 한 A교수의 논조와 너무도 흡사하다. 왜 이들은 국제법 자체의 법규적 규범력에 대한 근본적인 회의론에 빠져서 처음부터 이런 중요한 문제에 관한 법적인 논의를 회피하려 하는가?

이런 논조는 현재의 위선적이고, 무기력한 한국 외교의 기조를 변호하기에는 외견상으로 잘 조합된 '외교관다운' 언사이다. 그러나 이런 논설의 중요한 결점은 핵심적인 사실들을 의도적으로 회피하고, 국제법 자체의 법적인 규범력을 부정하고 있다는 점이다.

'한일협정체제'가 지난 50년 동안 그런대로 역사적 사명을 '잘 수행해 왔다'고 변명하는 것은 현재와 같은 한일 간 외교적 고착 상태를 그대로 짊어지고 가겠다는 말 이외에는 다른 의미를 가질 수 없다. 또 한·미·일 3국 간의 역학적力學的 구조에서 연유되고 있는 '상황적 압박'을 이런 식으로 외면하고는 이 힘겨운 장애를 우리는 결단코 극복할 수 없다.

기본관계조약 제2조가 한일 간 역사적 인식의 괴리를 고착시키고 있는 '법적인 장애'라고 지적하고 이 조약을 수정하거나 폐지해야 한다는 주장을 의식해서인지 그는 아주 완강한 어조로 반론을 제기하고 있다. 그의 주장을 여기에 그대로 옮기면,

> (…) 조약으로 이루어지는 국가들의 협력 체제를 재건축하듯이 한꺼번에 허물고 새로 만드는 것은 가능하지도 않고, 바람직하지도 않다. 협정 체제의 골간을 유지하면서 보완하는 방법은 다양하지만 어떤 방법이든지 당사국 간 합의가 필요하며 일방적으로 재해석을 해서 보완할 수는 없다.

라고 말하고 있다.[240]

기본관계조약 제2조가 한일 간 역사적 인식의 괴리를 고착시키고 있는 '법적 장애'이기 때문에 이 조약을 수정하거나 폐지해야 한다는 주장은, "한일 간의 협력 체제를 재건축하듯이 한꺼번에 허물고 새로 만들자"는 주장으로 직결되는 것은 아니다. 협정 체제의 골간을 유지하면서 필요한 조항을 수정하고, 또는 재해석을 위한 '합의된 해석의정서'를 한일 간에 만들어 내는 것들을 당연히 예상하고 있는 것이다. 한국 정부가 혼자서 일방적으로 마구잡이 주장을 내세우는 것을 의미하는 것이 아니다. 일본 정부가 「한일병합조약」이 당초부터 부적법한 것으로써 그 성립을 인정할 수 없다는 점을 공식적으로 받아들이기만 한다면 「기본관계조약 제2조」와 같은 법적인 장애를 해소시키는 것은 외교적 관례로 받아들일 수 있는 여러 가지 정당한 방법으로 얼마든지 즉시로 가능할 것이다.

여기서 가장 중요한 점은 「기본관계조약 제2조」가 한일 간 역사적 인식의 괴리를 고착시키고 있는 '법적인 장애'라는 사실을 한국 정부가 당면한 긴급하고 중요한 외교적 과제로 인식하는 일이다. 이러한 인식이 없이는 어떤 정책적인 노력도 나올 수 없게 되어 있다. 이것이 현재의 위선적이고 무기력한 한국 외교 정책의 기조를 변호하기 위해 한 사람의 베테랑 외교관이 벌이고 있는 위와 같은 위선적

변론들을 더 이상 용서할 수 없는 이유다.

지금까지 습관적 타성을 깨지 못한 가장 주된 원인은, 사실상 우리 대한민국이 법적인 원칙과 역사적인 진실에 철저히 충실하지 못했다고 하는 점에 있다. 정치적으로 아주 견실하고 합리적인 사람들까지도 한일 외교과제에 관해서 인습적 사고의 테두리를 벗어나지 못하고 있다.[241] '조용한 외교' 기조를 강조하는 이들이 추구하는 이른바 '현실적인 국가적 이익'이란 무엇인가? 그것은 법적인 원칙과 역사적인 진실들을 잠시 접어두고, 우리끼리 편리한대로 적당히 추구해서 얻어질 수 있는 것인가?

절대로 그렇지 않다.

우리가 살고 있는 현대 국제사회에서 법적인 원칙과 역사적인 진실들에서 벗어나는 순간, 아주 사소한 '현실적인 국가적 이익' 조차도 결국 우리는 누릴 수 없게 된다. 지난 50년간 한일관계의 좌절과 실패의 연속 속에서도 이러한 '교훈'을 아직도 배우지 못했다면 우리는 구제할 수 없는 나락奈落으로 떨어질 수밖에 없다. 자신의 역사적 진실을 제대로 알지 못하고, 명백한 법적 장애를 그대로 방치하고서 어떻게 한국이 일본의 불법과 오만을 극복할 수 있겠는가?

4. 일본의 역사 왜곡과 일본군 위안부 문제

점령주체였던 미국이 편의주의적으로 외면해 버린 전후 처리 조치로 인한 문제 중, 종전 이후 한·중·일 3국 간에 가장 논란이 많았던 것으로는 '식민주의의 청산과 극복이라는 과제'를 전면으로 부인해 온 '일본 역사 교과서 왜곡'과 '군대 위안부 문제'를 들 수 있다[242].

먼저 '일본 역사 교과서 왜곡'에 관련된 논의의 경과를 보면,

1982년 6월, 일본 문부성은 고교 교과서 검정 과정에서 중국 '침략'을 '진출'로 바꿔 쓰도록 지시함으로써 이른바 '교과서 파동'을 일으켰다. 이에 한국과 중국 등 주변국들이 강력히 반발하고 나서자 결국 일본은 교과서 검증 기준으로 '근린제국近隣諸國 조항'이란 것을 만들었다. 당시 미야자와 기이치宮澤喜一 일본 관방장관은 "교과서 기술 시 한국, 중국 등 근린제국의 비판에 충분히 귀를 기울인다." 는 담화를 발표한 것이다.

이 조항은 그해 11월, 문부성 교과서 검증기준으로 정식으로 채택돼 교과서 검증 시 주변국을 자극하는 것을 피하기 위한 하나의 기준으로 작용해왔다. 이를 두고 일본 내 우익세력들은 "국가의 문제인 교육에 제3국이 개입해서는 안 된다." 며 그 삭제를 주장해 왔다.

1997년 1월에는 일본의 역사 교과서에서 군대 위안부에 관한 기술 등의 삭제를 요구하는 '새 역사 교과서를 만드는 모임(새역모)'이 발족하였다. '근린제국조항'에도 불구하고 이 '새역모'가 만든 후소샤扶桑社 교과서가 2001년 3월 검증을 통과하자 일본 측의 과거사 반성에 대한 진의가 의심받게 되어 한국과 중국이 강하게 반발하였으며, 다시 '제2차 교과서 파동'이 일어나게 되었다. 한국 정부는 당시 주일대사를 일시 소환하는 등 강하게 반발했지만, 일본 측은 '근린제국 조항'을 충

분히 고려한 것이라고 발뺌했다.

2005년 3월 6일에는 일본 문부성 정무관인 시모무라 하쿠분下村博文 자민당 의원은 "근린제국조항이 생기는 바람에 철저한 마르크스 레닌주의에 의한 자학사관 교육이 이뤄지고 있는 사실을 간과할 수 없다."라고 하면서 '일본의 전도와 역사 교육을 생각하는 의원모임'을 만들었다. 2001년 후소샤 교과서의 검정 통과 사건 이후 일본이 그나마 명맥을 유지시켜 왔던 교과서 검정 기준으로써 '근린 제국 조항'은 사실상 사문화되었다. 본래부터 일본 정부가 교과서 검정 기준으로 '근린제국 조항'을 잠시 적용한 것은 일본의 과거사 역사 왜곡에 대한 기본 입장을 바로 잡으려 한 것이 아니고 글자 그대로 인접국(근린 제국)들과의 '외교적 마찰'을 조정하기 위해서 생각해 낸 '기술적 조치'였다는 것을 생각하면 이런 결과는 이미 예상할 수 있는 것이었다. 2015년 4월, 일본 문부성의 교과서 검증 결과를 보면 일본의 과거사 역사 왜곡에 대한 입장은 더욱 우경화된 것을 확인할 수 있다.

다음 '군대 위안부 문제'에 관련된 논의의 경과를 보면,

이 문제는 1965년『한일 간 기본관계 조약』의 협상 과정에서는 거론 조차 되지 않았으나 1992년에는 일본 정부가 2차에 걸쳐 이 문제에 관한 진상을 조사하고, 1993년에는 일본 정부 관방장관, 고노 요헤이河野洋平가 군대 위안부 동원에 일본군이 관여하였음을 인정하는 담화를 발표하기에 이른다.

이것이 세칭 '고노 담화'라고 하는 것이다.

1993년 일본 제국 육군이 제2차 세계 대전 동안 위안부로 알려진 여성들을 군용 성매매 업소에 종사하도록 강요했음을 발견한 일본 정부 연구의 결과를 당시 내각관방장관 고노 요헤이가 성명으로 발표한 것이다. 일본 정부는 이때까지 여성들이 강요받았다는 것을 부정했다.

1994년에는 일본 총리가 특별담화를 발표하여, '사과와 반성'의 뜻을 나타내는 조치로써 '민간 기금방식의 배상'을 시사하고, 1995년 7월, 일본에서 '여성을 위한

아시아 평화국민기금(여성기금)'이 발족된다.

1996년에는 유엔 차별방지 소수자 보호 소위원회에서 여성에 대한 폭력문제 특별보고관으로 임명된 라디카 쿠마라스와미(Radhika Coomaraswamy)의 인권보고서 '여성에 대한 폭력, 그 원인과 결과에 관한 예비보고서'가 제52차 유엔 인권위원회에 제출되었다. 그리고 1996년 4월, 이 '유엔 인권위원회'는 "피해자에 대한 국가배상 및 일본 정부의 사죄를 권고하는 결의안"을 채택한다.

같은 해인 1996년 6월 23일, 제주 한일정상회담 후 기자회견에서 하시모토 류타로橋本龍太郎 일본 총리는, "군대 위안부 문제만큼 여성의 명예와 존엄에 상처를 입힌 문제는 없었으며, 마음으로부터 사과와 반성을 한다."고 사죄 발언을 하였다. 그러나 일본 정부는 1998년 2월, 한국 정부에 대해서 "군대 위안부 배상책임은 1965년 한일청구권협정으로 소멸됐다."는 공식 입장을 전달했다.

국제사회에서 이 문제에 관한 논의는 그 뒤로도 계속되었다.

1998년 6월, '전시 성노예에 관한 소위원회'의 특별보고관으로 임명된 게이 멕두걸(Gay J. McDougall) 변호사는 '일본의 배상과 책임자 처벌 등을 요구하는 보고서'를 유엔에 제출하였고, 2001년 일본 정부에 위안부 존재를 인정하고 이 문제에 대한 책임을 질 것을 요구하는 '위안부 관련 결의안(H. Res. 759)'이 처음으로 미국 민주당 레인 에번스(Lane Evans) 의원에 의해 미국 하원에 제출되었다. 그리고 2007년 7월 30일, 미국 연방 하원 본회의에서 만장일치 투표로 이 결의안은 채택되었다.

유럽에서도 2007년 12월 13일, 유럽연합 의회는 '일본군 성 노예 제도의 생존자들에 대한 결의안(Resolution B60525/2007)'을 채택하였다. 절대다수의 동의로 채택된 이 결의안은 일본 당국에 제2차 세계대전 기간과 그 이전에 일어났던 일본군 성노예 제도의 생존자들에게 사죄하는 구체적 단계의 조치를 취할 것을 요구하였다.

2015년 12월 28일, 한일 양국 정부는 일본군 위안부 문제를 협상 타결하였다[243]. 이번 합의에서 일본 정부는 종군 위안부 문제에 대한 책임을 공식적으로 인정하고 사과하였으며, 한국 정부가 재단을 설립하고, 일본 정부가 이 재단에 자금(10억 엔으로 알려졌다)을 지원하여 위안부 할머니들을 위로, 지원하는 사업을 '수행하기로'한 것이다.

이번 위안부 합의에 관련해서 또 국내외적으로 찬반의 견해가 갈려서 치열한 공방이 한참 진행되고 있다. 위안부 할머니들은 이제 너무 고령이므로 실질적으로 이분들을 위로하고 지원할 시간도 별로 남지 않았으니 한일 양국이 이 정도로 합의하여 이 문제를 실질적으로 '해결'하는 것이 현명한 일이 아니냐는 것이 우리 정부 측의 입장이다. 그러나 "군대 위안부 배상책임은 1965년 한일청구권협정으로 소멸됐다."는 일본의 공식 입장은 변경되지 않았으므로, 제2차 세계대전과 그 이전에 일어났던 일본군 성노예 제도의 생존자(위안부 할머니들)들에게 '사죄', '배상' 하는 '구체적 조치'를 취할 것을 '일본 정부'에 요구한 유엔과 유럽 연합 등의 요구 수준에도 못 미치는 합의임이 틀림이 없다.

앞에서 언급한 두 문제 이외에도 제2차 세계대전시 '일본 군대의 난징 대학살' 책임을 묻고, 1951년 「대일강화조약」의 성립과 시행 과정에 내포되어 있는 왜곡된 법적 문제를 지적하기 위한 민간단체들의 활동이 미국과 중국 및 일본에서 전개 되고 있다. 가장 주동적인 주체는 ALPA[244]라는 단체인데 미국, 중국 및 캐나다에 있는 많은 유관 단체[245]들과 함께 일본의 왜곡된 역사 인식을 규탄하는 활동을 벌이고 있다. 특히 ALPA의 활동 중에서 "SFPT: An unjust treaty"라는 분야는 1951년 「대일강화조약」의 실체에 관한 여러 실증적 활동이 포함되어 있다[246].

216) 『한일회담 회의록- 한일기본관계조약』 [한일회담문서 발췌] - 구조약 무효확인 (기본관계 위원회 회의록 중) 참고;
대한민국 외무부, 『한일회담 백서』, pp.15~21.; Sigeru Oda, "The Normalization of Relation Between Japan and the Republic of Korea, 61 AJIL (1967) 40~41.

217) Treaty of Basic Relations between Japan and the Republic of Korea of 22 June 1965.
이 조약의 공식 영문본은 4 *ILM* 924, 925.을 참조할 것.

218) 山田昭次, "日韓條約の 今日の 問題點", 「世界」(1992年 臨時增刊號) .p.54.

219) 관할권 조항; [한·일기본조약 제3조]
"대한민국 정부가 국제연합 총회의 결의 제165(III)호에서 명시된 바와 같이 한반도에 있어서의 유일한 합법정부임을 확인한다."
이 조항은 특히 한반도 냉전과 남북한 분단상황을 직접적으로 고려한 것이었다.

220) 사카모토(坂元茂樹), "日韓은 舊條約 문제의 陷穽에 빠져서는 안 된다.", - 이태진 논문에 대한 하나의 회답- 이태진, 『한국병합, 성립하지 않았다』, 태학사, 2001, p.79.

221) 사카모토(坂元茂樹), op. cit. p.94~95.

222) 1969 Vienna Convention on the Law of Treaties. Preamble Para. 3.
1969 Vienna Convention on the Law of Treaties. Article 26 and Article 69, Para. 1.

223) 김영구, "독도 영유권 훼손되는가?", 「한국일보」 특별기고, 1997년 11월.
김영구, "한일의 어로규칙", 「조선일보」 시론, 1998년 1월 24일.
김영구, "독도 수역의 정책 선택," 「월간 선택」, 1998년 2월호.
김영구, "새 한일어업협정과 독도," 「교수신문」, 제145호 1998년 11월 9일.
김영구, "신 한일어업협정과 독도영유권 문제에 관한 국제법적 고찰,", 「사회과학연구논총」, 제6호, 한국해양대학교 사회과학연구소, 1998년 12월. pp.1~78.

224) 김찬규, "새 한일어업협정의 개관," 「시민과 변호사」, 서울지방변호사회, 1998년 11월호. pp.45~46.

225) 박춘호, "이젠 어민을 생각할 때," 「조선일보」 시론, 1999년 4월 4일자.

226) 해양수산부, 「한일어업협정 설명자료」, 1998. 10. 14.
외교통상부, 新韓日漁業協定과 獨島 - 誤解와 궁금중 -, 1998.11.
외교통상부, 「신한일어업협정」, 1998.11.25
해양수산부, 「한일어업협정 설명자료」, 1998.12.
해양수산부, 「한일어업협정 관련 쟁점사항 설명」, 1999.3.

227) 안기석, 동아일보 신동아부 차장, "신 韓日 어업협정 - '전투'에서 이기고 '전쟁'에선 졌다" (www2.donga.com/docs/magazine/new_donga/9812/nd98120030.html)

228) Japan: C2/Informal Meeting/28 (3 May 1978) ; Jonathan I. Charney, "Rocks that cannot sustain human habitation," 93 *AJIL* (1999) 869.Note 30.

229) 김영구, 『한국과 바다의 국제법』, pp.297~98.; Jon M. Van Dyke et al., "The Exclusive Economic Zone of the Northwestern Hawaiian Islands: When Do Uninhabited Islands Generate an EEZ?", 25 *San Diego Law Review* 449~450.

230) 해양법에서는 이런 공해 수역의 범위를 'the Area'라고 하고 이를 '인류 공동 유산'으로 간주한다.

231) Alex G. Oude Elferink, "Clarifying article 121(3) of the Law of the Sea Convention: The Limits Set by the Nature of International Legal , Processes", IBRU *Boundary and Security Bulletin* Summer 1998, vol.6, No. 2. (1998)

232) Jonathan Charney, "Rocks that Cannot Sustain Human Habitation." *AJIL*, vol.93. No.4. p.866.

233) Ibid.

234) 한국일보, 2006년 6월 13일자

235) ① 한일 간 어업협상 시에 동해 중간수역의 서쪽 경계선에 관해서, 일본의 기본 입장은 동경 135도 선이었으나 동경 136도로 해야 한다는 한국의 완강한 주장에 양보하여 일본은 135도 30분선에 동의한 것이다.
② 한일 간 어업협상 시에 동해 중간수역의 북쪽 경계선에 관해서, 한국은 명백히 남북한 간의 북방 경계선 위쪽에 위치한 "YPmPto-tPi"(대화퇴 어장)의 일부는 한일어업협정의 잠정적 조치수역 내에 포함되어야 하며, 결코 일본 EEZ의 한 부분으로 남아 있어서는 안 된다고 협상의 마지막 단계에 와서 갑자기 강하게 주장하였다.
1998년 9월 22일에서 10월 7일까지 집중적으로 진행된 협상에서 한일 고위급 관리들간의 극적인 거래가 타결되어, 일본은 잠정 조치수역의 북쪽 한계선으로 g-h, h-i선을 설정하는 데에 최종적으로 동의함으로써 잠정 조치 수역 내에 "Yamato-tai"의 절반을 할당하여 한국 측에 포함되게 하였다.
김영구, 『독도, NLL문제의 실증적 정책분석』, 다솜출판사, 2008, pp.106~108.

236) 김영구, 『독도 영토주권의 위기』, 다솜출판사, 2006.

237) 정해웅, "1965년 한일협정체제의 역사적 법적 조명과 보완 방향", 「동북아 역사 재단 뉴스」, 권두언. vol.107, 2015년 10월.

238) *Oppenheim's International Law*, (9th edition, 1992) vol. II, section 581. p.1199.; Sinclair, ICLQ, 19 (1970), pp.49~50; Briggs, AJIL 73(1979), pp.470~473.

239) *Oppenheim's International Law*, Loc cit., Note 13.

240) 정해웅 op. cit..

241) 주일대사를 지낸 공로명 전 외무부장관은 2015년 6월 16일 한일관계 개선을 위해 아베 신조 일본 총리가 종전 70주년 8월 담화(아베 담화)에서 과거 식민지배와 침략에 대해 쉬운 말로 사죄하고, 한국은 이를 계기로 "사죄 요구에서 졸업해야 한다."고 주문했다. 공 전 장관은 이날 국립외교원 외교안보연구소와 일본국제문제연구소가 서울 서초구 국립외교원에서 '한·일 관계 50년의 회고와 전망, 새로운 50년을 향하여'를 주제로 개최한 제30차 한일 학술회의에서 기조연설을 통해 이같이 밝혔다. 연합 뉴스. 2015년 6월 16일.
공로명, "수교 50주년. 한일관계 전망과 해법", 특별기고. 외교협회, 「외교」 제114호 2015년 7월.; 공로명, "한일국교 정상화 50년: 한일관계의 과거·현재·미래", 한국해양수산개발원, 「독도연구저널」 논단, Vol, 31. 2015년 Spring.

242) 이들 문제에 관한 논의가 미국을 비롯한 국제사회에서 특히 한-중-일 3국간에 어떻게 제기되고 전개되어 왔는가에 관해서는 필자의 홈페이지 『기타자료실』안에 있는 [일본 군대 위안부 관련일지] 와 [日 교과서 파동 일지]를 참조 할 것. (www.kocean.org/sub05/sub01.asa?TableName=b_data3)

243) 한일 외교장관회담 공동기자회견문 전문
박근혜 정부와 아베 신조 일본 정부는 12월 28일 한일 외교장관 회담을 열고 일본군 위안부 피해자 문제의 해결 방안에 합의했으며, 윤병세 대한민국 외교부 장관과 기시다 후미오 일본 외무상은, 12월 28일 오후에 서울특별시 세종로 정부서울청사 별관에서 외교장관 회담을 연 뒤 공동기자회견을 통해 위 합의사항을 발표하였다.
1. 일본 측 표명사항
일-한 간 위안부 문제에 대해서는 지금까지 양국 국장급 협의 등을 통해 집중적으로 협의해 왔음. 그 결과에 기초하여 일본 정부로서 이하를 표명함.
1) 위안부 문제는 당시 군의 관여 하에 다수의 여성의 명예와 존엄에 깊은 상처를 입힌 문제로서, 이러한 관점에서 일본 정부는 책임을 통감함. 아베 내각 총리대신은 일본국 내각 총리대신으로서 다시 한 번 위안부로서 많은 고통을 겪고 심신에 걸쳐 치유하기 어려운 상처를 입은 모든 분들에 대해 마음으로부터 사죄와 반성의 마음을 표명함.
2) 일본 정부는 지금까지도 본 문제에 진지하게 임해 왔으며, 그러한 경험에 기초하여 이번에 일본 정부의 예산에 의해 모든 전(前) 위안부분들의 마음의 상처를 치유하는 조치를 강구함. 구체적으로는, 한국 정부가 전(前) 위안부분들의 지원을 목적으로 하는 재단을 설립하고, 이에 일본 정부 예산으로 자금을 일괄 거출하고, 일-한 양국 정부가 협력하여 모든 전(前) 위안부분들의 명예와 존엄의 회복 및 마음의 상처 치유를 위한 사업을 행하기로 함.
3) 일본 정부는 상기를 표명함과 함께, 상기 2)의 조치를 착실히 실시한다는 것을 전제로, 이번 발표를 통해 동 문제가 최종적 및 불가역적으로 해결될 것임을 확인함. 또한, 일본 정부는 한국 정부와 함께 향후 유엔 등 국제사회에서 동 문제에 대해 상호 비난·비판하는 것을 자제함.

2. 한국 측 표명사항

한-일간 일본군위안부 피해자 문제에 대해서는 지금까지 양국 국장급 협의 등을 통해 집중적으로 협의를 해왔음. 그 결과에 기초하여 한국 정부로서 이하를 표명함.

1) 한국 정부는 일본 정부의 표명과 이번 발표에 이르기까지의 조치를 평가하고, 일본 정부가 상기 1. 2)에서 표명한 조치를 착실히 실시한다는 것을 전제로 이번 발표를 통해 일본 정부와 함께 이 문제가 최종적 및 불가역적으로 해결될 것임을 확인함. 한국 정부는 일본 정부가 실시하는 조치에 협력함.

2) 한국 정부는 일본 정부가 주한일본대사관 앞의 소녀상에 대해 공관의 안녕·위엄의 유지라는 관점에서 우려하고 있는 점을 인지하고, 한국 정부로서도 가능한 대응 방향에 대해 관련 단체와의 협의 등을 통해 적절히 해결되도록 노력함.

3) 한국 정부는 이번에 일본 정부가 표명한 조치가 착실히 실시된다는 것을 전제로 일본 정부와 함께 향후 유엔 등 국제사회에서 동 문제에 대해 상호 비난·비판을 자제함.

244) Global Alliance for Preserving the History of WW Ⅱ in Asia (ALPA: 世界抗日戰爭史實維護聯合會) (www.global-Alliance.net/index.html)

245) Rape of Nanjing Redress Coalition (RNRC)
Alliance to Preserve the History of WWII in Asia - Los Angeles (ALPHA-LA)
Association for Preserving Historical Accuracy of Foreign Invasions in China (APHAFIC)
Association for Victims of Japanese War Crimes (AVJMC)
British Columbia Association for Learning & Preserving the History of WW Ⅱ in Asia (B.C. ALPHA)
Chinese Alliance for Commemoration of the Sino-Japanese War Victims (CSJWV)
Hong Kong Coaliation for Preserving the History of WW Ⅱ in Asia
Hong Kong Reparation Association

246) Questions surrounding the Treaty remain to date. Human rights organizations note the absence of the following items in the US-Japan 21st Century Project's Program, which, as it stands, would perpetuate collective Amnesia toward the Asia-Pacific War:
1. A discussion of how Japan has used the Treaty as a shield for its stubbornness in refusing to acknowledge responsibility for its war crimes
2. A debate as to whether the Treaty waived all individual claims of war compensations
3. An exploration of whether the Treaty is a just treaty

남북한 관계에 있어서의
혼돈

IV

1. 북한 정권은 우리에게 무엇인가?
: 남북한 관계의 현실

지금 우리 국민은 개념과 사상의 혼돈 속에서 헤매고 있다.

전혀 근거 없이 국민 상호 간에 서로를 향해서 치열한 적대감을 불사르게 하는 고약한 최면에 걸려 모두들 헤어나지를 못하고 있다. 이런 혼돈은 상당히 결의에 찬 노력이 아니면 쉽게 벗어나기 어렵다는 점에 대한 경각심을 우리가 모두 가져야만 한다. 우리는 지금 우리들의 사활이 걸린 중요한 과제들에 관해서 심각한 인식의 혼돈 속에 빠져 있다.

예를 들어서 북한 정권은 우리에게 무엇인가?

많은 정책 논의에서 전문가들은 주저 없이 북한을 "평화적 통일을 위한 대화와 협력의 동반자"로 거론하고 있지만, 사실은 북한은 핵무기로 우리 국가의 안보를 위협하고, 대한민국과 그 자유민주주의 국가체제를 말살해 버리고 한반도를 적화통일하려고 하는 반국가단체에 불과하다. 이 두 개의 개념이 논리적으로 공존할 수 있는가? 우리를 부정하고 말살하려는 적이 어떻게 대화와 협력의 동반자가 될 수가 있는가? 건전한 상식으로는 도저히 납득되지 않지만, 우리는 마치 이 모순된 개념들이 상용(서로 받아들일 수 있다는 뜻)되고 공존할 수 있는 것처럼 말하고 행동한다.

NLL에 관한 우리의 인식을 보자.

한때 우리의 대통령이며, 우리 군대의 최고통수권자였던 노무현은 NLL은 미국이 일방적으로 설정한 자기제한 경계선에 불과하다고 공언했다. 그러나 사실은 이 NLL은 한국전쟁의 전투행위 종식을 위한 엄연한 해상군사분계선이다. 그러므로 이 NLL은 통상적인 영토경계선보다 더 직접적인 '안보경계선'이 되는 것이다.

이 NLL의 개념 정의에 관련해서 노무현과 김정일의 정상회담 회의록을 가지고 한동안 부끄러운 논쟁을 치르던 우리 정치 거물들의 뒤숭숭한 모습은 상기하기조차 싫지만, 그것이 결국 우리 모두의 창피하고 위험한 자화상이다.

역시 한때 우리의 대통령이며, 우리 군대의 최고통수권자였던 김대중이 평양으로 넘어가서 김정일을 만나서 체결한 '역사적인 문서', 「6·15 공동선언」은 과연 어떤 의미를 갖는 합의인가?

지금도 대한민국의 제도권에서 버젓이 활동하는 야권 정치인들을 포함해서 많은 영향력 있는 사람들은 「6·15 남북 공동선언」을 남북한의 평화통일을 추진함에 있어서 '기본이 되는 실천적 합의'라고 주장한다.

그러나 사실은 절대로 그렇지가 않다. 그렇게 될 수도 없고, 절대로 그렇게 되면 안 되는 합의다.

왜냐하면, 이 「6·15 남북 공동선언」은 북한의 '낮은 단계 연방제안'을 수용함으로써 헌법 4조를 위반한 불법적 문서이기 때문이다. 이는 북한의 적화통일의 의도를 승복하는 항복 문서와 같은 것이다. 이처럼 명확한 사실을 우리 국민들이 왜 분명하게 알아차리지 못하는지 참으로 안타깝다.

명백히 헌법을 위반한 이 반국가적 합의를 아직도 중요한 통일정책의 지침으로 믿고 있는 사람들이 정부의 통일 문제를 전담하는 중앙행정부처(통일부) 장관으로 근무하고 있고, 이런 정책을 마구잡이로 우겨대는 이상한 정치인들이 제도권 안에서 혈세로 지급되는 적지 않은 세비를 꼬박꼬박 받으면서 국가 통일정책을 논의하고 있는 이 '이상한 나라' 대한민국이 아직도 건재하는 것이 참으로 이상할 지경이다.

짙은 안개처럼 이성의 눈을 멀게 하는 이런 인식의 혼돈 속에서 자기 자신도 제대로 잘 알지 못하는 개념과 정치적 주장의 아집을 근거로 해서 전혀 근거 없이 상대방을 공격하고 치열한 적개심을 불태우는 치졸한 모습에서 너도나도 하루빨리 벗어나야만 한다.

어떻게 하면 이런 혼돈을 벗어날 수 있을까?

우리 역사를 돌이켜 볼 때, 특별히 유념해야 할 가장 중요한 점은 우리가 너무나 오랫동안 아주 질이 나쁜 혼돈 속에 살아오고 있다고 하는 사실이다. 이 혼돈의 원인을 우리 자신의 학문적인 나태나 사회적인 긴장감의 결여 등으로 지적할 수도 있으나, 사실은 반드시 그런 이유에서만 그렇게 된 것은 아니다. 조용히 우리 역사를 돌이켜 보면 우리나라는 중요한 시기마다 아주 이상한 계기로 역사의 전환점에서 불운을 만나야만 했다.

우리는 이런 불운으로 형성된 국난을 극복하기 위해서 엄청난 고난을 겪어 왔다. 그리고 이런 고난들에서 자신을 돌아보는 자성의 기회나 우리를 단결시키고 국민적 능력을 한 차원 높이는 연단의 효과를 얻어내지도 못한 채로 끝도 없는 혼돈 속에서 지금까지 살아온 것이다. 우리들의 사활이 걸린 문제들에 관한 이런 정도의 한심하고 심각한 인식의 혼돈에서 하루빨리 벗어나는 것 만이 우리의 살 길이다.

바로 앞에서 세 가지 중요한 인식의 혼돈을 지적했는데 "그 각 주제에 관해서 하나하나마다 중요하고 심각한 법적인 검증 논리가 있다."라고 말만 해놓고 그냥 다음 주제로 넘어가면 독자들은 이 중요한 세 가지 개념에 대해서 혹심한 혼돈의 상태로 방치되는 결과가 된다. 그래서 되도록 간략하게나마 이 세 가지 주제에 대한 심각한 법적인 검증 논리의 내용을 일단 소개하고 다음으로 넘어가기로 하겠다.

놀랍게도 적지 않은 우리 '대한민국 국민'들이, 대한민국의 역대 정권을 미국과 일본 등 외세에 의한 신종 식민지적 지배를 받는 '독재적 집단'으로 간주하여, 대한민국의 국가적 정통성을 부정하고 있다.

그들은 제2차 세계대전 종결 이후 한반도에 수립된 두 개의 정부 중에서, 친일파들을 철저히 척결하고, 항일 독립투쟁을 주도했던 김일성에 의해서 세워진 북한이야말로 오히려 통치권적 정당성이 있는 정권으로 간주해야 한다는 인식을 가지고 있다.

물론 이런 인식은 역사적 진실에도 맞지 않고 전혀 논리적인 근거가 없는 것임에도 불구하고 북한 공산주의자들의 공격적인 선전에 의해서 이런 인식은 만들어지고, 초기 이승만 정권의 부패와 독재에 의해서 확인된다. 또 철저한 체제 비판 소설을 써서 돈도 벌고 이름도 난 천재 소설가, 조정래의 『태백산맥』과 같은 국가체제 비판 일변도의 소설에 의해서 강화된 것이었다.

그런데 더 많은 '대한민국 국민'들이 혹독한 군사독재 치하에서 민주화 세력이 신봉하던 김일성 주체 사상과 유사한 논리로 무장하여, 한국의 헌법 정신을 자유민주주의만으로 볼 수 없다고 지적하고, "한국 자유민주주의는 반북, 멸공주의의 다른 이름이며, 반북, 멸공을 위해 개인의 자유를 제한하고 민주주의를 유보해야 한다는 사이비 민주주의이다."라고 주장한다. 그래서 그들은 우리 헌법상의 '자유로운 민주적 기본질서'란 '자유민주주의적 기본질서'를 의미한다고 보아서는 안 되며, '그냥 민주주의, 그러니까 대체로 '사회민주주의'에 가까운 것이어야 한다는 것이다.

이들은 대한민국의 헌법상 국가적 이념인 자유민주주의를 부정하고 있는 북한과의 이념적 화해나 공존을 추구하는 데에 그치지 않고, 대한민국의 국가적 정통성(Legitimacy)을 부정하고 한반도의 평화와 통일을 위해서는 대한민국을 아주 없애거나 북한에 종속시켜야 한다고 생각한다.

이들을 이른바 종북 좌파 세력이라고 지칭한다.

군사독재 치하에서 민주화 운동을 주도하던, 김일성 주체사상으로 의식화된 이들 좌파 세력은 민주화가 이룩되고 그 이후 김대중, 노무현 등의 좌파 정부가 지난 10년 동안 한국의 집권 정부가 된 이래, 본격적으로 사회 각계로 진출하여 시민운동을 좌파로 만들고, 교사가 되어 '전교조'를 만들고, 노동자가 되어 '민노총'과 '민노당'을 만들고, 기자가 되어 언론노련(현재는 언론노조)을 만들었으며 학계, 정관계, 법조계로 진출했다. 보수 우익 정부라고 하는 이명박 정부를 거쳐서 박근혜 정부의 임기가 후반부에 이른 지금까지도, 대한민국 내의 종북 좌파 세력 규모는 대략 30~40만 명으로 추산된다.

이들은 기회 있을 때마다 반미, 반정부 투쟁을 전개해 왔다. 주한미군 전차에 교통사고로 사망한 미선이, 효순이를 위한 촛불시위, 노무현 대통령 탄핵반대운동, 맥아더 동상 철거사건, 평택 주한미군철수투쟁, 한미FTA 반대투쟁, 광우병 촛불시위, 제주도 해군기지반대투쟁, 희망버스 등 대한민국을 흔드는 운동은 이들이 전부 주도해 왔다.

제도권 야당이라고 자처하는 '더불어 민주당'도 실질적으로 이들(종북 좌파 세력)의 영향권 안에 머물러 있다고 말해도 아마 지나치지 않을 것이다. 한마디로 우리 대한민국 국민은 좌파 정치인이거나 아니거나를 막론하고 북한이라는 정권의 실체를 인식하는 데에 심각한 혼돈에 빠져 있다.

'북한'이라는 정권은 우리에게 무엇인가?

이 책의 독자들에게 조용히 이 질문을 자문해 보기를 권하고 싶다.

장사정포로 연평도를 포격하여 민간인과 우리 해병대 병사들을 살해하고, 언제라도 핵무기로 우리를 말살하려는 북한이 어떻게 통일을 위한 대화와 협력의 동반자가 될 수 있는가? 건전한 상식으로는 도저히 납득되지 않지만, 우리는 마치 이 모순된 개념들이 상용되고 공존할 수 있는 것처럼 말하고 행동한다. 이런 이상한 현상은 실은 중요한 '사실'과 '법적 원칙'에 대한 인식의 혼돈이 있기 때문이다.

중요한 '사실'이나 '법적 원칙'을 따지는 것은 국회의원이나 정부의 책임 있는 사람들이나 할 일이니, 우리 같은 착한 보통 사람을 "제발 골치 아픈 문제에 끌어들이지 말라"고 어떤 독자는 말할지도 모르겠다. 맞는 말씀이다. 사람들은 모두 '자기 일'을 하면서 살아가기 마련이다. 보통 사람이 '이념'이니 '인식'이니 하는 애매한 말에 괜히 쓸데없이 엮일 필요가 무엇인가? 그런데 "북한이란 우리에게 무엇인가?"라는 질문에 솔직하고 자신 있게 대답해야 하는 것이 보통 사람인 우리 각자의 '자기 일'인데 어찌하랴?

자유민주주의 정치 체제는 김일성 가족 독재와 같은 독재 체제와는 다르게 어쩔 수 없이 선거라는 제도를 통해서 권력 위임의 정당성을 확인하고 또 유지한다. 즉, 자유민주주의란 '국민의 표'를 먹고 사는 정치 체제이다.

통일 문제에 대해서, 역사 교과서 문제에 대해서 그리고 세월호 참사 후속 처리 문제들에 대해서 소신이나 주관도 부족하고, 업무 효율성조차도 별로 확보하지 못하고 있는 정부와 기필코 현 정부를 뒤집어엎어 놓고야 말겠다는 야당 국회의원에게 마음대로 휘둘리는 국회. 여기에 가세하여 발호하는 반체제 사회집단들이, 대한민국이라는 배를 침몰 직전으로 몰아가고 있다. 그러나 이들의 작폐를 궁극적으로 판정하는 것은 국민의 판단이다. 왜냐하면 대한민국은 자유민주주의 국가이고 자유민주주의란 '국민의 표'를 먹고 사는 정치 체제이기 때문이다.

얼마 안 있어서 총선이 있다.

우리 보통 사람들이 투표장에 가서 '사람인 자'를 새긴 빨간 도장을 찍게 되어 있다. 필자는 흰색 천으로 된 칸막이 속에 들어갈 때마다 "대한민국은 민주공화국이다. 대한민국의 주권은 국민에게 있고, 모든 권력은 국민으로부터 나온다."라는 말을 연상한다. 물론 이것은 우리 헌법 제1조이다. 어떤 국회의원이 여당 원내대표자리를 물러나면서 역시 이 헌법 제1조를 들먹거린 일이 있는데 이 코미디 같은 단막극[247]은 우리 정치, 우리 정치인들이 얼마나 유치한 지식수준, 의식수준에 안주하고 있는가 하는 부끄러운 모습을 보여 준 것이고, 필자가 흰색 천으로 된 칸막이 속에 들어갈 때마다 헌법 제1조를 연상한 것은 아주 단순하고 직접적인 연상 작용이다. 필자는 그 '사람인 자'를 새긴 빨간 도장을 투표용지에 찍으면서 "아 모든 권력은 이 빨간 도장에서 나오는구나." 하고 생각한다. 이 빨간 도장이 창출해내는 권력은 막강하다. 헌법학에서는 흰색 천으로 된 칸막이 속에 들어가 그 '사람인 자'를 새긴 빨간 도장을 찍는 사람들을 '헌법제정권력자'라고 호칭한다. 물론 헌법 개정을 위한 국민 투표에서만이 아니고 모든 투표 행위에서 국민은 헌법의 정신과 이념에 대한 '정치적 결단'을 내린다고 보기 때문이다.

이런 설명은 사실 하나의 과장도 없는 진실임에도 불구하고 왜 이처럼 현실감이 없이 공허한 느낌이 드는가?

모든 착한 보통 사람들이 투표행위를 통해서 헌법 제1조의 글자 그대로, 헌법의 정신과 이념에 대한 '정치적 결단'을 내리는 '헌법제정권력자'가 되기 위해서는 몇 가지 필요조건이 있다.

우선, 선거제도가 각종 법률로써 합리적인 체제로 잘 짜여 있어야 하고, 그 법률이 잘 운영되어야 한다. 즉, 선거 부정이 없어야 한다. 둘째, 국민들이 자유민주주의에 대한 확실한 이념적 이해가 확립되어 있어야 한다. 셋째, 국민들이 잘 훈련되고 '성숙한 시민 정신'으로 무장되어 있어야만 한다. '성숙한 시민(Civilized Citizen)'에 관해서는 뒤에서 다시 설명하겠지만, 우선 요점만을 열거한다면,

① 어떤 사건이나 국정 과제를 상대방을 적대시하는 정치적 기회로 이용하지 않는 양식良識

② 절대로 이기적 동기로 파당(편 가르기)을 만들어 내지 않는 양식

③ 악질적인 포퓰리즘에 절대로 최면 당하지 않는 이성적인 기질

우선 중요한 세 가지만 든다면 이런 것들이다.

흰색 천으로 된 칸막이 속에 들어가 '사람인 자'를 새긴 빨간 도장을 찍기 전에 이런 것들을 모두 충족시키려면, 우리 착한 보통 사람들도 중요한 '사실'이나 '법적 원칙'에 관해서 충분히 알고 있어야 한다. 그러니 "북한이란 우리에게 무엇인가?"라는 질문에 솔직하고 자신 있게 대답해야 하는 것이 보통 사람인 우리들의 '자기 일'이 되는 것이다.

그렇다고 하더라도 이제부터 설명하려고 하는 것은 헌법학에 도통한 학자들도 헷갈려서 자기네들끼리 뜨거운 논쟁을 벌이고 있는 부분이므로, 평생 법학을 접해 보지 않은 우리 독자분들에게 미안하기는 매양 마찬가지다.

'죄송한 마음으로' 약간 재미있는 얘기를 하나 더 꺼내서 우리 독자들께서 법적

논쟁에 참여하기 위해 각오를 단단히 하고, 이 '고약한 책' 속에 몰입해 들어가는 결정적인 시간을 다소 늦추어 보려고 한다.

보통 때는 아무런 권력도 없는 우리네 착한 보통 사람도 투표장에 가면 "'헌법 제정권력자'로서 헌법적 결단을 한다."고 거창하게 말하지만, 실제로는 흰색 천 칸막이 속에 들어가, 손에 들고 있는 투표용지에 나열된 사람 이름이나 정당 이름 중에서 하나를 골라 '사람인 자'를 새긴 빨간 도장을 찍는 것이 고작이다. 그런데 하버드 대학을 나온 어떤 사회심리학자 - 놀랍게도 이런 '전문 분야'도 있다 - 는 이렇게 투표장에서 후보를 고르는 일이 결국은 스타벅스 커피점에 가서 커피를 고르는 일과 뭐 별반 크게 다르지 않다는 것이다. 꼭 스타벅스일 필요도 없고, 엔젤리너스나 다른 커피점도 무방할 것이다.

아메리카노, 카페라테, 캐러멜 마키아토 등등, 요즘은 커피 이름도 가지가지여서 이걸 고르는 일이 정말 만만치가 않다. 커피점에 들어가 계산대에 가서 종업원의 주문 독촉(?)을 받으면 은근히 스트레스를 받게 된다.

그 유명한 전문가는 부연해서,

> 한국 사람들은 대통령 후보에 대한 정확한 지식이 없다. 거의 객관적인 평가를 하지 못한다. 그렇기 때문에 대통령 선거 직전까지도 부동층이 유권자의 약 40%를 넘게 차지한다. 그러다가 선거 당일 날, 스타벅스에서 커피 메뉴 고르듯 투표용지에 나와 있는 후보 중에서 대충 아무나 골라서 찍은 후에, 5년 동안 그 혹독한 대가를 치른다.

라고 말하고 있다.[248]

"대충 아무나 골라서 찍는다?"

상당히 재미있는 착상이긴 하나, 우리 한국 사람을 상당히 평가절하하고 있는 '발칙한 생각'이다. 우리 한국 사람은 지능 지수가 세계에서 가장 높다.[249] 실제로는 흰색 천 칸막이 속에 들어가, 투표용지에 나열된 사람 이름이나 정당 이름 중에서 하나를 골라 '사람인 자'를 새긴 빨간 도장을 찍는 것이 고작이지만, 대충 아무나 골라서 찍을 수는 없다. 그러니 필자가 우리 독자들에게 무지하게 미리 겁을 준 이 '법학 논쟁'을 어디 한번 들어 보기로 하자.

대한민국의 영토는 북한을 포함한 한반도 전체와 그 부속 도서이다.(헌법 제3조) 그러므로 북한 정권은 북한 지역에 존재하는 '사실상의 정권'(de facto Government)일 뿐이다.

북한은 군사분계선 북쪽에 위치한 '인접한 국가'가 아니다. 우리 대한민국과 북한은 '나라와 나라 사이의 관계'가 아닌 "통일을 지향하는 과정에서 잠정적으로 만들어지는 '특수한 관계'"에 있다.(1992년 「남북기본합의서」 전문) 그러므로 군사분계선(DMZ) 북쪽에 위치한 이 사실상의 정권은 통일이 되면 대한민국에 흡수되어 '없어져야 할 정권'이다. 반대로 북한도 우리 대한민국을 '한반도가 적화통일이 되면 없어져야 할 사실상의 정권' 정도로 보고 있다. 이것이 남북한 관계의 기본적인 현실이다.

2. 법적인 혼돈과 모순

가. 헌법 제3조와 제4조의 해석

우리 대한민국 현행 헌법 전문에서는,

> (…) 조국의 민주개혁과 평화적 통일의 사명에 입각하여 정의, 인도와 동포애로
> 써 민족의 단결을 공고히 하고, 모든 사회적 폐습과 불의를 타파하며, 자율과
> 조화를 바탕으로 자유민주적 기본질서를 더욱 확고히 하여 (…)

라고 규정하고 있고, 또 현행 헌법 제4조는,

> 대한민국은 통일을 지향하며, 자유민주적 기본질서에 입각한 평화적 통일정책
> 을 수립하고 이를 추진한다.

라고 규정되어 있다.

이들 헌법 조항은 대한민국의 시대적 사명으로서 통일의 당위성을 선언하고 있는 것이다. 특히 제4조는 통일의 추진원칙과 그 추진수단을 명시적으로 규정하고 있다. 즉, 현행 헌법 제4조에서는 종전의 헌법과는 달리 자유민주적 기본질서에 입각한 통일정책의 추진을 공개적으로 천명하고 있는데, 이는 통일조국의 기본적인 국가체제의 형성에 있어서 자유민주적 기본질서가 그 기축이 되어야 한다는 것을 명시하고 있는 것이다.

이 헌법 제4조는 통일에의 책무에 대한 기본적인 추진방식과 추진수단을 규정한 수단적이고 현실적인 규정으로 보는 것이 현행 헌법의 통일적인 규범적 체제

를 따르는 정당한 해석방법이다. 그러므로 북한은 법리적으로나 사실적으로 우리 영토의 일부를 불법적으로 점유하고 있으면서 우리의 체제를 위협하고 있는 반국가단체에 불과하며, 이러한 반국가단체와의 교류와 협력은 본질적으로 제한적이고 부분적인 의미, 즉 어디까지나 '통일의 달성'이라는 근본 목적을 위한 합리적 수단 또는 현실적 전술의 차원에서 접근되고 또 수행되어야만 한다.

헌법 제4조와 관련하여,

> '평화통일'이란 복수의 대등한 당사자(남한과 북한)가 자율적이고 협력적인 의사에 의하여 하나의 실체(통일 국가)를 형성하여 나가는 과정이기 때문에 헌법 제4조의 규정은 평화통일의 파트너로서의 북한에 대하여 그 객관적 실체를 인정하고 있는 규정으로 볼 수밖에 없고 따라서 북한에 대해서 대한민국과 대등한 실체로서의 국가적 지위를 확인하는 획기적인 규정이다.

라고 주장하는 견해가 있다.[250]

이러한 견해는 더 나아가, 우리 정부에서 1991년 '남북한의 유엔 동시 가입'을 적극적으로 추진하여 국제사회에서 남북한의 대등한 법적 주체로서의 지위를 확인하였다. 한편, 1992년 「남북기본합의서」의 체결, 2001년 '남북정상회담'의 개최 및 2002년 「남북경협 합의서」의 체결 등을 통해서 남북한이 상호체제를 서로 인정하고 평화통일을 위한 제도적 기반을 구축하여 오고 있다고 보고 있다.

물론 헌법 제4조의 규정이 북한에 대하여 제한적이나마 객관적 실체로서의 지위를 인정하고 있다는 사실은 수긍할 수 있지만, 이러한 지위 인정의 배경이나 내용 및 그 본질이나 한계를 정확히 파악해야만 한다. 단순히 헌법 제4조의 규정만이 아니라 우리 헌법 전체의 관점에서 평화 통일의 법적 의미와 북한의 법적 지위를 종합적, 통일적으로 고찰하는 자세가 필요하다.

헌법상 '한반도의 통일'이라는 목표는, 독립적이고 자율적인 헌법적 가치를 지닌다. 그러나 동시에 헌법적 이념이나 가치에 따른 종합적인 의미와 실체적 한계를 간과해서는 안 될 것이다. 헌법에서 지향하는 통일은, 헌법 제4조에서 명시하고 있는 것처럼, 자유민주주의의 이념이 존중되는 통치질서에 입각한 통일로서 국가의 안전과 국민의 자유를 보장하는 방향으로 이루어져야 한다. 이러한 측면에서 볼 때 북한은 한반도의 적화통일을 기본적인 목표로 하는 반국가적 존재로서 핵으로 무장하는 등 막강한 군사력으로 우리 국가의 안보나 질서유지에 위협이 되는 객관적 실체이므로 대한민국에 대한 반국가단체로서의 속성을 지니고 있는 존재라고 할 것이다.

이에 따라, 헌법 제4조에서 북한이라는 실체를 인정하고 있으며, 1990년대 이후 정부 차원에서 북한과의 공식적인 교류와 협력이 확대됐다고 하더라도 이러한 현실이 북한의 본질로서의 반국가성을 법리적으로나 현실적으로 해소시켰다고 볼 수는 없다.

또한 헌법 제4조의 평화통일 조항은 일견해서 서로 논리적으로 상치되고 있다고 볼 수도 있는 헌법 제3조 영토 조항과의 관계를 정확히 규명하여 해석할 필요가 있다.

법리적으로 헌법 제3조의 영토 조항을 법적 규범력을 가지는 규정으로 이해하는 한, 헌법 제3조는 전 한반도에 걸쳐 대한민국의 주권을 실현할 법적 의무를 부과하고 있는 역사적, 목적적 규정이라고 보아야 할 것이다. 헌법 제4조의 평화통일 조항은 이러한 헌법 제3조 영토 조항이 현실적, 구체적으로 실현되고 있지 못하고 있다는 사실을 전제로 하여, 헌법이 대한민국의 대통령과 그 국민에게 부과하고 있는 '한반도의 통일'이라는 주권적 책무의 구체적 실현방법으로서 헌법에 규정되게 된 것이다.

즉, 헌법 제3조는 남북분단 상황에 대하여 대한민국의 영토를 법률상으로 회복하여야 할 통일의 책무를 대한민국에 대하여 부과하고 있는 목적적이고 가치적인 규정이며, 헌법 제4조는 이러한 통일에의 책무에 대한 기본적인 추진방식과 추진

수단을 규정한 수단적이고 현실적인 규정으로 해석함으로써 이 두 조항은 서로 상충되고 배치되는 규정이 아니라 상호 수미일관한 헌법적 규정으로 파악될 수가 있다.

그런데도 실제로 많은 헌법학자들과 국제법 학자들이 헌법 제3조는 그저 '선언적인 규정'에 불과한 것이라든지, 아니면 '즉시 폐기해야 할 조항'쯤으로 생각하고 있다.[251] 국보법 위반 혐의로 기소된 적이 있고, 통합진보당 선거관리위원장이었던 김승교[252]라는 민변 출신 변호사는 "영토 조항(대한민국 헌법 3조)은 삭제하는 게 가장 깨끗한 방법이라고 생각한다."라고 갈파하고 있다.

대한민국의 변호사로서 이른바 법률 전문가라는 지위를 보장받고 있는 이런 자들은 종북 좌파로서의 과격한 주장을 아무런 거리낌도 없이 마음껏 발표하고 있다. 이런 자들은 국가보안법의 법적, 논리적 근거가 되는 헌법 제3조를 '눈엣가시' 같은 조항으로 보고 있으며, 기회만 있으면 개헌 논의를 벌여, 전격적으로 이 조항을 폐지하려고 시도할 것으로 짐작된다.

악질적인 종북 좌파인 이 같은 자들의 황당한 주장이 우리 사회에서 아무런 제약 없이 난무하는 지금과 같은 상황을 바로잡는 일도 사실 시급한 일이지만, 종북 좌파도 아닌 성실한 헌법, 국제법 학자들이 헌법 제3조(영토 조항)와 제4조(통일 조항)의 해석에 관해서 그 학문적인 진수도 파악하지 못하고 우왕좌왕하는 모습은 참으로 딱하기 그지없다.

나. 헌법상 통일 조항에 관한 법적 혼돈에 대한 평가

헌법 제3조(영토 조항)와 제4조(통일 조항)의 규정을 서로 상충되고 배치되는 규정으로 파악하고 이런 법률적 충돌을 해석론이나 입법론(헌법 개정과 같은)으로 해소함으로써 양 조항의 관계를 규명하려고 애를 쓰는 우리 한국 학자들의 불쌍한 모습을 한번 자세히 들여다보자.

첫째로, 제3조(영토 조항)와 제4조(통일 조항)를 일반법과 특별법의 관계로 파악하고 '특별법 우선의 원칙'에 의해서 헌법 제4조가 제3조에 우선하여 적용된다고 하는 주장이다[253].

단일한 헌법체계 안에서 일반규범과 특별규범을 구분하기 위하여는 당연히 명시적인 특례규정이나 단서규정이 있어야 한다. 이러한 명시적인 특례규정이나 단서규정이 없다면 최소한도 규율 대상을 구분하여 특례나 특별 효과를 부여하려는 취지의 적극적인 규정이라도 있어야만 한다.

헌법 제3조와 헌법 제4조의 경우에는 명시적인 특례규정이나 단서규정도 없으려니와, 두 규정의 관계에 있어서 규율 대상을 구분하여 특례나 특별 효과를 부여하려는 취지의 적극적인 규정이라고 인정할 만한 어떤 법문의 구절도 없으므로 헌법 제4조가 헌법 제3조에 대하여 특별규범으로서의 지위를 가진다고 볼 이유는 전혀 없다.

무엇보다도 헌법 제3조와 헌법 제4조의 경우는 각 규정의 규율 목적이나 그 규율 내용이 명백히 서로 구분되므로, 여기에 동일한 규율 목적이나 규율 내용을 갖는 규정들 상호간에만 적용되는 소위 '특별법 우선의 원칙'을 적용하려는 것은 전혀 조리에 맞지 않는 '법리의 견강부회'에 불과하다.

둘째로, 북한의 국가적 지위를 적극적으로 인정하는 것을 전제로 하는 입장인 바, 헌법 제3조의 규범적 의미를 최대한 약화시킴으로써 이를 일종의 정치적, 역사적 선언으로 이해하는 한편, 헌법 제4조에 대하여는 그 실체적, 규범적 효력을 인정함으로써 양 헌법 조항의 통일적 조화를 모색하려는 견해가 있다.

이 견해는 북한을 대화와 협력의 일방당사자로서 인정하고 있는 "대한민국 정부의 통일정책에 헌법적 정당성을 부여하려는 상당히 획기적이고 진일보한 주장"이라는 평가까지도 가능한 것이라고 말할 수 있을지 모르겠다.

그런데 이 견해의 주장을 좀 더 자세히 들여다보자.

이 견해에 의하면, 헌법 제3조는 헌법의 효력 범위 또는 주권의 공간적 범위를 정한 헌법 원칙이라기보다는 대한민국의 정통성을 주장하는 '정치적 선언'으로서 대한민국의 영토가 대한제국의 영토를 승계한 것이며, 타국에 대한 침략 의사가 없음을 표시하는 선언적 규정으로 보아야 한다고 주장한다. 즉, 헌법 제3조는 재통일에 대한 당위적 명제를 선언한 역사적, 선언적, 명목적 규정 또는 미래지향적, 미완성적, 개방적, 프로그램적 규정으로 보아야 할 것이고, 헌법 제4조의 평화통일 조항은 이러한 재통일에 대한 추진 방법과 그 수단을 규정한 현실적, 실체적, 규범적인 조항 또는 구체적, 구속적, 법적 규정으로 이해하는 것이 타당하다고 주장한다. 결국 이 견해는 헌법 제3조, 영토 조항은 그 실체적 법적 규범성을 인정하기 곤란하다고 본다.

이들은 특히 건국헌법 제정 당시 헌법제정권력권자는 남한 주민에 한정되어 있었고, 대한민국의 주권이나 통치권은 한 번도 북한지역에 확장된 적이 없었으므로, 대한민국이 한반도의 유일한 합법정부라거나 대한민국의 주권이 북한에 미친다는 주장은 애초부터 인정하기가 곤란하다고 보고 있다. 즉, 영토 조항의 경우 북한 지역에 대한 우리의 주권이나 통치권이 전혀 미치지 못하고 있는 점, 최근 남북관계가 본질적으로 변화하여 북한의 객관적 실체를 인정하고 교류와 협력을 수행하고 있는 점, 영토 조항의 법적 효력을 인정할 때 북한은 불법단체에 불과한데 이러한 불법단체에 대하여 평화적 통일의 대상으로 규정하는 것은 논리적 모순이라는 점 등을 종합적으로 감안하여 볼 때 헌법 제3조 즉 영토 조항은 통일에 대한 대한민국의 시대적 열망을 규정한 명목적, 선언적 의미의 규정일 뿐이라는 것이다[254].

북한이 독자적인 국가적 지위를 가지고 있고, 건국헌법 제정 당시 헌법제정권력권자가 남한 주민에 한정되어 있었기 때문에 그렇게 설립된 대한민국이 한반도의 유일한 합법정부라거나 대한민국의 주권이 북한에 미친다는 주장은 애초부터 인정하기가 곤란하다고 본다면, 왜 우리 헌법에서 평화통일을 국가적 과제로 설정하고 있으며, 헌법이 대한민국의 대통령과 그 국민에게 북한지역에 대하여 자유민주적 기본질서에 입각한 단일 국가로의 통일 사업을 추진할 의무를 부과하고 있는지 논리적으로 설명할 수 없게 된다.

만약 이 견해에 따라 북한을 대한민국과 별개의 국가적 단위로서 자율적, 독립적으로 자기기능을 수행하여 온 실체로 인식한다면, 사회주의적 체제를 유지하고 있는 북한과 자유민주적 기본질서에 입각한 대한민국이 통일을 추구하도록 규정하고 있는 헌법 제4조는 국제평화주의를 지향하는 우리 헌법의 이념과 모순될 뿐만 아니라, 다른 나라(북한)의 영토를 우리(대한민국)의 영토로 간주하는 헌법 제3조의 규정은 미래지향적이고 진보적인 규정이 아니라 대단히 비현실적이고 자가당착적인 모순된 규정으로 볼 수밖에 없을 것이다.

그러므로 극도의 법리상 혼돈에 빠져 있는 이런 견해를 "북한을 대화와 협력의 일방당사자로서 인정하고 있는 대한민국 정부의 통일정책에 헌법적 정당성을 부여하려는 상당히 획기적이고 진일보한 주장"이라고 평가할 수는 없다.

더 말할 필요도 없이 이 견해는 첫째로, 대한민국과 그 헌법이 가지고 있는 국가적 정체성과 국토분단의 과정 및 그 정부 수립의 역사에 대한 기초적 이해조차도 갖추지 못한 저열한 법학자들의 한심하고 유치한 개념적 조작의 부끄러운 모습일 뿐이다.

오히려 헌법 제3조의 실체적 법적 규범성은 다른 어떤 헌법 조항에서보다 특별히 더욱 중시해야 하고, 또 아무리 강조해도 지나치지 않는다. 일찍이 건국 헌법의 작성자인 유진오 박사는 이 영토 조항에 관해서, "대한민국의 헌법은 결코 남한에서만 시행되는 것이 아니라 우리나라 고유의 영토 전체에 시행되는 것이라는 것을 명시하기 위하여 특히, 본 조를 설치한 것이다."라고 선언함으로써 헌법 제3조에 대하여 실체적 규범적 효력을 강조하고 있다[255].

둘째로, 헌법 제3조의 실체적 규범적 효력을 근원적으로 부정하거나 상당한 정도로 폄하시키려는 이 견해는 헌법학의 아주 일반적인 시각에서 볼 때도, 헌법 규정이란 모든 국법 질서의 최상위 규범으로써 입법, 사법, 행정의 각 국가 작용에 대해서 각 조항은 개별적, 독립적으로 법적 정당성과 가치의 기준이 된다는, 또 반드시 그렇게 기준이 되어야 하며 그래서 어떤 헌법 규정이라도 그 규범성을 부인한다는 것은 있을 수 없다는 헌법학의 기초를 망각한 잘못된 주장에 불과하다.

다. 혼돈의 원인

왜 성실한 헌법학자, 국제법 학자들이 통일 담론에 이르기만 하면 이처럼 부끄러운 법리상의 혼돈에 빠져드는 것일까? 왜 한심하고 유치한 개념적 조작에 몰두하게 되는 것일까? 그것은 앞에서도 누누이 지적한 것처럼 남한의 대북정책이나 통일에 관련된 일체의 담론에는 '북한에 대한 인식의 혼돈'이 그대로 남아 있기 때문이다.

악질적인 종북 좌파들은 의도적으로 남한 내부에서 '북한에 대한 인식의 혼돈'이 심화하도록 획책하고 있거니와, 통합민주당이나 통합진보당 등 이름하여 대한민국의 급진 야당들의 허울 좋은 좌파적 주장에 동조적인 성원을 보내고 있는 성실한(?) 헌법학자, 국제법 학자들이나 순진한 일반 국민은 자기도 모르게 중증의 '북한에 대한 인식의 혼돈'이라는 최면에 걸리고 있다.

이 사람들에게 '북한에 대한 인식의 혼돈'은, "북한은 평화적 통일을 위한 대화와 협력의 동반자임과 동시에 우리의 자유민주체제를 위협하는 반국가단체라는 '이중적 성격'을 가진 존재라는 사실[256]에서 시작된다.

한반도 통일 담론에서 키워드는 물론 '북한'이다. 그런데 이 북한은 이처럼 도저히 논리적으로 상용할 수 없는, 극단적으로 상반되고 대치되는 속성으로 결합된 존재다.

북한의 속성에 관해서 이렇게 무리하고 모순된 결론으로 법적인 정의를 마무리한 장본인(주체)은 다름 아닌 우리의 대법원과 헌법재판소이다[257]. 대한민국의 현행 법질서에 관련된 법학적 논의에 관한 한, 이들은 최종적인 결론을 내릴 수 있는 지위에 있다. 아무리 그렇다고 해도 이것은 좀 너무 지나치게 무책임하고 짓궂은 결론이다. 특히 법학적 사유思惟에 있어서 철저히 논리적이지도 못하고 법철학적 소양도 많이 부족한 순진한 한국의 법학자들이 다루기에 너무나 버거운 통일 조항이라는 주제에 대해서는 더욱 그렇다.

북한을 이처럼 극단적으로 상반되고 대치되는 속성의 대상으로 전제하고 있는 데에 '북한에 대한 인식의 혼돈'의 원인이 있다. 통일 논의를 제대로 하려면, '북한에 대한 인식의 혼돈'을 극복해야 하고 그러려면 상반되고 대치되는 속성의 대상으로 정의되어 있는 북한을 '있는 그대로' 파악하려는 노력이 따로 필요하다.

우리는 북한을 평화적 통일을 위한 대화와 협력의 동반자로 상대해 가야만 한다. 그러나 그 북한은 "자기들이 원하면 언제든지 남한의 평화로운 마을에다 장거리포를 쏘아대는" 우리의 적敵이다.

63년이 넘도록 아주 초보적인 신뢰관계도 만들어 내지 못하면서 시퍼런 적의를 조금도 감추지 않고 들어내고 있는 상대방과 대화와 협력을 통해서 한반도 통일을 향한 무언가 효과 있는 합의를 끌어내겠다고 노력한 지금까지의 우리 남한 측의 통일에 관한 자세에 대해서 이제는 좀 더 현실적인 반성과 성찰이 필요한 때라고 생각한다.

여기까지가 필자가 그렇게 이야기를 꺼내기 힘들어 하던 이른바 '법학 논쟁'의 설왕설래 모습이다.

"뭐 뻔한 걸 가지고 법학자분들은 그런 식으로 복잡하게 여러 가지 이야기를 하고 있군."
"북한 정권은 김일성 세습독재의 최면에 걸린 악질 종교집단이니 분명히 우리

의 적이고, 북한 주민은 시급히 우리가 그 지옥에서 구해내야 할 우리의 동포이
니 우리 국토 한반도를 통일하는 문제를 협의하고 추진할 우리의 상대가 되는
것이 아닌가?"

대부분의 착한 우리네 보통 사람들은 아마 이렇게 결론을 내고 말 것이다.

그리고 이 정도 결론을 냈으면 이제 우리는 흰색 천 칸막이에 들어가 그 '사람
인 자'를 새긴 빨간 도장을 찍을 준비가 된 것이다. "'헌법제정권력자'로서 헌법적
결단을 할" 준비가 되었다는 말이다. 투표용지가 스타벅스 커피점의 메뉴판보다
더 고약하게 고안이 된 경우라도 말이다.

"상식常識이 진수眞髓와 통한다."는 말이 있다. 그리고 이것은 언제나 진리이다.
"북한은 우리에게 무엇인가?"이 간단한 질문에 왜 공부 많이 한 대법원, 헌법재판
소 판사들은 고민하고 당황하면서 결국 이상한 판결들을 냈을까? 고약한 '법학
논쟁'을 읽으시느라고 우리 독자분들이 고생을 하셨으니 위로해 드릴 겸, 안데르
센 동화 이야기를 하나 소개해 드려야 할 것 같다.

『벌거벗은 임금님』이라는 안데르센의 동화가 있다.

사치를 좋아하는 왕에게 두 명의 재봉사가 찾아와서 이 세상에서 가장 화려한
옷을 지어 주겠다고 하였다. 이들이 지어 준 옷은 지혜 있고 정직한 사람들 눈에
만 보이는 "눈에 보이지 않는 옷"이었다. 임금님이 이 옷을 입고 길거리에 행차를
하자 사람들은 자기 자신이 지혜 있고 정직한 사람이 아니라는 비난을 받을까 봐
처음에는 모두 '훌륭한 옷'이라고 칭송을 하였으나, 한 어린아이가 "저 임금님이
벌거벗었네!"라고 진실을 말한 뒤에야 모두가 비로소 - 사실 임금님은 옷을 하나
도 입지 않았다고 하는 - 진실을 이야기하기 시작하였다.

왜 '북한 정권은 우리의 적'이라고 말하지 않는가?

왜 "유병언을 키워 낸 것은 박근혜 정부가 아니니 제발 해양수산부 장관은 수

염도 안 깎은 흉한 모습으로 팽목항에 가서 더 이상 시묘侍墓살이를 하지 말라"고 말하지 못했는가?

벌거벗은 임금님을 "훌륭한 옷을 입었다."고 칭송하는 안데르센 동화 속의 어리석은 군중은, 지금 우리 한국 사람들이 진실을 말하지 않는 것과 너무도 닮지 않았는가? 통일이 임박하고 우리들이 긴장해서 심각한 노력을 해야 한다는 것을 모두 잘 알면서도 온갖 구차스러운 거짓말로 야당 대표직을 끈질기게 붙들고 늘어지는 자를 대선 후보 1위의 지지를 받는 자로 내세우고는, 저 정부와 여당을 공격하는 일이라면 무슨 일이라도 벌리는 야당의 등쌀에 몰려서 갖가지 국력 소모용 잡일을 벌리는 우리들 대한민국 사람들의 위선과 겁쟁이 마음보가 이 나라를 점점 더 위기로 몰고 간다.

라. 종북 좌파들의 생각

자유민주주의 국가 이념이 우리 대한민국 헌법상 정면으로 부정될 수 있다고 하는 이상한 주장을 펴기 위해서 종북 좌파들이 헌법 전문과 그 제4조의 규정을 근거로 들면서, 헌법에 규정된 '자유민주적 기본질서'를 '자유민주주의적 기본질서'로 좁혀 해석하는 것은 잘못된 것이라고 하는 어설프고 말도 안 되는 논리[258]를 펴고 있다.

종북 좌파의 주장을 이론적으로 선도하고 있는 백낙청 교수의 견해를 여기에서 소개하고 그에 관한 평가를 해 보는 것이 좋을 것 같다.

> 누구나 인정하겠지만, 대한민국은 자유민주주의뿐만 아니라 사회민주주의, 심지어 사회주의도 원칙상 용인하는 국가다. 따라서 헌법의 '자유민주적 기본질서'는 민주주의의 이름으로 인민전정人民專政이라든가 거대 여당의 의회 독재 따

위를 하지 않고 시민의 인권이 존중되는 자유로운 민주주의, 즉 칸트적 의미로 '공화주의적'인 민주주의를 하는 체제로 보아야 한다.

라고 주장한다.

'사회주의'는 생시몽 등의 초기 '이상적 사회주의'부터 칼 마르크스의 '폭력적 사회주의', 즉 '공산주의'에 이르기까지 개인이나 소수의 인간이 아니라 폭넓은 사회 대중의 이익을 최우선으로 생각하고, 이들에게 유리한 경제체제가 근간이 되는 '평등한 사회'를 추구한다는 것을 그 사상의 골간으로 하고 있으므로, 우리 헌법처럼 개인의 존엄과 가치를 최우선으로 존중하는 '자유민주주의적 기본질서'와는 논리적으로 서로를 용인할 수 없는 기본적인 본질을 가지고 있다.

백낙청 교수가 국가 체제의 이상으로 삼고 있는 것처럼 자주 인용하고 있는 '사회민주주의'라는 것도 그는 처음부터 아예 기초적인 개념조차 이해하지 못하고 있다고밖에 생각되지 않는다.

사회민주주의란 어떤 사상인가를 보자.

자본주의란 원래 개인이윤을 목적으로 개인소유 위에서 개인경쟁에 의하여 운영되는 경제적 '개인주의'이다. 그런데 19세기 사회주의 사상가들은 자본주의적 민주주의가 자유, 평등을 실현하지 못하는 원인이 자본주의의 '개인주의'에 있다고 생각하였다. 따라서 자유, 평등의 민주주의 사회를 실현하려면 자본주의의 '개인주의'를 그 반대의 원리, 즉 '사회주의'로 바꿔야만 한다고 믿었던바, 마르크스주의자들이 폭력 혁명을 방법으로 삼은 데 비하여 사회민주주의자들은 폭력이 아닌 민주주의적 방법을 통하여 그 목적을 실현하려 하였다.

그러나 마르크스주의와는 달리, 이 사회민주주의에는 통일된 이론체계가 없고 그 개념도 시대에 따라 미묘한 변화를 거쳐왔으며, 오늘날에도 이것이 자본주의인지 또는 사회주의인지를 한마디로 딱 잘라 구분하기 어려운 실정에 있다.

대체로 제2차 세계대전 이후에 미국의 '시장자본주의'와 소련의 '공산주의'를 모두 비판하는 입장의 사상을 지칭하기 위해서 '사회민주주의'라는 용어를 사용하는 것이 일반적인 용례이었다. 특히 1970년대에는 북유럽에서 '복지국가주의'를 '시장자본주의'에 가미한 국가 체제를 지칭하기 위해서 '사회민주주의'란 말을 사용하기도 했다.

백낙청 교수 등이 대한민국 현행 헌법체제 내에서도 '사회민주주의'가 용인될 수 있다고 보는 이유는 '사회민주주의'를 이 북유럽적 개념으로 어렴풋이 이해하고 있기 때문일 것이다. 그러나 앞서 지적한대로 사회민주주의라는 개념은 그 이론 체계가 모호하기 때문에 아무런 단서도 없이 함부로 우리 현행 헌법체제 내에서도 충분히 용인될 수 있다고 말할 수는 없다.

더구나 현행 대한민국 헌법 규정을 억지로 왜곡해서 해석함으로써 자유민주주의를 정면으로 부정할 수 있다고 보는 전제에 서서 이런 논리를 펴는 것은 우리 헌법 체계를 전혀 이해하고 있지 못하고 있거나 아니면 의도적으로 헌법의 핵심적 본질을 외면하고 부정하려는 주장이다.

래리 다이아몬드(Larry Diamond)[259] 는 "한국 내 좌파가 자유민주주의를 문제 삼는 것은 자유민주주의와 신자유주의를 혼동했기 때문인 것 같다."고 지적하고 있다. 그의 이런 지적은 대단히 정확한 것이다.

신자유주의(Neoliberalism)는 '케인스학파'의 '일반이론'의 타당성에 대하여 반기를 든 '시카고학파'의 주장을 근거로 한 국가 경제정책의 새로운 유형을 말한다. 프리드먼(Milton Freedman)과 함께 신자유주의의 이론적 토대를 세운 하이에크(Friedrich von Hayek)는 "시장경제의 자생적 질서를 인위적인 것으로 대체하면 정부의 영향력이 커지고, 이런 정부는 독재와 전체주의로 흐를 수밖에 없다."고 주장한다[260]. 신자유주의의 시각에서는 복지국가가 대중의 능동성을 갉아먹고 정부의 각종 규제로 비효율을 낳아 결과적으로 성장이 둔화될 수밖에 없다고 비판한다. 따라서 시장에 대한 각종 정부규제의 철폐를 요구한다. 이는 '작은 정부, 큰 시장'이라는 구호로 나타났다. 기업활동에 대한 각종 규제를 없애고 특히 고용 관련 규제와 정부의 보호장치를 철폐하도록 요구했다. 노동조합도 부정적으로 본다. 재정정책도 결과적으로 비효율성을 낳는다며 정부의 기능을 극소화할 것을 요구한다.

신자유주의 이념은 1980년대 미국의 레이건, 영국의 대처 정부에서 현실화됐다. 90년대 들어와서는 미국의 10년 호황을 등에 업고 세계 각국에 시장개방과 자본의 자유로운 활동을 위한 각종 규제철폐의 요구로 나타났다. 그러나 시장개방을 받아들이고 신자유주의적인 정책을 실행했던 대부분의(미국이나 영국 이외의) 다른 국가들에서는 이런 정책들이 저성장과 고실업高失業문제를 해소하기는커녕 빈곤의 악순환만 가져온다는 강력한 비판에 직면해 있다.

우선 자유민주주의가 '정치체제'를 말하는 데 비해 신자유주의는 '경제정책'을 말하고 있다. 즉, 서로 대상과 분야를 전혀 달리하는 개념이다. 이 둘을 혼동해서는 안 된다.

신자유주의 이념은 더 쉽게 말해서 "케인스를 넘어 경제적 고전주의, 즉 자유주의로 돌아가자"는 입장이다. 민주적 자유경제체제를 기반으로 한 시장경제는 역사적으로 검증된 합리적인 경제체제이다. 그러나 그 제도적 완전성을 맹신하고 경제적 고전주의, 즉 자유주의로 아무런 자기 수정 없이 몰입한다면 1%가 99%를 지배하는 불균형적 양극화의 결과로 치닫게 될 것이다. 이러한 의미에서 맹신적인 신자유주의를 '시장근본주의'라고 명명하고 이를 경계하고 이를 수정하기 위한 여러 가지 대안들이 이미 나와 있다. 조지 소로스[261]의 '열린사회(Open Society)', 프랜시스 후쿠야마[262]의 '사회적 자본(Social Capital)' 및 앤소니 기든스[263]의 '제3의 길(The third way)' 등의 이론들이 그것이다[264].

우리 한국을 포함한 모든 현대 국가들은 정도의 차이는 있으나, 자유민주주의 정치체제를 기반으로 하여 신자유주의를 수정하고, 보완하는 여러 가지 새로운 경제정책들을 가동시킴으로써 1%가 99%를 지배하는 불균형적 양극화의 결과를 치유해 가기 위해서 노력하고 있다. 무식하고 몰상식한 한국의 종북 좌파들이 생각하는 것처럼 자유민주주의 정치체제를 송두리째 포기하고 자기들도 잘 이해하

지 못하는 100년도 더 낡은 사회주의로 복귀하는 것은 결코 신자유주의의 문제
점을 해결해 주는 해답이 될 수가 없다.

　신자유주의가 무엇인지도 모르면서 현대 자본주의와 자유경제 체제의 당면한
문제점들을 해결하는 가장 현대적인 접근법에 관해서 초보적인 지식도 없으면서,
덮어놓고 사회주의로 복귀하자는 이른바 우리 사회의 진보(실은 맹목적인 좌파들에 불과
하지만) 정객들을 보면 그들의 한심한 무지와 자기들의 무지를 일반 국민에게까지
강요하는 그 파렴치에 대해서 분노를 느끼지 않을 수 없다.

3. NLL에 관한 인식의 혼돈

참으로 이상한 것은 NLL에 관해서 강연할 때마다 언제든지 또는 어디서든지 나는 "NLL은 북한이 주장하는 것처럼 근거도 없고, 불법적인 경계선이 아니라 휴전상태를 유지하는 남북한이 존중해야 하는 적법한 해상 분계선이다."라는 것을 설명하는 데 내게 주어진 모든 시간을 거의 다 할애해야만 했다. 언제나 그랬다.

서해교전이 일어나기 이전에도 그랬고, 1차 서해교전이 발발했을 때도 그랬고, 2차 연평해전이 있은 후에 발표한 서울 프라자호텔 별관 그랜드 볼룸에서의 강연에서도 마찬가지였다.

1999년 6월에 1차 서해교전이 발발하고, 이 사건 이후, 북한은 지금까지 자기들이 주장하던 소위 황해도와 경기도 도계선이 끝나는 지점(가-나; 지도에서는 A-B)에서 위도와 평행한 선을 남북한의 해상 경계선(지도에 표시된 붉은 선)으로 주장하던 종래의 입장을 수정했다.

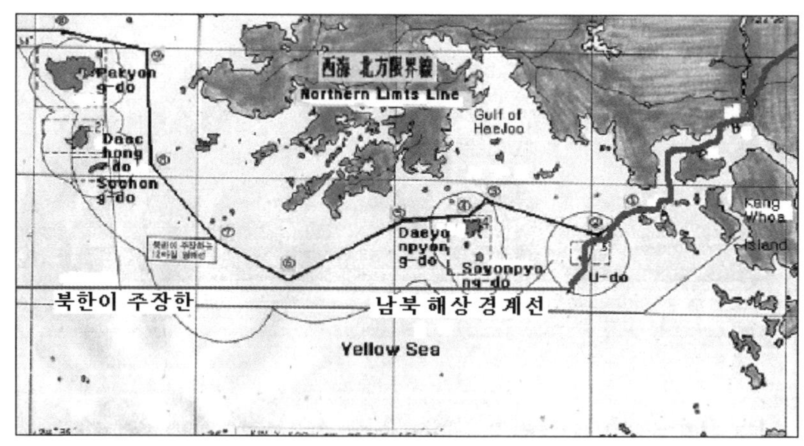

서해 북방한계선

실질적으로 경기만 전체를 봉쇄하는 '새로운 해상 경계선'을 발표하고, 이어서 남한과 미국이 이 새로운 해상 경계선을 존중해야 하는 것을 전제로 한, 이른바 '통항질서'라는 것을 발표하였다.

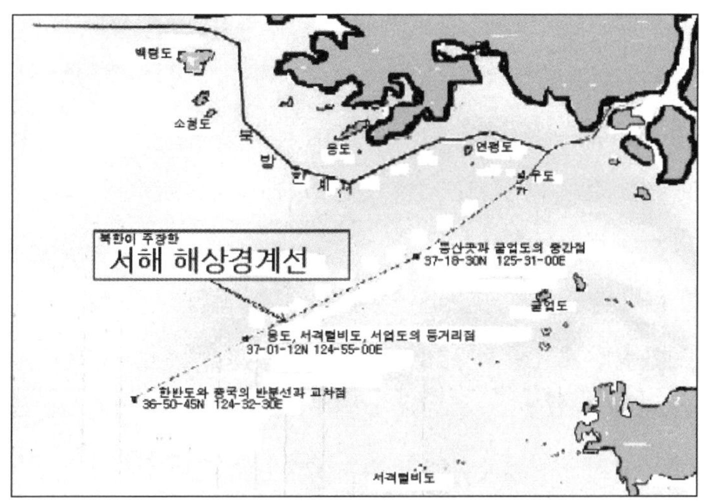

북한이 새롭게 주장한 서해 남북한 해상 경계선

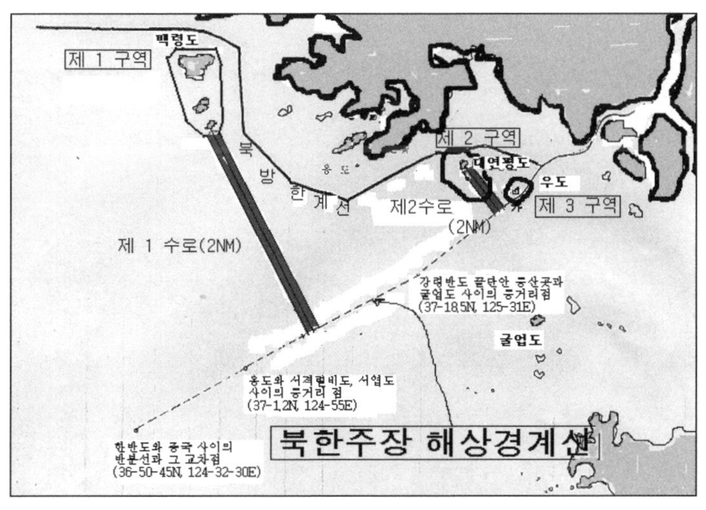

북한이 주장한 서해의 통항선

이러한 북한의 주장에 대한 법리적 비판을 위해서 2000년 8월, '서울국제법연구'라는 학술지에 『북한이 주장하는 '서해 해상 경계선'과 '통항 질서'에 대한 분석; 그 국제법상 모순점과 논리적 비일관성에 관하여』라는 제목의 논문을 발표하였다.

누구든지 그 논문을 직접 읽어보면 알게 될 일이지만, 나는 북한의 일방적이고 불법적인 새로운 해상경계선과 그들이 주장하는 통항질서의 내용을 비판하기 전에 그 논문의 많은 부분을 "NLL은 북한이 주장하는 것처럼 근거도 없고, 불법적인 경계선이 아니라 휴전상태를 유지하는 남북한이 존중해야 하는 적법한 해상 분계선이다."라는 것을 설명하는 데에 우선 할애하고 있다.

그것은 그럴 수밖에 없었다.

왜냐하면 나의 청중들은, 또는 나의 독자들은, - 그들은 틀림없이 선량한 대한민국 시민들임에도 불구하고 - "NLL은 북한이 주장하는 것처럼 전혀 법적인 근거도 없는 불법적인 경계선이며, 휴전협정 어디에도 NLL에 관한 규정은 없으므로 휴전상태를 유지하는 남북한이 존중해야 할 아무런 이유가 없는 미군과 남한 측이 마음대로 그어 놓은 일방적인 선에 불과하다."라는 주장에 충분히 세뇌되어 있었기 때문이었다.

미국 정부와 유엔군사령부(UNC)는 종래의 어중간한 태도 - "북한 선박이 NLL을 월경하는 것만으로는 휴전 협정 위반이라고 볼 수 없다."라는 기본 입장을 1973년부터 1999년까지 26년간이나 계속 유지해 오다가 1차 서해교전이 발발한 1999년에야 비로소 바로잡은 것이었다. - 를 모처럼 바로 잡아, "NLL은 한국 휴전협정상 존중되어야 하는 군사분계선이다."라는 확고한 입장을 천명한 이후에도, 선량한 우리 대한민국 시민들의 NLL에 관련한 왜곡된 최면상태는 조금도 제대로 깨어나지를 못한 상태였다.

그러니 고속정 참수리 375호정이 NLL을 지키다가 북한에 부당하게 침몰당해서, 불쌍한 우리 해군사관학교 동문 윤두호의 아들 윤영하가 죽은 '통한痛恨의 연평해전'을 겪은 이후에도, 서울 프라자호텔 별관 그랜드 볼룸에서 "NLL은 미군과 남한 측이 마음대로 그어 놓은 일방적인 선에 불과하다."라는 주장에 완강하게 그리고 완전히 세뇌된 청중들 앞에 'NLL에 관련된 당면 문제의 국제법적 분석'이라는 강연을 하기 위해 필자는 강단에 서야 했다.

40년 전, '제3차 유엔 해양법회의' 출장 명령을 받고, 해군 본부에서, 합참에서, 국방부에서, NLL에 관련된 브리핑을 하고 다닐 때는 없던 '파워포인트'라는 컴퓨터 프로그램이 생겨서 해군 본부 정보참모부의 재주 있는 '챠트사'의 신세를 지지 않아도 비교적 상세한 NLL 지도를 총천연색으로 스크린에 비칠 수 있다는 것 정도가 '달라진 것'의 전부다. 아니, 선량한 우리 대한민국 시민들은 "NLL은 미군과 남한 측이 마음대로 그어 놓은 일방적인 선에 불과하다."라는 주장에 오히려 그때보다 더욱 '완전'하고 '견고'하게 세뇌되어 있었다.

누가 이들을 이런 식으로 세뇌시켜 놓았는가?

북한의 선전 매체인가? 그렇지가 않다.

좌파적 발언으로 반체제적 언사를 하는 것이 무슨 지조 있는 지성인의 증표인 것처럼 잘못 습성화되어 있는 우리 남한의 '이상한 분위기'가 선량한 우리 대한민국 시민들을 이런 식으로 세뇌시키고 있다는 것을 필자는 뒤늦게 발견하였다.

기자 출신이며, 한양대학교 대우교수인 '리영희(그는 북한식으로 이름 첫 자를 두음법칙을 위반하고 고집스럽게 '리'라고 발음하는 모양이다)'라는 사람이 북한의 주장을 전폭적으로 동조하고 이를 북한 사람들보다 훨씬 더 논리적으로 치밀하게 보완하는 견해를 발표하였다[265]. 그는 한국 국제법 학자들이 NLL에 관해서 펼치고 있는 엉성하고 불철저한 법리적 주장들의 틈새를 영리하게도 지적하며, 그렇지 않아도 상당히 세뇌되어 있는 일반 시민들에게 상당히 설득력 있는(?) 결론을 도출하고 있었다. 그의 주장 내용을 우선 잠깐 소개하면 다음과 같다.

① 북한이 40년간 북방한계선(NLL)을 묵시적으로 인정해 왔다는 한국 측 주장
은 사실이 아니다.

첫째, NLL을 유엔사 측이 북한에 공식 통보한 사실이 없고, 북한도 이를 승
인한 사실이 없다.

둘째, NLL은 실효성의 원칙과 응고의 효력으로 확정되었다는 한국 측의 주
장은 논리적으로 성립될 수 없다. "왜냐하면 이러한 점유는 폭력暴力이나 은
비隱秘에 의하지 않는 것이어야만 하는데, 한국 해군이 북한의 어선이나 북
한 함정의 월선越線과 남행南行을 무력武力으로 저지, 격퇴해 왔으므로"이는
성립되지 않는다.

오히려 그동안 북한 해군함정의 빈번한 북방한계선(NLL) 침범 사례는 이러한
실효적 현상의 확정이나 응고凝固를 저지하는 "최고催告나 소멸시효의 중단
행위"에 해당된다.

② 정전협정상 인정될 수 있는 유일한 서해안 수역의 분계선은 황해도와 경기
도의 도계선이다.

남북기본합의서 제11조 및 그 부속합의서 제9조의 "지금까지 쌍방이 관할하
여 온 구역"으로서 북방한계선(NLL)이 인정될 수 없다. '쌍방'이 공동으로 설치
하고 인정해온 것은 한강 하구河口 수역의 황해도와 경기도의 도계선 (가-나)밖
에는 없다. - 실제로는 황해도와 경기도의 도계선 끝점(가-나)에서 위도에 평
행한 가상적 경계선을 의미함. 서해북방한계선 지도(p.296)를 참조할 것. -

　① NLL에 관해, 북한의 묵시적 승인이 있었다거나, 한국 측 관할권 성립의 근거
로 주장되는 실효적 점유와 응고의 법리를 원용하는 등에 대한 이영희 교수의 비
판은 대체로 정확하다. 이는 우리 한국 국제법 학자들이 NLL에 관해서 그동안
펼쳐온 엉성하고 불철저한 법리적 주장들의 대표적인 부분으로서, 그는 그 틈새
를 잘도 파고들고 있었다.

그러나 NLL에 관한 우리 측의 법리는 이미 26년 전에 미8군 법무관 프랑켄슈타인 대령의 뼈아픈 지적으로 응고의 법리를 주장하고 안주하는 것 같은 일에서는 필자는 이미 졸업한 지가 오래다[266]. 그러므로 응고의 법리에 관련한 그의 '예리한 지적'은 아무런 의미가 없다.

또 응고의 법리를 반박하기 위해서 법학자도 아닌 그가 자신이 잘 알지도 못하는 '최고催告'라는 용어나, '소멸시효의 중단' 같은 용어를 함부로 쓰고 있는데, 최고란 이미 확정적으로 존재하는 상대방의 권리나 의무를 행사하거나 이행하라는 요구인데, 북한 측 선박의 '빈번한' NLL 침범 사례는 어느 모로 보든지 우리 남한 측의 확정된 권리나 의무를 독촉하는 적법한 의사표시로는 도저히 볼 수 없다. '소멸시효의 중단'이라는 용어가 이 경우에 부적절하다는 점은 더 이상 설명을 필요로 하지 않는다.

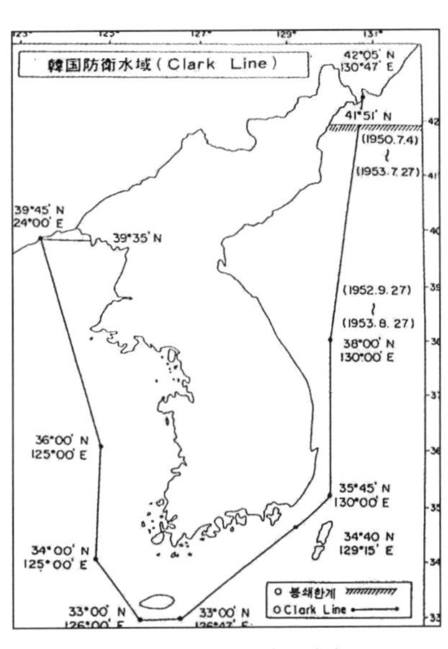

한국전쟁 당시 클라크 라인

정전협정상 인정될 수 있는 유일한 서해안 수역의 군사분계선은, 황해도와 경기도의 도계선 끝단의 연장선이라는 이영희 교수의 주장은 1999년 7월 21일, 북한이 새로운 '서해 해상 경계선'을 수정해서 주장하기 전까지 북한이 제시하고 있던 논리와 정확히 동일하다. 그러나 이미 북한 자신이 종래의 억지 주장을 수정하였으므로 이런 이영희 교수의 논리(?)는 이미 설 곳이 없다. 그리고 황해도와 경기도의 도계선의 연장선과 같은 관념적인 선이 서해 5도와 북한 측 귀속 도서군을 구획할 수 있는 이른바 '분계선'이 될 수 없다는 것은 논리적으로 명백한 것이다.

또한 이영희 교수는,

　　북방한계선(NLL)의 전신前身은 소위 클라크 라인(Clark Line)이다. 클라크 라인의
　　대체적對替的인 기능을 갖는 북방한계선(NLL)은 정전협정 2조 15항의 봉쇄금지
　　조항의 정신에 정면으로 위배되는 불법적인 선이다.

라고 주장한다.

　NLL이 클라크 라인의 대체적인 기능을 갖는 봉쇄선이라는 주장은 전혀 근거가 없는 억지이다. 앞서도 설명한 것처럼 NLL은 "휴전협정으로 유엔의 해군력이 북한 연안을 '봉쇄하게 되는 결과'를 막기 위해서" 북한 수역을 군사적 진공으로 만들면서까지 유엔군을 남하시켜서 만들어 낸 인위적인 해상 군사접촉선이므로 봉쇄와는 정확하게 반대되는 기능과 의미를 가진다. 그러므로 NLL은 논리적으로 볼 때 결코 클라크 라인의 대체적對替的인 기능을 갖는 봉쇄선이 될 수가 없다.

　성립 배경만을 보더라도 NLL은 대단히 신사적이고, 공정한 해상 군사분계선이다.

　이영희 교수는 NLL의 적법성을 폄하시키려고 이를 억지로 클라크 라인과 연계시키고 나서, 미국 정부가 클라크 라인의 적법성을 확보하기 위해서 "유엔 총회의 사전 승인을 요청하였으나 유엔의 승인을 받지 못했다."고 자기 마음대로 사실을 조작해서 지적하고 있다. 클라크 라인은 한국전쟁 중 유엔군 사령관이 취한 전쟁 수행상 필요한, 교전국에 대한 작전상의 봉쇄조치이므로 미국 정부가 이를 위해서 유엔의 승인 같은 것은 받을 필요도 없고 그런 것을 시도한 적도 없다.

　북한 측도 감히 시도하지 않는, 이처럼 과장되고 허황된 논리를 꾸며내서 악착같이 NLL을 공격하고 있는 이 사람이 서울에서 대한민국의 법적 보호를 받는 한국 시민이라는 것이 참으로 기이하게 느껴졌다.

　필자는 《통일시론》이라는 잡지에서 그의 글을 읽을 때까지 "이영희 교수"라는 사람을 잘 알지 못했다. 이 글을 읽으면서 필자는 "이영희 교수"라는 사람을 '커다란 레닌모를 눌러쓴 악착같은 얼굴을 한 동양인 공산주의자' 정도로 상상할 수밖에 없었다. 이런 사람들 때문에 NLL에 관한 이상한 최면 효과가 끈질기게 한국

사회에 만연한 것을 보면서 깊은 분노를 억눌러야만 했다.

정말 사람이란, 복잡한 존재라는 것을 실감하지 않을 수가 없다. 나중에 알아보니, 그 글을 쓴 이영희 교수는 박정희 정권 시절에 군사독재와 그 권위주의에 과감하게 맞서 온 반체제 언론인으로 잘 알려진 사람이었다. 공교롭게도 그는 해양대학교 출신이었다.

필자는 해양대학교에서 정년퇴임을 한 뒤로도 가끔 대학원 최고과정 강사로 초빙되어 정든 학교를 찾아갈 기회를 가졌다. 그런데 한 번은 학교에 들렀다가 대학원장이 마련한 저녁 식사자리에서 역시 초빙강사로 오신 이분을 처음으로 직접 만나게 되었다. 이미 사회 저명인사로 잘 알려져 있었고 나이도 나보다 훨씬 위인 이분은 의외로 무척 겸손하고 정직한 인품의 사람이었다. 처음 만난 사람인 필자에게 자기는 해양대학교 졸업 성적이 별로 좋지 않아서 상선사관으로 발탁되지 못한 것이 영어교사로 나서게 된 계기가 되었고, 그래서 한국동란이 발발할 때 통역장교가 되었다가 언론계로 나가게 된 것이라고 설명했다. 이런 그의 소탈한 모습 어디에도 평양 당국보다 더 악착같은 NLL 폄하의 논문을 쓴 사람의 체취 같은 것은 전혀 찾아볼 수 없었다.

'커다란 레닌모를 눌러쓴 악착같은 얼굴을 한 동양인 공산주의자' 정도로 짐작했던 그가 실은 1970~1980년대 운동권 대학생과 진보세력 사이에서는 '사상의 은사'였고, '실천하는 지성', '진보세력의 거목'으로 불리며 언론인으로서 대한민국 민주화 운동에 많은 기여를 했다는 평가를 받는 것을 알게 되었다. 그는 25권 이상의 저서를 발간했고, 말년에 발간한 대화 형식의 회고록 『대화』는 독자들에게 많은 영감을 주는 책으로 알려졌다. 내가 그를 만났을 당시(2008년) 이미 고령인 그는 뇌졸중 증세가 있어서 부인이 옆에서 도와줘야 겨우 식사를 할 수 있었다. 그는 2010년 12월 5일, 지병으로 타계하였다. 그때 그의 나이는 81세였다.

"지식인은 무엇으로 사는가?"라는 화두에 대하여 이영희 교수는 "진실, 진리, 끝없는 성찰, 그리고 인식과 삶을 일치시키려는 신념과 지조, 진리를 위해 고난을 감수하는 용기와 더불어 산다."고 말했다고 한다. '진실, 진리, 끝없는 성찰'을 위해서 평생을 노심초사해 온 정직한 언론인이 왜 유독 NLL에 관해서는 저처럼 '왜곡되고 진실되지 않은 글'을 써야만 했을까? '진실, 진리, 끝없는 성찰'을 위해서 평생을 노심초사해 온 언론인으로 자처하고, 세상 사람이 모두 그를 존경하기 때문에 NLL에 관한 그의 왜곡된 글은 그만큼 우리 대한민국 사회를 강력하게 세뇌시킬 수 있는 것이다. - 그것도 대단히 진실과는 거리가 먼 방향으로 -

그를 만난 이후, 차츰 필자는 그에 대해서 더 많은 것을 알게 되었다. 한마디로 그는 우리의 불행한 역사가 진행된 어려운 시기에 '성실하게 깨어서 살려고 노력한 지성인'이었다고 말할 수 있다. 그는 결코 '커다란 레닌모를 눌러쓴 악착같은 얼굴을 한 동양인 공산주의자'는 아니었다. 뭐, 여러 가지 상념들이 그와 관련해서 얼마든지 실타래처럼 풀려나오겠지만, 여기서는 NLL에 관련된 것만을 언급하고자 한다.

NLL을 클라크 라인의 대체적對替的인 기능을 갖는 봉쇄선이라고 생각한 그의 판단은 해전법규(海戰法規; Law of Naval Warfare), 특히 봉쇄(封鎖; Naval Blockade)의 개념에 대한 그의 무지無知에서 연유된 것이다. 앞에서도 지적한 것처럼 NLL은 봉쇄와는 정확하게 반대의 기능과 의미를 갖는 해상군사분계선이다.

미국 정부의 외교 비밀문서[267]까지 인용하면서 미국 정부가 클라크 라인의 적법성을 확보하기 위해서 유엔 총회의 동의를 얻어내려고 노력했다는 것을 지적[268]하고 있으나, 이것도 결국은 봉쇄(Naval Blockade)에 대한 정확한 개념을 이해하지 못하고 있는 데서 비롯된 오해이다. 한국전쟁시 유엔군 사령관이었던 마크 클라크 장군이 한반도 연안에 실시한 봉쇄는 '대단히 특이한' 전시 봉쇄에 속하지만, 대체로 전통적인 근접봉쇄의 요건들을 충실히 준수한 '장거리 경제봉쇄'라고 분류할 수 있다.[269] 미국 정부, 즉 워싱턴 당국이 한때 중국연안 전역을 포함하는 광범위한 통상봉쇄를 검토했던 것인데, 이런 것이 실제로 실시되었다면 그것은 이미 '클라크 라인'이라는 이름 이외의 '별도의 명칭'이 붙었을 것이다. 그러므로 미국 정부가 클라크 라인의 적법성을 확보하기 위해서 유엔 총회의 동의를 얻어내려고 노력했었다는 것도 전혀 근거가 없는 진술이다.

평생을 성실하게 깨어서 살려고 노력한 지성인이었던 그를 더 이상 비판하는 것이 마음 아프다. 더구나 내가 직접 만났을 때, 이영희 교수는 겸손하고 정직한 인품의 사람이었다.

필자는 보수 우파에 속한다는 우리나라 정치인들의 어리석은 담론에 부화뇌동하는 정치인도 아니고, 진보라고 자처하는 좌파적 인사는 더더욱 아니다. 필자는 그저 한 사람의 정직한 학자일 뿐이다. 이런 필자가 마음속으로부터 깊은 분노를 느끼게 만든 이영희 교수의 'NLL에 관련한 극렬한 글'은 우리 사회가 풀어야 할 '불행한 숙제'의 전형적인 모습이다.

이영희 교수는 이런 글을 쓸 때도 '진실, 진리, 끝없는 성찰'을 위해서 노심초사하면서 썼을 것임에도 그의 글 속에서 그는 기본적인 개념의 오해와 기초적인 법적 논리의 오류들을 범했다. 아주 많은 사람들이 이 저명한 언론인의 격렬한 글을 읽고 "NLL은 미군이 일방적으로 그은 자의적인 선이며, 이것을 한반도 휴전체제상 남북한이 존중해야 할 해상군사분계선으로 고집하는 자들은 미제의 앞잡이에 불과하다."라고 믿고 더욱 격렬한 반체제적 담론에 빠져들게 되었을 것이다.

필자는 해군에서 『해전법규 교범』을 직접 집필하였으며, '해상봉쇄'를 전문적으로 오랜 세월 연구하고 다룬 사람이다. 말하자면 이 방면의 전문가다. 필자는 전문가로서, 비전문가인 이영희 교수가 범한 개념의 오해나 법적 논리의 오류들을 얼마든지 너그러이 용서하고 싶다. 평생을 그것만 연구한 사람도 아닌데 그 정도의 실수는 있을 수 있는 일이다. 그러나 그의 글을 읽고 마음속 깊이 느꼈던 분노의 감정은 그대로 있다. 그의 오해誤解, 그의 오류誤謬, 그의 실수失手가 우리 사회에 주는 폐해가 너무나 크기 때문이다. 그가 성실한 삶을 살았다고 세인들이 인정하기 때문에 그 폐해는 더욱 크고 깊다. 이것이 '우리 사회가 풀어야 할 불행한 숙제'이다.

《통일시론》에 실린 이영희 교수의 글을 그가 읽었는지는 잘 모르겠지만, 'NLL의 법적 성격'에 관련해서 심각한 혼란을 겪은 사람 중에는 노무현 대통령이 있다. 문제는 NLL에 관한 노무현 대통령의 지식이 매우 부정확했었다는 것이다. 정상회담 이전에도 노무현은 "종전 당시 미군 사령관이 제멋대로 땅따먹기식으로 그은 선이다." 등등 기회가 있을 때마다 NLL에 대하여 그 법적 정당성을 부정하는 발언을 해오고 있었다. NLL에 관한 노무현 대통령의 지식이 매우 부정확했었다는 것은 대한민국이라는 국가로 볼 때는 부끄럽고 불행한 일이 아닐 수 없다. 그 대한민국이 북한과 같은 집요하고 복잡한 적敵과 대치하고 있을 때는 더욱 그러하다.

대통령에게는 대한민국의 중요한 정보는 학술적인 것이든, 순전히 정치적인 것이든 가장 빠르게, 가장 광범위하게 그리고 가장 충실하게 제공된다고 보아야 한다. 그러므로 당시 현직 대통령이었던 노무현 대통령에게는 NLL에 관해서 가장 정확한 지식과 정보들이 제공되고 있었을 것이다. 그런데 그는 그 NLL이 있는 서해 해상에서 남북 간에 두 번이나 무력충돌이 발생한 지 몇 년이 지난 그 당시 (2007년)까지도 NLL에 관해서 매우 부정확한 지식밖에는 가지고 있지를 못했다. 정상적인 상식으로는 잘 납득이 안 되는 일이다.

2012년 10월 8일, 국회에서 통일부 장관에 대한 질문 형식으로 발표된 새누리당 정문헌 의원의 '녹취록 공개 발언'이 있었다.

2007년 10월 3일 오후 3시, 평양 백화원 초대소에서 노무현과 김정일 남북 정상이 단독회담을 가졌다. 노무현은 김정일에게 "NLL 때문에 골치가 아프다. 미국이 땅따먹기하려고 제멋대로 그은 선이니까 남측은 앞으로 NLL을 주장하지 않을 것이며, 공동어로 활동을 하면 NLL 문제는 자연스럽게 사라질 것이다."라고 구두 약속을 해 주었다.

이것이 그 '녹취록 공개 발언' 내용이다.

노무현 대통령은 정말 김정일에게 'NLL 포기'를 약속했을까?

그가 NLL의 비합법성을 주장하여 온 전력에 비추어 정상회담에서 새누리당 정문헌 의원의 '녹취록 발언'에서 공개된 성격의 발언을 했을 가능성은 역시 많다고 보아야 한다. 더구나 북한 국방위원회 정책국 대변인의 성명이 2012년 10월 29일 대선을 앞두고 발표되었다.

> (…) 역사적인 10·4 선언에 명기된 조선 서해서의 공동 어로와 평화수역 설정 문제는 철두철미 북방한계선(NLL) 자체의 불법 무법성을 전제로 한 북남 합의 조치의 하나이다. 북방한계선(NLL) 존중을 전제로 10·4 선언에서 합의된 문제를 논의하겠다는 박근혜의 떠벌림이나 다른 괴뢰 당국자들의 북방한계선(NLL) 고수 주장은 그 어느 것이나 예외 없이 북남 공동합의의 경위와 내용조차 모르는 무지의 표현이다. (…)

북한 당국은 이렇게 주장하고 있었다.

아무리 북한 당국이 조리에 반하는 억지 주장을 밥 먹듯이 해대는 막돼먹은 집단이지만, 그들 국방위원회 정책국 대변인의 성명 속에서 지적하고 있는 것과 같은, "철두철미 북방한계선(NLL) 자체의 불법, 무법성을 전제로 한 '북남 간의 합의'" 같은 것이 조금이라도 있었다면, 대한민국의 안보적 위치는 참으로 참담하고 황당한 지경으로 이미 추락되었을 거라고 말할 수밖에 없다.

그러나 2007년 10월 12일, 남북정상선언 이행을 위해 청와대에서 열린 회의에서 대통령 노무현 자신은 'NLL 포기 발언' 같은 것은 없었음을 강조하고 있다.

> (…) 내가 김정일 위원장한테 분명히 얘기했다. 그건 지금 양보할 수가 없다, 지금 해결할 수가 없다. 분명히 얘기를 했다. 우리가 그걸 지금 테이블에 올려서 옥신각신해서는 절대 해결 안 된다. 그리고 그걸 내가 여기서 양보할 수 없다. 그건 분명하게 얘기했다. 다만 기본 합의에 이미 기본방침이 나와 있으니까 뒤로 미루자, 미래지향적인 질서를 새롭게 구축해 가면 그 문제는 해결되지 않겠

느냐 그렇게만 정리했다.

그는 이어서 2007년 11월 1일 제51차 민주평화통일자문회의 상임위원회에서도 역시 자신은 'NLL 포기 발언' 같은 것을 하지 않았음을 강조하고 있다.

> (…) 가서 헌법 건드리지 말고 와라, NLL 문제 얘기지요. 그거 건드리지 말고 와라, 내 마음대로 자 대고 줄 긋고 내려오면 제가 내려오기 전에 우리나라가 발칵 뒤집힐 것 아닙니까? 내려오지도 못합니다. 아마 판문점 어디에서 좌파 친북 대통령 노무현은 돌아오지 말라. 북한에서 살아라, 이렇게 플래카드 붙지 않겠습니까? NLL도 못 들어주지, 그러니까 헌법 건드리지 말라, NLL 건드리지 말라는 이야기예요. 어쨌든 NLL 안 건드리고 왔습니다.

노무현 대통령은 김정일에게 'NLL의 포기'를 약속하지 않았다는 말이다.

어떤 경위인지는 잘 몰라도, 노무현 대통령은 2007년 10월 4일 정상회담을 마치고 돌아와서야, 자신의 NLL에 관한 인식이 지나치게 편향되어 있었다는 것을 알아차린 것 같다. 그는 '뒤늦게' NLL이 "헌법적 원칙과 관련된 문제"이고 이 헌법적 원칙을 "내가 건드리면 온 나라가 발칵 뒤집힐 것"이라는 사정을 알아차리게 된 것 같다.

그러나 때는 이미 너무 늦었다.

'녹취록 정변'이 일어나던 2012년에 그는 부엉이바위 위에서 투신자살을 하여 이미 사망한 뒤라, 아주 부끄러운 부분에 대해서 핵심적인 증언을 해야 하는 수모를 모면할 수 있게 되었다.

본래 노무현 대통령은 지적으로 예민하고 영민한 사람이다. 해양수산부 장관에 취임한 지 1주일도 안 되서 국회 해양포럼에 와서 조찬 강연을 할 때부터 필자는 그것을 진작에 알아보았다.

그런 그가 왜 NLL에 관해서는 그처럼 부정확한 지식밖에는 가지고 있지를 못했을까? 그리고 2007년 10월 4일 정상회담을 마치고 돌아와서는 왜 또 호들갑스럽게 NLL은 "헌법적 원칙과 관련된 문제"이고 이 헌법적 원칙을 "내가 건드리면 온 나라가 발칵 뒤집힐 것"이라는 말을 서둘러 하고 있었을까? 과연 그는 NLL은 "헌법적 원칙과 관련된 문제"라는 것을 진정으로 이해하고는 있었던 것일까? 이런 것들이 아직도 의심쩍다.

이재정 당시 통일부 장관, 김만복 당시 국정원장 등 노-김 회담에 배석한 사람들이 모두 '회담에서 NLL은 공식적으로 언급되지 않았다'고 강하게 주장하였고, 그 이후 구차스러운 우여곡절 끝에 노무현 대통령과 김정일 간의 'NLL 이면합의설' 의혹은 확실한 증거가 없는 '심증'으로만 남게 되었다.

사람들은 필자에게 질문을 한다.

"NLL은 '영토선'입니까?"

사실은 국내법에서건 국제법에서건 '영토선'이란 용어는 없다.

우리 한국 사람들은 사전이나 법전에도 없는 용어를 잘도 만들어서 사용한다. '스킨십(Skinship)'이란 말이 있다. 그런데 어떤 영어 사전에도 이런 단어는 없다. 이것은 영어가 아니기 때문이다. 그러나 우리 한국 사람들은 거의 모두 이 단어를 잘 알고 또 빈번히 사용하고 있다. - 영어 사용 국민이 들으면 전혀 알아듣지도 못하는 이 말을 -

그렇다고 성의껏 NLL에 관해 이런 질문을 하는 사람에게 "국내법에서이건 국제법에서건 '영토선'이란 용어는 없다." 어쩌고 하는 답변을 필자는 절대로 하지 않는다. 그런 답변은 예의가 아니기 때문이다. 조그마한 전문 지식이 있다는 핑계로 예의가 없는 짓을 하는 자를 필자는 아주 싫어한다. 그러니 필자 자신이 예의가 없는 사람이 될 수는 없기 때문이다.

"NLL은 '영토선'보다 더한 선이지요."

이것이 필자의 답변이다.

그리고 이런 답변은 절대로 과장이 아니다. 적어도 필자로서는 성의를 다한 답변이다.

"NLL은 '영토선'입니까?"라는 질문은, "북한이 NLL을 침범하는 것을 그들이 우리 영토를 침범하는 것과 똑같은 것으로 보아도 되겠는가?" 뭐 대체로 이런 뜻이 아니겠는가?

노무현 대통령은 김정일과 정상회담을 하러 북한, 평양에 가기 직전까지 "NLL은 미군 사령관이 혼자서 땅따먹기 식으로 적당히 일방적으로 그은 선이지, 무슨 '영토선'은 아니질 않나?" 이런 말을 했다. 그것도 한 번도 아니고, 여러 장소에서 여러 번 했다. 그는 자기를 무슨 사법고시 합격자가 아니라고 할까 봐 '헌법 3조'까지 들먹였다. "한국의 영토는 한반도와 부속 도서이니 어찌 보아도 NLL이 영토선이 될 수야 없지."(그는 이미 필자처럼 "NLL은 '영토선'입니까?"라는 질문을 받았었는지도 모른다.)

이 정도가 되면 지적으로 그리도 영민해 보이던 그가 다르게 보일 수밖에 없다. 대통령이 이런 말을 하는 것을 듣고 있던(중요한 정보에 관해서 알만한 것은 다 알고 있을) 정부의 고위 참모들이 속으로 얼마나 황당하고, 또 심각하게 걱정했을지 대충 짐작이 간다. 그럴 때 - 그러니까 노무현 대통령이 정상회담에 가기 직전에 말이다. - 필자가 노무현 대통령에게 설명을 제대로 해 줄 수만 있었다면 얼마나 좋았을까?

"노무현 대통령님, NLL은 '영토선'보다 더한 선입니다."

만일 이렇게 필자가 서두를 꺼냈다면 그의 표정이 어떻게 변했을지 자못 궁금하다. 탄핵까지 당할 뻔한 노무현을 다시 대통령 자리로 돌려보낸 헌법재판소 기각판결은 실상 우리 국민의 여론의 힘이다. 우리 국민들이 자유민주주의의 이념에 철저하지 못했고, 천박한 속물주의, 현실주의에 매몰됨으로써, 반체제적 언사를 늘어놓고 "NLL은 미제들이 제멋대로 그은 선"이라는 등의 빨갱이들 선전에 최면된 이영희 같은 자들의 엉터리 같은 주장이 제멋대로 회자膾炙 되게 하여, 모처럼 우여곡절 끝에 겨우 그 자리에 앉혀 놓은 대통령이 함량 미달로 심각한 혼돈 속에서 헤매게 해놓은 것도 결국 우리들 자신에게 어느 정도 책임이 있다.

뒤늦은 감이 많이 있지만, "NLL은 '영토선'인가?"라는 질문에 대해서 한 번 정리하고 넘어가자.

“NLL은 ‘영토선’보다 더한 선이다.” NLL은 한국 휴전협정상의 서해쪽 ‘휴전선’이다. 그런데 휴전선이란 정전이 실현될 당시의 군사접촉선(Line of Contact)이어야 한다. 즉, 교전 당사자들의 무력적 대치선이며, 이 선에서 무력적 적대 행위를 정지하겠다는 교전 당사자들 간에 ‘합의된 약속’이 정전 협정이다. 이것은 ‘정전에 관한 합의’의 가장 핵심적인 내용이다. 해상의 휴전선은 정전 협정 조문에 구체적인 해상 휴전선으로 명시되어 있지 않아도 양측 해상군사역량의 접촉선으로 ‘당연히’ ‘자동으로’ 확정되게 되어 있다. 이것이 휴전에 관한 가장 기본적인 규범이다. 이러한 원칙은 변하지 않는다.

거듭 이야기하지만 휴전 성립 당시(1953년 7월 27일) 동해와 서해에서 북한 측의 해상군사 역량은 없었기 때문에 실제의 해상 군사접촉선(클라크 라인의 북단; 서해에서 39° 35′N, 동해에서 40°51′N)을 휴전선으로 정하게 되면 유엔군이 북한 연안을 완전히 봉쇄하는 모양새가 된다. 그래서 휴전이 성립된 지 약 한 달쯤 후에 유엔군 사령관(마크 클라크 장군)이 친절하게 명령을 내려서 유엔군 측 해상 군사역량을 ‘압록강 하구’와 ‘두만강 하구’, 즉 클라크 라인 북단으로부터 육상 군사분계선(DMZ)에 맞추어서 서해에서는 ‘장산곶 앞’까지 동해에서는 ‘지금의 NBL’까지 끌어내린 선이 NLL이다. 그러므로 그 당시에 북한 측 수역은 군사적 진공상태로 되어 있었다. 상당히 세월이 지난 후에 북한의 해군 세력이 점차로 충원되어 이 군사적 진공상태는 메꾸어지게 된다. 즉, NLL이 명실 공히 양측 해상 군사역량의 군사접촉선이 되고 ‘북한을 봉쇄하지 않는’ 휴전선이 된 것이다.

언제라도 교전 당사자(휴전 협정의 당사자와 똑같다) 중의 일방이 함부로 이 군사접촉선을 침범하면 타방 교전 당사자는 휴전 협정을 즉시 폐기할 수 있는 권리를 갖게 되고, 위급할 때는 즉시 전투를 재개하여 반격에 돌입할 수 있다(육전 법규 제40조). 이것이 ‘전쟁법규’ 중에 아직도 살아 있는 가장 분명하고 현저한 규범인 ‘휴전의 법리’인 것이다.

4. 「6·15 남북 공동선언」은 어떤 의미가 있는 합의인가?

「6·15 남북 공동선언」이란, 2000년 6월 15일, 김대중 대통령과 김정일 사이에 남북 정상회담을 하고 거기에서 채택된 공동성명이다.

「6·15 남북 공동선언」 즉, 2000년 6월 15일에 김대중 대통령과 김정일이 합의한 이 통일방안에 대해서는 대한민국 안에서 아직도 찬반양론이 팽팽하게 공존하고 있다. 이 통일방안은 2007년 10월 4일 노무현 대통령과 김정일 간의 '남북관계 발전과 평화 번영을 위한 선언'에서도 다시 확인되었으므로 아무래도 그 내용을 여기서 들여다보아야 한다. 「6·15 남북 공동선언」의 5개 기본 조항은 다음과 같다.

1. 남과 북은 나라의 통일 문제를 그 주인인 우리 민족끼리 서로 힘을 합쳐 자주적으로 해결해 나가기로 하였다.

2. 남과 북은 나라의 통일을 위한 남측의 연합제안과 북측의 낮은 단계의 연방제안이 서로 공통성이 있다고 인정하고 앞으로 이 방향에서 통일을 지향시켜 나가기로 하였다.

3. 남과 북은 올해 8·15 즈음하여 흩어진 가족, 친척 방문단을 교환하며 비전향 장기수 문제를 해결하는 등 인도적 문제를 조속히 풀어 나가기로 하였다.

4. 남과 북은 경제협력을 통하여 민족경제를 균형적으로 발전시키고 사회·문화·체육·보건·환경 등 제반 분야의 협력과 교류를 활성화하여 서로의 신뢰를 다져 나가기로 하였다.

5. 남과 북은 이상과 같은 합의사항을 조속히 실천에 옮기기 위하여 이른 시일 안에 당국 사이의 대화를 개최하기로 하였다.

김대중 대통령은 김정일 국방위원장이 서울을 방문하도록 정중히 초청하였으며, 김정일 국방위원장은 앞으로 적절한 시기에 서울을 방문하기로 하였다.

김대중 대통령과 김정일이 합의한 통일방안의 핵심적 내용은, "나라의 통일을 위한 남측의 연합제안과 북측의 낮은 단계의 연방제안이 서로 공통성이 있다고 인정하고 앞으로 이 방향에서 통일을 지향시켜 나가기로 한다."는 것이다.

'남측의 연합제안'이라 함은 1994년 8월 한국 김영삼 정부의 통일방안으로 대내외에 공식 발표된 '민족공동체 통일방안(정식명칭은 '한민족공동체 형성을 위한 3단계 통일방안')에서 통일 과도체제로 상정되고 있는 '남북연합(The Korean Commonwealth)' 설치 구상을 말한다.

간단히 말하면 '남북연합'은 남북한의 통합과정을 안정적이고, 질서 있게 관리하면서 '민족공동의 생활권' 내지 '단일한 생활공동체'를 구축하는 중간단계라고 말할 수 있다. 그러므로 이는 국제법상 통상적으로 말하는 '국가연합'과는 구별되는 특수한 개념으로서, 대외적 또는 제3국의 입장에서 보면 '국가연합'이지만, 남북한 간에는 상대방을 국가로 인정하지 않는 '체제연합'의 성격을 갖고 있다.[270]

'북측의 낮은 단계의 연방제안'이란 북한이 2000년 6월, 이 공동선언을 합의할 때까지 한 번도 명시적으로 사용한 바가 없는 용어다. 물론 이는 북한이 대내외에 발표한 공식적인 통일방안도 아니다.

북한의 김일성은 1980년 10월 10일에 '고려민주련방공화국 창립방안(통칭 '고려연방제 통일방안')'을 공식적으로 발표했었다. 이 통일방안은 완성국가적 성격의 연방제안이었다. 그는 1991년 1월 1일 신년사를 통해서 이를 확인하고 부연 설명을 한 바가 있다. 그가 '고려연방제안'을 확인하는 설명을 들어보자.

"북과 남에 서로 다른 두 제도가 존재하고 있는 우리나라의 실정에서 조국통일
은 누가 누구를 먹거나 누구에게 먹히지 않는 원칙에서 하나의 민족, 하나의 국
가, 두 개 제도, 두 개 정부에 기초한 연방제 방식으로 실현되어야 합니다. 하나

의 민족, 하나의 국가, 두 개의 제도, 두 개의 정부에 기초한 연방제 방식의 통일 방안은 북과 남에 존재하는 서로 다른 제도와 정부를 그대로 두고 그 위에 하나의 통일적인 민족국가를 세우는 방법으로 통일을 실현하자는 것입니다. 우리는 하나의 민족국가 안에 서로 다른 두 제도와 두 정부가 함께 있을 수 있다는 데부터 출발하고 있습니다."[271]

그는 이런 '고려연방제안'의 기본 개념을 출발점으로 해서, 통일을 향한 하나의 프로세스 개념을 다음과 같이 설명한다.

'고려민주연방공화국창립 방안'에 대한 민족적 합의를 보다 쉽게 이루기 위하여 잠정적으로는 연방 공화국의 지역 자치정부에 더 많은 권한을 부여하며, 장차 중앙정부의 기능을 더욱더 높여 나가는 방향에서 연방제 통일을 점차적으로 완성하는 문제도 협의할 용의가 있다. 하나의 의석으로 가입하는 조건에서라면 연방제 통일 이전에라도 북과 남이 유엔에 들어가는 것을 반대하지 않을 것이다. 빠른 시일 안으로 북과 남의 당국과 정당, 단체 대표들이 한자리에 모여 조국통일 방도를 확정하는 '민족통일 정치협상회의'를 소집할 것을 제의한다. 그리고 북과 남의 서로 다른 제도를 하나의 제도로 만드는 문제는 앞으로 천천히 순탄하게 풀어 나가도록 후대에 맡겨도 된다.[272]

김일성이 제안하고 있는 소위 '고려민주연방공화국 창립방안'에 기초한 '한반도 통일방안'이란 대체로 이런 것이다. 공산주의 사회에서는 '사상학습'이라는 것을 일반 주민들을 상대로 거의 매일 저녁 하고 있기 때문에 《로동신문》에 나오는 이런 정도의 김일성 교시는 일반 주민들에게도 아주 익숙한 것이다. 그러나 우리 남한에서는 특별히 통일 문제를 세밀하게 공부하지 않은 사람은 아마도 김일성의 '기본개념'이나 친절한(?) '프로세스 개념'에 관한 설명을 들어도 실은 얼른 '감(느낌,

^{즉 쉬운 이해)}'이 오지 않는 것이 보통일 것이다.

김일성의 '고려연방제안'이란 쉽게 말하면,

남북한이 각기 두 개의 체제인 북한은 공산주의 체제를, 남한은 자유민주주의 체제를 그대로 유지하는 것, 즉 두 개의 정부 - '북한 지방정부'와 '남한 지방정부' - 를 유지하면서 그 위에 '고려연방공화국'이라는 하나의 '연방국가'를 만든다는 것이다. '연방국가제'이기 때문에 이 '고려연방공화국'은 '북한 지방정부'와 '남한 지방정부'를 '지배'하며 최소한도 외교와 국방에 관한 권한을 '우월적'으로 행사하여야 할 것이다.

김일성의 '고려연방제안' 속에 들어 있는 '석연치 않은 점'들을 우선 지적한다면, 그것이 '강한 연방공화국'이든, '낮은 단계의 연방공화국'이든 또는 다른 무엇이든지, 남한은 공산주의 체제를, 북한은 자유민주주의 체제를 아주 잠시라도 서로 그것을 용인하고, 받아들이는 체제, 그것이 가능하냐? 하는 점이다.

지금 지구 상에는 북한과 중국만 공산주의 체제가 남아 있다. 인간의 존엄성과 개인의 자유를 인정하지 않는 북한 공산주의 체제를 우리가 어떻게 잠시라도 용인할 수 있을까? 역사의 확실한 추세로써 이런 이상한 국가 체제는 더 이상 용인할 수 없다는 것이 21세기에 공인된 결론이 아닌가?

우리는 그렇다고 치더라도 북한이 우리의 자유민주주의 체제를 용인하겠다고? 북한 주민들은 김일성 가족 독재 체제에 넌더리가 나서 용인하는 정도가 아니라 우리의 자유민주주의 체제를 목숨을 걸고 갈망하고 있을 터이지만, 김일성 가족 독재 체제를 유지하고 있는 북한 정권은 절대로 잠시라도 우리의 자유민주주의 체제를 용인할 수 없을 것이다.

그런데도 그 속에 이런 '석연치 않은 점'들을 가지고 있는 '고려연방제안'이라는 것을 김일성이 주장하는 이유는 무엇인가?

김일성은 그가 이런 주장을 하는 이유를 노동당 간부들에게 설명한 적이 있다. 연방제 통일방안을 대남 공작에 이용하여 남한 내에서 공산세력의 자유로운 활동을 확보해 주면 4,000만 국민 가운데 2,000만을 북한 편으로 돌려세울 수 있다는 것이다. 그러면 북한 주민 2,000만과 합쳐서 자기편이 4,000만, 대한민국 수호 세력이 2,000만이 되니 자유 총선거를 해도 공산당이 이길 자신이 있다는 계산이다.

그러므로 김일성의 '고려연방제안'이란 '대남 적화통일론' 바로 그것이다. 「6·15 남북 공동선언」에서 김대중 대통령과 김정일이 통일방안에 합의하면서 남북한의 통일방안이 "서로 공통성이 있다고 인정" 하는 것이라는 '겸손한 표현'을 쓰고 있는 점에 유의해야 한다.

남측의 연합제안, 즉 '민족공동체 통일방안'과 북측의 연방제안, 즉 '고려민주연방공화국창립 방안'은 그것이 '느슨한 연방제'이든, '낮은 단계의 연방제'이든 절대로 어떤 공통점도 있을 수 없으며 그 "방향에서 같이 통일을 지향시켜 나가기로 한다."는 것은 논리적으로 성립될 수 없는 일이다. 그들이 사실상 합의한 근거는 '김대중식 연방제안'과 '김일성식 연방제안'이 '서로 공통성이 있다고 인정'한 것에 불과하다.

본래부터 김대중 대통령은 대한민국의 공식적 통일방안인 '민족공동체 통일방안' 같은 것에 동의하기는커녕, 명시적인 반대의 견해를 견지하고 있었다. 김대중 대통령의 통일방안은 소위 '공화국 연방제 통일방안'이다. 김대중 대통령은 1980년 7월 18일, 육군본부 계엄보통군법회의 검찰부 신문에서 김일성의 연방제와 자신의 연방제 통일방안의 차이를 이렇게 진술하였다.

> 북한 측이 주장하는 연방제는 남북에 현존하는 정치제도를 그대로 두고 양 정부의 독자적 활동을 보장하되, 유엔 동시 가입 등을 반대하는 것으로 보아 연방공화국이(지방정부에 대해서) 우월적 지배권을 갖는 연방공화국으로 알고 있습니다. 본인이 주장하는 연방제는 외교·군사·내정에 관해 완전한 독자적 지배권을 갖는 공화국 연방제로서 지배권 문제에 차이가 있습니다.

그는 자신의 연방제가 영국 연방과 비슷한 것이라고 부연 설명하였다. 그런데 영국 연방에 속하는 캐나다와 오스트레일리아는 서로 독립된 주권 국가임을 인정하는 사이다. 즉, 그의 통일론은 북한과 남한이 서로를 국가로 인정하는 것을 전제로 하고 있다는 뜻인데, 그렇다면 김대중 대통령의 '연방국가론'이란 남북한의 영구 분단을 제도화하려는 생각이거나, 한반도를 적화통일의 길로 방치하려는 의도에 지나지 않는 것이다. 이런 생각은 그 당시나 지금이나 우리 헌법상 용인될 수 없는 입장이다.

20년 후 김대중 대통령과 김정일이 '서로 공통성이 있다고 인정'하는 것을 근거로 「6·15 남북 공동선언」을 함으로써 김일성의 연방제와 김대중 대통령의 연방제 통일방안이 '차이가 있다'는 육군본부 계엄보통군법회의 검찰부에서의 그의 주장이 거짓말임이 드러났다. 그러므로 「6·15 남북 공동선언」은 김일성의 적화통일론을 김대중 대통령이 원론적으로 수용하는 '항복문서'와 같은 것이다.

김대중 대통령은 이미 1970년대부터 벌써 대한민국의 연합제 통일방안보다는 김일성의 연방제 통일방안 쪽에 더 기울어져 있었다. 그의 통일방안에서 가장 나쁜 점은 통일조국의 국가 이념이 무엇이어야 하는가에 대한 설명이 없다는 것이다. 김대중 대통령은 1992년까지도 "통일조국의 정치이념은 통일을 이룰 세대가 결정할 문제이다."라고 말함으로써 실질적으로 자유민주주의 국가 이념을 부정하고 있었다.

'고려연방제 통일방안' 같은 것을 주장함으로써 한반도 적화통일을 획책하고 김대중 대통령 같은 자가 남한에서 대통령까지 되어서 자기의 사악한 기도에 호응해 올 수 있다는 사실을 예견하고 있던 김일성은 적어도 통찰력이 있는 자가 아닌가? 지금 대한민국 안에서 종북 좌파 세력들의 자유로운 활동이 확보된 지 어언 29년이 지나서 김일성의 예언대로 이미 4,000만 국민 가운데 40만 이상을 북한 김일성 가족 독재를 용인하고 찬양하는 쪽으로 돌려세웠지 아니한가?

북한 주민들은 김일성을 굶어 죽어 가면서도 존경하고, "위대한 우리 수령 동지"라고 신격화하고 있는 데에는 그의 이런 예리한 통찰력이 하나의 근거가 되는 것이 아닌가 생각된다. 만일 지난 2012년 남한의 총선과 대선에서 박근혜 대통령이 낙선되고, 야당 문재인이나 급진 좌파 통진당 쪽 사람이 대한민국의 정권을 잡았다면, 백낙청의 '2013년 체제 만들기'가 가동되고 「6·15 남북 공동선언」에 기초한 통일의 수순에 들어갔을 것이므로 틀림없이 얼마 안 가서 대한민국을 통째로 북한에 가져다 바치는 꼴이 되어 김일성 가족 독재 체제의 마수에 꼼짝없이 우리 순진한 남한의 국민까지 모두 종속되어 버렸을 것이다.

거듭 지적하거니와 북한의 '고려연방제'를 논리적으로 수용하고 있는 「6·15 남북 공동선언」은 결국 북한의 '대남 적화통일론'을 용인한 '항복문서'와도 같은 것이다.

그러나 박근혜 대통령도 「6·15 남북 공동선언」에 관해서는 아주 중증重症의 인식 혼돈 상태에서 벗어나지 못하고 있다. 2012년 2월 28일, 63빌딩에서 열린 '2012년 핵안보 정상회의 개최기념 국제학술회의'의 기조연설에서 당시 새누리당 비상대책위원회 위원장이었던 박근혜 대통령은 그의 대북정책으로 '한반도 신뢰 프로세스'라는 것을 발표했다. 여기서 그녀는 '남북기본합의서'와 함께 「6·15 남북 공동선언」, 「10·4 공동선언」 등도 '기존의 약속'으로 이들을 이행해야 한다고 주장했다는 것이다. 대통령이 된 뒤에도 집권 초기부터 「6·15 남북 공동선언」을 통일 문제의 정책적 기조로 신봉하는 인사들, 즉 유길재, 홍용표 같은 사람을 통일부 장관으로 기용하고 있다. 매우 우려스러운 일이다.

아직도 이런 인식의 혼돈 속에 있을 박근혜 대통령의 판단이 반드시 수정되어야 한다는 근거를 여기에서 간단히 설명하겠다.

평소에 가끔 박근혜 대통령이 "국민과의 약속은 지켜져야 한다."는 말을 하는 것을 흘려들으면서 국제법에서의 규범적 근거가 '약속은 지켜져야 한다.'라는 원칙에 있다는 것을 상기하고 "공과대학만을 나온 우리 대통령이 어떻게 국제법상 근본 규범(Grund-Norm)에 관한 이처럼 높은 수준의 법학적인 소양을 갖추고 있을 수 있는가?" 하고 속으로 감탄한 적이 있다.

그런데 '약속은 지켜져야 한다.'라는 말을 하기 위해서는 우선 그 약속이 '적법한 합의'로 성립되어 있어야만 한다. '적법한 합의'라는 것은 '당사자 간의 적법하고 명시적인 의사의 합치'라고 정의될 수 있다. 이러한 '적법한 합의'만이 '지켜져야 한다'는 '기속력(Binding Force)'을 만들어 낼 수 있다. 그런데 「6·15 남북 공동선언」은 북한과 남한 간에 '적법한 합의'로 성립되지 않았다는 점부터 주목해야 한다.

이 합의의 당사자는 더 말할 필요도 없이 대한민국과 북한이다. 물론 김대중 대통령과 김정일은 모두 이 두 당사자를 대표할 수 있는 국가 최고통수권자이므로 이 두 사람의 합의가 북한과 남한 간의 '적법한 합의'로 성립될 수 있는 가능성은 많다. 그러나 국가 최고통수권자라고 해도 이 경우에 그들의 의사意思는 그들 국가(북한을 국가라고 하는 데에 약간 문제가 있지만, 이 경우는 그런 수준으로 이해해도 될 것 같다)의 헌법에 기속羈束을 받게 된다. 즉, 특히 두 국가의 통일에 관한 중요한 사항의 합의인 만큼 김대중 대통령과 김정일의 개인적인 의사가 대한민국과 북한의 헌법상 원칙에 부합되어야 '적법한 합의'가 될 수 있다.

김대중식 '공화국 연방제' 통일방안은, '연합제 통일방안'과는 달리 대한민국의 공식적 통일방안으로 채택된 적이 없고. 내용의 성질상 현행 대한민국 헌법이 명시하는 국가 이념(자유민주주의)과 상반되는 것으로서 절대로 대한민국의 공식적 통일방안으로 채택될 수가 없다. 그러므로 김대중 대통령이 아무리 대한민국의 현직 대통령이라도 '연합제 통일방안'의 내용을 갑자기 김대중식 '공화국 연방제' 통일방안으로 변경된 것으로 혼자서 '마음속으로만' '마음대로' 정할 수는 없다. 이는 국가 의사를 정하는 일반적 적법 절차의 원칙과 언어와 용어 사용의 기초적인 조리의 원칙상 자명한 일이다.

그러므로 김대중 대통령의 '공화국 연방제' 통일방안과 김일성의 '고려민주연방공화국창립 방안'이 '서로 공통성이 있다고 인정'한 것은 그 당시 남북한 양측의 국정의 책임자인 김대중 대통령과 김정일이 '개인적으로 합의한 것'으로 인정될 수는 있어도 그러한 합의가 양측의 국가적 주체를 구속할 수 있는 '유효하고 적법한 합의'가 될 수 없는 이유가 여기에 있다.

첫째, 그들의 합의가 '적법한 합의'로 성립될 수 없으므로, 「6·15 남북 공동선언」으로는 '지켜져야 한다'는 기속력이 발생되지 않는다. 따라서 「6·15 남북 공동선언」을 '기존의 약속'으로 이들을 이행해야 한다고 주장하는 것은 잘못된 것이다.

둘째, 2000년 6월 당시 대한민국과 북한은 1992년 2월 19일 발효된 「남북기본합의서」와 「한반도 비핵화 공동선언」이라는 정식 합의 문서를 가지고 있었다. 그런데 북한은 이미 1999년 6월 서해에서 남한 해군에 대한 무력 공격을 감행하고, 핵개발의 의지를 표명하고, 실제로 핵 개발 활동을 진행시킴으로써 「6·15 남북 공동선언」을 채택할 당시에 이미 이들 두 개의 정식합의를 명백히 모두 위반하고 실질적으로 이들을 폐기시키고 있었다.

동일한 당사자 주체가 새로운 합의를 한다는 것은 새로운 신뢰 관계가 성립되었다는 것을 전제로 하는 것이므로 모종의 새로운 신뢰 관계가 성립되려면 최소한도로 북한이 일방적으로 위반하고 폐기시킨 이들 선합의先合意에 대한 기본적 조치 - 예컨대 선합의를 전면적으로 부활시킨다든지, 부분적으로 폐기시킨다든지, 일부를 수정한다든지 하는 명시적인 조치나 묵시적인 모종의 조치 - 가 있어야 한다.

물론 「6·15 남북 공동선언」은 처음부터 김대중 대통령이 김정일에게 일방적으로 굴종해서 성립된 합의이기 때문에 북한이 두 개의 선행된 정식 합의를 위반하고 폐기한 사실들에서 야기된 일체의 결과적 책임을 김대중 대통령이 일방적으로, 일체적으로 면제시킨다는 묵시적 수용受容이 있었다고 해석하면 그만일 수도 있다.

그러나 이런 식의 현저하게 불법이고 불합리하며 또한 불평등한 합의는 대한민국이 추후의 국내법적 절차를 거쳐서 현행 헌법적 기본질서에 반하는 '불법적인 문서'로 규명하고 이러한 국가적 입장을 진작에 공시했어야만 했다. 그러므로 이런 합의를 이제 와서 '북한과의 신뢰 쌓기 정책'의 기본적인 전제로 삼아 이를 인정하고 지키겠다고 선언하는 박근혜 대통령은 아주 중대한 오류를 범하고 있는 것이다.

박근혜 대통령이 「6·15 남북 공동선언」에 관한 아주 중증重症의 인식 혼돈 상태에서 빨리 벗어나 주기를 간절히 바란다.

40년 전, 판문점 도끼 만행사건이 발발했을 때, 우리 국민 그 누구보다도 긴장하여 노심초사하시던 박정희 대통령을 가까이에서 보았을 박근혜 대통령이다. 지금도 틀림없이 하늘에서 서울을 내려다보며, 인식의 혼돈에서 아직도 깨어나지 못하는 자기 딸, 박근혜 대통령을 걱정하고 노심초사勞心焦思하고 있을 그분의 심정을 제발 알아주었으면 좋겠다.

247) 왜 이것이 '코미디 같은 단막극'이 될 수밖에 없는가?
문제의 그 원내 대표가 물러나게 된 원인은 '헌법에 위반된' 국회법을 강행 통과시키려고 했기 때문인데, 국회와 여당 및 원내 대표의 심각한 문제점을 지적한 대통령을 무슨 독재자의 횡포를 부린 사람처럼 엉뚱한 이유를 갖다 부쳐서, 자신의 거취에 과대망상적인 의미를 부여하려 한 것이기 때문이다.
물론 이 헌법 제1조는 반체제 데모 때마다 애용되는 메뉴이기도 하다. 그가 절묘한 순간에 반체제 데모대들이 애용하는 이 헌법 제1조를 들먹거림으로써 그는 이제서야 자기 자신의 본래 모습이 누구인가를 들어낸 셈이다.

248) 황상민, 『대한민국 사람이 진짜 원하는 대통령』, 김영사, 2005.

249) 최근(2004년) 스위스 취리히대학의 토마스 폴켄 박사가 발행한 연구논문에 따르면 전 세계 180개국 국민들의 평균 IQ를 측정한 결과 한국이 평균 106을 기록, 1위에 올랐다. (이서규, "평균 IQ는 한국이 1위, 머리 좋다고 잘사는 것은 아냐", 노컷뉴스, 2004.05.21.) (news.naver.com/main/read.nhn?mode=LSD&mid=sec&sid1=104&oid=079&aid=0000000200)

250) Infra Note 251.

251) · 도회근 교수와 최대권 교수는 영토 조항(제3조)을 프로그램적 조항으로 보는 반면, 통일 조항(제4조)은 현실적·구체적·법적 규정으로 본다. 따라서 그들은 영토 조항(제3조)의 현실적·구체적인 법적 효력을 부인한다. 도회근, "헌법 제3조(영토 조항)의 해석", 『헌법규범과 헌법 현실』, 권영성 교수 정년기념논문집, 서울법문사, 1999, pp.867~869. ; 최대권, 『통일의 법적 문제』, 서울 : 법문사, 1993, p.26.
· 장명봉 교수는 영토 조항(제3조)에 대한 헌법개정(조항 폐기)이 요구된다고 본다. 장명봉, "남북한 기본관계 정립을 위한 법적 대응", 「유엔가입과 통일의 공법문제」, 한국공법학회, 1991, p.45 및 p.134. 참조.

252) 그는 대법원이 이적단체로 판단한 '남북공동선언 실천연대'를 결성해 상임대표를 맡았으며, 소장으로 있던 「한국민권연구소」의 기관지 '정세동향'을 통해 선군정치를 찬양하는 등 북한 주장에 동조하는 이적 문건을 작성해 전파한 죄로, 즉 「국보법 위반 혐의」로 기소되었다. 2010년 8월 2심에서 징역 2년, 집행유예 4년, 자격정지 2년, 보호관찰 명령을 선고받았으며, 대법원에서는 그의 상고를 기각했다.

253) 장명봉, "남북한 기본관계 정립을 위한 법적 대응", 「유엔가입과 통일의 공법문제」, 한국공법학회, 1991, p.133. ; 계희열, 『헌법학 上』, 박영사, 1995, p.163 참조.

254) 도회근, "헌법 제3조(영토 조항)의 해석", 『헌법규범과 헌법 현실』, 권영성 교수 정년기념논문집, 서울법문사, 1999, pp.867~869. ; 최대권, 『통일의 법적 문제』, 서울 : 법문사, 1993, p.867~869. ; 최대권, 『통일의 법적 문제』, 법문사, 1992, p.26. ; 최경옥, "한국헌법 제3조와 북한과의 관계", 「공법학연구」, 영남공법학회, 1999. p.202 및 p.206 참조.

255) 유진오, 『헌법해의』 1949, p.22~23 참조.

256) 대법원 2008.4.17. 선고 2003도758 「전원합의체 판결」 [판례제목] 국가보안법위반(잠입·탈출)·국가보안법위반(찬양·고무등)·국가보안법위반(회합·통신등), 사건번호 2003도758. 선고일 2008-04-17. 각 판결 이유 참조.

257) Loc cit.

258) 백낙청, 『2013 체제 만들기』, 창비, 2012년 1월, pp.104~106.

259) 2008년 6월 뉴스위크 지(誌)가 '최고의 민주주의 전문가'로 꼽은 학자; 스텐포드 대학교 사회학, 정치학 교수, 후버 연구소 선임연구원. 저서로는 The SPirit of DemocrPcy (Times Books, 2008); SquPndered Victory: The American Occupation and the Bungled Effort to Bring Democracy to Iraq (Owl Books, 2005, ISBN 0-8050-7868-1); Developing Democracy: Toward Consolidation; Promoting Democracy in the 1990s 등이 있다.

260) F. P. von Hayek, 『Die Verfassung der Freiheit』(Tübingen, 1971); F.P. Hayek, *The Constitution of Liberty*, Taylor & Francis; Routledge 2006, pp.25, 42, et passim

261) 조지 소로스 저, 형선호 역, 『세계 자본주의의 위기』, 김영사, 1998.

262) 프랜시스 후쿠야마, 한국경제신문국제부 역, 『대붕괴 신질서』, 한국
경제신문사, 2001.

263) 앤서니 기든스 저, 한상진·박찬욱 역, 『제3의 길』, 생각의 나무, 1998.

264) 김영구, 『21세기 국제사회의 이해』, 해인출판사, 2003. pp.386~398.

265) "북방한계선은 합법적 분계선이 아니다."《한겨레신문》, 1999년 7월 19일자.
리영희, "북방한계선은 합법적인 군사분계선인가?", 《통일시론》, 통권 제3호, 1999년 여름, pp.23-63.

266) 필자가 1999년 9월 10일, IBRU 메일 베이스에 올린 Comment on Korean Border라는 글을 참조할 것. 김영구, 『천
복 만복을 받은 사람』, 다솜출판사, 2015. 이 책에 첨부된 CD 『여해논집』 PDF-25; "북한의 홍보전략에 대항하여
IBRU 메일 베이스에 올린 NLL 설명의 글"에서 찾아볼 수 있다.

267) 한국전쟁에 관한 미국 정부 극비문서: 795 00/10-252, 1952년 10월 2일; Foreign Relations of The United States
1952~1954, Volume XV, KOREA, pp.551~553.

268) 이영희 전계서, pp.42~43.

269) 클라크 라인에 관한 다음 설명을 참고 바람;
1950년 7월 4일 美國은 한반도 전역에 封鎖를 宣言하였다.
封鎖區域은 서해에서 39°35′N, 동해에서 40°51′N를 경계로 하는 한반도 全海岸이었다. 封鎖의 범위를 본래 한반도
연안의 북쪽 경계로부터 조금씩 남쪽으로 잡은 이유는, 동해에서는 羅津港이 소련에 의하여 租借되고 있다고 본 때
문이고, 서해에서 사실상 중국 영토와의 接境地域에 近接한 封鎖作戰을 회피하기 위한 배려이었다고 한다.
당시 極東 海軍司令官 C. Turner Joy 중장은 이 封鎖作戰을 實施함에 앞서 美合參議長 ShermPn 提督에게 中共의
商船을 封鎖해야 할 것인지에 관하여 질의하였다. 이에 대하여 합참의장은, "북한을 제외한 U.N 軍 휘하에 속하지
아니한 모든 軍艦의 北韓入港은 허가하되 一般商船은 一切 封鎖되어야 한다."고 답변하였다.
북한과 中共은 이 宣言된 封鎖를 인정할 수 없다고 항의하고 그 適法性에 이의를 제기하였으나 결국 이 封鎖措置에
따랐다. 이 封鎖는 1953년 7월 27일 휴전이 성립될 때까지 3년 20여 일간 계속 實施되었다.
韓國에서의 상황은 극히 특이한 것이었다. 이 기간 동안 封鎖勢力은 완전한 海上통제권을 장악하였으며 소련이나
중공은 물론 북한으로부터도 海上 및 공중으로부터의 抵抗을 일절 받음이 없이 이 封鎖를 實施할 수 있었다. 이것은
위에서 지적한 兩次大戰 이후의 현대적 作戰手段의 발달을 감안할 때 통상적으로는 기대하기 어려운 특이한 상황이
아닐 수 없다.
북한으로의 모든 海上交通路는 완전히 遮斷되었다. 敵國은 물론, 一切의 中立 商船의 通航이 封鎖되었고 沿岸漁
撈까지 禁止되었다. 따라서 이것은 완전한 의미의 經濟封鎖(Commercial blockade)이며 長距離封鎖(Long-Lange
blockade)로 분류될 수 있다.
그러나 한편 韓國戰爭에 있어서의 封鎖는 단순한 경제전의 手段을 넘어서 전통적 近接封鎖(traditional close
blockade)에 못지 않는 중요한 戰術的 기능을 발휘하였다. 즉 封鎖艦船에 의해 實施된 東西海岸의 艦砲支援作戰이
그것이다. 敵의 沿岸交通路는 艦砲에 의해서 차단되었으며 封鎖艦隊의 艦砲는 敵陸軍部隊의 戰術的 기동을 강력히
거부하는 중요한 手段이 된 것이다. 이것은 수심이 깊어서 海軍艦艇의 近接活動이 보다 원활했던 동해 쪽에서 현저
하였다. 休戰時 확정된 軍事分界線이 동해안 쪽에서 북으로 치우쳐 획정된 결과가 이것을 잘 입증하고 있다.
한반도의 封鎖作戰이 전통적 近接封鎖의 요건에 충실하였는가? 하는 문제는 간단히 답할 수 없다. 첫째 封鎖艦隊의
艦艇 數가 극히 制限되어 있었다. 封鎖된 북한의 연안은 그 길이가 戰爭其間 중 물론 변동이 있었으나 대체로 약 500
여 마일에 달하였는데, 최초로 封鎖作戰에 임한 美國과 英國 등의 海軍艦艇 數는 13隻에 불과하였다. 封鎖를 實施한
3여년의 전기간을 통하여 서해와 동해에서 각기 평균 15~16척 정도의 연합국 海軍艦艇이 작전하였다. 이 정도의 艦
艇으로 전통적 의미의 近接封鎖 요건으로서의 實效性이 유지되었다고 볼 수 있는가는 검토의 여지가 있다.
1909년 「런던 宣言」제3조에 따라 實效性을 "사실상의 문제"로 본다면 의심할 바 없이 封鎖는 전통적 기준으로서도
實效的이었다고 판단될 수 있다. 그러나 보다 고전적인 기준(예컨대, 1780년 1次武裝中立 宣言時의 基準)에 따르면
확실히 의문의 여지가 있다. 한반도 封鎖에 있어서 각 封鎖艦隊司令官들은 封鎖의 有效性에 대한 法的 要件에 관해
그들 나름의 특이한 기준을 가졌었던 같다. 그들은 적어도 24시간에 한번씩 모든 封鎖海岸이 航空機가 아닌 封鎖艦
艇에 의해서 偵察되어야 한다고 생각하였다. 이러한 기준은 확실히 1909년 「런던宣言」의 요건보다도 엄격한 것임에
틀림없다.
한반도 封鎖의 또다른 문제는 沿岸漁業의 禁止措置이다. 海上捕獲에 관한 일반적으로 승인된 慣習法에 의하면 純粹
하게 沿岸漁業에 종사하는 漁船은 捕獲對象에서 제외하고 있다. 傳統的 近接封鎖는 물론 일반적으로 戰爭物資의 유

입을 거부키 위한 經濟封鎖의 경우에도 捕獲에 관한 이 기준이 적용되는 것이 합당할 것이다.

북한의 연안어선들은 대부분 封鎖艦隊에 대항하는 攻擊機雷를 敷設하거나 정보를 蒐集하는 임무를 맡고 있었다. 그런 점에서 이들은 "순수하게 연안어업에 종사"한다고 볼 수 없는 상태이었으므로 우선 헤이그 11호 協約 제3조의 적용이 불가한 경우라고 보아야 한다.

그러나 封鎖艦隊 사령부 Smith 提督이 1950년 9월부터 연안어업을 철저히 거부시키도록 방침을 정한 이유 중의 하나는 연안어업에게 생산되는 생선 자체를 法的 戰時禁制品으로 간주한 때문이다. 이점은 國際法의 일반적 기준에서 수긍하기 어려운 점이 있다.

韓國戰爭의 중반기인 1952년 9월 27일 당시 U.N. 통합군 사령관 Mark Clark 장군은 한반도 주변에 「韓國防衛 水域」을 宣布하였다. 당시 Clark 장군의 宣言에서 밝힌 이 防衛水域 宣布의 目的은 共産軍 間諜의 韓國浸透 沮止와 U.N. 軍 補給船의 確保 등으로 되어 있다. 俗稱 "클라크 라인"이라고 불리는 이 防衛水域의 범위는 同年(1952년) 1월 18일 대한민국대통령 이승만에 의하여 宣言된 소위 「平和線」의 範圍와 大同小異한 것이었다. 이 韓國防衛水域 內에서의 중립상선에 대한 통제는 海洋自由의 권리를 制限하는 것이긴 하였으나, 2차대전 당시 북해나 영국 주변해역에 설정되었던 War Zone 또는 Sperrgebiete에 있어서 처럼 無警告 無差別 攻擊을 實施한다거나 集中的 攻擊 機雷源을 부설하지는 아니하였다.

종합적으로 판단킨대 韓國戰爭時 U.N 統合軍에 의한 韓半島 封鎖는 傳統的 近接封鎖의 성질과 長距離 經濟封鎖의 性質을 아울러 갖춘 것이었다고 보아야 한다. 이것은 어쩌면 그때까지의 海戰法規에서 상정할 수 있는 어떠한 전형적인 封鎖와도 같지 않는 특이한 封鎖작전이었을 것이다. 그러나 그 封鎖의 유효성은 의심할 바 없었으며 經濟封鎖로서도 모든 中立國에 의해서 완벽하게 준수된 封鎖이었다.

김영구, '海上封鎖에 관한 海戰法規의 發展과 變貌", 「대한국제법학회논총」, 제30권 제1호, 1985년 6월. pp.83~93.; 김영구, 「한국과 바다의 국제법」, 효성출판사, 1999, pp.178~179.

270) 1994년 8월 이홍구 통일부 장관의 「민족공동체통일방안」 발표. 참조.; 제성호, "남측 聯合制 와 북측의 '낮은 단계의 聯邦制' 比較", - 국제법적 시각에서- , 국제법학회논총, 제46권, 제1호, (2001), pp.265~66.

271) 《로동신문》, 1991년 1월 1일 자, 2쪽, 제성호 전게서에서 재인용.

272) Ibid.

북핵 문제에 관한
인식의 혼돈

V

1. 북핵 문제의 시작: 노태우 정부의 대응

가. 1992년 1월 최초의 「미·북 공식회담」

노태우 전 대통령

북한 핵 문제가 처음으로 세상에 알려지게 된 것은 북한의 핵 개발 움직임이 1989년 9월 프랑스 상업위성 SPOT-2에 의해 포착된 사건에서 비롯된다. 이때부터 미국 정부와 IAEA(국제원자력기구)는 북한에 대한 핵 개발 의혹을 진지하게 검토하기 시작했다. 그러나 당시 한국의 노태우 정부는 처음으로 햇볕정책을 구사하여 남북 고위급 회담을 성사시키느라고 북한 핵 문제를 고의로 외면하고 있었다.

1991년 북한 영변의 핵 처리 시설이 완공되자 미국 측의 북한 핵 문제에 대한 우려가 한국 정부에 전달되었으며 미국이 독자적으로 북한과 접촉하는 것을 완강하게 반대하고 있던 한국 정부는 북한 핵 문제를 남북대화의 테두리 안에 포함시켜서 해결한다는 원칙으로 그 입장을 정리하였다. 그리고 이러한 틀 속에서 1991년 12월 31일, 한국과 북한 간에 「남북 비핵화 공동선언문」이 합의되었다.

「남북 비핵화 공동선언문」에는 남북 양측이 앞으로 조직될 '남북 핵통제 공동위원회'를 통해서 상대방의 핵 관련 시설을 사찰하기로 합의되어 있으나, 이러한 남북 간의 합의가 IAEA의 전문적인 핵 안전 정밀 사찰을 보장하거나 그것을 대신할 수는 없었다. 따라서 미국 정부와 IAEA는 뒤늦게 북한 당국에게 「핵 안전 조치협정」에 가입하도록 촉구하였다. 그리고 이를 위해서는 미국이 북한과 '한 번쯤' 직접 접촉하는 것이 필요하다는 주장이 미국 정부 내에서 유력한 견해로 대두되었다. 한국의 노태우 정부는 미국-북한 간의 접촉이 후속되는 공식 협상으로 연결되어서는 안 된다는 조건으로 미·북 간 회담 개최에 동의하였다. 이렇게 해서 1992년 1월 21일 뉴욕에서 미국과 북한 정권 간의 최초의 '공식회담'이 열리게 된 것이다.

아놀드 켄터 정무차관

김용순 북한 국제담당비서

미국 국무성 고위직 직무서열 3위인 정무차관 아놀드 켄터와 북한 노동당 국제 담당비서 김용순 간의 이 회담은, 미국으로서는 북한을 「핵 안전조치협정」에 가 입하게 함으로써 IAEA 정밀 핵사찰을 수용해야 할 국제법상 의무에 묶어 두겠 다는 실질적인 목적 때문에 이루어진 것이며, 회담이 있은 지 8일 후인 1월 30일, 북한이 비엔나에서 IAEA 「핵 안전조치협정」에 서명함으로써 일단 형식상으로는 그 목적을 이루었다고 말할 수 있다.

물론 미국 정부가 그 이후 초기에는 북한과의 접촉에 관해서 한국 측의 사전 동의를 얻어낸다든지 북한과의 회담 내용을 세밀하게 한국 정부 측에 통보한다 든지 하는 노력을 하였지만, 미국과 북한 간의 접촉이 이 '1992년 뉴욕회담' 이후 에 후속되는 공식 협상으로 연결되어서는 안 된다는 한국 정부 측의 '완강한 조 건'은 결국 존중되지 않았다. 그래서 이 '1992년 뉴욕회담'은 가장 믿을 수 없고 다루기 어려운 상대인 북한과 핵 문제를 해결하기 위해서 명예롭지도 않고 효과도 없는 외교적 대결을 미국 정부가 그로부터 20년 이상 계속하게 된 불행한 가시밭길의 시작이었다.

나. 영변 「방사화학실험실」의 비밀

북한은 비엔나에서 IAEA 「핵 안전조치협정」에 서명하였다. 그래서 미국의 희망대로 1992년 4월 9일 이 협정은 북한에 대해서 발효되었다. 당연한 수순으로 IAEA는 1992년 5월부터 북한에 대한 핵 사찰을 시작하였다.

IAEA 「핵 안전조치협정」의 당사국이 된 나라에 대한 IAEA의 핵사찰은 3단계로 이루어진다.

- 임시사찰(ad hoc Inspection): 당사국이 IAEA에 제출한 최초보고서에 의거, 보고된 내용과 실제의 현황이 일치하는가를 검증하는 사찰이다. 북한은 1992년 5월에 이 최초보고서를 IAEA에 제출하고 세 차례(5월, 7월, 및 9월)에 걸쳐서 임시사찰을 받았다.

- 일반사찰(Routine Inspection): 임시사찰을 성공적으로 통과한 당사국에 대해서 매년 정기적으로 실시하는 사찰이다. 임시사찰 과정에서 초기부터 심각한 문제가 노출된 북한에 일반사찰을 실시할 기회는 없었다.

- 특별사찰(Special Inspection): 임시사찰이나 일반사찰의 과정에서 나타난 의심스러운 부분에 대한 정밀 검증을 실시하는 사찰이다.

국제원자력기구

　북한에 대한 IAEA의 3회에 걸친 임시사찰 과정에서 이미 여러 의심스러운 징후가 포착되었으며, 특히 미국 CIA가 제공한 첩보위성 사진에서는 북한이 '방사화학실험실'이라고 보고한 건물이 실제로는 플루토늄을 추출키 위한 '핵 재처리시설'이며 북한이 이를 은폐하기 위해서 용의 주도한 은폐작업을 계속해 온 것이 세밀하게 입증되자, IAEA는 이 건물에 대한 특별사찰을 요구하게 된다. 그러나 북한은 이러한 특별사찰을 거부하고 급기야는 1993년 3월 12일, NPT 탈퇴를 선언한다.

　1992년 9월, 미국 CIA가 IAEA에 제공한 첩보위성 사진으로 확인된 진실은, 북한이 그동안 IAEA의 핵사찰 활동에도 불구하고 성공적으로 은폐하고 있었던 '영변 핵 시설'을 이용해서 핵연료를 재처리하여 플루토늄을 추출하고 있었다는 사실이다.

　즉, 북한은 "비밀리에 핵무기를 만들고 있었던 것이다." 이

미국CIA가 제공한 은폐된 북한의 핵재처리시설

러한 영변 '방사화학실험실'의 비밀이 CIA의 첩보위성 사진으로 폭로되어 그 진실이 확인되는 마지막 순간까지 한국의 노태우 정부는 북한에 대한 미국 측의 핵개발 의혹을 '근거 없는 것'으로 취급하고 전혀 동의하거나 협력하려 하지 않았다.[273]

2. 제1차 북핵 위기 시 김영삼 정부의 대응

한국 노태우 정권의 임기 마지막 해인 1992년 새해 벽두(1월 21일)부터 미국과 북한의 공식 핵 협상이 있었고, 그해 9월에 북한이 '방사화학실험실'이라고 거짓으로 보고한 건물에서 IAEA 임시사찰 과정의 모든 조사활동을 기망하여 사실을 은폐하고, 이 비밀 '핵 재처리시설'에서 실제로는 플루토늄을 추출키 위한 은밀하고 용의주도한 작업을 계속해 온 것을 미국 CIA가 밝혀냄으로써 이미 북한 핵개발 문제는 '세계에서 가장 긴급한 평화 위협 사건'으로 부각되어 있었다.

그리고 그해 9월부터 북한이 NPT 탈퇴를 선언한 1993년 3월까지는 북한의 막무가내한 불법적인 억지에 당면해서 미국 정부, 유엔 그리고 IAEA가 모두 합심해서 그 핵 개발 의지를 어떤 방법으로든지 저지시켜보려는 다각적인 노력을 집중하는 과정에서 한반도의 긴장이 급속도로 고조되어 가는 시기였다. 한국의 김영삼 대통령은 1993년 2월, 이런 긴장의 정점에서 대통령으로서 한국의 국정을 맡게 되었다.

가. 북한의 NPT 탈퇴

1993년 2월 22일, IAEA는 미국 CIA가 제공한 첩보위성 사진을 공개하고, 북한 당국에 '영변 핵 처리 공장'에 대한 핵 안전특별사찰을 요구하였다. 그러나 북한은 IAEA의 정밀조사에 완강히 그리고 명백하게 불응하였다. 이것은 IAEA「핵 안전조치협정」의 당사국이 된 나라로서는 용납되지 않는 행동이었다.

북한을 국가로서 승인하지 않았으며, 외교적 협상의 상대로 인정하지 않던 미국이 종래의 확고한 외교적 입장을 포기하고 동맹국인 한국의 신뢰와 자존심을 손상시키면서까지 북한과 공식 협상을 벌였던 이유는 무엇인가?

그것은 미국이 북한을 IAEA「핵 안전조치협정」의 당사국이 되게 하여 IAEA의 '핵 안전특별사찰'을 받도록 하기 위함이었다. 미국은 이 특별사찰을 통해서 그동안 북한이 획책하고 있었을지도 모르는 핵연료봉 재처리를 통한 플루토늄 채취 행위를 금지시킬 수 있다고 생각한 것이다. 그들(미국 정부 당국자들)은 그렇게 함으로써 효과적으로(아니 아주 틀림없이) 북한의 핵무장을 저지시킬 수 있다고 믿었을 것이다. 그런데 북한은 「핵 안전조치협정」의 당사국은 되었으면서도 '특별사찰'은 거부한 것이다. 국제 사회에서 법규를 준수하는 정상적인 국가로서는 상상할 수 없는 일이다.

IAEA사무총장 한스 블릭스

IAEA 한스 블릭스 사무총장은 유엔 안보리에 이 사실을 통보하였으며, 한국과 미국 정부는 3월 9일부터 18일까지 1993년도 연례 팀스피릿(T/S) 훈련을 실시하기로 결정하였다. 팀스피릿 훈련에는 한국군 7만 명과 미군 5만 명 그리고 해외에서 추가로 증원된 1만 9천 명의 미군이 참가하고 있었다. 한반도 근해에는 미국 항공모함 인디펜던스 호가 접근 배치되고 있었다. 실제로 3월 9일부터 이 훈련이 시작되자 1993년 3월 12일 북한은 NPT 탈퇴를 선언하였다.

북한의 NPT 탈퇴 선언으로 북한의 핵 개발 문제는 비로소 세계의 관심을 집중시켰다. 북한이 한반도에서 핵무기를 개발하려 한다는 이 위협적 사실이 비로소 국제사회에 공지된 것이다. NPT 기탁국(미국, 영국, 러시아)들은 북한 당국에 NPT 탈퇴 철회 및 특별사찰 수용을 촉구하였다. 그리고 1993년 5월 11일 유엔 안보리는 NPT 탈퇴 선언 철회와 핵 안전조치 이행을 촉구하는 대북한 결의 825호를 채택하였다.

나. 한국 김영삼 정부의 이상한 대응

처음부터 국제법적 규범들을 지킬 의사와 능력이 없는 북한과 같은 특이한 존재에게는, IAEA 「핵 안전조치협정」의 당사국이 됨으로써 부담하게 되는 IAEA 핵 사찰 수용의 법적 의무 같은 것이 실제로 아무런 의미가 없다는 것이 이미 충분히 그리고 확실히 움직일 수 없는 사실로 증명된 마당에서 이제 새삼스럽게 북한의 NPT 탈퇴 선언을 철회시킨다는 일이 북한의 핵 무장을 저지하면서 현실적인 의미가 없다는 것을 아주 솔직하게 인정하는 것은, 한스 블릭스 IAEA 사무총장이나 핵 확산 금지업무에 관련된 어떤 미국 정부 고위 당국자들보다는 그래도 한국전쟁 이래 계속 대한민국의 국가 생존을 위협해 온 김일성이나 북한 정권과 '더불어 살아온' 한국 대통령(당시 김영삼)이 더 잘할 수 있는 일이 아닐까?

그런데 참으로 이상한 일이 벌어졌다.

북한의 NPT 탈퇴 선언을 철회시키기 위해서 미·북 간의 직접 협상이 논의되기 시작할 때 한국 정부는 노태우 정부 때처럼 더 이상의 후속 협상을 인정하지 않는다는 엄격한 단서를 부치는 등의 저항을 하지도 않고 이를 동의하였다. 그렇게 해서 북한 핵 문제를 위해 미국이 독자적으로 북한과 접촉하는 것을 완강하게 반대할 수 있었던 노태우 정부 때와는 달리, 북한 핵 문제는 김영삼 정부 때에 와서는 완전히 한국 정부의 손을 떠나서 미·북 간 직접 협상의 문제로 변모되어 있었다.

한국 정부는 왜 미·북 간의 직접 협상을 더 이상 명확하게 저지하지 않았을까?

로버트 갈루치

강석주

만일 한국 정부가 1993년 6월, 미국 국무부 핵 확산 금지 담당 차관보 로버트 갈루치와 북한 외교부 부부장 강석주와의 뉴욕회담에서 북한의 NPT 탈퇴 선언을 철회시킨다는 일이 북한의 핵 무장을 저지시킴에 있어서 더 이상 현실적인 의미가 없다는 것을 논리적으로 지적하고, 더 이상의 미·북 간의 직접 협상을 완강하고 명확하게 반대하였더라면 어떻게 되었을까?

계속되는 북한 측의 협상 제의를 명확하게 거부함으로써 미국 정부가 더 이상 북한을 직접 협상의 상대로 인정하지 않고, 안보리를 통해 더욱 강력한 제재 결의를 채택함으로써 국제적인 압박을 가하고, 철저한 금융 제재와 대량파괴 물질의 운송에 관련된 북한 선박 통항에 대한 물리적 통제를 강화하는 등 실질적인 조치를 단계적으로 실시하면서 김일성의 '통미通美의 의지'를 좌절시켜 나갔었더라면 어찌 되었을까?

영변 핵시설에 대한 '제한적인 공격'과 같은 공개적이고 무모한 군사적 방법이 아니고, 핵연료 재처리를 통해서 플루토늄 추출 작업을 계속하는 북한의 은밀한 작업을 물리적으로 정지시킬 수 있는 보다 복잡하고 세련된, 기술적인 '특수, 특공작전'을 추진함으로써 김일성을 물리적으로 강압하였더라면 어찌 되었을까?

물론 그때 당시로서는 아직도 북한과의 직접 협상이라는 온건한 방법에 미련을 두고 있는 빌 클린턴의 미국 정부와 그 국무부의 일반적인 정책 성향에 비추어 이런 강압적 정책을 채택하고 추진해 가는 일이 쉽지는 않았을 것이다.

그러나 이제 지내놓고 보면, 1993년 6월 미국 국무부 핵확산 금지 담당 차관보 로버트 갈루치와 북한 외교부 부부장 강석주와의 뉴욕회담에서 6월 12일이라는 법정 시한의 하루 전인 6월 11일, 아슬아슬하게 미국은 북한의 NPT 탈퇴 선언을 '유보' 시키는 데에 성공하였지만, 그 이후, 참으로 어려운 우여곡절 끝에 결국 모든 외교적 노력에도 불구하고 1994년 3월, 미국 대통령 클린턴은 북한 핵 문제를 군사력을 포함한 단호한 수단으로 해결하지 않으면 안 된다는 결론으로 다시 돌아오게 된다.

그 당시 한국에 진정 애국적인 충정衷情이 조금이라도 남아 있고 정치적 통찰력이 보통 정도라도 갖추어진 대통령 있었더라면 1993년 5월, 북한이 미국 정부 측에 집요하게 직접 협상을 다시 제의해 오는 단계에서, 단호하게 미·북 간에 더 이상의 직접 협상을 배제시켰어야만 했다. 그리고 과감하고 효율적이며 강압적 수단을 통해서 미국과 한국 정부의 확고한 공조 태세를 과시하여 김일성의 '통미봉남通美封南의 의지'를 좌절시키고 핵 개발 노력을 결국 중지시킬 수 있었을 것이다.

그러나 1993년 2월, 이처럼 북한 핵무장의 위협으로 긴장의 정점頂點에 서 있는 한국에서 이 예민하고 중요한 시기에 대통령으로 어려운 국정을 맡게 되었던 김영삼은 무슨 생각이었는지는 모르나 정권 출범 초기부터 이상하고도 파격적인 '친북적 정책'을 펴기 시작한 것이다.

일생을 통해서 진보적 좌파 성향의 정책과는 거리가 있는 김영삼이 대통령이 되자마자 소위 북한 문제의 정부 측 전담기관이라고 볼 수 있는 통일부 장관에 한완상을 임명하였다. 이 분은 학문적 배경(미국 에모리 대학 졸업)이나 실천적 지식인으로서 활동한 기록(민주화 운동에 가담하여 감옥살이를 했음) 등을 보아서 '진보적 자유

한완상

주의자' 또는 '개량적 자유주의자'로 평가되는 인물이다. 혹자는 그의 강연이나 신문 칼럼을 근거로 그를 '신좌파'나 '급진적 자유주의자'로 분류하는 사람도 있다. 그러나 아주 정직하게 평가해서 북한이 통미봉남 전략으로 집요하고 강력한 대남 정책 전환을 시도하는 예민한 시기에 통일부 장관으로서는 처음부터 상당히 위태로운 느낌이 있는 인사였다고 말할 수 있다.

가장 문제되는 점은 이 예민한 시기에 통일부 장관으로서 한국의 통일정책을 주관할 입장에 서 있던 이 분은 북한 지도자 및 북한체제를 실질적으로 옹호하

고 수용하는 논리에 입각해서 통일정책을 추진하였다는 사실이다. 그러므로 이분은 북한의 벼랑 끝 전술에 대항하여 성공적으로 그 핵무장 의지를 봉쇄할 수 있는 예민한 정책을 미국과 더불어 다루어 나가기에는 한국 내에서 '가장 문제가 있는 사람'이었을 것이다. 김영삼은 무슨 생각으로 이런 사람을 통일부 장관으로 기용하였을까?

김영삼에 의해서 부총리 겸 통일원장관으로 기용됨으로써, 한완상은 좌파정책과는 본질적으로 거리가 먼 김영삼 정부에서 가장 영향력 있는(현실적 권력을 가진) 좌파 논객으로 부상하였으며 본격적인 좌파 정부인 김대중 정부 때에 와서는 상지대학교 총장을 거쳐, 부총리 겸 교육인적자원부(현 교육부) 장관을 지냈고, 아주 드러내 놓고 좌파적 정책을 구사한 노무현 정부에 와서는 대한적십자사 총재를 역임하였다.

당시로서는 아직 북한이 당장 사용할 수 있는 핵무기를 확실히 보유한 것은 아니기 때문에, 한국 정부가 신중하고 세련된 정책을 미국, 중국, 및 일본 등 관련 국가들과 잘 추진하였더라면 북한의 핵개발을 저지하고 그들의 핵무장을 초기에 포기하게 할 여지는 아직 상당히 남아 있었다고 보아야 할 것이다.

아주 명백하게 그리고 대단히 유감스럽게도 이런 곤란하고 어려운 국가 안보적 위기에 당하여 당시 김영삼의 한국 정부는 충분히 신중하지도 집요하지도 못했다고 평가해야만 할 것이다. 그들(김영삼과 한완상의 한국 정부)은 1993년의 귀중한 기회를 낭비함으로써 대한민국의 북핵 대응 정책체제를 다시는 돌이킬 수 없는 파행적 궤도 위에 올려놓았다.

다. 미·북 간 제1차 뉴욕 협상

북한이 NPT 탈퇴를 선언한 1993년 3월 12일 이후부터 미·북한 간 직접적인 핵 협상이 이루어진 6월 11일까지, 동북아의 심각한 안보 과제로 대두된 '북한의 핵무장을 저지한다'는 정책 목표를 위한 미국과 한국 정부의 노력을 검토해 보자.

북한의 NPT 탈퇴 선언 이후에, 북한 핵개발 사태를 중시하고, 북한을 미국의 협의 상대로 인정하지 않는다는 종래의 원칙을 깨고서라도 '한국을 배제'하고 미·북 간의 직접 협의를 시도해야 한다는 분위기가 만들어지자, 북한은 1993년 5월 초에 미·북 간 직접 회담을 제의해 왔다. 즉, 뉴욕 북한 유엔대표부 관리가 전화로 미국 국무성 북한 담당 케네스 키노네스에게 미·북 간 직접 협의를 제의한 것이다.

미·북 간 실무자 예비접촉(1993. 5. 17~21)이 있은 후에 미국무성 로버트 갈루치와 북한 외교부 강석주 간의 미·북 직접협상(제1차 뉴욕회담)이 1993년 6월 2일부터 개시되었다. 그러나 기본적 의제에 관한 의견의 차이가 심하여 일단 회담은 결렬되었다. 뉴욕에서 케네스 키노네스와 북한 대표부 관리 사이의 3일간 '커피숍 협상'이 있은 후, 다시 로버트 갈루치와 강석주 간의 본회담은 6월 10일에 속개되어 북한의 NPT 탈퇴 선언을 철회할 수 있는 3개월 유예기간의 마지막 날(12일)을 하루 앞둔 6월 11일, 이들은 겨우 합의문을 만들어 낼 수 있었다.

합의된 공동 성명의 내용은 다음과 같다.

합의된 공동성명의 내용	성격
핵무기를 포함한 무력 불사용 및 불위협의 보장	원칙에 관한 합의(구체적 기속력 없음)
전면적 안전조치의 공정한 적용을 포함하는 비핵화된 한반도의 평화 안전의 보장, 상대방 주권의 상호존중, 내정불간섭	원칙에 관한 합의(구체적 기속력 없음)

| 한반도의 평화적 통일 지지 | 원칙에 관한 합의(구체적 기속력 없음) |
| 북한의 NPT 탈퇴 발효를 잠정적으로 보류 | 잠정적으로 유예시킴 |

미·북 간의 상대방 주권의 상호존중, 내정불간섭 원칙의 합의는 미국 정부에 일정한 국제법적 의무(국가 승인에 필적하는)를 발생시키고 있다고 보아야 한다. 또한 북한의 NPT 탈퇴를 명백히 철회시킨 것이 아니라 '잠정적인 보류'를 합의한 것에 불과하므로 이런 합의가 북한에 대해 실질적 기속력을 갖는가는 의문시된다.

이 뉴욕회담의 합의공동성명이 나오자, 1993년 7월 1일, 김영삼 대통령은《뉴욕타임스》지와의 회견에서 "북한은 핵무기 개발을 위한 시간을 벌기 위해 협상을 이용한 것이다. 미국 정부가 북한에 계속 끌려다니지 않기를 바란다."라고 신랄한 비판적 견해를 발표하였다.

이 협상을 통해서 북한의 NPT 탈퇴를 (시한 내에) 유보시켰다는 결과에 대해서 실질적으로 고무되어 있던 미국 정부는 한국 대통령의 이러한 공개적 비난을 접하고, 미·북 간의 직접 협상은 한국 정부의 동의하에 시작된 것이며, 미·북 간 직접 협상의 진행사항을 세세히(?) 한국에 통보했음에도 불구하고 미·북 합의를 정면으로 비난한 한국 대통령에 대해서 '경악과 충격'을 금할 수 없었다고 한다.

김영삼 대통령의 발언은 사후적으로 증명된 것처럼 지극히 타당하고 정확한 판단이었다. 그러나 김영삼 대통령이《뉴욕타임스》지와의 회견이라는 방식으로 미국 정부에 대한 이런 부정적인 견해를 극적으로 발표한 태도에 문제가 있는 것이다. 김영삼 대통령은 남한을 배제하고 북한과 직접 교섭한 미국에 대한 분노와 배신감을 품고 있는 대다수 한국민들의 느낌을 가히 동물적인 감각으로 의식하고 그들(한국민들)에게 하나의 메시지를 보낸 셈이었다. 그러나 한국 대통령으로서는 미국에 대한 분노와 배신감을 품고 있는 대다수 한국민들을 '위로하는' 일보다 더 급한 임무가 있었다.

미국 정부가 북한에 계속 끌려다니지 않도록 함으로써 북한의 핵개발을 중단시키고 그 핵무장을 무산시켜야 하는 '가장 효과적이고 실질적인 방안'을 강구하는 것은, 미국 정부 당국자들이 김영삼의 자극적인 지적을 받고 나서 스스로 정신을 차려서 '알아서 할 일'이 아니고, 한국의 대통령인 김영삼 그 자신이 미국과 함께 당장 마련해야 하는 '그 자신의 당면한 임무'였다. 그렇게 하려면 그는 절대로 미국 정부 측을 '경악과 충격'에 빠지게 해서는 안 되는 것이었다. 말하자면 그 당시 한국 국민은 "여론에만 지나치게 민감한 무책임하고 어리석은" 대통령을 가지고 있었던 것이다.

법정 시한인 1993년 6월 12일 이전에 북한의 NPT 탈퇴를 잠정적으로 보류토록 합의한 것이 북한으로 하여금 IAEA의 정밀 핵사찰을 받도록 하는 실질적인 기속력을 갖는가는 확실히 의문시되고 있었으므로, 북한의 NPT 탈퇴를 막았다고 하는 사실에 고무된 미국 정부에게 미국과 한국의 당면 목표가 북한이 IAEA의 정밀 핵사찰을 받도록 함에 있다는 점을 새삼 강조하고 이 협상으로 얻어낸 합의가 결국 이러한 정책목표를 충족시키지 못하는 경우에 적용하고 강구되어야 할 유효하고 실질적인 대응방안을 미국과 함께 마련하는 일에 충분히 신중하고 집요한 노력을 당시 한국 정부는 집중했어야만 했다. 그리고 그러한 기회는 있었다.

실제로 당시 한국 정부가 충분히 집요하게 준비하고 연구만 하였더라면, 도쿄에서 열린 G7회의에 참석하고 잠시 한국에 들른 빌 클린턴 미국 대통령과의 1993년 7월 10일 정상회담에서 북한에 대한 한미 간의 좀 더 실질적이고 확실한 공조 전략이 수립될 수 있었을 것이다. 그러나 이 정상회담에서 김영삼 대통령은 클린턴에게 한국민의 분노와 배신감을 극대화해서 전달한 것이 전부였다.

아무런 구체적인 대안도 없이 곤경에 처한 미국 정책당국의 발목을 잡는 이러한 한국 대통령의 행동을 '과감하고 자주적인' 행보로 해석하여 환영하는 것이 당시 한국 내 언론과 여론의 지배적인 분위기였으며, 전문적인 시각에서 이를 비판하는 견해는 정부 내의 통일 문제 전담기관인 통일부는 물론이고 다른 연구기관의 어디에서도 나오지 않았다. 혹시 나왔다고 하더라도 지극히 '독선적이고 비민 주적인' 김영삼 정권의 체제 내에서 이런 견해가 제대로 검토되거나 수용될 여지 는 거의 없었다.

그 당시 한국 국민은 자신의 정치적 감각만을 과신하여 "여론에만 지나치게 민감한 허영심에 찬 무책임하고 어리석은" 대통령을 가지고 있었을 뿐만 아니라 이런 대통령을 그나마 전문적인 견해로 보정補正해야 할 대북한 정책의 전담 기관인 통일부마저도 적극적 반미주의자이며 '파격적인 친북적 견해'로 통일정책 전체를 왜곡하고 있던 한완상이 장관으로 있으면서 무력하고 쓸모없는 존재로서 전혀 다른 일에만 몰두해 있었다. 그리고 한국 사회는 언론이나, 국민의 정치의식에서 나올 수 있는 여론의 힘으로나, 전문가들의 논리적 힘으로나, 이런 상황을 개선할 수 있는 단계에 아직 이르지 않았다고 판단할 수밖에 없다. 그냥 '허영심 많고 지적 능력이 떨어지는' 대통령의 보잘것없는 지도력에 오직 의존하고 있었을 뿐이다.

라. 미·북 간 제2차 제네바 협상

김일성의 '통미봉남 전략'이 이처럼 순조롭게 발전되어 가고 한반도에서 한국이 라는 국가의 존망을 위태롭게 하는 북측의 핵 위협이 구체화 되어가는 마당에 전혀 위기에 대한 올바른 인식이나 아무런 합리적인 대안도 준비도 없는 한국 정부 보다 북한 측은 촌음寸陰도 낭비함이 없이 곧이어 미·북 간의 2차 공식 회담을 제네바에서 준비하였다.

갈루치와 강석주 간의 제2차 제네바 회담은 1993년 7월 14일에서 19일까지 제네바 북한 대표부에서 열렸다. 이 회담의 결과는 언론 발표문(Press Statement) 형식으로 공표되었다.

<제네바 제2차 미국-북한 합의문 내용>

미국-북한 합의문 내용	성격
제1차 미·북 공동성명의 재확인	원칙에 관한 합의(구체적 기속력 없음) ※ 경수로 도입문제가 정식 안건으로 대두됨 ※ 북한에 IAEA와의 협의 및 남북대화의 조속한 개시를 위한 기속적인 의무를 발생시키지 못했음
경수로의 도입을 지지, 이에 관한 추가 협의 용의	
IAEA 핵 안전조치의 완전하고, 공정한 적용의 필요성 인정	
북한의 IAEA와의 협의 및 남북대화의 조속한 개시 용의	
2개월 이내에 미·북 회담 재개	미·북 직접 협상의 의무 발생

(1) 이 제네바 미국-북한 간 제2차 직접협상에서 협의된 내용 중에서 중요한 사항은 북한이 IAEA 핵 안전조치의 완전하고 공정한 적용을 위한 실질적인 의지를 표시하지 않는 한, 미국은 북한과의 제3차 협상에 응하지 않는다는 것이었으나 이러한 중요한 내용이 공표된 합의문에는 명시되지 않았다.

(2) 제2차 합의문에 언급된 경수로 도입 문제는; 미국의 시각에서는 북핵 문제의 '궁극적 해결책의 일환'으로 '이 문제를 협의할 수 있다'는 선에서 합의한 것이지만, 북한은 이 '경수로 제공'을 미국-북한 간 '북핵 문제 협의'의 당연한 보상적 전제조건으로 간주하였다. 그러므로 북한은 이 미국-북한 간 제네바 제2차 합의 이후부터는 경수로 제공의 보장이 없는 한 북한에 대한 IAEA 특별사찰을 위한 '협상' 조차도 북한은 응할 수 없다는 것을 확고부동한 그들의 입장으로 내세웠던 것이다.

1993년 7월 19일 발표된 미국-북한 간 제네바 제2차 합의에 내포된 이러한 합의 내용에 대한 양측의 중요하고도 현격한 인식의 괴리는 이 언론 발표문(Press Statement) 이후 상당한 시간이 지나기까지 미국 측 - 실질적 당사자인 한국을 포함해서 - 에게는 확실하게 인식조차 되어 있지 않았던 것 같다.

그러므로 미국 측에는 북한의 핵 개발을 저지하기 위한 핵심적 문제들이 두 번에 걸친 '북한과의 직접협상'을 통해서 "순조롭게 해결되어가고 있는 것"으로 낙관하는 분위기까지 조성되어 있었다.

그들 미국 관변 측은;

(1) 북한의 NPT 탈퇴를 완전히 철회시키지는 못했으나, 일단 탈퇴를 보류시키는 데에 성공하였으므로, 핵 안전조치를 위한 IAEA 사찰을 북한에 대해서 재개할 수 있다고 보았다.

(2) 북한과 남한 간에 중단된 핵 협상도 이 합의를 근거로 당연히 재개될 수 있는 것으로 간주하고 있었다.

그러나 이러한 미국 측의 '낙관적 인식'이 철저한 좌절과 실망으로 낙착되는 데에는 얼마 시간이 걸리지 않았다. 그러나 참으로 이상하게도 북측이 IAEA 핵 사찰을 거부하고 핵연료봉 재처리를 통해서 플루토늄을 추출하여 계속해서 핵폭탄을 만들겠다는 명백한 의지를 들어낸 이후에도, 철저한 좌절과 실망으로 '군사적 대응'이라는 마지막 카드를 어쩔 수 없이 꺼내 들면서도, 미국 측은 미·북 간의 협상 결과에 관한 이러한 낙관적 인식이 처음부터 전혀 근거가 없는 것이었다는 점을 이해하고 받아들이려 하지 않았다는 점이다.

이 '일괄협상안'에 대해서는 1993년 11월 23일, 미국을 방문한 한국의 김영삼 대통령이 격렬한 반대의 견해를 제시하였으나, 1993년 11월부터 1994년 2월까지(약 3개월 동안이나) 미국과 북한 실무자 접촉(미국 국무부 허바드 VS 북한 유엔대사 허종)에서 합의점을 위한 논의가 계속되었다. 2월 15일 북한은 다시 표면적으로 IAEA 사찰 재개를 위한 '원칙적인 수용 의사'를 확정하였다. 그러나 1994년 3월 10일, 영변에서 플루토늄 재처리공장 핵심시설에 대한 IAEA의 정밀사찰은 북한에 의해서 거부되었다.

미국의 클린턴 행정부가 북핵 문제에 관해서 '외교적 수단'인 북한과의 협상을 통해서 해결한다는 방침을 포기하고 군사력 사용을 포함한 '단호한 대응' 방침을 결정한 것이 북측의 '불바다 발언'이 나온 3월 19일이라는 설[274]이 있으나, IAEA

의 정밀 핵사찰이 북한에 의해서 명백히 거부되고 IAEA의 핵 사찰단이 북한에서 철수한 때(3월 15일)부터 이미 이러한 정책적 변화는 시작되었다고 보는 것이 정확할 것이다.[275] 그러나 미국 정부가 벼랑 끝 작전에 몰두하는 북한에 대해서 군사력으로 대응한다는 정책을 확정적으로 선택한 것은, 1994년 5월 북한이 5MW 원자로 핵연료봉을 독자적으로 인출, 제거함으로써 플루토늄 추출의 검증을 위한 계측 가능성을 완전히 말살해 버리는 작업을 완료하였기 때문에, 1994년 6월 2일 IAEA가 북한 원자로의 핵 안전 검증을 위한 모든 계측자료가 상실되었음을 선포한 시점으로 보아야 할 것이다.[276]

마. 북한 핵 협상의 진실

김일성

북한 핵 문제에 관한 객관적이고 종합적인 이해를 하기 위해서는 처음부터 몇 가지 중요한 점에 대한 분석적 고찰이 필요하다.

우선, '1992년 뉴욕회담'이 미·북 간의 후속되는 협상으로 연결되어서는 안 된다는 한국 정부 측의 '완강한 요구'가 결국 존중되지 않은 이유에 대해서 생각해 볼 필요가 있다.

북한 핵 문제를, 당시 김일성이 평양을 방문한 유력한 서방측 인사들(예컨대 1991년 12월 18일 평양을 방문한 스티븐 솔라즈(Stephen Joshua Solarz) 특사, 또는 1993년 1월, 빌리 그레이엄 목사 등)에게 능변으로 말하고 있는 것처럼 "북한은 핵무기를 만들 능력도, 필요도 없다. 북한이 핵 능력을 개발하려는 것은 오직 부족한 에너지 문제를 해결하려는 목적일 뿐이다."라는 주장을 순진하게 받아들이는 차원에서 이해한다는 것은 이 심각한 문제에 관해서 대단히 잘못된 접근법이라고 말할 수밖에 없다. 이런 견해는 우선 객관적이지도 않고, 종합적인 분석과 너무 거리가 멀기 때문에 서방측 전문가들에게는 일찍부터 생각해 볼 가치도 없는 어리석은 거짓말로 치부됐다. 그러나 한국 내에서는 아직도 이른바 '통일 문제 전문가'로 자처하는 사람 중에서 이런 '김일성식의 허구'를 진지하게 수긍하려는 견해가 있는 것은 놀랍고 안타까운 일이었다.

북한이 핵 개발에 본격적으로 손을 대기 시작한 것으로 추측되는 1990년은 동구권 사회주의 국가들이 차례로 무너져 가고, 공산주의 국가들의 종주국으로 자처하던 소련이 해체되는 시기와 꼭 맞아떨어진다. 러시아가 한국과 정식 수교를 개시한 것이 1990년 9월이다. 냉전 체제가 급속하게 해체되고 있는 국제환경에서 김일성은 종래의 남북관계가 본질적으로 변화되고 있음을 절감하고 북한이 살아 남을 수 있는 모종의 보장책이 시급하게 강구되어야 한다고 생각했을 것이다. 1991년 12월 한국전쟁이 종식된 이래 가장 획기적인 남북 간의 합의문서인 「남북기본합의서」를 성안시킨 것도 김일성의 이러한 국제관계에 관한 절박한 문제의식이 가장 크게 작용한 것이라고 보아야 한다. 냉전 시기에 소련과 중국은 북한의 가장 강력한 후원국이었다. 그러나 냉전체제 자체가 해체되고 있는 마당에 북한은 중국과 러시아와의 관계조차도 새롭게 재정립해야 하는 입장에 서게 되었다. 더구나 소련이 해체된 국제사회에서 유일한 초강대국으로 부상한 미국이 한국을 지원하는 한, 김일성은 남북관계에서 추구해야 할 새로운 생존전략을 마련하지 않으면 안 되게 된 것이다.

그것이 이른바 '통미봉남通美封南의 전략'이다.

어떤 형태로든지 북한은 "미국과의 관계를 만들어 내야 한다."고 김일성은 생각했을 것이다. 그는 혼자서 그런 생각을 머릿속에서만 한 것이 아니라 즉시 미국 쪽에 그러한 '사인'을 보내기 시작하였다. 김일성은 1991년부터 매년 지미 카터 전직 대통령에게 평양에 방문해 달라고 요청하고 있었다. 그러므로 재임 기간에는 대통령으로서 미국 국민에게 별로 깊은 감동을 주지 못한 이 전직 대통령은 1994

년 한반도의 위기가 최고조에 달했을 때 결국 평양에 가서 어찌 됐든 결정적인 역할을 해낸 것으로 되어 있으나, 미국 국무부가 매번 그의 북한 방문을 적극 반대하지만 않았어도 그와 김일성과의 해후는 훨씬 일찍이 이루어졌을지도 모르는 일이다. 그리고 앞에서 지적한 것처럼 김일성은 빌리 그레이엄 목사 등 미국의 중요 인사를 열심히 평양에 불러오고 있었다.

1992년의 아놀드 켄터와 김용순 간의 「뉴욕회담」이나, 1993년 로버트 갈루치와 강석주 간의 「공식 핵 협상」 모두가 알고 보면 집요하고 용의주도한 북한 측의 협상 요구로 그 사전 협의가 개시된 사실을 미루어 볼 때, '통미봉남의 전략'을 추구해 나가려는 김일성의 절실한 의도를 충분히 확인할 수 있게 된다.

북한이 핵 개발에 몰두하는 것은 부족한 에너지 문제를 해결하려는 무슨 평화적 목적 때문이라기보다는 핵무장을 하려는 것이다. 김일성의 능숙한 거짓말에도 불구하고 이것은 움직일 수 없는 사실이다. 한국전쟁이 '휴전'으로 종식된 이래 남북한이 반세기도 넘게 무력적인 대치상태로 남아 있는 한반도에서 북한이 핵무장을 한다는 것은 남한에 대한 심각한 안보적 위협이 된다. 그러므로 북한의 핵 개발을 저지해야 하는 것은 한국 안보에 관한 절체절명의 당면 과제, 즉 '한국의 문제'이다. 북한은 미국이 외교적 상대로 인정한 적이 없는 _(국제법적으로 국가 승인을 하지 않은) 불량국가이다. 따라서 북한 핵 문제를 해결하기 위한 모든 외교적 접촉은 한국이 주도해야 마땅하다. 노태우 정권 마지막까지 북한 핵 문제를 위해서 미국이 독자적으로 북한과 접촉하는 것을 한국 정부가 완강하게 반대할 수 있었던 것은 대체로 이런 논리적 근거를 배경으로 한 것이었다.

그러나 북한 핵 문제는, 북한이 핵무장을 하려는 목적이 명백한 이상 이는 단순히 '한국의 문제'로 끝나지는 않는다. 기존의 핵보유국 이외의 핵무장을 용인하지 않는다는 이른바 '핵확산의 금지'는 미국의 세계 전략상 최우선의 과제로 삼고 있는 명제이다. 그러므로 북한 핵 문제는 결국 '미국의 문제'가 되는 것이다. '1992년 뉴욕 회담'이 미·북 간의 후속되는 협상으로 연결되어서는 안 된다는 한국 정부 측의 '완강한 요구'가 결국 존중되지 않은 이유는 바로 여기에 있는 것이다.

**'북한은 핵을 절대로 포기해서는 안 된다'는 학습 효과를
다른 누구도 아니고 미국 정부 자신이 김일성에게 주고 있었다.**

최초로 고위급 미·북 접촉이 이루어진 1992년 초에 북한의 핵 개발 수준은 사실상 아직은 초기 단계라고 보아도 좋았을 것이다. 그러나 북한을 IAEA「핵 안전조치협정」에 가입시키려고, 완강한 한국을 어렵게 설득시키면서까지 미·북 간의 공식적인 직접 접촉을 성사시키는 미국의 반응을 보면서 김일성은 무엇을 생각했을까? 핵 개발 문제야말로 한국을 배제하면서 북한이 미국과 대등하게 상대할 수 있는 가장 강력하고 정확한 핑계가 된다는 것을 확인하고 있었을 것이다. 김일성은 북한이 아직 핵 무장을 성취하기도 전에 핵탄두 몇 개를 손에 쥐고 있는 것과 거의 같은 정도의 정치적 힘을 이 핵개발 문제가 북한에 이미 주고 있다는 사실을 알아채고, 이 상황을 꼭 그렇게 몰고 가야만 한다는 것을 그는 다짐하고 있었을 것이다. "북한은 핵을 절대로 포기해서는 안 된다"는 학습 효과를 다른 누구도 아니고 미국 정부 자신이 김일성에게 주고 있었다는 '역설적인 진실'이 여기에 있는 것이다.

구태여 김일성이 아니라 해도, 또는 복잡한 국제관계학을 전공한 전문가가 아니라고 해도 이런 정도의 '역설적인 진실'은 북한의 본질을 어느 정도 이해하는 한국 사람이라면 쉽사리 금방 알아차릴 수 있는 일이다. 그리고 이런 '낌새'를 알아차렸다면 한국 정부 당국의 통일 문제 전문가들 또는 그 전담부서인 통일부나 국방부 및 외교부가 솔선하여 미국 사람들과 공조해서 성공적으로 북한의 핵 개발을 저지하고 김일성의 통미봉남 전략을 막기 위해서 어떤 대응 전략을 만들기 위해 진지하게 궁리해 나갔어야 하는 것이 이 어려운 상황에서 대한민국이 살아남

기 위한 아주 당연하고 정상적인 대응 태세가 아니었을까?

그때까지 미국은 북한을 공식적인 외교적 협상의 상대로 인정한 적도 없으며, 북한을 국제법적으로 국가 승인한 적도 없지만, 사실상 북한과 직접 상대하여 심각한 외교적 흥정을 벌인 것은 이것이 처음이 아니다.

1952년 한국전쟁을 종식시키기 위한 휴전협정을 타결하기 위해서 1951년 7월부터 1952년 7월까지 약 1년간 힘들고 어려운 협상을 한 경험이 있다. 한마디로 이 1년간의 힘든 협상은 전적으로 북한군과 중공中共(당시는 중국을 이렇게 호칭하였음) 군 대표에게 유엔군(결국은 미군) 측이 일방적으로 조종되며 끌려다닌 '어리석고 명예롭지 못한 패배의 연속'이었다. 이 휴전 협정의 왜곡된 구조 때문에 남한은 어쩔 수 없이 북방한계선(NLL)에 관한 북한과의 끊이지 않는 논쟁에 휘몰리게 되었고 급기야 서해에서는 남북한 간의 해전海戰이 세 차례나 발생하였으며, 최근에는 천안함 사건과 같은 참극이 서해에서 발생하는 단초를 마련한 것이다.

찰스 터너 조이의 저서

당시 유엔군 측 수석 대표였던 찰스 터너 조이 미 해군 중장은 이 형극의 협상에서 후세 (미국)사람들이 유념해야 할 교훈들을 조그만 책자로 발간하였다[277]. 그는 이 휴전 협상에서 공산군 측의 의도를 저지하기 위해 온갖 노력을 다했으나, 당시 한국전쟁 자체를 조속히 끝내라고 하는 미국 국내 여론에 밀려, 공산 측과의 협상 내용이 설사 그들의 부당한 의도에 굴복하는 것이라고 해도 서둘러 그 협상을 마무리하라고 하는 워싱턴 당국의 방침에 제대로 호응하지 못한다는 이유로 휴전 협정이 아직 타결되기 직전인 1952년 5월 22일 유엔군 측 수석 대표의 직에서 갑자기 해임되었다. 그는 잠시 아나폴리스에 있는 미 해군사관학교 교장을 역임하다가 1954년에 전역하였으며 1956년 6월에 백혈병으로 사망하였다.

공산주의자들의 악랄한 협상 전략에서 앞으로 미국의 국익을 지키기 위해서는 후세(미국) 사람들이 반드시 유념해야 한다고 믿고 그가 피를 토하듯이 써서 발간한, 앞서 언급한 그의 조그만 저서는 자유국가라고 하는 미국에서조차 상당한 푸대접을 받았다. 후버연구소[278]가 다음에 발간한 책자[279]에서 휴전협정 체결 당시 유엔군 총사령관을 지낸 리지웨이 장군의 서문에 의하면, 이 작은 책자에 당시 터너 제독을 위해 그가 써준 서문은 알 수 없는 이유로 다른 사람의 글로 대체되었으며, 그 책 자체가 일반에 배포되는 것을 저지하기 위해서 미국 정부 당국이 이 책을 매점해 버린 기록이 발견되었다고 한다. 그런 이유 때문인지는 몰라도 1992년부터 시작된 미국과 북한의 협상에서 터너 제독의 피맺힌 유언과도 같은 '협상의 지혜'는 전혀 참작되지 못한 것 같다.

문화적 배경이 우리 동양인과는 다른 미국 사람들이 북한의 협상 전략의 실체를 종합적으로 이해하기란 처음부터 용이한 일은 아니다. 터너 제독의 조그만 책자가 나온 지 한참 후에 미국 평화연구소 연구원인 스캇 스나이더라는 사람이 북한의 협상 형태에 관한 연구 저서[280]를 발간하였다. 그는 돈 많은 미국 연구소의 연구원답게 (물론 터너 조이의 책자를 포함한) 많은 관련 자료들을 섭렵하고 많은 관계 인사를 인터뷰한 결과를 과학적으로 정리해서 이 책을 썼다고 했다. 그러나 그의 연구 저서는 터너 조이 제독의 아주 조그만 그 책자에 훨씬 못 미치는 아주 피상적인 내용 밖에는 실어내지를 못하고 있다.

왜일까?

문화적 배경이 우리 동양인과는 다른 미국 사람들이 북한의 협상 전략의 실체를 종합적으로 이해하기란 처음부터 쉬운 일이 아니기 때문이다. 그리고 터너 조이는 판문점의 조그만 테이블 위에서 그 자신이 직접 악랄한 공산주의자들과 얼굴을 맞대고, 그들의 억지와 거짓말에 휘둘리며 일 년 동안 미국과 자유세계의 안전 - 한국의 안전을 그 일부의 관점으로 물론 가지고 있었을 것이지만 - 을 지켜내려고 온 힘을 다하면서 그 '교훈'들을 얻어낸 것이다. 그러니 서방 세계의 연구원일 뿐인 스캇 스나이더가 북한 사람들의 참모습을 파악하지 못한 것은 어찌 보면 당연한 결과인지도 모른다. 터너 제독의 이 조그만 책자를 번역한 전 한국

해군참모총장 김홍렬 제독이 그의 번역서[281]에 써 놓은 감회 깊은 서문을 보면,

'무덤에서 외치는 소리' - 고인이 된 작가를 생각하면서 어느 미국인이 이 책을 읽고 나서 한 이야기이다. "우리가 협상할 때에 힘을 단지 배경으로만 해서는 안 된다. 힘을 사용해야 한다. 전쟁을 피하기 원한다면 전쟁의 위험 부담을 감수해야 한다." 그 당시 공산 측이 구사한 협상 전략은 남북 관계와 북핵 문제 등 현재 우리나라가 당면하고 있는 주요 현안을 다룰 때 큰 시사점이 될 수 있을 것이다.

라고 김 제독은 말하고 있다. 그가 따옴표(" ")로 강조하고 있는 부분은 터너 조이 제독의 마지막 당부와 같은 교훈이다[282].

바. 한반도 전쟁의 위기: 카터-김일성 평양회담

1994년 6월 5일, 북한이 "유엔의 제재는 이를 '선전포고'로 간주한다."는 결전의 의지를 표명함으로써 한반도는 전쟁의 위기에 확실히 진입하였다.

북한이 핵 개발에 관해서(결정적인 순간에는 북한의 최후적인 우방인 중국과 러시아까지를 포함한) 전 세계를 상대로 '벼랑 끝 작전'을 펴는 것은 그들이 한반도에서 핵 무장을 완성할 때까지, 그리하여 자기들보다도 200배 이상의 경제력과 국력을 갖추고 있는 남한을 '적화赤化 통일할 때까지' 북한의 의도를 저지하려는 모든 의지를 무력화시킴으로써 '자기들 나름대로 살아남겠다'는 목적이 있는 것이다.

'벼랑 끝 작전'이란 쉽게 표현한다면 "배짱이 있으면 갈 데(벼랑 끝)까지 가 보자"는 전략인데 여기에서 그 '벼랑'이란 '한반도의 전면 전쟁'을 의미할 수밖에 없다. 그러나 북한이 '벼랑 끝 작전'을 쓴다는 것은 북한의 핵무장을 위한 의지를 막지만 않는다면, 북한 자신도 그 '벼랑'까지는 가지 않겠다는 것이기도 하다. 다만 문

제는 설사 북한이 궁극적으로 그 '벼랑'까지는 가지 않겠다고 해도 일단 "배짱이 있으면 갈 데(벼랑 끝)까지 가 보자"는 전략을 북한이 계속 쓰는 한, 어떤 단계에 가면 양측의 대결 국면이 더 이상 멈출 수 없는 상황이 되어 북한의 진짜 의도와는 상관없이 양측이 모두 '벼랑' 끝으로 떨어져서 한반도의 전면 전쟁을 더 이상은 막을 수 없게 된다는 점에 문제가 있다.

북한 핵 위협에 관해서 북한과의 '협상을 통한' 문제 해결에 집착하는 미국 클린턴 행정부의 다소 온건한 정책에 불만을 느끼고 '단호하고 강경한 대응'을 강력하게 주문하고 있던 한국 김영삼 정부는 막상 미국 정부가 "어떠한 상황에도 대처할 수 있는 군사적 준비"를 갖추기 시작하자 갑자기 태도를 바꾸고 "한반도에서의 전쟁은 어떠한 경우에도 용인할 수 없다."고 하면서 미국 정부의 군사적 대응에 제동을 걸기 시작하였다. 패트리어트 미사일을 한반도에 도입하는 일에 관해서 한국 정부가 완강히 반대했기 때문에 결과적으로 그 실전 배치가 2~3개월 지연되었고, 미국 민간인 체류자를 한국에서 철수시키는 일은 검토 단계에서 중단되었다.

1994년 당시에 출범한 지 1년이 채 안 되는 클린턴 미국 정부로서도 막무가내로 '벼랑 끝 전술'을 펴는 북한에 대해서 "미국이 어떠한 상황에도 대처할 수 있는 군사적 준비를 갖추는" 정책을 펴나가는 것은 이만큼 어렵고 예민한 일이었다.

1945년 이래 1994년까지 근 50년 동안이나 북한의 독재자로 군임君臨해 온 김일성은, 정치적 경력 면에서는 클린턴이나 김영삼과는 비교할 수 없는 베테랑이지만, 북핵 문제를 가지고 강력한 미국과 남한을 상대로 '벼랑 끝 전술'을 펴는 일이 어렵고 예민한 것이기는 거의 매한가지였을 것이다. 왜 이렇게 생각하는고 하니, 국가 존망存亡의 문제를 놓고 대통령으로서의 기본적인 숙고熟考도 없이 갈팡질팡하는 김영삼 대통령이나, 이 예민한 순간에도 북한 문제에 관한 한국 정부의 전담 기관이라는 통일부에서 말도 안 되는 반미적 구호를 외치며 '친북적 정책' 개발에만 몰두하고 있는 한완상 장관 등과는 달리, 김일성은 북한의 '벼랑 끝 전술'이 가지고 있는 심각한 위험성을 어느 정도는 알고 있었다고 생각하기 때문이다.

단지 몇 가지 사실만을 확인해 보아도 당시 김일성이야말로 자신의 '벼랑 끝 전술'이 '벼랑으로 가는 전술'이 되지 않기를 간절히 바라고, 아주 진지하고 심각한 태도로 용의 주도하게 이 '위험한 게임'을 운영하고 있었던 것을 알 수 있다. 영변 플루토늄 재처리공장 핵심시설에 대한 정밀사찰이 북한에 의해서 거부되었기 때문에 3월 15일 평양에서 철수해있던 IAEA 핵 사찰단을 북한 김일성은 4월 19일 5MW 원자로에서 연료봉을 제거할 계획임을 통보하여 일부러 다시 불러들였다.

북한이 어차피 자기들 방식대로 5월부터 핵연료봉을 제거함으로써 핵 안전 검증을 위한 모든 계측자료를 말살시킬 계획이었으므로 IAEA 핵 사찰단을 다시 불러들여 그들(IAEA 사찰 팀)과의 실랑이를 시작할 필요는 없었다. 북한은 연료봉 제거를 위한 준비 과정에서 IAEA 사찰요원들의 참관과 검사활동까지 다시 허용하였다. 그리고 나서 북한은 5월 8일부터는 북한에 들어와 있는 IAEA 사찰요원들의 참관이나 승인을 배제시키고 핵연료봉 제거를 시작한 것이다. 김일성은 북한의 방식대로 핵 안전 검증을 위한 모든 계측자료를 일부러 말살시키는 과정을 가장 신속하게 그리고 극적으로 IAEA 전문 요원들에게 과시하려는 속셈이었던 것이다.

영변의 핵재처리 공장

북한 핵 기술요원들이 24시간 3교대로 신속하게 핵연료봉
을 제거하는 광경을 IAEA 검증요원들은 그냥 놀라움으로
바라보는 것이 그들이 할 수 있는 전부였다고 한다. 그 IAEA
전문 요원 중에는 원자로 가동 전력前歷을 검증하는 분야에
서 세계 최고의 권위를 인정받는 디미트리 페리코스의 팀이
포함되어 있었다.

디미트리 페리코스

김일성의 이러한 극적인 '쇼' 덕분에 6월 2일, 한스 블릭스 IAEA 사무총장은 북
한 원자로 연료봉이 약 60% 정도 제거되고 있을 때, 김일성의 의도를 간파하고
북한 핵의 검증과정이 "이미 돌이킬 수 없는 파국"에 와 있음을 유엔에 보고하게
된다. 결국 이것들은 모두가 김일성의 시나리오대로 연출되고 있었던 것이다.

김일성은 앞에서 말한 대로 북한 원자로의 핵 안전검증을 위한 모든 계측자료
를 일부러 말살시키는 극적인 '쇼'를 벌리는 시기와 거의 때를 맞추어 미국 조지아
주州 플레인스에 있는 지미 카터 미국 전직 대통령에게 평양을 방문해 줄 것을 은
밀하게 요청한 것이다. 그렇지 않아도 한반도의 긴장이 고조되자 빌 클린턴 대통
령은 북한과의 직접 소통의 필요를 절감하고 상원의원 두 사람을 평양에 보내려
고 시도하기까지 했다. 그러나 김일성은 이들 상원의원의 평양 방문 요청을 거절
하였다. 시나리오를 쓰는 사람은 어디까지나 김일성 자신이어야 함으로 클린턴이
마음대로 보내는 사람을 그가 만날 이유는 없었을 것이다.

김일성의 극적인 '쇼'에 중요한 주역으로 등장하는 지미 카터 미국 전직 대통령
에 대해서 약간의 언급이 필요할 것 같다.

그는 민주당 출신 미국 대통령이었다. 그가 대통령으로 재임 당시(1977년~1981년)
한국의 인권 상황을 문제 삼아서 주한 미군을 철수시키겠다고 협박을 해서 당시
한국의 박정희 대통령을 곤경에 처하게 한 것은 유명한 이야기이다.

1976년 제39대 미국 대통령으로 출마할 당시부터 그는 조금 특이한 존재였다
고 말할 수 있다. 당초에는 조지아 주지사 출신의, '국민에게 가장 알려지지 않은

후보'였으나 '인권 문제'라고 하는 미국 사람들에게 예민하고 고차원적인 가치의 문제를 갑자기 들고나와서 사람들의 관심을 끌기 시작해서 많은 쟁쟁한 민주당 예비후보들을 물리치고 민주당 대통령 후보로의 지명을 쟁취하였으며, 이어서 공화당 후보로 나온 전직 대통령 제럴드 포드를 근소한 표 차이로 이겨서 결국 대통령에 당선되었다. 말하자면 그의 대통령 당선은 당시 미국의 정가에서도 '의외의 사건'이며, '하나의 놀라움' 그것이었다.

그러나 재임 중에는 이란의 미국 대사관 인질 사건에서 인질 구출 실패, 소련의 아프가니스탄 침공 사건 등의 악재로 '실정失政을 거듭하는 대통령'으로 인식되었으며, 로날드 레이건에 패배하여 결국 재선에 실패하였다. 1994년 6월 당시에는, 69세의 나이에 대통령 퇴임 이후 고향인 조지아로 낙향하여 다시 땅콩 농장주의 생활로 돌아가 있었다.

미국 대통령 선거전에서부터 미국 사람들의 특별한 관심을 끌었던 그의 '인권 문제'라는 주제는 사실상 다름 아닌 미국 헌법이 최고의 가치로 지향하고 있는 주제였기 때문에, 지미 카터를 대단히 예민하고 고차원적인 가치의 문제를 중요시하는 사람으로서 아주 세련되고 도덕적인 정치를 지향하는 정치인으로 분류하게 한 것이었지만, 정치적 역량의 측면에서 본다면 실제로는 미국 남부의 조지아 주州 주지사라는 짧고 제한된 정치적 경력밖에는 없는 데다가 그의 다소 위선적이

지미 카터

며 소심한 성격 때문에 그의 재임 중의 업적은 전혀 당초의 기대와는 동떨어진, '미국 역사상 가장 실패한 대통령'으로 평가되었다[283].

지미 카터가 대통령에 출마한다고 말을 꺼냈을 때 그의 모친은 "응? 무슨 President?(영어로 President라는 말은 대통령이라는 의미로 특정되어 있지 않고, 사장, 회장 등을 의미할 수 있다)"라고 물었다는 것은 유명한 이야기다.

당시 민주당 대통령 예비후보는 일곱 명이나 되었는데 선거 초반에 지미 카터는 이 일곱 명 중에서 가장 알려지지 않은 후보였다. 그러므로 그가 민주당 경선에서 이들 내로라하는 후보들을 차례로 물리치고 민주당 대통령 후보 지명을 받아낸 예비선거의 과정은, 뻔히 보면서도 잘 믿기지 않는 '선거의 미스터리'였다. 당시 공화당에서는 '워터게이트 사건'으로 대통령직을 사임한 리차드 닉슨의 잔여 임기를 채우고 있는 현직 대통령 제럴드 포드와 캘리포니아 주지사 로널드 레이건이 경선에 나와 있었다. 이 공화당 경선에서는 현직 대통령 제럴드 포드가 로널드 레이건을 물리쳤다. 그리고 잘 알다시피 4년 후, 로날드 레이건은 1980년 선거에서 지미 카터를 압도적으로 누르고 대통령에 당선된다.

어떻게, 왜, 1976년 선거에서 지미 카터가 제럴드 포드를 이길 수 있었는가?를 음미해 볼 필요가 있다. 아마 그때 당시에는 예일대 법대 출신 변호사이며 현직 대통령인 제럴드 포드는 식상할 정도로 익숙한 인물인 데 비해서, 닉슨의 비윤리성을 날카롭게 지적하고 미국 헌법에서 미국 사람들이 가장 먼저 추구해야 할 가치로 규정하는 인권 문제를 '감히 들먹이는'이 상당히 낯선 남쪽 조지아 출신 땅콩 농장주 지미 카터가 참신한 인물이며 무언가 '새로운 것'을 국민에게 줄 수 있을 것 같은 '환상'을 만들어 낸 것이 아닌가? 이 환상이 그저 환상일 뿐이라는 사실을 미국 국민은 그 4년이 다 가기도 전에 알게 된다. 선거란 이런 것이다.

다문화 국가인 미국은 국내 정치면에서도 심각한 '인권 문제'가 언제나 예민한 정치적 과제로 산적해 있는 형편이다. 그러나 영악하고 다소 비겁하다고 볼 수밖에 없는 지미 카터는 그의 재임 기간에 미국 국내적 '인권 문제'는 의식적으로 자신의 정치적 과제로는 절대로 다루지 않았다. 국제적 '인권 문제'로 그가 재임 중에 본격적으로 거론한 것은 한국의 경우가 가장 유일하고 가장 중요한 것이었다. 그러나 그 당시 미국과 새롭게 국교를 열어가고 있던 중국은 현저하고 심각한 인권 유린의 정치체제로 국가를 운영해 가고 있는 형편이었으며, 북한 주민의 인권 상태는 열악한 정도를 넘어서 인간의 존엄성을 근저로부터 부정하는 것으로, 가히 법적으로 범죄적 상태(제노사이드-의도적으로 인간을 대량 살상하는 행위284)인 것은 이미 국제적으로도 잘 알려졌었다. 그러므로 그가 중국이나 북한의 인권 문제에는 눈을 감고 특별히 한국의 인권 문제를 거론한 것은, 오직 한국의 '인권 문제'를 거론하는 경우에 그에게 돌아올 정치적 위험이 가장 적을 것이라는 그의 타산적 판단에 근거한 것이었다고 볼 수밖에 없다. 한국에 대한 '인권 문제'를 거론하고 주한 미군을 감축이나 철수하겠다는 그의 정책이 그 당시 한국에서보다는 미국 내에서 더 격렬한 여론의 반발을 받았던 것은 이러한 그의 비겁하고 타산적인 태도가 미국민의 예민한 정의감을 건드렸기 때문이었다.

경험이 많은 김일성이 그의 사악한 시나리오를 위해서 일찍(1991년)부터 지미 카터에게 눈독을 들이게 된 것은 '전직 미국 대통령'이라는 비범한 후광을 가지고 있는 이 사람의 이러한 '비겁하고 타산적인' 인품이 그의 위험하고 사악한 게임의 주역을 맡기기에 가장 적임이라고 판단했기 때문이 아니었을까?

지미 카터의 평양 방문 요청은 미국 정부(특히 국무부) 내에서 강한 반대에 직면했다. 누구보다도 클린턴의 주요 각료인 월렌 크리스토퍼 국무장관이 반대하였다. 그러나 부통령 앨 고어는 점증하는 한반도의 긴장상태 속에서 '벼랑 끝 작전'을 벌이고 있는 김일성에게 한발 물러설 수 있는 핑계를 주기 위해서 카터를 평양에 보내는 것도 한가지 방책이 될 수 있다는 견해를 가지고 있었다.

지미 카터가 김일성을 만나러 평양에 들어가는 문제를 결정하면서 미국 정부의 클린턴 대통령은 한국 정부의 견해를 사전에 구하거나 경청하지는 않은 것 같다. 미국 정부가 카터의 방북을 결정하고 카터가 1994년 6월 13일 서울로 향한 여정을 이미 시작한 이후에야 이를 전해 들은 김영삼은 클린턴에게 전화를 걸어서 '강력한 반대의 의견'을 표시하였다. 지미 카터는 서울로 들어와 판문점을 통해서 평양으로 갔던 것이다. 물론 이 예민하고 중요한 문제에 관해서 한국 대통령 김영삼의 '견해'는 전혀 참작되지 않았다.

지미 카터는 6월 15일 평양에 도착하였고, 16일 아침에 김일성을 만났다. 지미 카터는 그때까지 김일성이 만난 미국 측 인사 중에서는 가장 중요한 인물이었다. 그러므로 이 회담의 결과가 어떤 것이 되든, 그날 아침 카터를 대면하는 순간에 김일성은 그의 원대하고 치밀한 통미봉남通美封南의 전략이 하나의 중요한 결실을 만들어냈다는 것을 확인한 것이다.

그러므로 역逆으로 계산한다면 카터와 미국 정부는 김일성이 기획한 이 요란한 헤프닝을 따라감으로써 대단히 중요한 외교적 과실果實을 이미 김일성에게 허용하고 있는 것이었다. 지미 카터는 자신이 재임 시에 그다지 훌륭한 미국 대통령은 아니었을지라도 그래도 미국 대통령이었던 것은 사실이므로 아주 통상적인 외교적 관행의 시각으로 볼 때도 미국이 이만큼 현저한 과실을 북한에 먼저 준 대가를 이 회담을 통해서 미국은 반드시 받아내야만 하는 것이었다. 클린턴의 요구로 지미 카터가 미국의 공식 특사가 아니고 개인 자격으로 방문한다는 단서를 단단히 붙이고 있었지만, 그런 지엽적이고 가식적인 조건으로 이런 당연하고 기본적인 국가 간의 외교적 계산이 변경되는 것은 아니다. 그러나 구조적으로 이 '이상한 회담'에서 미국이 북한으로부터 '받아낼 수 있는 것'은 당초부터 아무것도 없었다. 그러므로 정확하고 건전한 외교적 상식을 가진 국가에서라면 이런 '이상한 회담'은 절대로 허용되지 말아야 하는 것이었다.

이 회담 벽두에 김일성은 카터에게 북한은 일시적으로 핵 개발계획을 동결할 것과 IAEA 핵 사찰단의 북한 체류를 허용할 것, 그리고 그들의 핵 감시 장비를 계속 가동하는 것도 허용할 것이라는 '양보안'을 제시하였다.

김일성이 제시한 '일시적으로 핵 개발계획을 동결한다'는 약속의 허구성虛構性을 알아차린 미국 측은 다음 날(17일) 아침, 5MW 원자로에 새 연료봉을 장착하지 말 것, 이미 제거된 연료봉의 재처리 작업을 완전히 중단할 것 등을 그 '양보안'의 구체적 내용으로 수용할 것을 요구하였다. 평양의 지미 카터는 이런 미국 측의 요구가 자신의 평양 방문 전에는 거론되지도 않던 '새로운 것'이므로 북한이 결코 받아들이지 않을 것이라고 반대하였으나 로버트 갈루치가 뉴욕의 북한 대표부를 통해서 조목조목 제시한 이 조건들을 김일성은 결국 수용하였다.

그러나 북한 측의 이 '양보안'의 내용은 실은 북한이 IAEA 「핵 안전조치협정」의 당사국으로서 (북한의 NPT 탈퇴가 유보된 상태이기 때문에 1994년 6월 현재 형식상 북한은 아직 IAEA 「핵 안전조치협정」의 당사국이었다.) 1992년 4월 9일 이후 당연히 시행하고 있어야 할 법정 의무며, 또 이는 1993년 6월과 7월 두 차례에 걸친 미·북 간 공식 핵 협상에서 몇 번씩이나 원칙적인 합의에 도달했던 것이므로 지미 카터가 말하는 것처럼 '새로운 것'은 결코 아니다. 법을 제대로 지키는 정상적인 국가라면 당연히 법적 의무로서 이행하고 있어야 할 일들을 북측은 '획기적인 양보안'으로 제시하고, 또 이를 '위대한 지도자 동지' 답게 통 크게 수용하였다는 모양새를 만들어 놓는 데에 성공한 것이다.

그러나 북한의 '핵 위협'이나 한반도에서의 전면적인 '전쟁 발발의 위험'에 관련해서 자국 대통령(김영삼)의 의견이 처음부터 완전히 무시당하고 있는 상황에서, 남한 사람들은 그저 여유 있는 호기심으로 김일성의 탁월한 연출력을 칭찬하고만 있기에는 아주 동떨어진 입장에 있었다. 당연히 그들은 이 말도 안 되는 '협상'의 부당성을 지적할 수 있었어야만 했다. 백 보 양보해서 자기들의 견해가 무시당하고 있는 데에 대해서 절박한 좌절감을 느꼈어야만 했다. 그러나 아주 정확하게 말해서 당시 한국 사람들이 이 미묘하고 고약한 상황의 의미를 제때에, 제대로 알아차리고 있었는지조차도 의문이다.

더욱 중요한 점은 김일성의 이러한 '양보안'은 미국 측이 한반도에서 급속하게 증강해 온 군사적 대비태세를 즉시 해제하고, 북측에 대한 미국 정부와 안보리의 모든 제재를 철회하고, 또 계속 미루어져 온 미·북 간의 제3차 공식 협상을 재개하는 것을 '조건'으로 해서만 유효하게 되는 이른바 '조건부 양보안'이다. 카터가 평양에서 가져온 '북측의 요구조건'에는 미국 측이 경수로 원자로를 북한에 지원해주어야 한다는 '부가적인 요건'도 더 하나 더 붙어 있었다.

지미 카터와 김일성 간의 평양회담 경과에 관련해서 누락시킬 수 없는 중요한

사항은 6월 16일 아침, 김일성과의 회견을 끝내자마자(앞서 지적한 미국 정부 측의 조정안
에 대한 북측의 답변도 나오기 전에) 평양의 카터는 CNN의 TV 생중계 카메라 앞에 나서
서(그는 미리부터 용의주도하게 CNN 카메라 기자를 평양에 대동하고 갔다) 전 세계를 향해 "자신이
임박한 한반도의 전쟁 위기를 극적으로 해소시켰다."고 선언한 사실이다.

카터의 이러한 행동은 아마 김일성조차 미리 기획하지 못한 극적인 행동으로서
결과적으로 미국 정부나 한국 정부는 지미 카터의 '평화 사도적使徒的'인 행보에 감
사하면서 그저 따라다니는 존재일 뿐이며, 카터 자신이나 김일성은 전쟁과 평화
의 갈림길에서 현명한 결단을 내릴 수 있는 '중요한 존재'로 부각되는 결과를 가지
고 온 것이다.

물론 이런 왜곡된 메시지는 진실과는 다르며, 김일성과의 회담 결과를 자의적
으로 꾸며내서 의도적으로 전 세계에 공표한다는 것은 미국이나 한국의 국가 이
익에 심대한 피해를 주는 것이다. 카터의 이런 교활하고 부적절한 행동에 대해서
당시 미국 내에서는 신랄한 비판이 미국 정부 고위 관료들은 물론이고 중요 언론
기관들에 의해서 강하게 표시되었다. 어떤 미국의 관료는 이것을 '매국적인 행위'
라고 까지 정의하였다.

그러나 판문점을 통해서 한국으로 돌아온 카터를 맞이한 한국에서는 당시의
중요 언론기관이나 적어도 국가 간 외교의 기본적인 행위 양식을 이해하는 한국
의 외교 원로들조차 카터의 부적절한 행위에 분노하거나 강하게 비판한 기록은
별로 발견되지 않는다.(참으로 실망스럽고 놀라운 일이다.) 그것은 미국과 북한 간의 북핵
문제에 관한 교섭의 진행에 관해서 한국이 처음부터 완전히 또는 철저히 배제되
고 있었기 때문이 아닌가 생각된다.

카터가 CNN 방송 인터뷰로 자신이 일촉즉발의 한반도 사태를 진정시킨 것이
라는 발표를 할 즈음, 빌 클린턴 미국 대통령은 이미 백악관 안보회의에서 유엔
안보리를 통한 대북한 제재를 강구하는 미국의 정책을 최종 승인한 후였으며 한
반도에 대규모 미군 병력을 추가 배치하는 계획까지도 모두 최종 검토가 끝난 상

태였다. 그러나 미국 정부는 카터가 평양에서 돌아온 후 결국 대북한 제재안과 한반도에 대한 대규모 미군 증강계획을 모두 보류하였다. 제3차 미·북 간 공식 핵협상도 1994년 7월 8일에 제네바에서 열기로 결정되었다.

1938년 히틀러와 영국 수상 네빌 챔벌린 간의 '뮌헨회담'의 과정은 지미 카터와 김일성 간의 '평양회담'을 많이 닮아 있다. 뮌헨회담에서의 실수가 인류 역사상 가장 많은 인명 피해와 재산 피해를 남긴 가장 파괴적인 제2차 세계대전을 결국 불러오고 만 것이다.

뮌헨회담시 네빌 챔벌린 수상과 히틀러

유럽에서 이 전쟁이 발발할 때, 전쟁의 위기를 느낀 영국과 프랑스의 지도자들이 오직 유럽에서의 전쟁 발발을 방지하고 평화를 추구하기 위해서 집요하고 용의주도하게 침략적 야욕을 성취해 가고 있던 히틀러의 말도 안 되는 요구를 하나씩 들어주면서 한 발자국씩 전쟁에 휘말려 들어가던 것은 지금부터 약 80년 전의 일이다. 1938년 9월 30일 런던으로 돌아온 체임벌린은 공항에서 환호하는 군중에게 조약문을 흔들면서 "I did it.(제가 전쟁의 위험을 막았습니다.)"라고 화답했다고 한다. 지미 카터가 흥분한 목소리로 CNN 카메라 앞에서 과장된 '보고'를 하던 것과 분위기가 흡사하다.

그러나 실은 이 「뮌헨조약」이야말로 히틀러가 그로부터 정확하게 11개월 후인 1939년 9월 1일, 폴란드를 침공함으로써 제2차 세계대전을 시작하고, '유럽전쟁'을 주도할 수 있는 모든 군사력을 끌어내는 시작이 되었다는 것을 역사가들은 잘 알고 있다.

제2차 세계대전의 발발 경위와 1994년 한반도 전쟁 위기의 구조는 유사한 점이 많다. 물론 1938년의 상황과 1994년의 상황은 그 시간적 간격만큼이나 역사적 배경도 다르고 지리적 위치에 따른 문화적 배경도 다르므로 그저 단순히 비교할 수 있을 정도로 단순한 성격을 갖는 것은 아니다. 그러나 정확하게 유사한 점은 히틀러나 김일성의 적나라赤裸裸한 의도와 실력을 상대방이 전혀 파악하지 못하고 있었다는 점과 독재자 히틀러와 김일성을 다루는 상대방(제2차 세계대전의 경우는 영국과 프랑스, 한반도 핵전쟁의 경우는 미국)의 접근 방식이 두 경우에 모두 원칙을 벗어나서 정당하지 못했다는 점들이다.

김일성의 전술과 의도는 어떤 것인가?

김일성이 북한의 '벼랑 끝 전술'이 가지고 있는 심각한 위험성을 잘 알고 있으며 자신의 '벼랑 끝 전술'이 '벼랑으로 가는 전술'이 되지 않기를 간절히 바라고 있었으며, 절대로 파국을 피하면서도 북한이 미국 정부의 의도를 통제할 수 있는 전략적 위치를 확보하기 위해서 아주 진지하고 심각한 태도로 용의 주도하게 이 '위험한 게임'을 운영하고 있었다는 사실을 미국의 정책 결정자들은 그 당시 잘 파악하고 있었을까? 그렇지 못한 것 같다.

북한의 협상 형태를 연구 분석한 스콧 스나이더가 도달한 결론 중에서, "미국의 정책 결정자들이 가지고 있는 종래의 지식과는 다르게 북한의 협상 방식과 목적은 예측 가능하고 일관된 형태를 따르고 있다."라고 지적한 것[285]은 그가 북한인들의 협상 형태의 진수를 제대로 파악하지 못한 면은 그대로 남고 있으나 좀더 다른 의미에서 깊게 음미할 가치가 있는 '정확한 관찰'이다.

"미국의 정책 결정자들이 가지고 있는 종래의 생각"은 북한이라는 불량 국가는 '전혀 예측이 불가능한 존재'라는 강한 선입견이다. 그러나 이런 선입견은 적어도 북핵 문제를 이해하거나 해결하는 데에는 전혀 도움이 안 되는 것이다. 북한 핵 문제에 제대로 대응하기 위해서는 북한의 행동방식을 파악하여 과학적이며, 객관적으로 이를 '예측할 수 있어야만' 하는 것이다.

북한의 핵 개발을 저지하기 위해서 미국이 북한과의 공개 협상에 매달리면 매달릴수록 김일성은 핵개발 문제야말로 미국을 통제할 수 있는 가장 유일하고 강력한 수단이라는 것을 확인하고 이 핵 개발에 집착하게 된다는 역설적인 논리를 미국 측이 조금이라도 일찍 알아차렸다면 문제 해결을 위한 미국 측의 접근방식이 상당히 달라졌을 것이다.

1938년 벽두부터 수차례에 걸쳐서 오스트리아에 대해서 무력적인 위협을 가함으로써 그 합병을 획책하고 있었던 히틀러에 대해서 당시 국제연맹이나 영국 및 프랑스가 아무런 조치를 취하지 않은 것은 잘못된 것이다. 이미 1928년에 전쟁이나 무력의 사용 또는 위협의 방법으로 국가 간의 문제를 해결하려는 것은 국제법상 불법인 것으로 정의되어 있었다.[286] 특히 1938년 3월 9일 오스트리아 수상 슈시니크가 독·오 병합을 막기 위한 최후 수단으로 국민투표를 실시하려 하였을 때 적어도 국제연맹은 히틀러의 무력적 시위로부터 그를 정치적으로 보호하고 그 국민투표가 실시될 수 있도록 지원해 주었어야 했다. 그리고 이어서 9월 29~30일 뮌헨에서 체코의 주데텐 지방을 할양하는 결정을 함에 있어서도 할양의 당사국인 체코를 배제한 상태에서 합의한 것은 국제법상 원칙에 반하는 것으로 불법이며 무효라고 보아야 한다.

한편 카터와 김일성 간의 평양회담에 관한 기본적인 불법, 부당성을 고찰해 보자.

1993년과 1994년, 미·북 간의 핵 협상과 북한의 IAEA「핵 안전 협정」이행 여부에 관련된 일련의 미·북 간의 협상이나 합의에서 한국이 배제된 것은 북한 핵 문제를 핵확산 금지의 과제로만 보는 한, 형식 논리상으로만 보면 큰 문제가 없다고 할 수도 있다. 그러나 이는 한국의 국가적 안위安危에 관련된 문제이고, 한반도의 비핵화에 관한 문제인 이상, 적어도 한국 정부의 의사가 실질적으로 존중되는 체제가 유지되었어야 했다. 특히 카터의 평양회담시 그가 서울을 경유해서 판문점을 통해서 평양으로 가면서도 그의 김일성과의 면담이 처음부터 한국 정부의 의사를 무시하고 그 의사에 반反하여 진행되었다는 것은 잘못된 것이다. 물론 이렇게 된 데에는 한국 정부 쪽의 책임도 크다.

그리고 더 중요한 점은, 앞에서도 이미 지적한 대로, 북한이 영변의 5MW 원자로의 사용 후 연료봉에서 플루토늄 추출을 즉시 중단하는 것, 이것을 검증받고 확인시키기 위해서 IAEA 핵 사찰단의 북한 체류를 계속 허용하고, IAEA 핵 감시 장비를 계속 가동하는 것 등은 북한이 IAEA「핵 안전조치협정」의 당사국으로서 1992년 4월 9일 이후 당연히 시행하고 있어야 할 법적인 의무이며, 또 이는 1993년 6월과 7월 두 차례에 걸친 미·북 간「공식 핵 협상」에서 몇 번씩이나 원칙적인 합의에 도달했던 것이므로 이에 관한 양측의 합의는「미·북 간 공식 협상」의 어떤 협의에서도 기정사실(Fait Accompli)로 취급되어야 하며, 이를 당연한 의무사항으로 수용해야 함에도 불구하고, 1994년 6월 16일 카터-김일성 회담에서, 북한 측은 '일시적' 핵 개발 활동의 '동결'을 '양보안'이라고 해서 제시해 놓고 그 양보안의 대가성代價性 조건으로, 미국 측이 한반도에서 급속하게 증강해온 군사적 대비 태세를 즉시 해제하고, 북측에 대한 미국 정부와 안보리의 모든 제재를 철회하고, 또 계속 미루어져 온 미·북 간의 제3차 공식 협상을 즉시 재개할 것을 요구하고 있다. 더구나 이번 합의에서는 미국 측이 경수로 원자로를 북한에 지원해 주어야 한다는 부가적인 요건이 하나 더 붙어 있었다.

그러므로 이러한 협상과 합의는, 명백하고 당연한 국제법상의 확정된 의무사항을 새로운 의제(Agenda)로 제시하는 불법적인 것으로서, 그 각 의제마다 새로운 요구 조건을 내세우는 전형적인 공산주의자들의 상투적 협상전술(이른바 '살라미' 전술)에 불과한 것이며, 이 협상에서 도출된 모든 합의는 원초적으로 논리구조 자체가 불법적이고 부당한 것이다.

그러면 이제 1994년 6월에 지미 카터가 한반도에 있었던 '일촉즉발의 전쟁 위기危機'를 진정시킨 것인가? 하는 문제를 좀 더 직접적인 시각에서 확인해 보기로 하자.

1997년에 발간된『두 개의 코리아』라는 책에서 미국의 유명한 기자인 돈 오버도퍼는(지미 카터가 그날 CNN 인터뷰에서 말한 대로) 1994년 봄에 한반도에 '일촉즉발의 전쟁 위기危機'를 진짜로 막았는지를 확인하려면 "아마 많은 세월이 지나보아야 알 수 있을 것"이라고 쓰고 있다[287]. 그의 책이 나온 지도 벌써 20년이 지났으므로 정말 1994년 6월에 지미 카터가 한반도에 있었던 '일촉즉발의 전쟁 위기'를 진정시킨 것인가?를 판가름할 만한 충분한 시간이 되었다고 말할 수도 있다. 그러나 1994년 한반도의 전쟁 위기와 카터의 역할 등에 대해서 아직도 분분하게 의견이 갈리고 있는 것을 보면, 아직도 충분한 시간이 지난 것이라고 말할 수 없는 것인지도 모른다.

미국 정부의 국방장관 윌리엄 페리나 주한 미군 사령관 게리 럭 장군 등은 당시 한반도의 위험한 사태를 가장 민감하게 의식하고 있던 사람들이며 '전쟁을 확실히 방지하기 위해서' 철저한 군사적 대응 태세를 준비해야 하는 사람들이었다. 이들이 '철저한 군사적 대응 태세를 준비한다는 것'은 북한이 '벼랑 끝 작전'을 펴는 것과는 상당히 다른 것이다.

윌리엄 페리 미국 국방장관

구태여 설명을 하자면 '이것은' 북한이 어떤 대가를 치르더라도 확실히 핵 무장을 완성시키고야 말겠다는 의지에 우리 측은 동조하지도 양보하지도 않을 것이며, 북한의 이러한 의지를 저지하기 위한 우리 측 노력에 대해서 북한이 한반도의 전면 전쟁을 획책하는 수단을 쓰는 경우에는 그러한 도전을 군사적 대응으로 받아주겠다는 것이다.

그러므로 '이것은' 북한이 합리적인 계산을 할 수 있는 이성적인 존재라면, 그리고 자포자기해서 어차피 인민 모두가 굶어 죽는 판에 잘사는 너희(남한)와 함께 죽자고 '벼랑 끝 작전'이 아니라 '벼랑으로 가는 작전'을 펴지 않는 한, 궁극적으로 '전쟁을 확실히 방지할 수 있는' 유일한 행동 방도가 되는 것이다.

당시 미국 국방부가 준비한 북한에 대한 군사력 사용을 포함한 '단호한 대응 태세'란 기본적으로 "미국이 어떠한 상황에도 대처할 수 있는 군사적 준비를 하는 것"이었다. 패트리어트 미사일 첫 선적 분이 1994년 4월 부산에 도착하였으며 이어서 실전 배치가 완료되었다. 공격용 아파치 헬기 1대대도 한국 내 미군 기지에 배치되었다. 그 외에 중형 탱크와 브래들리 전차, 첨단 레이더 추적시스템 등 첨단 장비들이 한국 내에 서둘러 배치되었으며, 비상용 군수물자와 군용기 부품들이 한국에 속속 도착하였고, 약 1천 명의 추가 병력이 첨단 무기를 휴대하고 한국에 파견되어 실전 배치되어 있었다.

그러나 이것은 "미국이 어떠한 상황에도 대처할 수 있는 군사적 준비를 갖추는" 수준의 것이며, 아직은 "한반도에서의 전면전에 대비한 것"은 아니었다.

1994년 6월, 당시에 철저한 군사적 대응 태세를 준비해야 하는 사람들 - 국방장관 윌리엄 페리, 주한 미군 사령관 게리 럭 장군, 그리고 한국의 국방장관 등 - 은 다른 누구보다도 한반도가

김영삼 전 대통령과 게리 럭 장군

전쟁의 위기로 진입하였다는 것을 절감하였을 것이다. 당시 군사전문가들의 예상에 따르면, 북한이 '벼랑 끝 작전'이 아니라 '벼랑으로 가는 작전'을 펴서 어쩔 수 없이 결국 한반도에서 '전면 전쟁'이 일어난다면, 북한군 병사와 남북한 민간인(한국 체류 중인 미국 민간인을 포함)의 희생은 계측할 수 없을 만큼 막대할 것이고, 개전 90일 만에 미군 사상자는 5만 2천 명, 한국군 사상자는 49만 명에 이르게 될 것이었다. 미국이 부담해야 할 전쟁의 비용은 대략 6백 10억 달러 이상으로 계산되고 있었다. 재래식 무기체계에 의한 국지전 형식이 아니라 상당한 규모의 전술 핵무기가 사용될 경우에는(그럴 가능성은 충분히 있었다.) 한반도의 피해는 전쟁 이후 50년 이내에는 거의 회복 불가능한 상태로 될 것이었다. 주한 미군 사령관 게리 럭 장군은 피해의 규모가 이보다 약간 더 심대甚大할 것으로 내다보았다. 그는 인명 피해규모를 1백만 명, 전쟁 비용은 1천억 달러 이상이 될 것으로 추산하였다.

만일 1994년 6월, 빌 클린턴이 지미 카터의 평양행을 허용하지 않고 김일성의 집요한 핵무장 의도를 저지하기 위해서 결국 무력을 사용하였다면 어떻게 되었을까?

카터의 방북이 불허되고, 1994년 6월 16일 빌 클린턴 미국 대통령이 백악관 안보회의에서 결정한 대로 유엔 안보리에서 대북한 제재를 강구하는 미국의 정책을 그대로 추진하고, 또 한반도에 대규모 미군 병력을 추가 배치하는 계획들을 실현했다면, 한반도에서 전면전은 발생하였을까?

실제로 그때로부터 약 10년 후인 2003년 3월, 미국 정부(조지 부시)는 아주 유사한 상황에서 이라크의 사담 후세인을 무력으로 공격하였다.

후세인은 유엔의 핵사찰을 거듭해서 방해함으로써 걸프 전쟁 정전결의停戰決議인 안보리 결의 687을 위반하였고, 안보리 결의 1154에서 규정한 최종경고와 결의 1441에 위반함으로써 소위 말하는 선제적 자위권(Preemptive Rights of Self-Defence) 발동의 요건을 충족시켜 미국의 선제공격을 받은 것이다. 그러나 후세인에게서 대량파괴무기(WMD)가 끝까지 발견되지 않아 조지 부시 미국 대통령의 이란 침공이 국제법상 적법한 것이었는가? 하는 논란은 아직 그대로 남아 있다[288].

이 이라크 전쟁에서는, 개전 벽두에 정밀폭격(Pinpoint Air-Bombing)을 위시한 공폭空爆과 순항미사일로 전략적 주요지점(Junction Points)을 파괴함으로써 이라크군의 지휘 계통은 조기에 붕괴되었다. 개전 직후부터 조직적 저항력을 상실한 이라크군은 미군이 조기에 완전히 전쟁의 주도권을 장악할 수 있게 하였으며 100만 명이 넘는 이라크군은 수적 우세에도 불구하고 일방적으로 미군에 패배하였다. 3월 20일 개전한 이 전쟁에서 4월 9일 수도 바그다드가 함락되었고 5월 1일 정규군 간의 전투는 미군의 승리로 종결되었다. 사담 후세인은 그의 독재정권이 몰락된 2003년 4월부터 3년 동안 은신처를 전전하다가 2006년 12월 13일 체포되고 12월 30일 바그다드에서 사형에 처하였다.

1994년 6월, 한반도에서 김일성 독재정권의 핵무장 기도를 저지하려는 미국 정부가 그 10년 후의 이라크에서 한 것처럼 북한에 대한 선제공격을 할 수 있었을까?

1994년 당시, 미국이 한국과의 사전협의나 교감도 없이 북한 영변의 핵 시설을 일방적으로 선제공격하는 계획을 세우고 이를 준비하고 있었다는 설說이 확인된 사실인 것처럼 한국 내에서 유포된 적이 있으나 미국 국방부가 이런 군사작전을 실제로 기획한 일은 없다.[289] 실제로 이런 가능성이 군사적으로 진지하게 검토되고 있었을 것이나, 이런 선제공격을 위해서는 한국 정부의 동의가 있어야 하는 것은 당연한 일이기 때문이다.

오히려 주한 미군 사령관 게리 럭 장군 등 당시 고위 군사 당국자들의 견해로는 미국이 전면전에 대비한 대규모의 병력을 한반도 내에 진입시키는 과정에서 어느 단계에 가면 북한이 먼저 선제공격을 해 올 가능성이 더 많은 것으로 보고 있었던 것 같다.[290] 그러나 한편으로 이처럼 최악의 시나리오를 준비하면서도 윌리엄 페리 미국 국방장관은 미국 정부가 한국에 체류하는 모든 미국인들을 신속하고 완전하게 소개疏開시키는 조치를 확실하게 실행하는 것이 그것으로 미국 정부의 단호한 의지를 확인하게 된 김일성에게 핵개발 의지를 완전히 포기하게 할 수도 있다는 가능성도 부인하지 않았던 것 같다.[291] 어느 쪽의 경우든지 - 한국의 동의를 얻어서 미국이 먼저 영변 핵시설 등을 정밀 공격하든지, 아니면 북한 측의 선제 기습타격(Surprise Attack)으로 양측의 군사작전이 시작되든지 - 1994년에 한반도에서 전쟁이 발발하였다면, 물론 전쟁 초기에 군인과 민간인 등 인명의 피해와 상당한 정도의 재산 피해를 감수해야 할 것이지만, 미군과 한국군 측이 이라크 전쟁 초기의 미군의 군사작전만큼 또는 그보다 더 신속하고 정밀하게 북측을 제압할 수도 있었을 것이다. 만일 일이 그렇게 되었다면 북한의 핵 문제를 완전히 해결할 수 있었을 뿐만이 아니라 북한 정권을 제거하여 우리가 열망하는 한반도의 통일을 이루게 되었을 것이며, 무엇보다 북한 동포를 생지옥과 같은 고통에서 구출할 수 있게 되었을 것이다.

이라크 침공의 경우처럼 미군 측이 먼저 선제공격을 하여 북한의 중요 공격능력을 먼저 무력화시켰다면, 전쟁 초기 단계에 우리 측의 피해가 의외로 적을 수도 있었을 것이다. 이라크 침공 시에는 미군이 압도적으로 군사작전에서 승리함으로써 2003년 5월 1일 '전투종결선언'을 할 당시만 해도 미군 측의 전사자는 전부 138명에 불과했었다.

세 번째의 가능성으로, 지미 카터는 평양에 가지 못하고, 빌 클린턴의 강경 대응이 계속 추진되어 북한에 대한 미국과 유엔의 제재들이 단계적으로 실현되었다면, 그때의 상황에서 김일성이 신중하고 똑바른 정신을 유지하고 있는 한, 자신의 정권이 강대국의 무력으로 와해 제거되기 전에 핵개발 의지를 완전하고 불가역적_{不可逆的}으로 포기하는 조치를 취했을 것이고, 그것으로 한반도에서의 전쟁 발발 가능성은 확실하게 사라지게 되었을 것이다. 물론 북한의 핵 문제는 이것으로 완전히 해결할 수 있게 되는 것이다.

당시 동북아의 국제관계적 상황을 종합적으로 관찰하면, 1994년 6월에 한반도에서의 전쟁은 절대로 일어나지 않았을 것이라는 결론이 나온다. 즉, 세 번째의 경우만이 현실적으로 발생 가능한 유일한 결과가 될 것이라는 예측이다.

북한 측이 먼저 기습타격을 가해 오는 첫 번째의 경우를 검토해 보자.

이는 미국이 전면전에 대비한 대규모의 병력을 한반도 내에 진입시키는 과정에서 어느 단계에 가면 북한이 먼저 선제공격을 해올 것이라는 예측인데, 앞에서 지적한 대로 이는 당시 미국 측의 군사전문가들이 가장 개연성이 높은 최악의 시나리오(The Worst Scenario)로 예단하고 있는 가능성이었다. 앞에서 '돈 오버도퍼'는 5월 어느 날 판문점에서 한 인민군 대좌가 미군 장교에게, "우리는 미군의 증강을 좌시하지는 않을 것이다."라고 말한 것을 '외부에 잘 알려지지 않은 소름 끼치는 사실'로 소개하고 있다[292].

1994년 당시의 미군 측 군사전문가들이 아직 경험하지 않은 사실이기는 하나 천안함을 폭침시키고 아무 경고도 없이 연평도를 포격하여 수많은 민간인을 살해하는 북한 정권이기 때문에 지금 우리가 생각해도 이런 정도의 최악의 시나리오를 1994년 당시의 미군 측 군사전문가들이 예측하는 것은 오히려 당연하다고 생각될 수 있다. 약 3개월 전인 1994년 3월 19일에 북한은 이미 남북한 판문점 회담에서 소위『불바다 발언』을 한 바가 있다. 북측 박영수의 그런 발언이 없었다고 해도 우리 측 군사전문가들은 서울을 북한이 선제 기습 공격하는 경우에 도시 중심의 생활 구조로 되어 있는 한국 사회가 받을 충격과 피해가 실로 어마어마하리라는 것을 잘 알고 있었다.

그러나 아무리 북한 정권이라고 해도 남측에 대한 무력적 기습공격을 감행하는 일은 인민군 대좌 정도가 마음대로 할 수 있는 일은 아니다. 김일성의 결심과 구체적 지시가 없이는 절대로 일어날 수 없는 일이다. 더구나 세계 최강의 미군이 전면전에 대비하여 막대한 군사력을 한반도에 대규모로 집중시켜 놓은 상황이다. 북한의 그러한 기습 공격이야말로 당시 한반도에 집중된 세계 최강, 최첨단인 미군의 군사력이 북한을 본격적으로 응징할 수 있도록 명령하는 것이며, 더 이상의 안보리 결의 같은 것도 필요 없이(한미 방위조약과 유엔 헌장 제51조에 의한) 북한을 무력으로 응징할 수 있는 국제법상의 권한을 정식으로 완전히 미국에 부여하는 허가장 許可狀이 되는 것이다.

그 당시(1994년)나 지금(2016년)이나 북한에 대한 미국의 응징을 막아줄 수 있는 가장 강력한 세력은 중국(당시로는 장쩌민 주석, 첸치천 외교부장)이다. 그러므로 그 당시에 북한에 대한 중국의 입장과 전략적 자세가 어떻게 되어 있었는지를 확인하지 않을 수 없다. 중국은 유엔에서 북한의 제재를 결정하는 안보리의 결의를 거부권의 행사로 막아줄 수 있는 나라이며, 북한의 핵 개발을 저지하기 위한 유엔 차원의 어떤 대북한 제재에도 기본적으로 반대해 왔다. 당시 미국이 유엔 안보리에 제의한 북한에 대한 제재는 3단계로 구성되어 있었다.

제1단계: 30일간의 유예기간을 준 유엔의 명령으로, 북한은 IAEA「핵 안전조치

협정」을 위반하여 사용 후 연료봉에서 플루토늄을 추출하는 행위를

중지할 것. 이를 이행치 않을 시는 북한의 무기판매와 핵 기술 이전 행

위를 금지한다.

제2단계: 일본 내 조총련의 (북한으로의) 해외송금(연간 6억 달러 정도임)을 차단하고 중국으로부터의 석유 공급을 중단한다.

제3단계: 북한의 모든 해상 출입로를 봉쇄한다. 그렇게 되면 북한은 유엔을 상대로 한 일종의 전면전 상태에 들어가게 된다.

이 유엔 제재안* 대로라면 중국은 제2단계에서 북한에 식량과 에너지 공급을 중단해야 하는 의무를 지게 된다. 한반도에서 전쟁의 위기가 구체화되자 중국은 자국의 접경지역에서 어쩔 수 없이 대규모의 무력분쟁에 개입해야 하는 중대한 사태에 대해서 기본적인 입장을 재정립해 놓아야 하는 지경에 직면하게 된 것이다. 그러나 중국은 1994년 당시, 어떤 이유에서건 자국의 접경지역에서(미국을 상대로 한) 대규모의 무력분쟁에 개입해야 하는 선택을 받아들일 수는 없었다.

중국은 북한에 유엔 안보리 제재안에 중국이 더 이상 거부권을 행사할 수 없으니 북한은 핵 문제에 관한(핵무기의 개발을 중지하라는) 국제사회의 여론을 받아들이든지, 그렇지 않으면 북한이 계속 핵무기를 개발하는 경우에 일어나는 사태에 대해서 중국이 더 이상 북한을 보호해 줄 수 없는 상황을 감수하든지 양자택일할 것을 북한에 촉구하였다는 사실을 6월 10일에 한·미·일 3국의 외교관에게 통보하였다.

이러한 중국의 중요한 외교적 통보는 이 예민한 상황에서 중국이 미국의 정책에 협력하겠다는 의사를 밝힌 것이라고 해석하는 것은 당연하다[293]. 그리고 이러한 중국의 북한에 대한 메시지의 가장 중요한 의미는 한반도 내에서 북한의 어떤 무력적 도발도 중국이 지원하거나 용인하지 않겠다는 것이다. 또한 중국의 미국에 대한 메시지는 미국의 북한에 대한 응징과 제재에 중국이 더 이상 반대하지 않으리라는 것도 된다.

'돈 오버도퍼'는 중국의 이러한 중요한 정책 변화가 "중국의 인권상황과는 관계 없이 중국에 무역 최혜국 대우를 연장하겠다."는 미국 대통령 클린턴의 발표(5월 29

일)에서 촉발된 것이라고 쓰고 있다[294]. 그러나 개인적으로 이러한 견해에 나는 동의할 수 없다. 어찌 됐든 한반도 문제와 관련해서 미국과 중국의 입장이 이만큼 접근한 때는 그 이전에도 그 이후에도 없었다. 앞으로 우리가 북핵 문제뿐만이 아니라 북한을 다루는 모든 정책에서 중국과 미국이 전략적 협력 관계로 돌아와 정책적으로 접근해 있는 것이 문제 해결을 할 수 있는 가장 중요한 요건이라는 것을 반드시 기억해 두어야만 할 것이다.

김일성이 이런 상황에서 남측에 대한 선제기습공격을 감행한다는 것은 그가 사리분별을 할 수 있는 정상적인 정신상태에 있는 한, 사실상 불가능한 일이다. 즉, 6월 16일 당시에 북한은 절대로 남한에 선제기습공격을 감행할 수 없는 상황에 처해 있었다.

그러면 두 번째 경우로서, 1994년 당시, 미국 정부가 그 10년 후의 이라크에서 한 것처럼 북한에 대한 선제공격先制攻擊을 할 수 있었을까? 하는 문제를 생각해 보자.

우선 국제법적 시각에서 볼 때 아무리 김일성이 사용 후 연료봉에서 플루토늄을 채취하는 행위가 위법하고 위험하다고 해도 그것만을 가지고 영변 핵 시설을 폭격하거나 북한의 중요 군사기지를 정밀 폭격하는 행위가 적법화되기는 어려울 것이다. 물론 미국이 제안한 유엔 안보리의 북한 제재를 위한 결의안이 통과되고 그 제3단계 정도에 이르면 그 안보리의 결의를 근거로 북한에 대한 적극적 무력 제재가 가능하게 될 것이나, 6월 16일 당시에는 아직 그런 안보리 결의가 유엔에서 채택되기도 전이므로 미국의 선제공격은 합법화될 수 없고 따라서 불가능하다.

2003년 3월, 미국과 영국이 이라크를 선제공격할 때 그들은 후세인의 안보리 결의 1441호 위반을 이유로 3월 17일 최후통첩을 보내고 48시간 후인 3월 19일에 선제공격에 들어갔다. 그러나 당시 프랑스가 이의를 제기한 것처럼 안보리 1441호만을 가지고는 이라크에 대한 무력공격이 합법화되기는 어렵다. 아랍의 9·11테러 이후 고양된 조지 부시의 정치력이 배경으로 되고, 미국 내의 어용御用 국제법 학자들이 '선제적 자위권'이라는 새로운 이론을 다소 무리하게 만들어 내서 겨우 합리화시킨 이 이라크 침공은 미국이 끝내 후세인의 대량파괴무기(WMD)를 발견해 내지 못함으로써 그 적법성 논란에서 지금까지도 벗어나지를 못하고 있다.

빌 클린턴

1994년 당시의 미국 대통령인 빌 클린턴은 2003년의 조지 부시와는 다른 민주당 대통령이라는 것 말고도 개인적 성향에서 조지 부시는 판이한 인간이고, 9·11테러 사건과 같은 것으로 고무되어 있지도 않았으므로 당시에 군사적으로는 북한 영변 핵 시설을 정밀 폭격하는 것이 아무리 전술적으로 요구되는 중요한 필수적 방책으로 떠오른다고 해도 그런 선제공격을 감행할 가능성은 거의 없었다.

더구나 북한에 대한 이런 공격은 한국 정부의 사전 동의가 필수적인 바, 통일 문제 및 북핵 문제 전체에 대한 일관되고 정리된 정책적인 소신을 갖지 못한 한국 정부가 미국의 요구가 있을 때 이를 적시에 동의하기는 어려운 일이었다고 보아야 할 것이다. 결론적으로 미국 정부는 그때로부터 10년 후에 이라크에서 한 것처럼 1994년 당시에는 북한에 대한 선제공격先制攻擊을 하지 않았을 것이다.

결국 당시 한반도에서 전쟁 발발의 원인이 되는 두 가지의 가능성이 논리적으로 모두 확실하게 배제되었으므로 1994년 6월에 한반도에서 전쟁은 절대로 일어나지 않았을 것이라는 결론으로 돌아온다.

그러므로 6월 16일 아침, 김일성과 회견을 끝내자마자 CNN의 생중계 카메라 앞에 나서서 전 세계를 향해 "나는 일촉즉발로 임박한 한반도의 전쟁 위기를 극적으로 해소시켰다."고 선언한 카터는 아주 중대한 거짓말을 한 것이며, 그의 생래적으로 위선적인 성품 때문에 사실의 근거가 전혀 없는 '평화 사도使徒 쇼'를 과장되게 연출한 것일 뿐이다. 그는 이 과장된 '쇼'를 벌인 공적(?)으로 2002년에 노벨 평화상을 수상한다.

듣기에 지미 카터는 독실한 침례교 신자이며 대통령이 된 이후에도 주일학교 교사로서의 직분을 수행할 정도로 아주 특이한 종교인의 면모가 있는 사람이라고 한다. 그러므로 그가 그의 부적절한 '평화 사도 쇼'가 논리 필연적으로 내포하는 진실에 반하는 심각한 내용을 잘 인식하고 있었다고는 생각하기가 어렵다. 그는 '자기가 무엇을 행하고 있는지를 잘 모르면서' 이런 위선적인 행동을 했을 것이다.

그러나 그가 그날 전 세계 사람들에게 보고해야 할 정확한 진실은 "나는 오늘 독재자 김일성의 핵 무장 의도를 저지하기 위한 미국의 정당한 수단들을 더 이상 쓸 수 없도록 완전히 봉쇄하는 중대한 조치를 결정하였습니다."라는 것이어야 했다.

김일성은 이 카터와의 회담으로 그가 거기까지 위험스럽게 벌려 온 '벼랑 끝 작전'에서 얻고자 했던 거의 모든 것을 획득하고 안전하게 '벼랑에서 벗어날 수'가 있었다. 김일성은 확실하게 북한의 핵무장을 저지하려는 유엔과 미국 정부의 강력한 제재에서 실질적으로 벗어났을 뿐만 아니라, 계속해서 식량과 에너지와 그밖에 북한이 필요한 모든 것을 끌어낼 수 있는 미국과의 안전하고 명예로운 협상 테이블을 보장받았다. 이것은 김일성이 그다지도 공들여서 추진해 온 통미봉남通美封南 전략의 화려한 성공이다.

반면에 카터의 이 부적절한 '평화 사도 쇼'로 인해서 한국과 미국은 북한의 핵 무장 기도를 저지할 수 있는 모든 정당하고 합리적인 수단들을 가동할 수 있는 중요한 기회와 기반을 완전히 그리고 영원히 상실하고 말았다.

카터의 부적절한 '평화 사도 쇼'로 인해서 결국 무산되어 버린 '세 번째의 가능성'에 대해서 왜 그 가능성이 무산된 것이 한국과 미국이 북한의 핵 무장 기도를 저지할 수 있는 모든 정당하고 합리적인 수단들을 가동할 수 있는 '다시 돌아오기 어려운' 기회와 정당한 기반을 상실하게 한 것인지를 음미해야 한다.

1994년 6월, 당시의 상황만큼 미국이 한반도 문제에 관해서 진지한 태도를 가진 적은 없다. 물론 한국은 정확하게 자신의 정책과 의도에서라고는 말할 수 없으나 4천만 국민의 생명과 국가의 안위와 존망 자체를 담보로 김일성에게 우리가 그의 핵무장 의도를 절대로 용인할 수 없다는 그의 부당하고 사악한 의지에 굴복하지 않겠다는 메시지를 보내고 있었다. 그러므로 김일성은 그의 위험한 '벼랑 끝 작전'의 결과, 그 '벼랑'의 끝에 서게 된 것이다. 그는 자신의 정권이 강대국의 무력으로 와해, 제거되기 전에 핵개발 의지를 완전하고 불가역적不可逆的으로 포기하는 조치를 취하지 않을 수 없게 된 것이다. 북한이 무모한 무력적 도발을 하지 않는 한(그런 무력적 도발을 할 수 없는 상황이기도 하지만), 미국과 유엔은 북한에 대한 강력한 제재를 단계적으로 적용해 나갈 것이었다. 그렇게 되면 그것으로 북한 정권이 제거되지는 않겠지만, 우선 북한 핵 문제는 완전히 해결될 수 있었다.

북한 핵 위협이 제거만 된다면, 그 대부분의 국민을 생지옥에 몰아넣고 아사시키고 있는 이상한 미치광이들의 소굴에서 북한을 정상적인 정권으로 변화시킬 수 있는 기본적인 여건이 만들어지는 것이다. 우리의 북한에 대한 이 정당한 의지를 집요하게 막아서던 중국이 우리(한국과 미국)의 의지가 정당하다는 것을 거의 현실적으로 동의하고 있었던 참으로 귀중하고 드문 순간이었다.

만일 이 진지한 순간을 무위로 놓쳐 버린다면(결국 그렇게 되었지만) 김일성은 다시 미국과의 안전하고 명예로운 협상 테이블 앞으로 돌아와 한국 정부를 무시하고 그의 사악한 의지를 마음껏 펼칠 것이며, 결국 시간을 벌어서 핵탄두를 손에 쥐게 될 것이며, 어느 단계에 가면 세계 최강의 초강대국이라는 미국도 참혹하고 가열한 핵전쟁의 위험을 감수하지 않고는 더 이상 이 사악한 정권을 정당하게 다룰 수 있는 수단을 모두 상실하게 되는 것이다.

이것이 재임 중에 자기의 국민을 별로 감동시키지 못한 실패한 미국 대통령이었던 지미 카터의 허술한 '위선 쇼'가 가져온 아주 비싼 대가이다.

겁이 많고 비열하며 생래적으로 위선적이어서 '자기가 무엇을 행하고 있는지를 잘 모르면서' 이런 행동을 감행한 지미 카터야 그렇다고 치더라도, 이 위험한 순간에 하나하나 중요한 결심과 선택을 해나간 빌 클린턴 미국 대통령, 국무장관 그리고 한국의 김영삼 대통령, 외교, 국방, 통일원 장관 등 고위 정책 담당자, 그리고 미국과 한국 내의 모든 영향력 있는 여론 주도자들(Opinion Leader)은 두고두고 이 비싼 대가에 대한 심각한 역사적 책임을 면하기 어려울 것이다.

사. 김일성의 사망과 「제네바 합의」의 성립

카터의 김일성 면담은 어디까지나 "미국 정부의 공식 대표로서가 아닌 개인적인 자격에서"라는 것을 강조해 두었기 때문에 빌 클린턴은 적어도 논리적으로는 「카터-김일성 평양회담」의 결과를 모두 무시할 수 있었다. 그러나 빌 클린턴은 그렇게 하지 않았다. 아니 실질적으로 그렇게 할 수 없었다.

그리하여 「카터-김일성 평양회담」에서 김일성이 얻은 모든 전리품戰利品들은 모두 고스란히 살아났다.

북한의 핵무장을 저지하기 위한 유엔과 미국 정부의 강력한 제재들은 모두 '완전히' 철회되었고, 북핵 사태를 대응하기 위해서 한반도에 집중되어 있던 세계 최강, 최첨단인 미군의 군사력은 '모두' 철수되었다. 그리고 김일성은 계속해서 식량과 에너지와 그 밖에 북한이 필요한 모든 것을 끌어낼 수 있는 미국과의 안전하고 명예로운 협상 테이블, 즉 '제3차 미·북 공식협상'을 약속받았다. 이 협상의 1단계 회담은 1994년 7월 8일 스위스의 제네바에서 열렸다. 그러나 공교롭게도 바로 이날 김일성이 갑자기 사망했기 때문에 이 제3차 협상의 1단계 회담은 무산되었다. 그러나 김일성이 죽은 다음에도 김일성의 이 귀중한 전리품의 가치를 충분히 숙지하고 있었던 듯한 김정일에 의해서 후속회담[295]이 1994년 8월에서 10월까지 속개되었고 이른바 「제네바 합의」라는 것이 1994년 10월 21일 탄생된다.

1994년 6월 18일 「카터-김일성 평양회담」에서 부터 약 두 달 동안의 '미·북 간 협의'를 거친 후에 나타난 이 1994년 10월 21일 「제네바 합의」의 내용을 조금 종합적으로 음미해 보는 것이 필요하다.

<1994년 6월 18일 「카터-김일성 평양회담」 내용>

1. 북한은 일시적으로 핵 개발 계획을 동결凍結한다.
2. 북한은 IAEA 핵 사찰단의 북한 체류를 허용한다.
3. IAEA는 핵 감시 장비를 계속 가동한다.
4. 북한은 5MW 원자로에 새 연료봉을 장착하지 말 것이며,
이미 제거된 연료봉의 재처리 작업을 완전히 중단한다.
5. 미국 측은 경수로 원자로를 북한에 지원한다.

<1994년 8~10월 「미·북 간 협의」의 중요쟁점과 각 측의 입장>

쟁점	미국의 입장	북한의 주장
핵 시설 동결 1	모든 핵 개발 계획을 즉시 동결凍結한다.	경수로 지원을 보장하는 서한을 수령하면 그때 재처리 시설을 동결한다.
핵 시설 동결 2	건설 중인 50, 200MW 흑연로 건설을 중단한다.	50MW 원자로는 장전하여 가동한다.
특별사찰	북한은 IAEA 핵 특별사찰을 즉시 받을 것.	특별 사찰은 절대 불가
5MW 연료봉	재처리를 중단하고 국외로 반출할 것.	재처리는 중단하나 국외 반출은 불가하다. 영변에 보관한다.
기존 핵시설 해체	경수로 건설 시작과 동시에 기존 핵시설을 해체한다.	경수로가 가동할 때 기존 핵시설을 해체한다. 경수로가 완공되고 가동을 시작하지 않는 한 핵시설 해체는 없다.
비핵확산 선언 이행	비핵확산 선언을 하고 이를 이행한다.	비핵확산 선언의 이행에 관한 의사를 표명한다.
남북 대화	남북 대화의 재개를 약속한다.	남북 대화의 재개는 절대 불가하다.
중유 지원	5MW 원자로 가동 중단에 따른 에너지를 미국이 지원한다.	경수로 완공 시까지 미국은 매년 중유 50만 톤을 북한에 제공한다.

<1994년 10월 21일 「미·북 제네바 합의」의 내용>

쟁점	합의된 내용	비교
핵 시설 동결	모든 핵 시설의 동결凍結에 합의한다.	미국
특별 사찰	경수로가 완공될 때까지 특별 사찰을 보류.	북한
연료봉	재처리는 중단하나 영변에 보관한다.	북한
핵시설 해체	경수로 완공 시까지 핵시설 해체를 보류한다.	북한
비핵화 선언	모호한 문구로 비핵화 의사를 표명.	북한
남북 대화	구속력 없는 문구로 남북 대화를 언급.	북한
중유 지원	미국은 매년 중유 50만 톤을 북한에 지원.	북한

위의 비교에서 볼 수 있는 것처럼 1994년 10월 21일 「미·북 제네바 합의」에서는 핵 시설을 동결한다는 원칙에 합의한 것을 제외하고 모든 실질적 쟁점에서 북한 측의 입장이 관철되어 있다. 즉 이 「미·북 제네바 합의」로는 경수로 완공 시까지 IAEA 특별사찰도 불가하고 핵시설 해체도 보류됨으로써 북한의 핵 개발 활동을 실질적으로 허용해야 하는 체제가 성립된 것이다.

「미·북 제네바 합의」에 따라서 1995년 3월 9일, 북한에 경수로 제공을 위한 한반도 에너지개발기구(KEDO)가 설립되었고, 2000년 2월 3일부터 북한 경수로 건설 공사가 시작되었으나, 우여곡절 끝에 이 계획 자체가 2005년 11월에 모두 전면 폐기되었다. 2002년 10월 북한의 우라늄 농축 작업이 추궁됨으로써 「미·북 제네바 합의」가 깨질 때까지 약 8년 동안이나 미국이 매년 50만 톤의 중유를 북한에 공급하였으며, 경수로 건설계획을 수행하고 종료하는 과정에서 한국 정부가 약 17억 달러(부담금 12억, 청산비용 5억 달러)를 부담하였음에도 불구하고 1994년부터 2002년 10월, 이 가식적인 1994년 「미·북 제네바 합의」 체제가 종식될 때까지 북한의 핵 개발 활동은 아무런 제재도 받지 않고 완전히 방치되어 있었으며, 오히려 한국의 적지 않는 외화外貨와 미국에서 매년 막대한 양(50만 톤)의 중유重油를 지원받는 북한에 의해서 실제로는 더욱 활발하고 꾸준히 추진되어 온 것이다.

이것이 「미·북 제네바 합의」의 결과이며, 더 거슬러 올라가면 1994년 「카터-김일성 평양회담」가 가져온 비싼 대가이다. 1994년 7월 8일 갑자기 사망한 김일성은 죽기 전에 이런 결과를 예견했을까?

사실 이런 결과는 단순히 핵 개발 문제를 가지고 통미봉남의 돌파구를 마련한다는 김일성의 주도면밀한 전략적 계획만으로 이루어질 수 있는 것은 아니다.

북한 핵 문제를 세계 전략상 핵확산 금지의 과제로만 보고 있는 미국의 시각과 한반도에서의 핵전쟁을 막고 핵 무장을 갖춘 북한과의 대화를 통해서 북한지역을 자유와 법치의 정상적인 체제로 변화시켜야 한다는 어려운 과제를 가지고 있는 한국과의 시각의 차이가 필연적으로 가져오는 불협화와 긴장이, 그리고 안타깝게도 한국 정부의 통치권자(대통령)나 중요한 정책 결정자들이 가지고 있는 상황 인식의 미숙과 도덕적 신념의 부족 등이 결합하여 이런 결과를 가지고 온 것이라는 것을 우리는 알아야 한다.

지금 이런 글을 쓰고 있는 이유는, 중요한 시기에 대한민국의 통치권자(대통령)나 중요한 정책 결정자로서 어려운 선택과 결정을 해야 했던 사람들을 한가롭게 비난하려는 의도에서가 아니다. 다만 과거의 실수失手를 실수로 알아차려야 그 실수에서 값비싼 지침과 교훈을 얻어낼 수 있다는 생각에서 중요한 문제들을 제기하고 이 글을 읽는 독자들과 함께 확인하려 하는 것이다.

문제는 북한에 대한 경수로 지원이다. 핵 문제를 조금이라도 이해하는 전문가들은 핵 폐기의 대가로 경수로를 북한에 제공하는 것은 핵 문제를 해결하기보다는 이를 더욱 복잡하고 심각하게 만드는 위험성을 내포하고 있다고 보고 있다[296].

핵 시설 폐기의 대가로 북한에 경수로를 지원하는 문제는 1993년 7월 「미·북 간 제네바 제2차 합의」에서 이미 나타나고 있다. 그러므로 미국이나 한국이 이 문제에 관해서 심각하게 정책적 검토를 할 만한 충분한 시간이 있었다고 볼 수 있다. 미국 측은 북한의 기술적 수준을 감안하여 현실적인 안목에서 북한 측의 이러한 요구에 대해서 원칙적으로 부정적인 입장을 견지했던 것으로 알려졌다. 로버트 갈루치는 1993년 제네바 미·북 제2차 공식 협상에서 이 문제를 고집하는 강석주의 주장을 일곱 번이나 거절했다고 한다. 그러나 1994년 「제네바 합의」에서 경수로 문제가 필수적 요건으로 취급되게 된 데에는 한국 측의 책임이 크다.

또 하나의 문제는 당시 한국 김영삼 대통령의 대응이었다.

본래 그는 카터의 방북을 극도로 못마땅하게 보았었지만, 김일성의 정상회담 제의가 나오자 그의 태도는 갑자기 바뀌었다. 김영삼 대통령은 정치적 결단(?)으로 북한에 대한 경수로 지원을 수락한 것이다.

이때 한국 정부 측에서는 이 문제에 관해 전문가들에 의한 철저한 검증과 검토가 전혀 이뤄지지 않았다. 그리고 한국 정부의 이러한 재빠른(아주 경솔한) 결단은 핵 문제 협상에서 북한에게는 든든한 보루堡壘가 되었으나, 미국에는 상당한 부담을 주었다고 본다. 김영삼 대통령이 그처럼 감동한 이 정상회담은 7월 8일 김일성의 사망으로 결국 성사되지 못했다. 다만 북핵 문제는 북한에 안전하고 유익한 시간을 보장하는 선으로 다시 돌아가 있었으며, 한국은 천문학적 비용이 드는 경수로를 북한에 제공한다는 커다란 부담을 이행해야 하는 입장으로 갑자기 낙착되었다.

북한에 '퍼주기 외교'를 한 것으로 알려진 김대중 대통령이 정상회담 등을 성사시키기 위해 북측에 몰래 송금한 돈(대북송금사건)은 5억 달러 정도인 것으로 알려졌다. 그러나 북한에 대한 강경 외교를 관철시켰다는 김영삼 대통령은 그의 탁월한(?) '정치적 감각' 때문에 그보다 3배가 훨씬 넘는 돈(17억 달러)을 10년에 걸쳐서 아무런 성과도 없이 북한에 쏟아 부은 결과가 된다.

3. 「제네바 합의」 체제:
진실을 외면한 8년간의 가식적 평화

무엇보다 가장 먼저 지적되어야 할 문제는 1994년 「제네바 합의」 체제의 '허구성'이다. '허구성'이란 표현은 아무래도 모호하다. "관련된 모든 사람들이 아주 핵심적인 문제가 잘못되고 있다는 것을 알면서도 '모른 체한' 가식적인 태도"라고 말해야 할 것 같다.

앞에서 「미·북 제네바 합의」는

　　　－ 경수로 완공시까지 IAEA 특별사찰도 불가하고

　　　－ 핵 시설 해체도 보류함으로써 북한의 핵 개발 활동을 '실질적으로 허용해야

　　　　하는' 체제

라고 지적한 바 있다.

이것이 「미·북 제네바 합의」가 가지고 있는 움직일 수 없는 '진실'이지만, 이 '합의'는 이러한 '진실'을 보고 싶지 않은 사람들이 스스로 눈을 가리며 이를 외면하면서 "북한은 핵 개발을 결국 포기할 것"이라는 기대 속에 진행시키는 '허구적인 프로젝트'의 구조에 매달릴 수 있도록 허구적으로 꾸며져 있었다.

북한에 불가역적으로 핵 개발을 포기하는 구체적 조치를 강요하는 조항은 「미·북 제네바 합의」 어디에도 없었기 때문에 진정으로 "북한이 핵 개발을 포기할 의사가 없으면 북한이 핵 개발을 포기할 것"이라는 기대 속에 진행시키는 허구적인, 가식적인 프로젝트 였다.

　－ 미국과 한국의 돈이 얼마나 많이 들어갔는가? 하는 것과 상관없이,

　－ 이들이 북한의 핵 무장을 결정적으로 저지시킬 기회를 위해서 남아 있는 귀중한 시간을 얼마나 허비했는가? 하는 것도 상관없이,

　「미·북 제네바 합의」의 체제 안에서 북한은 핵 개발 활동을 얼마든지 계속할

수 있었다.

다만 미국이나 한국의 '근거는 없지만' 절실한 기대를 너무 일찍 깨뜨리지 않기 위해 북한은 그들의 핵 개발 활동을 '은밀하게 한다'는 주의를 게을리하지 않기만 하면 되는 것이었다.

'북한은 핵 개발을 결국 포기할 것'이라는 전혀 근거 없는 기대 속에 진행하는 허구적인 프로젝트의 가식적 구조란,

      ① 경수로의 건설

      ② 중유 제공

      ③ 미북 관계의 개선

      ④ 명목적인 핵 시설 동결

들이다.

1994년 「제네바 합의」 체제의 허구적이며 가식적인 구조는 2002년 10월 3일까지 약 8년 동안 계속 유지되었다.

8년 동안 '북한은 핵 개발을 결국 포기할 것'이라는 기대 속에 미국과 대한민국 그리고 전 세계의 평화를 사랑하는 사람들은 북핵 문제를 8년 동안 걱정하지 않고(?) 살 수 있었던 셈이다. 그리고 그 8년 동안 북한은 핵 개발 활동을 '얼마든지' 계속할 수 있었다.

1994년 10월 21일 「미·북 제네바 합의」 성립 시부터 2002년 10월 4일 북한이 고농축 우라늄(High Enriched Uranium; HEU) 추출을 시인함으로써 허구적이며 가식적인 '핵 안정기(?)'가 끝날 때까지는 한국의 김영삼 정부와 김대중 정부의 초반기가 북한을 상대하고 있었다. 이 시기는 소련 및 동구권의 사회주의체제가 붕괴하고 중국, 베트남 등 동아시아 사회주의체제가 개혁개방으로 그 생존 체계를 전환해 가는 시기였다.

국제관계적 상황의 대전환기를 맞아서 북한은 김일성이 '핵 무장을 위한 핵 개발'이라는 새로운 생존전략을 선택하고, 남한을 제치고 미국과 대등한 수준으로

초강수의 '벼랑 끝 전술'을 구사하여 한반도에서 '살아남기 위한' 치열한 정치적 게임을 시작한 때이기도 하다.

한국 정부도 이른바 '탈냉전 시기'에 걸맞은 새로운 정치적 자세의 전환을 일찍이 노태우 정권에서 시도하여 1992년 중국과 수교하는 성과를 내어놓기도 하였다.

핵 무장을 시도한다는 위험하고 무리한 북한의 새로운 생존전략에 맞서서, 그리고 급하게 변화해 가는 국제정치적 상황에 대응하기 위해서 한국으로서는 최소한도 김일성보다 더 심각하게 당연히 진지한 숙고 끝에 정확한 변화의 자세를 갖추어 가야만 하는 시기였다.

가장 바람직하기로는 미국, 일본 및 중국 등 주변 관계국들과의 세밀하게 조율된 공조 노력을 강구하여 북한의 핵 개발 의도를 초기 단계에 확실하게 포기하게 하고, 그들을 중국이나 베트남과 같은 개혁 개방의 생존체계로 유도함으로써 "한반도 통일의 과정을 연착륙시키겠다."는 명확한 정치적 목표를 세우고 신중하고도 세밀한 정책적 대응을 단계적으로 진지하게 실천해 가야만 하는 것이었다.

그러나 김영삼과 김대중은 그렇게 하지 않았다.

이 글을 쓰다 보니 하나의 '슬프면서도 재미있는 사실'을 발견하게 되었다. 대북 강경 정책 일변도로 일관한 김영삼 대통령은 그의 첫 번째 통일부 장관으로 극렬한 반미주의자이며, 신좌파 인사인 한완상을 기용하였다는 것을 이미 언급하였거니와, 극단적인 좌파 대북 포용정책으로 일관한 김대중 대통령은 그의 첫 번째 통일부 장관으로 분명한 우파 보수 인사인 강인덕을 기용하였다.

통일에 대한 두 대통령의 심각하게 혼돈된 인식을 나타내는 증거라고 생각된다.

김일성과 이어서 김정일이 북한에서 굶어 죽는 주민들의 참상은 돌아보지도 않고 말도 안 되는 핵무장 정책을 집요하게 추진하는 동안, 대한민국 안에서는 김영삼 대통령과 김대중 대통령이 한반도 통일을 위한 모든 값진 기회들을 무식하고, 경솔하며, 감정적인 통치로 모두 상실해 버렸다. 그 당시나 지금이나 대한민국 안에서 그들의 매우 잘못되고 가식적인 국가 리더십을 진지하게 문제 삼는 사람은 실질적으로 아무도 없다.

적어도 한국 내에서는 언론도, 전문가(Opinion Leader)들도, 학자들도 모른 체하고 지나갔다. 우방인 미국만이 결정적인 순간마다 당황해 하고 어쩔 줄 몰라 했다. 일본의 지식인들은 좀 너무하다고 싶을 때마다 딱하다는 눈길을 보냈다. 이것이 그 8년 동안 한반도의 모습이었다.

가. 「제네바 합의」체제 기간 중 김영삼 정부의 대북한 정책

한국의 김영삼 대통령은

- 통일 정책에서 주변 관계국과의 공조 노력을 강구하려는 성실한 의지를 보이 지도 않았으며,
- 북한에 대해서 외형적이고 단순한 강경 일변도 정책을 구사함으로써 적어도 1994년 6월 한반도 전쟁 위기 이후에 북한을 협상의 상대로 포용하려는 빌 클린턴 대통령의 미국 정부와 정책적 협력조차도 제대로 이루어가지 못했다.
- 조변석개로 변화되어 전혀 일관되지 않고 내용이 없이 경직되어 있기만 한 그 의 대북한 정책은 클린턴 정부에서 "골칫거리는 북한이 아니라 김영삼의 한국 정부"라는 평을 들을 정도로 유치한 단계에 머물러 있었다.

김영삼 대통령의 대북 정책이 이처럼 유치한 단계에 머무르게 된 원인으로는;

　　① 북한 체제의 붕괴 가능성에 대한 거의 검증되지 않은, 맹목적인 기대를 가지 고 있었다.

　　② 단기적 흡수통일을 지향하는 성급하고 몰지각한 정책 의지를 표출하였다.

　　③ 탈냉전 시기에 변화하는 국제환경에 대한 철저한 상황인식이 결여되어 있었다.

　　④ 북한을 자유, 인권, 법치가 존중되는 자유민주주의 체제로 변화시키겠다는 명확한 정치적 의지나 신념이 없었다.

라는 것 등을 들 수 있다.

특히 1997년에 북한의 고위 정치인(노동당 비서) 황장엽이 남한으로 망명하였다. 이는 북한의 진실된 상황을 모르는 대한민국 국민에게 북한 정권의 모순된 실상을 알리고 북한 동포들의 고통스러운 시련을 이해하게 할 수 있는 좋은 계기가 되는 사건이었다.

대한민국 대통령은 이러한 사건을, 북한을 올바른 체제로 변화시킴으로써 한반도 통일에의 길로 나아가는 하나의 전환점으로 삼아야 하는 것이었다.

그러나 김영삼은 외환 위기와 같은 현안의 과제를 당면하여 예의 그 유치한 정치적 감각에만 의존한 '아마추어적 대응'으로 이미 상당한 정치적 곤경에 빠져들고 있었으므로 북한 문제와 같은 중대한 민족적인 과제를 다룰만한 여력이 전혀 없었다.

한마디로 말해서 그 당시 대한민국 대통령 김영삼은 북한의 김일성이나 김정일보다 진지하지도, 치열하지도, 신중하지도 못했다. 그는 자신의 정치적 감각만을 과신하여 "여론에만 지나치게 민감한 허영심에 찬 무책임하고 어리석은" 대통령이었을 뿐이었다.

나. 「제네바 합의」 체제 기간 중 김대중 정부의 대북한 정책

김대중 정부는 1998년 2월 25일 출범했고, 2003년에 임기가 만료되었다. 그러므로 김대중 정부는 1994년 「미·북 제네바 합의」 체제의 후반기로부터 2003년 봄에 '2차 북핵 위기'가 시작될 때까지 한국의 대북한 정책을 추진한 주체가 된다.

그런데 김대중의 대북 정책은, 강경 일변도로 초지일관한 그 전임자 김영삼의 정책과는 정반대인 '대북 화해협력정책'이다. 이는 '선 평화 후 통일'을 통일의 기본 원칙으로 세우고, 북한과의 교류를 기반으로 한 화해, 협력을 강조한 정책이다.

김대중은 통일 방법론으로, 평화공존, 평화교류, 평화통일이라는 3원칙에 따라 연방제 단계→완전 통일의 단계를 거치는 점진적 통일 방식을 구상하고, 대통령으로 당선된 후 김정일과의 정상회담을 제안하여 2000년 6월 15일 이를 성사시켰다.

김대중의 화해협력정책은, 교류협력을 증진하면 북한이 반드시 변화할 것이라는 기본적 사고를 전제로 해서 입안되고 시행된 것이었다. 그러나 김대중 정부의 이러한 대북정책은 대북인식에서 심각한 오류를 범하고 있었다. 김대중의 인식과 방법은 북한 체제의 본질과 북한의 실상을 전혀 도외시하고 있다는 결정적인 문제를 가지고 있었다.

1985년부터 북한은 식량이 절대적으로 부족한 상태였다. 1990년 소련의 붕괴로 소련으로부터의 석유 공급이 중단되면서 북한 산업시설 가동이 떨어졌고, 이는 북한 전역에서 배급 중단 사태로 이어졌다. 주민 수백만 명이 굶어 죽는 대참극이 벌어졌다. 당시(1993년) 북한은 일반 주민은 물론 국가안전보위부, 군부, 노동당, 평양시민에 대한 배급마저 중단돼 사실상 국가 마비상태에 들어갔다. 보위부 요원들도 식량 구걸에 나서야 할 만큼 긴박했던 1990년대 중반, 북한의 대아사^大餓死 시기에 북·중 국경은 주민들의 탈출 러시로 봇물 터지듯 무너졌고 순식간에 중국으로 몰려간 북한 주민은 약 50만 명에 이르렀다.

1989년 3월에 방북하여 1990년까지 북한에서 체류한 경험을 바탕으로 쓴 소설 『바리데기』에서 소설가 황석영은, 식량 증산을 도모하기 위해서 북한의 모든 산악지대를 화전^{火田}으로 만든다는 식량 정책을 위해 북한 정권이 그 전 지역의 산림을 불태워서 몇 달 동안이나 북한 전역의 산들

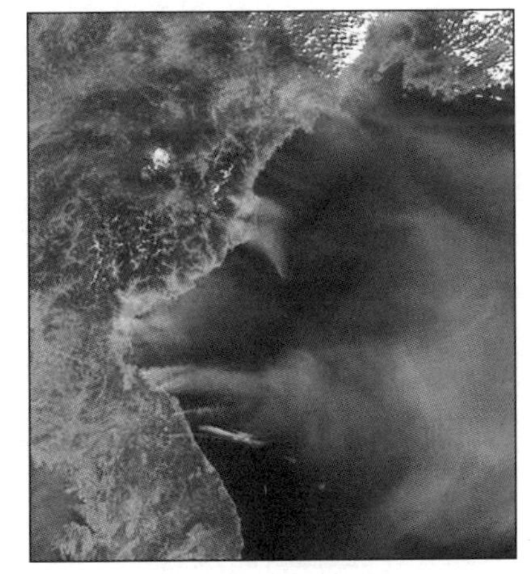

불타고 있는 북한의 산들

이 불에 타고 있는 모습을 묘사하고 있다.

북한은 완전한 김일성 일인 독재체제이며, 1997년 김대중이 대통령으로 당선되기 이전부터 동유럽의 사회주의 국가들이 줄을 이어 도태되는 탈냉전 시기를 맞아 가장 위험하고 무리한 생존전략인 '핵무장을 위한 핵개발 정책'을 추구하고 있었다.

더구나 김일성 사후 김정일이 집권하자 국정 전반에 걸친 정책의 실수가 연달았다. 식량 부족을 해결하기 위해서는 경작면적을 늘려야 한다고 해서 김정일은 산림을 불태워서 북한의 산악지대를 화전火田으로 만드는 사업을 결정하고, 국토를 황폐화하는 이 어리석은 정책을 정말로, 그의 독재적 명령하에 북한 전역에 걸쳐서 시행하였다. 그 결과로 북한 산악지대의 산림은 전면 훼손되었다.

산악지대의 산림이 훼손됨에 따라 북한은 계속되는 홍수와 한발의 피해를 입게 되고, 급기야 극도의 궁핍과 식량 부족 등으로 파탄 직전에까지 내몰리고 있었다. 북한 당국은 1998년 김대중 정부와의 협력이 본격화되면서 남한으로부터의 식량 지원이 가시화되자 비로소 국가보위부와 인민보안부 및 군부에 남한 식량을 긴급 투입함으로써 무너진 공권력을 겨우 다시 세웠다.

김대중이 대통령으로 집권하기 직전인 1997년에 북한 최고위직인 노동당 비서 황장엽이 망명을 결행할 정도이니, 그 당시 북한의 국가적 체제가 극한적인 파국의 상황으로 가고 있었다는 것은 국가운영에 관한 아주 초보적인 지식이나 경험이 없는 사람이라도 충분히 짐작할 수 있었다.

황장엽

황장엽은 1997년 망명 당시 "김정일 정권은 3년 이내에 붕괴할 것이다."라고 예언하였다. 그러나 1998년 2월, 남한에 김대중 정권이 들어서자, 그의 정부 출범 직후부터 추진된 햇볕정책(대북 경제지원 및 금강산 관광사업 등)으로 북한 김정일은 기사회생起死回生하였다.

"김정일 정권은 3년 이내에 붕괴하지 않았다."

황장엽은 김정일 정권에 대해서는 그 실상을 정확히 알고 있었으나 남한에 김대중 정부 같은 '이상한 정권'이 들어설 줄은 몰랐다. 그가 망명을 결행한 지 3년이 되는 2000년 6월에 김대중과 김정일은 평양에서 정상회담을 가진다. 이는 남북이 분단된 이후 최초의 남북정상회담으로, 여기서 김대중과 김정일은 '낮은 단계의 연방제'를 골자로 하는 통일방안에 합의하여 「6·15 남북 공동선언」을 발표하고 개성공단 설립에도 합의한다.

김대중의 햇볕정책이 추진됨으로써 남북한 간에 경제, 사회, 문화, 체육 등 각 분야를 걸쳐서 협력과 교류가 늘어났다든지, 이산가족 교환 방문이 원활하게 이루어졌다든지, 꿈에도 그리던 금강산을 우리 남한 사람들도 볼 수 있게 되었다든지 하는 등의 성과(?)를 '통일로 가는 의미 있는 진전'으로 보고 이를 높이 평가하거나, 최소한도 대북한 정책으로서 중요한 기여를 했다는 정도로 긍정적으로 보는 견해도 있다. 그러나 김대중 대통령의 햇볕정책은 근본적으로 앞에서 지적한 것처럼 비논리적인 좌경화된 생각 위에서 입안되고 실천된 것이기 때문에 북한 정권을 변화시켜서 한반도 통일을 이룩해야 하는 대한민국의 긴급한 국가적 과제에 대한 우리의 노력과 자세를 근본적으로 훼손시켜 놓았다.

북한은 끊임없이 남한 배제정책을 지속하여 김대중 대통령이 집권한 첫해 8월에는 대포동 미사일을 발사하였고, 집권 이듬해(1999년)와 그 중반(2002년)에는 북방한계선(NLL)을 무력으로 침공하여 「1차 서해교전」과 「2차 연평해전」 등 두 번이나 휴전 이후 전에 없이 남한에 대한 무력적 공격을 감행하였다.

그 집권 말기(2002년 10월)에는 자기들이 고농축 우라늄(HEU) 추출 작업을 비밀리에 실행해 왔다는 것을 공개적으로 인정함으로써 핵 무장의 집요한 의지를 드러내었다.

남한, 즉 대한민국에 대한 북한 정권의 이러한 도발적 적대적 정책이 김대중의 집권 기간에 노골적으로 계속되었음에도 김대중은 자신의 잘못된 대북 인식에 기초해서 과감(?)하고 획기적(?)인 햇볕정책을 일관되게 추구하였다.

그가 국가 정책을 전문적인 견해로 검증하는 모든 민주적이고 합리적인 의사결정 절차를 차단하는 독선적이고 비민주적인 시스템을 가동하고 있었던 것은 그의 전임자 김영삼과 매우 흡사하였으나 단순하고 솔직한 김영삼보다 더 집요하고, 노회하고, 또한 은밀한 면이 있다는 점이 그와는 구별되는 면모였다고 평가될 수 있다.

예컨대 현대의 대북 7대 사업권 구입을 위한 송금액 중 일부를 빼내어 현금 5억 달러를 정상회담의 대가로 북측(김정일)에 비밀리에 건네준 것으로 밝혀져 햇볕정책에 투명성이 부족했다는 주장이 나와 있다. 그러나 그의 집권 기간이나 후속 정부에서나 이 사건의 전모를 밝히고 사법적 처리를 완결하는 마무리는 끝내 이루어지지 않았다.

그는 자신의 잘못된 대북정책에 대한 비판적 견해나 그러한 견해를 가진 사람들을 반통일세력 내지 수구세력으로 매도하면서 끝까지 탄압하고 말살시켰다.

「6·15 남북 공동선언」에서 미전향 장기수를 북한으로 돌려보내는 문제만을 강조하고 국군포로나 납북자들을 송환하는 문제를 전혀 다루고 있지 않은 점들을 지적하여 상호성을 결여한 합의가 아니냐? 하는 비판을 하는 것쯤은 북한에 대한 김대중의 근본적인 인식 착오와 국가 이념을 부정하는 등 용서할 수 없는 여러 가지 중대한 범죄적 정책들에 비하면 사실 아주 지엽적이고 주변적인 문제만을 거론하는 것이 된다.

4. 제2차 및 제3차 북핵 위기 시에 한국 정부의 대응

가. 북핵 위기의 개관

1992년 9월 미국 CIA가 영변 '방사화학실험실'의 비밀을 CIA의 첩보위성 사진으로 폭로하자, 1993년 북한은 핵확산금지조약을 탈퇴할 것이라 위협한다. 이때가 '1차 북핵 위기'이다. 이때의 위기는 1994년 6월 김일성-지미 카터 회담 이후 열린 북미 간 협상에서 「제네바 합의」가 체결됨으로써 일단 해소된다.

그러나 2002년 10월 17일 북한이 고농축 우라늄(High Enriched Uranium; HEU) 추출을 시인 발표하고, 이어서 2003년 1월 10일, 핵확산금지조약에서 탈퇴함으로써 한반도와 주변국에 중대한 안보문제가 다시 야기된다.

이렇게 해서 "북한은 핵 개발을 결국 포기할 것"이라는 기대는 근거가 없는 것임이 판명되었다. 허구적인 1994년 「제네바 합의」 체제는 간단히 사라졌다. 그 가식적인 8년간의 평화도 사라졌다. 그리고 북핵 문제는 1994년 6월 「카터-김일성 평양회담」 이전으로 돌아간 셈이다. 이 사건을 계기로 2003년 8월부터 이른바 「6자회담」이 시작된다. 이 사건을 흔히 '2차 북핵 위기'라고 한다.

「6자회담」이 진행 중이던 2006년 10월 9일, 북한이 제1차 핵실험을 실시한다. 북한은 2009년 4월 5일 장거리로켓 시험발사를 하고, 5월 25일에는 제2차 핵실험을 실시했다. 이미 2009년 4월 29일 ICBM도 발사했다. 이어서 2013년 2월 12일 제3차 핵실험을 강행, 실시했다. 이를 '3차 북핵 위기'라고 한다. 1, 2차 북핵 위기 때와는 달리 북한의 입장이 '핵실험 단계'에서 '핵무기 보유단계'로 바뀐 상황이다.

제2차 및 제3차 북핵 위기의 기간은 2003년 8월부터 편의상 2013년 2월 12일 북한의 제3차 핵실험까지의 기간으로 본다고 해도 이 동안 한국 정부를 이끈 대

제임스 켈리

통령은 노무현, 이명박이다. 박근혜는 2013년 2월 25일에 임기가 시작되었으므로 서술의 편의상 제외하고 따로 고찰하겠다.

여기 제5장에서는 제2차 및 제3차 북핵 위기 시에 한국 정부가 북한의 핵 개발 시도에 어떻게 대응해 왔는가를 보기로 하자.

나. 북핵 문제를 위한 새로운 패러다임: 「6자회담」

「제네바 합의」라는 허구적인 체제를 바탕으로 '북한은 핵 개발을 결국 포기할 것'이라는 근거 없는 기대를 키워온 것은 클린턴 행정부이다. 2001년 1월 20일 새롭게 들어선 조지 부시의 미국 행정부는 「제네바 합의」를 본질적으로 '잘못된 합의'로 보았다.

2002년 10월 4일 평양에서 북한의 강석주는 북한 측이 고농축 우라늄(High Enriched Uranium; HEU) 추출계획을 추진하고 있다고 추궁하는 미국 정부(조지 부시의) 국무부 제임스 켈리 차관보에게 다음과 같이 말하였다.

우리가 HEU 프로그램을 추진하는 것이 뭐가 나쁘다는 것인가?

우리는 HEU 프로그램을 추진할 권리가 있고 그보다 더 강력한 무기도 만들 수 있다.

우리가 HEU 프로그램을 추진하는 것은 부시 정권이 우리에게 취하는 적대적 정책에 대한 억지력抑止力 이외에 아무것도 아니다.

이렇게 해서 1994년 「제네바 합의」 체제를 해체하는 미국과 북한의 후속 조치들은 다음과 같은 수순에 따라서 일사천리로 이루어졌다.

2002년 10월 14일: KEDO, 대북한 중유공급 중단 발표
2002년 12월 12일: 북한, 핵 동결 파기
2002년 12월 26일: 북한, IAEA 핵사찰관 추방
2003년 1월 10일: 북한, 핵 확산 금지 조약(NPT) 탈퇴 선언
2003년 2월 12일: IAEA, 북핵 문제 안보리 보고 결의안 채택
2003년 2월 26일: 북한 5MW 원자로 재가동

당연히 북한의 핵 개발 의도를 저지하기 위해서는 전혀 다른 새로운 패러다임이 필요하였다. 미국이 앞으로 북한과 어떤 합의를 하는 경우에도 그 합의가 합의 내용대로 이행되지 않는다면 아무런 소용이 없는 것이다. 미국 정부는 앞으로 북한과의 협상에서 그 합의 내용의 이행이 보장될 수 있는 새로운 패러다임으로서,

(1) 앞으로 합의될 북한이 이행할 의무사항은, 확정된 시기와 불가역적 조치로 구성되어야 한다.

(2) 북한과의 합의사항 이행을 보장하기 위해서 앞으로의 협상은 북한과 미국의 양자협상이 아니라 합의사항 이행을 보장하는 데 도움이 되는 국가를 포함하는 다자협상으로 한다.

라는 요건으로 구성된 '새로운 방식'을 선택하기로 한 것이다.

미국 정부의 이러한 고려는 논리적으로 정당한 것이었다.

이렇게 북핵 문제를 위한 새로운 패러다임으로서 고안되고 어렵게 시작된 것이 「6자회담」이다. '어렵게 시작되었다'고 하는 것은, 당초에 북핵 문제를 위한 협상에서 북한은 미국과의 양자협상만을 집요하게 고집하였기 때문에 소위 다자협상의 체제를 시작한다는 것 자체가 쉽지 않았다는 것이다.

소위 다자협상의 형태로써 최초로 나타난 것은 미국, 북한 그리고 중국의 3자협상이었다. 최초에 시도된 다자협상인 이 3자 협상에서 한국이 배제된 점을 주목해야만 한다. 3자 협상은 2003년 4월 23일에서 25일까지 베이징에서 열렸다.

이 모임에서의 의제는 실질적으로 미·북 양자협상으로 가느냐, 아니면 다자협상으로 가느냐 하는 것이었다. 결국 북한과의 양자 대면을 완강하게 거부한 미국의 입장이 관철되고 5월 25일 북한은 소위 「6자회담」을 받아들였다.

여기서 6자는 한국, 미국, 북한, 중국, 일본 그리고 러시아다. 이들 6개국은 한반도 비핵화의 평화적 해결이라는 공통된 목적에 동의하고 북한의 핵 개발 저지에 관련되어 미국과 북한 간에 결정될 중요한 문제들로부터 실질적으로 예민한 영향을 받을 수 있는 국가적 이익을 가지고 있는 국가들이다. 이 다자협상 구조에서 한국이나 북한을 제외하는 것이 부당한 것처럼 - 실제로 이명박 대통령은 북한을 제외한 5자 협상을 제의한 적이 있으나 이 제의는 전혀 공감을 얻지 못하고 무시되었다. - 이제 와서 일본이나 러시아를 제외하는 것도 전혀 부당한 것으로 인식될 만큼 6자의 구도는 실로 절묘하고 필연적인 것으로 인식되고 있다.

「6자회담」은 2003년 8월 27일 베이징 조어대 국빈관에서 시작되었다.

2002년 10월, 1994년 「제네바 합의」가 깨어진 이후에 북한이 핵 시설 동결의 약속을 파기하고, IAEA 핵 사찰관들을 추방하며, 이어서 5MW 원자로를 재가동하는 등 잇달은 도발적 조치로서 1992년 이후부터 미국 정부가 아주 익숙하게 된 그 '벼랑 끝 작전'을 다시 시작함에 대하여, 2002년 국정연설에서 이라크, 이란, 북한 세 나라를 '악의 축'으로 지목하고 북한을 즉시 제거해야 할 정권 중 하나로 지목한 바 있는 조지 부시 대통령은, 북한에 대한 일방적이고 강력한 국제적인 제재를 즉각적으로 가동稼動하거나, 또는 북한에 대한 무력적 침공을 시작하는 대신에 '북한과의 협상을 통한 핵 문제 해결'이라는 기본 입장을 바꾸지 않았다는 점을 주시注視해야만 한다.

끈질기게 핵 개발을 시도하고 있는 북한에 대해서 이른바 다자협상 체제라는 「6자회담」이 새롭게 구상되고, 동북아 관련 국가들 간에 힘들고 복잡한 외교적 방안들이 시도되고 있던 2003년 초, 아주 비슷한 시기(3월 20일)에 미국은 대량살상무기(WMD)를 소지하고 핵 개발을 시도한다는 이유로 이라크의 사담 후세인을 무력으로 공격하였다. 미국과 영국 정부의 무력 침공이 시작된 때부터 두 달도 채 안 되어서 후세인의 독재정권은 완전히 와해되었으며 사담 후세인은 그의 독재정권이 몰락된 2003년 4월부터 3년 동안 은신처를 전전하다가 2006년 12월 13일 체포되고, 12월 30일 바그다드에서 사형死刑에 처하여졌다.

이에 비하여 북한 정권은 무력 침공侵攻을 당하지도 않고, 정권이 와해되지도 않았고, 김정일이 사형당하는 일도 벌어지지 않았다. 오히려 김정일의 건강이 위태롭게 되자 한반도에서 '위급사태 발생'을 우려하는 관련된 모든 주변국이 김정일의 건강을 진심으로 걱정하고 있었으며, 결국 그가 2011년 12월 17일 갑자기 사망하자, 북한 정권의 독재권력을 3대째로 급하게 세습받은 27세의 젊은 김정은이 그 이상한 정권을 "안정적으로 장악하는 데 성공하기를" 모두 진지하게 기원하고 있었다.

'북한과의 협상을 통한 핵 문제 해결'이라는 미국의 기본 입장에 입각한 「6자회담」은 2003년 8월 27일 1차 회의 이래, 2008년 12월 8일 6차 회담까지 대략 5년간 계속되었으나 2008년 12월 이후 지금까지 실질적으로 중단되었고, 남북 간 또는 북미 간 접촉만이 필요에 따라 열리고 있다.

다. 「6자회담」에서 노무현 대통령의 행적

2003년 '다자협상 체제'라는 「6자회담」이 시작된 이후에도 북한은 핵 개발 활동을 중지하고 모든 핵 시설을 동결 및 폐기하겠다는 중요한 약속들을 여러 번 하였다. - 2005년 「9·19 공동성명」, 2007년 「2·13 합의문」 채택 등 - 그러나 북한은 곧 이러한 약속들을 정면으로 위반하고 2006년 10월 9일과 2009년 5월 25일 두 차례에 걸쳐 공개적으로 핵 실험을 강행했다.

북한의 핵 개발을 저지하기 위한 협상의 상대가 북한이며, 그 북한은 절대로 핵 개발의 의지를 포기하지 않는다는 데에 문제가 있다. 그러므로 미국 정부가 북한과의 합의에서 북한이 이행할 의무사항들을 '확정된 시기'와 '불가역적 조치'로 구성된 것만으로 타결하려고 노력하였지만, 이 「6자회담」의 체제 내에서도 북한은 모든 전략과 정치적 술수를 동원하여 타결되는 합의의 내용을 결국은 대부분의 경우 모호하고 가역적인 것으로 만들어 놓고 후에 이것들을 무시하고 위반하는 행위를 반복해 온 것이다.

또한 다자협상의 구도 속에서 북핵 문제를 논의한다고는 하지만, 북한과 협상 목적이 핵확산을 방지하고 북한의 핵 무장을 저지하기 위한 것이므로 진정한 문제의 당사자는 언제나 핵 개발을 진행하고 있는 북한 정권 자신과 이것을 실질적으로 저지하려고 하는 미국 정부가 될 수밖에 없다. 그러므로 협상 방식을 합의 사항 이행을 보장하는 데 도움이 되는 국가들을 포함하는 다자협상으로 한다는 것도 저절로 당연하고 자연스럽게 이루어지는 것은 아니고 이러한 다자협상 체제를 유지하는 것만을 위해서도 언제나 상당한 긴장과 마찰이 수반되게 되어 있다. 다자협상 체제로 가기 위하여 「6자회담」이 개시된 초기에는 미국 정부가 의식적으로 집요하게 북한과의 양자 대면을 거부하였지만, 결국은 중요하고 긴급한 안건을 북한과의 양자협상에서 먼저 타결하고 「6자회담」 당사국들의 인준을 받는 형식으로 낙착되는 경우가 많았다.

「6자회담」에서 채택된 중요한 합의 중에는 2005년 「9·19 공동성명」[297]과, 2007년 「2·13합의문」이 있다.

1994년 미·북 「제네바 합의」에서 그렇게 심각한 문제를 야기한 북한에 대한 '경수로 제공 문제'가 2005년 「9·19 공동성명」에 정식으로 다시 등장하여 공동 합의문 속에 규정되어 있다는 사실 자체가 참으로 기이하고 비정상적이다. '논의하는 데 동의'하였을 뿐이므로 아직은 북한에 '경수로를 제공한다'는 합의가 이루어진 것은 아니라고 보면 약간 위로가 될까?

「제네바 합의」에 근거해서 1995년 3월에 설립된 한반도 에너지개발기구(KEDO)가 추진하고 있던 '경수로 건설 사업'은, 북한의 계속되는 도발과 방해로 2005년 9월 당시에는 이미 더 이상 계속할 수 없는 상태에 있었으며, 11월에는 결국 전면 폐기되었다.

이런 상태에서 「6자회담」 당사국들이 "적절한 시기에 북한에 대한 경수로 제공 문제에 대해 논의하는 데 동의하였다."는 것은 「6자회담」의 논의가 얼마나 가식적이고 허구적인 북한의 논리에 종속되어 있었다는 것을 잘 나타내 주는 증거라고 볼 수 있다.

더욱 문제인 것은 이런 '정신 나간 합의'를 도출한 장본인이 바로 대한민국 정부라는 점에 있다. 미국은 경수로 지원 문제를 공동 성명에 포함시키는 문제에 대해서 강력하게 반대했다. 그러나 한국 정부는 북한의 주장에 동조하고 북한의 전혀 불합리하고 가식적인 경수로에 관련된 주장을 공동 성명에 반영하는 정책을 관철하기 위하여 중국과 러시아의 협조를 받아 이를 강력하게 추진하였다.

「6자회담」의 판도가, 북한과 한국, 중국 및 러시아가 한 편으로 되고 이에 맞서서 미국과 일본이 불합리한 북한의 주장을 제지하려고 애를 쓰는 형국이 되었다.

당시 대한민국 정부는 노무현 정권이었는데 그는 김대중 정권을 이어받아 북한에 대하여 이른바 '대북 포용정책'을 표방하고, "북한의 핵 무장이 대한민국의 안보에 논리적으로 전혀 위협이 될 수 없다."고 공개적으로 주장하는 대통령이었다.

북한 핵 문제는 어떤 이상한 이름으로 분식粉飾한다고 해도 일차적으로 한반도의 문제이며, 대한민국의 안보에 관한 문제이다. 그런데도 문제의 당사자인 대한민국이 이와 같은 태도를 견지하는 상황에서 미국이 북한의 핵무장을 저지한다는 것은 실질적으로 대단히 곤란한 문제다.

궁지에 몰린 미국은 이 공동 성명 합의 직후에 기자 회견을 통해서 "북한이 핵무기와 핵 프로그램을 폐기하고 NPT에 복귀하여 핵 안전 조치를 이행할 때 비로소 경수로 제공 논의가 가능할 것이다." 하는 입장을 천명하였다. 이에 응수하여 북한은 "신뢰 제공의 물리적인 담보인 경수로 제공 없이는 우리가 이미 보유하고 있는 핵 억제력을 포기하는 문제들에 대해서 꿈도 꾸지 마라"라는 입장을 밝혔다. 실로 이런 상태에서 「6자회담」을 통해서 북한의 핵 개발을 저지하고 그의 핵 무장을 해제시킨다는 것은 북한 측의 말 그대로 '꿈도 꿀 수 없는 일'임에 틀림없다.

그리고 미국의 정책에 대항하여, 이런 북한의 입장을 지원하고 보증하는 역할을 다른 누구도 아니고 '대한민국 대통령 노무현'이 하고 있었던 것이다. 참으로 놀랄만한 일이 아닌가?

대한민국이 이만큼 '잘못되었던' 적이 과거에도 있었을까?

라. 「6자회담」에서 이명박 대통령의 행적

「9·19 공동성명」 제5항에서는 '공약 대 공약', '행동 대 행동' 원칙에 관해서 규정하고 있다.

「6자회담」 당사국들은 북핵 문제를 다루는 데 있어서 「9·19 공동성명」에서 '공약 대 공약', '행동 대 행동'이라는 하나의 원칙을 확립했다. 「9·19 공동성명」에 따르면, 「6자회담」 당사국들은 "'공약 대 공약', '행동 대 행동' 원칙에 입각하여 단계적 방식으로, 합의의 이행을 위해 상호 조율된 조치를 취할 것"을 합의하였다. 「2·13 공동성명」 역시 "「6자회담」 참가국들은 '행동 대 행동'의 원칙에 따라 단계적으로 「9·19 공동성명」을 이행하기 위해 상호 조율된 조치를 취하기로 합의하였다."고 재확인하고 있다.

북한과의 북핵 협상이란 북한이 핵 무장을 완성하기 위해서 비밀리에 핵 개발 활동을 진행시키고 그 결과로서 여러 가지 핵 시설과 핵무기가 만들어졌는데, 이러한 북한의 핵 개발 활동을 중지시키고, 이미 만들어진 여러 가지 핵 시설과 핵무기를 동결시키고 또한 완전히 폐기하는 과정이다.

당사국은 6개국이지만 정직하게 표현한다면 「6자 회담」에서의 협상이란, 핵 무장의 의지를 버리지 않고 핵 개발 활동을 계속하려는 북한과 북한의 모든 핵무기와 현존하는 핵 계획을 포기시키고, 조속한 시일 내에 북한을 핵확산금지조약(NPT)과 국제원자력기구(IAEA)의 안전조치에 복귀시키려고 하는 여타 5개국의 상대적인 대결과 조율의 과정이라고 말할 수 있다.

만일 북한의 핵 포기의 의지를 명확하게 신뢰할 수만 있다면 「6자 회담」에서의 협상은 아주 단순하고 명쾌한 일괄 타결 방식으로 완결될 수 있을 것이다. 「6자회담」의 초기 단계에서 북한이 완강하게 주장한 것이 이러한 '일괄 타결 방식'이었다. 그러나 1992년 이래 북한의 핵 포기의 의지가 여러 번 표명되고, 그것을 전제로 하여 여러 형태의 협상이 진행됐지만, 결과적으로 북한이 표명하고 있는 핵 포기의 의지는 복잡하고 섬세한 전제 조건과 부담이 내포된 것이며 어떠한 신뢰도 여기에 줄 수 없다. 그러므로 기술적으로 이것을 전제로 하여 북한의 핵 폐기를 위한 어떠한 단순하고 명쾌한 일괄 타결 방식의 완결적인 조치도 불가능하다는 것이 입증되었다.

그래서 미국은 북한의 핵 폐기를 완성시키는 목표에 도달하기까지 그런 과정을 구성하는 각 중요 단계를 구분하고, 단계별로 북한의 조치에 대해서 그것이 완전하고 검증 가능하며 불가역적인 조치(Complete, Verifiable and Irreversible Dismantlement; CVID)인가를 확실히 검증한 이후에 다음 단계로 진행하는 이른바 '단계적 방식'을 주장하게 되었다.

「6자회담」 초기에는 이러한 미국의 입장에 대하여 북한은 완강하게 반대하고 있었으나 결국은 이를 수용하게 되어 「9·19 공동성명」 제5항에서 '공약 대 공약', '행동 대 행동' 원칙이라는 것이 채택되게 된 것이다.

그렇지만 원칙이라고 하는 것은 어느 것이든지 필연적으로 일반 추상적 원칙이 되는 것이며, 일반 추상적 원칙은 언제나 양면의 칼이 되어 그것을 주장하는 사람에게로 돌아온다. 아주 쉽게 짐작할 수 있는 것과 같이 이러한 '단계적 조치'를 선호하는 방식이란 북한 측이 즐기면서 사용하는 '살라미 전술'을 구사할 수 있는 좋은 여건을 마련해 준다.

'공약 대 공약', '행동 대 행동' 원칙이 양면의 칼이 되어 그것을 주장한 미국에 치명적으로 돌아온 케이스로는 '방코 델타 아시아 은행 사건'을 들 수 있다.

「9·19 공동성명」이 공표된 직후, 미국은 북한이 미국 달러 위조지폐 사건과 관련이 있다는 이유로 마카오에 있는 방코 델타 아시아(Banco Delta Asia: BDA) 은행에 있는 북한의 금융자산을 동결했으며, 이에 대한 반발로 북한이 「6자회담」 불참을 선언함으로써 「6자회담」의 진행이 오랫동안 중단되었다. 이 사건을 처리하는 과정에서 북한은 '행동 대 행동'의 원칙에 입각해서 '방코 델타 아시아 은행 사건'이 해결되어야만 북한의 핵 시설에 대한 원자력에너지기구(IAEA)의 사찰을 허용할 수 있다는 입장을 고수했고, 결국 2007년 6월 25일, 동결되었던 금융자산을 완전히 회수하고 나서야 IAEA 사찰 팀의 북한 방문을 허용했다. 그리고 같은 해 7월 18일에 북한을 방문한 IAEA 사찰 팀은 영변 핵 시설의 가동이 중단되었으며 적절하게 봉인되었다는 것을 공식적으로 확인하였다.

'공약 대 공약', '행동 대 행동' 원칙에 관련해서 대한민국 정부 이명박 대통령의 그랜드 바겐(Grand Bargain) 정책을 언급하지 않을 수 없다. 이른바 그랜드 바겐(Grand Bargain) 정책이란, 2009년 9월 21일 유엔총회 참석차 미국을 방문 중이던 이명박 대통령이 제시한 대북 정책으로서 북핵 문제 해결을 위해 「6자회담」을 통해 북한이 북핵 프로그램의 핵심 부분을 폐기하면, 대한민국은 북한에 확실한 안전보장을 제공하고 국제지원을 본격화하겠다는 '일괄 타결안'이다. MB의 이 제안은 대통령 후보 시절부터 주장

이명박 전 대통령

하고 있던 그의 대북한 정책인 '비핵개방 3000', 즉 핵을 포기하고 개방에 나선다면 북한의 1인당 국민소득을 현재의 1천 달러에서 앞으로 10년 안에 3천 달러까지 끌어올리도록 지원하겠다는 전체적인 정책 그림 속에 들어 있는 것이다.

그러나 북핵 문제에 관한 대한민국 대통령의 이러한 구체적인 제안은 미국 측으로부터 전혀 긍정적인 호응을 얻지 못했다. 그의 이러한 제안은 「6자회담」의 한국 측 수석대표를 역임한 북핵 문제 전문 외교관(이수혁 대사)을 경악시켰으며[298], 미국 정부를 '놀라게 한' 제안이다[299].

「6자회담」에서는 2005년 「9·19 공동성명」 이래로 단계별로 북한의 조치에 대해서 그것이 완전하고 검증 가능하며 불가역적인 조치[300]인가를 확실히 검증한 이후에 다음 단계로 진행하는 이른바 '단계적 방식'을 채택하고 '공약 대 공약', '행동 대 행동' 원칙을 기준으로 삼고 있다. 그러므로 이런 '일괄 타결 방식'은 원칙적으로 배제된다고 하는 상호 간의 이해와 약속이 이미 어렵게 성립되어 있었던 것이다.

그런데 대한민국 대통령이 난데없이 이런 '일괄 타결 방식' 제안을 한다는 것은 한마디로 대단히 부적절한 것이다. 이것은 대한민국 대통령이 「6자회담」의 진행 내용에 대해서 가장 기본적인 것조차 모르고 있거나, 그렇지 않으면 책임 있는 관리들이 북핵 문제의 기본적 흐름조차 대통령에게 제대로 보고하지 않고 있었

다는 것을 말하는 것이다.

미국과 높은 수준의 외교적 공조를 항시 유지하고 있다고 자부하는 이명박 정부가 미국 측의 냉담한 반응에 당황하면서도 끝내 문제의 핵심을 파악하지 못하는 모습은 대한민국의 대북한 정책이 얼마나 잘못된 기초 위에 서 있는가를 절감하게 하며, 대통령의 통일에 대한 인식의 수준이 참으로 한심한 지경에 놓여 있는 것을 보고 있는 것 같아서 참으로 안타까운 느낌이다.

한마디로 평해서, 2005년 「9·19 공동성명」은 1994년 10월 21일 「제네바 합의」보다 더 모호하고 추상적인 합의로써 북한의 핵 개발 의지를 제어하기에는 부적합한 합의다. 그러므로 그 서두에서 "6자는 「6자회담」의 목표가 한반도의 검증 가능한 비핵화를 평화적인 방법으로 달성하는 것임을 만장일치로 재확인하였다."는 천명된 목표를 상기할 때, 이는 1994년 「제네바 합의」보다 더 가식적이고, 허구적인 합의임을 확인할 수 있다.

이 공동성명 자체는 추상적이고 모호한 합의이기 때문에, 2007년 2월에는 '「9·19 공동성명」 이행을 위한 초기 조치'로써 「2·13 합의문」이라는 것을 2007년 10월에는 '「9·19 공동성명」 이행을 위한 제2단계 조치'로써 「10·3 합의문」이라는 것을 만들게 되었다.

「9·19 공동성명」의 합의가 이처럼 극도로 모호하게 성립된 것은 핵 무장을 향한 북한의 집요하고 포기할 수 없는 의도가 「6자회담」의 합의에 따라서 절대로 기속받지 않겠다는 북한의 숨은 의지와 노력이 그만큼 성공적으로 관철되고 있다는 것을 입증하고 있는 것에 지나지 않는다.

5. 북한은 핵 무장을 완료했다

북한의 목적은 「6자회담」을 계속함으로써 이런 모호하고 가식적인 협상 과정을 통해서 핵 무장을 완성시키기 위한 실질적인 시간을 벌고, 「9·19 공동성명」 같은 허구적인 합의를 가식적으로 성취한 다음에 바로 이어서 돌발적이고 강압적인 요구를 제기한다거나, 미사일을 발사한다든지 또는 핵 실험을 감행함으로써 '벼랑 끝 작전'을 한번 구사한 다음, 다시 언제 그랬었냐는 식으로 협상 테이블로 돌아와 다시 핵 동결의 의지를 표명하고, 핵 동결 또는 핵 폐기로 가기 위한 가식적이고 허구적인 절차적 '의제를 세분하여' 단계별로 미국 측 또는 한국 측으로부터 천문학적 보상 - 식량이든, 원유가 됐든 또는 외화든 무엇이든지 - 을 끌어내는 전술, 즉 '살라미 전술'을 구사하는 것이다.

이런 '북한의 협상 전략'은 1990년 북한 핵 문제가 대두하고 미국과 북한 간에 공식 협상이 시작된 이래, 1994년 「제네바 합의」 체제의 8년 동안, 그리고 2003년 이후 「6자회담」 체제가 계속된 지난 12년 동안, 거의 동일한 패턴과 방식에 따라 반복되어온 것이다.

이제 2003년 다자협상 체제라는 「6자회담」이 시작된 지 12년이라는 세월이 흘렀다. 「제네바 합의」가 만들어지던 1994년 10월까지 거슬러 올라가면 협상에서 얻어진 북한 측의 약속들을 믿고 북한 핵 문제를 해결하려던 우리 - 주로 한국과 미국 그리고 「6자회담」의 당사국들까지- 의 노력이 매번 무위無爲로 환원되는 '순환적인 실패의 체제'를 유지하고 지낸 지가 어언 21년이 되는 셈이다.

앞에서 2002년 제2차 핵 위기가 왔을 때 모든 상황이 1994년 6월 「카터-김일성 평양회담」 이전 상태로 환원되었다고 표현했으나, 사실 이런 표현도 정확한 것은 아니다. 북한이 핵 개발 활동을 실질적으로 충실히 계속한 8년의 세월이 지나간 후에 어떻게 모든 상황이 다시 원점原點으로 돌아갈 수 있겠는가? 물리적인 증거들로 확인된 것은 아니지만, 꾸준히 계속된 지난 21년 동안의 핵 개발 활동을 통해서 북한은 지금쯤 이미 핵 무장을 완료했다고 보는 것이 현실적인 판단이 아닐까?

미국은 2008년, 「합동작전 환경평가보고서」에서 북한을 핵무기 보유국으로 명기한 일이 있다. 물론 이는 나중에 미국 정부에 의해서 국방성의 실수로 공식적으로 부인否認되었다. 그러나 미국이 '비핵화 정책'의 정당성을 유지하기 위해서 명목상 북한의 핵 보유를 인정하지 않는 인위적인 정책적 입장을 견지하고 있는 것이라고 보는 것이 더 정확한 것이다. 「6자회담」에서 북한은 1차 핵 실험 이후 이미 자신들의 핵 시설 보유나 핵 개발 활동을 부인하는 것이 아니라 자기들을 '핵 보유국'으로 인정해 줄 것을 주장하고 따라서 「6자회담」의 성격을 '군축회담'으로 해야 한다고 주장하고 있는 사실을 상기할 필요가 있다.

이것이 북한 핵 문제의 현주소이다.

북한은 핵 무장을 완료했다.

북한이 핵 무장을 성공적으로 마무리하고 있다는 것은 한반도 통일의 조건이 그만큼 더 복잡하고 어려워졌다는 것을 의미한다. 앞에서 세밀하게 분석해 본 것처럼 이러한 결과는 다른 누구도 아니고 결국 우리 대한민국 대통령들이 만들어 낸 결과이다. 그들의 무식하고 즉흥적이며 경솔한 정책들이 결합하여 우리의 적敵 북한을 고무하고 그래서 통일에의 꿈은 훨씬 더 멀리 있게 되었다.

이따위 함량 미달의 대통령들이 계속해서 대한민국에서 집권하는 한, "북한을 흡수통일하는 일 같은 것은 꿈도 꾸지 말라"라고 말하는 사람들이 있다. 그리고 그들의 말에는 일말의 진실도 있다. 아니, 상당히 근거가 있는 말이다.

그러나 북한이 핵 무장을 완결했어도 우리는 통일을 해야 한다.

이것이 변하지 않는 우리의 지상 과제다.

이 글을 쓰는 동안 2016년 1월 6일 북한은 '4차 핵실험'을 했다. 북한의 주장으로는 이번은 '수소 폭탄 실험'의 성공이라고 한다. 전문가들의 분석으로는 완전한 수소폭탄으로는 볼 수 없고 그 초기 단계쯤 되는 증폭핵분열탄 실험을 했을 가능성에 무게를 두고 있다. 한국과 미국 그리고 국제사회가 지난 약 22년 동안 천문학적 숫자에 달하는 자금과 물자, 시간과 정성을 들인 외교적 노력을 허비했으나, 북한의 핵무장 노력은 그동안 실질적으로 아무런 장애를 받지 않고 꾸준히 발전하여 이제 그 정도의 상당한 수준에 와 있다는 말이 된다.

북한의 핵무장은 누가 무슨 말로 변명한다고 해도 대한민국의 명운이 걸린 우리의 국가적 안보 문제이다. 북핵 문제에 관한 한, 한국을 제치고 지금까지 가장 심각한 당사자로 군림해 온 미국에는 사실상 북한의 핵은 NPT 협약상의 정책적 일관성을 관철해야 한다는 정도의 '명분적 과제'일 뿐이다. 우리 한국의 의사와는 상관없이 한미 동맹의 성격은 얼마든지 언제든지 변할 수 있는 것이므로 북한이 핵무장국으로서의 국제적 지위를 공인받게 될 때 미국의 전략적 선택이 어떤 것으로 나타나게 될 것인지를 우리는 지금이라도 세밀하게 분석해 두어야 한다고 생각된다.

김정은이 육성으로 신년사를 발표하는 것을 들으면서 그가 유난히도 그의 할아버지 김일성의 목소리와 태도를 성공적으로 모방하였다는 것을 다시 새삼스럽게 느끼게 되었다. 그리고 그의 의외로 온건하고 합리적인 어조(Tone)에서 교육도 별로 받지 못한 어린 독재자가 어느 틈에 상당히 성장해서 세련되어 있구나 하는 이상한 느낌까지 받았다. 그는 신년사에서 핵에 관해서 일언반구의 언급도 하지 않았다. 그때 이미 제4차 핵실험을 명령해 놓고도 말이다. 그래서 남측의 많은 북한 전문가들을 혼란에 빠지게 했다. 필자가 여기서 강조해 두고 싶은 점은 그가 놀랍게도 '1994년 김일성의 모습'을 닮아 간다는 점이다. 그는 지금 김일성의 '통미봉남通美封南' 정책을 정확히 따라가고 있다. 김정은이 미국으로 보내는 간절한 메시지는 북한의 핵무장국으로서의 국제적 지위를 공인해 달라는 것이다. 수소폭탄을 실험했지만, 핵탄두를 상당히 소형화하는 데에 성공하고 SLBM 등 운반 체계까지 갖추고 있지만, 김정은은 절대로 이것들을 앵커리지 또는 로스앤젤레스나 워싱턴으로 발사하지 않을 것이라는 점을 여러 모습으로 암시하고 있다. 그는 수소 폭탄 실험을 시진핑에게 사전에 알리지도 않았다는 사실을 은근히 강조해서 홍보하고 있다. 중국과 러시아에 대항하는 미국의 아시아 전략에 박근혜를 제치고 김정은이 '대화의 상대'가 되어 줄 수도 있다는 기상천외한 김일성식의 메시지를 그는 버락 오바마에게 보내고 싶어하는 것이다. 미국이라는 나라에는 제2의 지미 카터가 얼마든지 적당한 시기에 나타날 수 있는 다양한 모습의 국가라는 것을 김정은은 자기 할아버지를 공부하면서 체득한 것 같다. 많은 한국의 전문가들은 잘 믿고 싶지 않을 지도 모르지만, 한미동맹이란 그 내용이 한국의 의사와는 상관없이 얼마든지, 언제든지 변할 수 있다.

북한이 이 정도의 성취를 이룩한 것에 정비례해서 대한민국은 그동안 이 중요한 과제에 관해서 그만큼 몽매하고 나태했으며, 진지하지도 현명하지도 못했다고 하는 것을 뼈아프게 인정해야만 할 것이다. 아주 중요한 시기에 노무현 대통령 같은 이는 북한 핵 문제는 미국과 북한의 문제이며, 북한 핵은 대한민국의 안보에는 아무런 위협이 되지 않는다고 공언했다. 지정학적으로 몹시 예민하고 불리한 위치에 있는 대한민국이라는 나라에 이 정도의 황당한 안보 인식이 국가통수권자에게 있었던 것에 비하면 지금과 같은 이 정도의 결말은 그래도 괜찮은 편인가?

북한은 2016년 2월 7일 오전 9시 30분경 평안북도 철산군 동창리 미사일 발사장에서 장거리 로켓(미사일)을 발사했다. 북한은 이번 발사가 평화적 목적의 '위성 발사'라고 주장하고 있으나 AP통신은 별도 기사에서 "간단히 말해 로켓은 궤도에 위성을 진입시키는 데 사용될 때는 우주 발사체로 일컫지만, 탑재한 것이 탄두彈頭라면 미사일이 된다"고 보도했다. 미국 CNN 방송은 북한 당국이 이번 발사를 "완전히 평화적인 우주 계획"으로 주장하고 있지만, 국제사회에서는 실질적으로 군사적 목적을 의심한다는 시각을 전했다. 즉, 북한은 지난 1월 6일 4차 핵실험에 이어 한 달 만에 국제사회를 상대로 대형 도발을 감행한 것이며, 한반도의 위기 수준을 한층 높이고 있는 것이다.

과학자들에 의하면 이번에 발사된 로켓에 탑재된 위성의 무게가 좀 더 무거워졌을 가능성이 있는 것으로 분석됐다. 국가정보원은 앞서 7일 국회 정보위원회에서 탑재체의 중량이 2012년 12월의 두 배인 200kg 내외로 증가한 것으로 추정된다고 밝혔다. 이에 대해 국방과학연구소 관계자는 "북한이 2012년 12월 쏘아 올린 위성이 100kg이었으나 당시 실제 발사 능력은 이미 200~250kg이었던 것으로 분석된다."며 "이번에는 그 실제 능력에 맞게 위성을 제작했을 가능성이 있다."고 말했다. 북한이 두 번 연속으로 위성을 궤도에 진입시킴에 따라 핵탄두 운반 기술의 안정성과 신뢰성은 더욱 높아진 것으로 평가된다. 그러나 궤도 진입에 일단 성공한 ICBM이 대기권으로 재진입하기 위한 기술력이 북한 측에게 완전히 준비된 것인가는 아직 확인되지 않은 미지수로 남아 있다. 전반적으로 평가할 때 북한이 미국 본토를 핵 공격할 수 있는 능력을 보유하는 것은 이제 시간문제라고 보는 것이 거의 정확한 견해가 될 것이다.

앞에서 분석해 온 것처럼 대한민국의 대통령들은 중요한 시기에 기회가 있을 때마다 결정적인 정책 실수나 나태한 무관심으로 북한의 핵무장을 고무해 왔다. 그러면 우리는 지금 과거 그러한 대한민국 안보 정책의 실수를 분석하고 반성하고 보완책이나 대비책을 열심히 열심히 강구해야 되는 것이 아닌가? 야생에서 살아가는 동물들도 실수에서 교훈을 얻어 자신을 적절히 준비하지 못하는 경우에는 그 동물은 틀림없이 멸종된다는 것을 동물학자들은 말하고 있다. 어찌 동물들의 경우에 국한하는 일이겠는가? 왜 우리는 김영삼, 김대중, 노무현, 이명박까지 이들의 실수에 대해서 말하지 않는 것인가? 구체적으로 그들의 실수를 하나하나 분석하고 반성하지 않는 것인가? 지금 필자가 힘들여 강조하고 싶은 것은 그들을 이제 와서 부관참시剖棺斬屍하자는 것도 아니고 누구를 집중적으로 비난하자고 하는 것도 물론 아니다. 적어도 그들이 턱없이 많은 희생과 비용을 허비하고 우리에게 남겨 준 뼈아픈 실수의 기록들을 우리 국가적 안전보장을 위해서 공부하고 대비하여 다시는 그러한 실수를 범하지 말자는 얘기다.

박근혜 대통령은 이날(2016년 2월 7일) 로켓이 발사 된 지 약 1시간이 채 안 돼서 청와대에서 국가안전보장회의(NSC)를 주재하고, "이번 장거리 미사일 발사는 북한 제4차 핵실험에 따른 유엔 안보리 제재 결의가 논의되는 시점에 이뤄졌다는 점에서 평화를 소망하는 국제사회에 대한 도전행위"라고 지적하고, "북한의 핵미사일 위협이 국제사회에 대한 실질적 위협이자 세계평화에 전면적인 재앙이라는 인식 하에 (유엔)안보리에서 하루속히 강력한 제재를 만들어야 할 것"이라고 강조했다. 그는 "한미동맹 차원에서도 대응 능력을 강화시키기 위한 모든 필요한 조치를 취해 나가야 할 것"이라고 말했다.

여기서 이번 사태에 관한 필자의 개인적인 소견을 말한다면,

가장 우선되어야 할 것은, 유엔 안보리의 북한 제재의 실효성을 제고시키기 위한 한국 측의 '주도적 외교 노력'이 있어야 할 것이다. 그리해서 가장 강력하고 효율적인 북한에 대한 제재를 집요하게 강구해 나가야만 할 것이다.

두 번째, 유엔 안보리의 북한 제재를 충실히 실행함에 있어서 그 정책적인 정당성이나 논리적 일관성을 유지하기 위해서는 우선 한국이 솔선해서 개성공단을 완전히 폐지해야만 할 것이다.

세 번째, 북한의 장거리 탄도미사일 발사가 있었던 직후, 한국과 미국 정부 간에 주한 미군에 사드(THAAD) - 종말고고도지역방어무기체계(終末高高度地域防禦武器體係, Theater, or terminal High Altitude Area Defense)- 를 배치하는 문제가 급속도로 논의되고 있다. 한국 쪽에서도 정계와 군사 전문가들 사이에서 찬반의 의견이 치열하게 제시되고 있는 것 같다. 물론 이런 논의는 정파나 여야에 관계없이 투명하고 애국적인 충심에서 검토되어야 할 것이지만 우선 필자의 짧은 소견을 말한다면, 북한이 핵탄두로 남한을 공격하는 경우에는 지리적으로 고고도 탄도彈道를 사용할 필요가 없을 것이므로 이 비싸고 위험한 무기체계를 많은 전술적, 전략적 위험을 무릅쓰고 상당히 부담스러운 비용을 한국이 부담하면서까지 한국 영역 안에 배치하는 것은 우선 논리적으로 그리고 상식적으로 그 정당성을 인정하기는 어려

운 것으로 보인다. 아무리 지금 우리의 안보가 결국 한미 동맹 체제의 구조 속에 그 명맥을 유지하고 있는 것은 사실이지만, 우리의 국가적 안보를 미국의 시각이 아닌 우리의 시각에서 보고 준비하는 기본적인 자세가 아쉽다. 중국을 견제하려는 미국의 전략적 필요가 급박한 현시점에서 미국의 한국에 대한 사드 한반도 배치 요구를 외교적으로 저지시켜야 한다.

네 번째, 한반도에 전술 핵무기를 도입하고, 한미연합사 기구를 바탕으로 한국이 미국 측과 완전히 공동으로 그 전술적 운영에 참여하는 체제를 이 기회에 확고하게 제도화시켜야 할 것이다. 이러한 안보외교 목표를 모든 국민 - 정부, 여야 정치인, 언론 및 학계 등 - 이 단결해서 추진한다면, 신중하고 합리적인 미국 측 정책 담당자들도 결국 동의해 올 것으로 생각한다.

다섯 번째, 북한의 기습공격 억제 능력을 한국군이 완벽하게 갖추기 위한 실질적인 원점 타격 능력을 조속히 완비해야 하는 것이 한국 측으로서는 사드의 배치 문제보다도 지금 우선으로 추구해야 할 긴급한 안보적 과제인 것으로 보인다. 원점 타격 능력을 완비하기 위해서는 북한의 무기체계가 가동하는 측적전탐기기 (Fire Control Radar) 작동의 조기 탐지와 같은 전술적인 정보능력에 그치는 것이 아니라 종합적이고 전반적인 대북한 정보 능력의 완비를 요구하는 것이다. 북한의 제4차 핵실험과 장거리 미사일 발사를 보고 있는 현실 앞에서 모든 여야 정치인들이 당면한 총선이나 대선을 의식한 정쟁을 '완전히 내려놓고' 모든 국력을 집중해서 이러한 국가 안보능력 확충을 위해 솔직하고 진지하게 단결하고 협력하는 모습을 정말 보고 싶다.

냉정하게 말해서 남한에 의한 북한 흡수통일의 길은 그만큼 성취하기가 곤란한 과업이 되었다. 북한식으로 표현하면 "아예 꿈도 꾸지 마라"라고 할 정도에 왔다. 북한을 흡수통일하겠다고 말하는 자는 근거 없는 허풍을 떠는 자가 아니면 그저 무책임한 '아마추어의 망상'이라고 손가락질을 받게 될 지도 모르겠다. 어쩌면 한반도 통일의 적기適期가 이미 지나가고 있는 것인지도 모른다. 그러나 늦었다고 절실히 아쉬워할 때가 기회가 될 수도 있다. "뜻이 있는 곳에 길이 있다."고 하지 않나! 그래서 여기에서 강조해 말하고 싶다. 북한이 핵 무장을 완결했어도, 수소폭탄 실험에 성공했어도, 우리는 북한을 흡수통일을 해야 한다. 이것이 변하지 않는 우리의 지상 과제이다.

273) 이용준, 『게임의 종말』, 한울, 2010, pp. 36~52.

274) 이용준, 『게임의 종말』, 한울, 2010, pp. 71~77.

275) 돈 오버도퍼, 『두 개의 코리아』, 중앙일보사, 1998, p. 281.

276) Ibid. p. 292.

277) Charles Turner Joy, *How Communists Negotiate*. Fidelis Publishers, 1970

278) Hoover Institution on War, Revolution and Peace

279) Allen E. Goodman, *Negotiating While Fighting*, Hoover Institution Press, 1978.

280) Scott Snyder, *NEGOTIATING ON THE EDGE*; North Korean Negotiating Behavior, USIP, 1999.

281) 터너 조이 저, 김홍렬 역, 『공산주의자는 어떻게 협상하는가?』, 해양
전략연구소, 2003.

282) Ibid. p. 222.

283) Cinnamon Stillwell (December 12, 2006). "Jimmy Carter's Legacy of Failure". Sfgate.com. http://www.sfgate.com/cgi-bin/Article.cgi?f=/g/P/2006/12/13/cstillwell.DTL. Retrieved June 8, 2010. ;
"Jimmy Carter: Why He Failed - Brookings Institution". Brookings.edu. (January 21, 2000). http://www.brookings.edu/opinions/2000/0121Politics_hess.aspx. Retrieved June 8, 2010

284) United Nations General Assembly Resolution 96 (I) (11 December 1946)
Genocide is a denial of the right of existence of entire human groups, as homicide is the denial of the right to live of individual human beings; such denial of the right of existence shocks the conscience of mankind, … and is contrary to moral law and to the spirit and aims of the United Nations.
The General Assembly, therefore, affirms that genocide is a crime under international law whether the crime is committed on religious, racial, Political or any other grounds.

285) 스코트 스나이더 저, 안진환 역, 『벼랑 끝 협상』, 청년정신, 2003, p. 230.

286) Kellogg-Briand Pact 1928, Article I, and II. (Avalon.law.yale.edu/20th_century/kbpact.asp)

287) Don Oberdorfer, *The Two Koreas; A Contemporary History*, Addison-Wesley, 1997, p. 335.

288) en.wikipedia.org/wiki/Pre-emptive_self-defense

289) 이용준, 『게임의 종말』, 한울, 2010. pp. 80~81.

290) 돈 오버도퍼, 『두 개의 코리아』, 중앙일보사, 1998, pp. 298~299.

291) Ibid. pp. 299~300.

292) Ibid. p. 300.

293) Ibid. p. 295.

294) Loc cit.

295) 제3차 공식 협상도 로버트 갈루치 미국무성 북핵 담당 대사와 북한 외교부 부부장 강석주 간에 이루어졌다.

296) 이용준, 『게임의 종말』, 한울, 2010, pp. 344~346.

297) 김영구, 『대한민국을 부탁해』, 다솜출판사, 2012, pp. 237~249.

298) 이수혁, 『북한은 현실이다』, 21세기북스, 2011, p.123.

299) "'그랜드 바겐' 한미 사전조율 있었나?", 연합뉴스, 2009.09.23.
커트 캠벨 국무부 동아시아 태평양 차관보는 21일 뉴욕에서 열린 한미 외교장관회담 직후 가진 브리핑에서 "솔직히 모르겠다(PctuPlly, to be Perfectly honest, I wPs not PwPre of thPt)"며 "한미 외교장관 회담에서 그런 얘기가 전혀 거론되지 않았다."고 말했다.
북핵 문제의 핵심 파트너인 한국의 대통령이 제기한 '중대제안'에 대해 미국의 핵심 당국자가 "모르겠다."는 입장을 보이고, 같은 날 열린 양국 외교장관회담에서 의제로도 오르지 않은 것은 외교 관례상 선뜻 이해하기 어려운 측면이 있다.
미 국무부의 공식 반응도 모호하다. 이언 켈리 미 국무부 대변인은 22일 정례브리핑에서 "미국과 한국은 한반도 비핵화 문제에 대한 적절한 해법에 대해 공동의 입장을 공유하고 있다."고 전제하면서도 "이 대통령의 정책이고 그의 연설(This is his policy. These were his remarks)이기 때문에 내가 코멘트 할 것은 아니다."고 답했다.
(news.chosun.com/site/data/html_dir/2009/09/23/2009092300656.html)

300) complete, verifiable and irreversible dismantlement; CVID

통일 한국을
향하여

VI

1. 왜 아까운 통일의 기회를 자꾸만 놓치는가?

지금은 흑인인 버락 오바마가 미국 대통령이다. 최초의 흑인 대통령이었는데 더구나 이제는 최초로 '재선된 흑인 미국 대통령'이기도 하다. 그러나 미국에서 인기 있는 스포츠인 야구에 흑인이 선수로 설 수 있었던 것은 1947년 이후이다. 오래전 일이 아니다. 그때까지 야구계에서 인종차별을 묵인했었다. 잘못된 것인 줄을 알면서도 "모두가 모른 체했다"는 말이다. 미국 독립선언서 첫 구절이 "사람은 평등하게 태어났다"는 믿음에 관한 것인데도 말이다.

지금 우리 한국 사회의 종북 논의도 비슷한 것이다. 야당 의석에 버젓이 앉아 있는 제도권의 정치인들도 그 면면을 보면 반체제적 종북 논의 비슷한 논조로 정부를 무조건 공격함으로써 그 기세를 정치적 기반으로 삼는 자들이 많다. 이런 종북 논의가 한국 사회에 남아 있는 한, 북한과의 평화통일은 불가능하다. 북한은 지금 김정은의 공포정치로 국가궤멸 단계의 코앞에 와 있는 데도 말이다.

반체제적 종북 논의가 잘못되어 있다는 것을 가장 잘 아는 자들은 정치적 기반을 위해 박근혜 대통령을 공격하고 대한민국의 정체성 자체를 흔들고 있는 야당 인사들 그들 자신이다. 그들은 그만큼 영악하기 때문이다. 그들은 자신들의 정치적 입지를 위해서 말도 안 되는 정치적 주장으로 이 나라가 병들어 가고 있다는 것을 알면서도 모른 체하고 있다.[301] 요즘은 여당 안에서도 이런 자들이 날뛰고 있다.

제발 모른 체하지 말라. 당신의 '튀는' 정치적 주장으로 이 나라가 병들어 가고 있다는 것을. 종북 논의가 한국 사회에 남아 있는 한, 북한과의 평화통일은 불가능하다는 것을. 반체제적 언사로 정부를 무조건 공격함으로써 그 기세로 정치적 기반으로 삼는 이기적이고 영악한 당신들 정치인들이 이 나라의 통일 기회를 잡아먹고 있다는 것을. 지금이 통일로 가는 가장 중요한 시기이며 지금 여기 한국

에서 우리가 정직하게 진실만을 말해야 한다는 것을. 제발 모른 체하지 말기를
바란다.

김정일　　　　사담 후세인　　　　오사마 빈 라덴　　　　무아마르 카다피

　위 사진들의 공통점은 이들이 모두 절대적 독재자이거나 악명 높은 악질 테러
조직의 수장이라는 것이다. 또 하나의 공통점은 모두가 죽었다는 점이다. 그런데
김정일을 제외하고는 결국 미국의 집요한 군사 작전으로 죽게 된 것이다. 구체적
으로 말하면 카다피는 반군에 의해서, 후세인은 이라크 법원의 사형 선고에 의한
총살형으로 죽었다. 오사마 빈 라덴은 CIA의 집중적 비밀작전 때문에 죽었다. 오
직 북한의 김정일만 70세나 되어서 암으로 죽었는데, 미국을 비롯한 모든 나라가
김정일의 건강을 '염려하고' 제발 죽지 않기를 바랐다는 점이다. 김정일이 갑자기
죽으면 소위 '북한 위급사태'가 발생하여, 미국과 중국이 전략적 충돌을 면치 못하
게 되기 때문이다.

　어찌 됐든 그는 죽었고 다행히(?) 김정은이 독재권력을 잘(?) 인계 받는 바람에
북한 위급사태는 일어나지 않았다. 북한 김정은이 원자 핵탄두를 충분히 소형으
로 만들어서 대륙간탄도미사일에 실어 미국 본토를 공격할 수 있는 단계가 오면
미국은 할 수 없이 김정은 정권을 말살할 수밖에 없는데, 그리되면 직접 중국과
전략적 충돌을 면치 못하게 된다. 그래서 한반도에 사드를 배치해 놓고 어정쩡하
게 시간을 벌어 보자고 한다.

강원도만 한 면적에 강력한 전자파를 퍼뜨리는 이 방어무기는 광대한 허허벌판이 많은 미국에서는 훌륭한 무기체계이지만 좁은 한반도에 이것을 설치하는 것은 돈도 많이 들고, 대단히 위험하며, 전략적으로도 좋은 방책은 아니다. 가장 좋은 방책은 그 전에 한반도가 통일을 이룩하는 것이다. 그래서 우리 대한민국이 중국과 미국이 똑같이 믿을 수 있는 완충국가가 되어야 한다. 왜 이 좋은 통일을 추진하지 못하는가?

한국 정치인들이 정신없이 자기네끼리 싸우기만 하고 국민들은 어떻게 해야 통일을 이룩할 것인지 아무런 비전도 없이 방황하면서 세월만 보내기 때문이다. 통일은 '대박'이기 때문에 '하면 좋은 것'이 아니라 제때에 통일을 이룩하지 못하면 "우리 민족 - 남북한 모두 같이 - 이 모두 죽게 되기 때문에" 이제는 그만 싸우고 정신차려서 제때에 통일을 꼭 해야 한다.

당시 미국 대통령 조지 부시가 후세인을 제거하기 위해서 이라크 침공을 시작하면서 내세운 이유가 사담 후세인이 대량살상무기(WMD)를 가지고 있기 때문이라는 것이었다. 당시 그는 후세인과 김정일을 똑같이 '악의 축'으로 지정했다. 결국 후세인은 WMD를 가지고 있지 않았다는 것이 판명되었다. 그럼에도 불구하고 조지 부시는 후세인을 결국 추적해서 죽게 했다. 그러나 김정일은 플루토늄과 우라늄 양쪽 핵무기를 모두 가지고 있는 것이 판명되었다. 그런데도 조지 부시는 건강이 점점 악화되는 김정일을 제거하기는커녕 그 건강을 염려했다. 한반도에서 통일을 지향하는 우리들의 지정학적 위치를 다시 생각해 보자는 이야기다.

북한 위급사태가 발생하기 전부터 한반도 통일에 관한 대한민국의 적극적이고, 주도적인 개입이 없이 갑자기 북한에 위급사태가 발생하면, 북한은 중국의 동북 속주屬州가 되거나 중국과 러시아가 공동으로 조종하는 애매한 괴뢰 국가가 되어 아시아에서 중국 및 러시아에 대항하는 미국의 전략적 공세를 막아주는 완충 국가로 고착될 수 있다. 미국은 못 이기는 체하면서 한반도에서의 이러한 상황 정리를 받아들일 것이며, 한반도를 대한민국이 흡수통일하는 것을 절대로 받아들이려고 하지 않는 일본은 모든 외교력을 총동원하여 한반도 위급 사태가 이렇게 정리되도록 노력할 것이다. 이는 더 말할 필요도 없이 한반도의 분단을 가장 나쁘게 고착시키는 결과가 될 것이다. 이런 예측에는 일말一抹의 과장誇張도 없다.

북한 정권은 독재자 김정은의 공포정치가 극에 달하여 내부적 정변으로 국가 체제가 곧 와해할 것이다. 즉, 대한민국이 적극적이고 조직적으로 한반도 통일을 준비하든 말든 북한 위급사태는 온다. 일단 북한 위급사태가 발생하면, 주변 강대국들의 개입을 제치고 한국이 주도적 역할을 할 수 있는 여지는 없다. 그 이전에 미국의 동의를 얻어서 대한민국이 북한을 흡수 합병할 수 있는 여건을 만들어 놓아야 한다.

아무리 대한민국이 전략상의 완충국가를 자임한다고 해도 미국과 군사동맹을 확고히 하고, 자유민주주의와 시장경제체제를 유지하고 있는 한국이 북한을 흡수 합병하는 것을 중국이 환영할 리는 없다. 중국의 군사력과 외교적 능력이 충분히 강할 때는 결단코 이런 상황진전을 중국은 좌시하지 않을 것이다. 그러나 중국은 아무리 지금 G-2의 멤버십을 가진 강대국이 되었다고 해도 핵무기를 마음대로 휘두르는 북한을 저지하고 미국을 제압할 정도에 이르지 않았다. 중국은 정치적 안정 속에서 산업화에 매진해야 한다는 우선적 과제를 가지고 있다. 그러므로 중국에 있어서 중국과 미국의 밀월 관계는 필요하며 지금이 한국이 능동적으로 한반도를 장악할 수 있는 미묘한 시간적 과도시기가 되는 것이다.

즉, 지금은 절묘한 통일의 적기適期이다.

이때를 놓치면 아마 한반도는 대단히 고약하게 영구히 분단되어 고착될 것이다. 과거에도 통일의 기회는 여러 번 있었다. 그런 기회들을 우리는 용서할 수 없는 나태懶怠와 무지無知 그리고 무감각無感覺으로 매번 놓치고 말았다.

2. 통일의 기본 입장

북한 지역은 헌법상 대한민국의 미수복 영토이다.

북한 정권은 '지극히 비정상적이고 잘못된 정권'임은 틀림없는 사실이다. 그들은 김일성 독재체제의 3대째 세습을 실현하기 위해서 자기들의 정권이 지배하는 북한 주민을 극한적인 빈곤과 굶주림 속에 방치하고, 잔혹한 정치적 압제 속에 무자비하게 학대하고 있다. 그러니 이런 북한 정권은 변화해야 한다. 최소한도 자기들의 정권이 지배하는 북한 주민을 학대하고 기본적 자유권을 유린하는 범죄적 행태에서 즉시 벗어나야 한다.

북한 정권은 그 범죄적 행태에서 벗어나려는 어떤 종류의 자발적 의지도 없다. 윤리적인 판단에 기인된 의지는 물론 없으며, 합리적인 판단으로 조속히 변화를 시도하지 않으면 안 된다는 '논리적 강박'이라도 그들은 감지하지 못하고 있다고 결론지을 수밖에 없다. 그들의 체제 속에서는 이런 식의 '합리적인 판단'은 이런 합리적 사리에 근거한 '논리적 강박의 감지' 같은 것은, 절대 허용되지 않기 때문이다.

이집트와 예멘, 알제리, 그리고 리비아 등지에서 독재 체제에 항거하는 시민들의 항거가 요원의 불길처럼 번졌다. 기아와 정치적 학대 속에서 허덕이고 있는 우리 북한 동포들도 김정은 독재체제에 항거하여, 인간의 기본적 자유권을 유린하는 범죄적 행태의 북한 정권을 전복시키려는 시도를 할 수 있을까? 인간의 존엄성과 자유를 억압하는 극한적 독재체제는 결국 망하게 되어 있으며 북한도 이런 역사적 원칙에 결코 예외일 수는 없다. 아무리 철통같이 억압된 체제 속에서도 이런 비정상적인 국가 체제를 거부하고 제거하려는 인간의 정당한 욕구는 완전히 봉쇄당할 수는 없는 것이다. 자유를 찾으려는 북한 동포들의 이러한 정당한 욕구와 노력에 우리 대한민국이 확실한 격려와 후원을 보내는 주체가 되어야 한다.

대한민국의 이러한 기본적 입장을 국제사회에서 또는 적어도 이 동북아시아 지역에서 확고하게 정립하지 못한다면 앞으로 북한에서 급변사태가 발발하는 경우에, 또는 북한 체제가 소멸된 이후에도 북한 지역은 중국과 미국의 편의적인 전략과 정책에 의하여 처분될 것이며 대한민국과는 영구적으로 분단되는 미아迷兒가 될 수도 있다. 이런 결과는 강대국에 의해서 제2차 세계대전 종결과정에서 타의적으로 분단국가가 된 우리 한국의 경우에는 국제정치적 안목으로 볼 때도 순리에 반反하는 것이다.

북한을 변화시키겠다는 정책적 의지가 우리 대한민국에 있는가? 대북 강경노선을 천명하였다고 하는 이명박 정부마저 정면으로 「6·15 남북 공동선언」을 부인하지 못하였고, 박근혜 대통령도 이것을 기정사실로 인정하고 남북한 문제의 정책적인 기조로써 받아들이겠다는 의사를 표시하고 있는 것을 상기한다면, 지금 우리 대한민국은 북한을 변화시키겠다는 정책적 의지를 가지거나 표명할 수 없는 위치에 있다.

그러나 「북한체제 보장론」이나 「대북對北 포용정책」은 현 북한체제를 종식시키고 북한동포를 압제에서 해방시킨 후 자유, 인권, 법치가 존중되는 보편적 체제를 만들고, 향후 자유통일을 이루겠다는 국가 의지와는 논리적으로 양립할 수 없다. 북한을 대화의 상대로 하는 기본 입장은 1992년 「남북기본 합의서」에서 규정하고 있는, "쌍방 사이의 관계가 나라와 나라 사이의 관계가 아닌 통일을 지향하는 과정에서 잠정적으로 형성되는 특수관계라는 것을 인정하는" 선에 서 있는 것이며 절대로 북한 체제를 하나의 국가 체제로 인정하는 '북한체제 보장론體制保障論'에 근거하는 것이어서는 안 된다. 대화할 때마다 그들 북한 당국자들에게 알아들을 수 있게 최대의 성의를 가지고 다음과 같은 것들을 설득해야 한다.

북한 정권이 북한 동포들에 대한 현재와 같은 무도한 억압과 전제적 인권 유린을 계속하는 것을 우리는 절대로 용인하거나 묵과할 수 없다.

북한 당국이 이러한 정책적 태도를 근본적으로 고치고 변화해야만 우리 남한과 궁극적인 화해와 협조가 가능하게 된다.

북한이 가야 할 길에 대해서, 자유, 인권, 법치가 존중되는 체제로 돌아와야 한다는 것을 왜 명백하고 당당하게 말하지 못하는가? 현실적으로 이런 것을 명백하게 거론한다면 북한 당국은 그것을 자기들 체제에 대한 남한 측의 공개적인 도전으로 간주하여 모든 대화를 일체 거부할지도 모른다. 그러나 대화가 단절되는 것을 감수하고라도 이러한 태도는 명확하고 일관되게 유지되어야 한다.

로널드 레이건 미국 대통령은 1987년 소련에 대해서 베를린 장벽을 철거하라고 공개적으로 요구하였다. 이러한 발언은 당시로서는 소련의 정당성에 대한 정면의 도전으로 간주할 수 있는 것이었다. 물론 즉시 소련과 동독으로부터 격렬한 비난과 반발이 나왔다. 그렇지만 이것은 미국의 자유민주주의 이념에 따라서 당연히 제기해야만 할 요구였으며, 윤리적 책무가 명령하는 필수적인 도전이었다. 그리고 이런 도덕적인 일관성이야말로 당시 철의 장막 안에서 신음하는 모든 압제 받는 인간들에게 그들의 소망을 격려하는 힘찬 성원이 되었다.

우리는 북한 정권을 어떻게 변화시키려고 소망하고 있는가?

북한이 가야 할 길에 대해서, 자유自由, 인권人權, 법치法治가 존중되는 체제로 돌아와야 한다는 것을 명백하고 당당하게 말하지 못하면서 어떻게 그들을 변화시킬 수 있는가? 우리가 이런 것을 천명함으로써 북한과의 대화가 잠정적으로 또는 결정적으로 중단된다고 해도 그것은 할 수 없는 일이다.

「6·15 남북 공동선언」이나 「10·4 공동선언」을 용인하는 정책은 어떤 것이든 절대로 해서는 안 된다. 그리고 우리의 국가 이념상 필수적인 윤리적 책무를 선언하는 일은 외교적으로 또는 국제 정치적인 안목에서 반드시 기록해 두어야 할 요건적 행위가 될 것이다. 그러므로 대한민국은 미국 등 모든 한반도 문제의 관계 당사국과 전 국제사회를 향해서도 솔직하고 간명하게 우리의 윤리적 입장을 천명해야만 한다.

중국에 대해서도 탈북하다가 중국 당국에 체포된 북한 동포들을 강제로 북송하는 조치를 즉시 중지하지 않는 한, 대한민국이 중국의 한국에 대한 외교적 자세를 '선린우호'로 인정할 수 없다는 점을 정부가 확고하게 밝혀야만 할 것이다. 한 사람의 가냘픈 여성 국회의원이 2012년 3월, 중국 대사관 앞에서 탈북 동포 북송 반대를 주장하기 위해서 단식 농성을 벌인 일이 있다. 결국 그 여성 국회의원(박선영 물망초 이사장)은 단식 11일 만에 혼절하여 입원하게 되어 외로운 싸움을 더 이상 계속하지 못했다. 그러나 정부는 지금까지도 외교적 통로로 단호하게 중국의 탈북 한인 북송을 중지하라고 요구하는 조치를 취하지 못했다. 한인 탈북자를 북송하는 조치를 즉시 중지하지 않는 한, 대한민국이 중국의 한국에 대한 외교적 자세를 '선린우호'로 인정할 수 없다는 점을 정부가 확고하고 강력하게 밝힌 적도 없다.

북한 지역은 헌법상 대한민국의 미수복 영토이다. 본래 국가란 어떤 이념에 기초한 경우이든 가치 추구적인 유기체로서만 존재하는 것이기 때문에 이렇게 하지 않는 한, 자유민주주의 국가인 대한민국의 윤리적 정체성이란 존립할 수 없다. 한 사람의 가냘픈 여성 국회의원의 일시적 단식 농성 정도로는 가치 추구적인 유기체로서 대한민국의 숙연한 국제법 상의 정체성을 국제사회에 명백히 각인시킬 수 없다. 왜 대한민국이라는 국가의 이름으로 정부가 흡수통일 목표를 당당하게 국제사회를 향하여 명확하게 주장하지 못하는가?

> **북한 지역은 헌법상 대한민국의 미수복 영토이다.**
> **이것이 통일에 관한 우리의 기본 입장이다.**

참으로 상상하기 어렵지만, 북한 정권이 확실히 자유민주주의를 받아들이는 정권으로 변한다면 만 보를 양보해서 그들과 국가연합을 또는 연방국가를 만들 수도 있을지 모르겠다. 그렇지만 그렇게 되어서는 안 된다. "북한 지역은 헌법상 대한민국의 '미수복 영토'이다."라고 하는 확고한 법적 주장을 국제사회에서 관철하지 못한다면 주변국들(중국, 러시아, 일본 또는 미국)이 북한을 남한과 통일되도록 그냥 뇌두지는 않을 것이다. 통일은 어느 경우에나 기다리다 보면 저절로 오는 그런 것이 아니다.

통일 문제에 상당한 식견이 있다고 하는 사람들이 이 점에 대해서 전혀 생각이 미치지 않는 것을 보고 놀란 일이 몇 번 있다. 이것은 매우 중요한 국제정치적 및 국제법적 문제이다.

북한이 대한민국과 상관이 없는 생소한 국제사회의 법적 주체가 되어서 정치적으로 중국이나 러시아나 일본에 종속되는 것을 우리가 받아들일 수 있겠는가? 남한과 북한은 본래 하나의 국가이니 우리는 어떤 대가를 치르더라도 반드시 통일을 이루어야만 한다. 우리의 소망이 통일이라는 것은 역사적 필연인 동시에 대한민국 헌법이 지향하는 법적인 정의正義, 바로 그것이다.

실제로 한반도 위급사태 시 일본 군사력이 북한 지역에 진입할 가능성은 어느 정도인가?

미국은 동아시아에서 잠재적 적대 세력들에 대한 군사적 대응을 함에 있어서 일본을 중요한 파트너로 참여시키려 하고 있다. 미국은 물론 한국도 중요한 파트너로 생각하고 있다. 미국이 구상하는 동아시아에 있어서의 한·미·일 3국의 '전략적 공조체제'라는 것이 이것이다. 미일은 미일 동맹으로, 한미는 한미동맹으로 이미 확고하게 결속되어 있으며, 일본과 한국도 미국이 구상하는 한·미·일 3국의 전략적 공조체제 속에서 전략적으로 당연히 확실하게 결속되어야 한다고 미국은 생각하는 것이다.

한일 간에 방위동맹 조약 같은 것은 아직 없지만, 한일 양국 간의 군사적 협력체제는 미국의 주도하에 이미 상당히 진전되어 있다. 양국 해군은 이미 여러 번 동해에서 합동 기동훈련을 실시한 바 있다. 잘 알려진 바와 같이 이미 수년 전부터 한국과 일본 사이에 군사비밀보호협정(GSOMIA), 상호군수지원 협정(ACSA) 등이 추진되다가 한국민의 대일 감정 등을 고려해서 잠정 중단된 상태이지만, 양국 간의 군사협력 논의는 이미 상당히 진전되어 있다고 보아야 한다.

2015년 7월, 새로 마련한 방위지침(뉴 가이드라인)에서 일본의 집단적 자위권 행사를 명시적으로 규정한 것은 동아시아에 있어서 일본의 군사적 역할을 강화하려는 미국의 전략적 방침을 극적으로 나타낸 것이다. 미국 자신이 꼬집어서 표현하고 있지는 않지만, 북한의 위급사태 발생 시 북한지역에 식량, 의료품 등 대규모의 인도적 지원을 위해 항공기, 함정, 차량 등 일본의 군사적 자산을 이용할 필요성이나 가능성은 당연한 것으로 전제되고 있다. 즉, 북한지역에 대한 일본 군대의 진입은 당연히 필요한 것으로 미국은 상정하고 있다고 보아야 한다.

미국과 일본은, 대한민국이 헌법 3조를 근거로 북한지역을 미수복 '영토'로 보고 한국의 동의 없이 일본 군사력이 북한지역에 진입하는 것을 '인정할 수 없다'고 하는 주장을 견지하고 있는 것을 이미 잘 알고 있으며, 이런 한국의 주장을 간단히 제압할 수 있는 '법적 이론'을 정리해 놓고 있다.

① 2015년 10월 20일, 한일 양국 국방장관 회담에서 나카타니 겐 일본 방위상은 "휴전선 남쪽만이 한국 지역이다. 일본 자위대가 북한에 진입할 때, 한국의 동의가 반드시 필요한 것은 아니다."라고 발언하고 있다. 한반도에서 한국 정부 주권의 유효한 범위는 휴전선 이남에만 국한된다고 하는 것이 일본의 입장이다. 집단적 자위권이 통과된 상황에서 미·일 안보 동맹을 근거로 하여 일본 군대는 한국 정부의 동의 없이도 북한 지역에 진입할 수 있다는 입장을 일본은 이미 명확하게 밝히고 있다.

② 2015년 10월 2일, 제47차 한미 연례 안보협의회(SCM)에서 애슈턴 카터 미국 국방장관은 일본 자위대의 북한 진입에 관련해서 "한국과 일본은 중요한 동맹국이며, 이 동맹은 국제법을 기반으로 한 것이다."라고 말하고 있다. 이것은 북한 지역이 국제법적으로 개별적 주권 국가라고 하는 일본의 입장을 공개적으로 지지한 것으로 해석된다. 미국의 입장이 이러한 것이라면, 한미연합군의 '작계-5027' 수행과정에서 전시작전권을 가지고 있는 미국이 일본 자

위대 육군과 해군이 북한 지역에 진입하는 것을 당연한 전제로 한 작전을 추진하는 경우에 한국 정부는 일본 군대의 북한 진입을 결국 막을 수 없게 될 것이다.

즉, 현 상황으로는 결국 한국은 일본 군대의 북한 진입을 막을 수 없다.

그러므로 "한국 측의 요청 또는 동의가 없는 한 일본 군대의 한반도 군사개입은 용인될 수 없다."고 공언하는 한국 외교부나, 한미 국방장관 회의 같은 곳에서, "북한 지역은 헌법상 한국의 영토이므로 일본 군대의 한반도 진입은 당연히 한국의 동의를 받아야 한다."고 주장하는 한국 국방장관의 발언 등은 미국과 일본에 의해서 묵살당할 것을 뻔히 알면서, 반일 감정을 가지고 있을 국민에 대한 체면치레용으로 공허하게 한번 '해보는 소리' 이외에 아무것도 아니다. 한국의 영토에 관한 헌법적 입장은 한반도 위급사태가 올 때 미국과 일본에 의해서 또는 중국에 의해서 결국 묵살당해도 '할 수 없는 일'인가?

북한이 제4차 핵실험을 하고, 장거리 탄도미사일을 발사했으며, 유엔의 적극적인 제재에 대해서 정면으로 도전해 오고 있는 한반도의 급박한 상황에서 우리 대한민국의 가장 중요한 과제는 북한 지역이 '대한민국의 미수복 영토'라고 하는 법적인 인식을 미국, 일본은 물론이고 중국 및 러시아에 적극적으로 확실하게 인식시키는 일이다. 모든 인접국 특히 중국과 일본이 북한 지역이 '대한민국의 미수복 영토'라고 하는 법적인 상태를 존중하도록 이들 국가에 대한민국은 모든 외교적 통로를 통해서 강력히 요구하여야 한다. 이러한 의사표시는 정부의 외교부 대변인의 성명이나 한민구 국방장관의 안보 협의회상에서의 발언 정도로는 묵살당하는 것이 고작이다. 그러므로 1952년 1월 18일 이승만 대통령이 「평화선 선언(대한민국 인접 해양의 주권에 관한 대통령의 선언)」을 한 것처럼 우리 박근혜 대통령이 "한반도 위급 사태 시 북한 지역의 법적 지위에 관한 대한민국 대통령의 주권 선언"을 발표해야 한다.

여기에 그 선언문 안을 제시한다.

한반도 위급 사태 시 북한지역의 법적 지위에 관한
대한민국 대통령의 주권 선언(문안)

1. 우리 대한민국은 대한제국의 국가적 동일성을 계승한 한반도의 유일한 합법정부이며 따라서 한반도 전체가 대한민국의 영토이다. 북한은 한반도 분단의 과정에서 북한 지역에 존재하게 된 사실상의 정부(de facto Government)에 불과하며, 따라서 북한 지역은 '대한민국의 미수복 영토'이다. 한국전쟁 당시 북한은 유엔군 사령부(UNC) 등에 의해서 일시적으로 '교전단체'로 승인되었던 것을 인정할 수는 있으나, 적어도 미국이나 일본 등이 북한을 국가 승인한 것은 아니다. 북한이 유엔 가맹국으로서 다수의 국가와 정상적인 외교관계를 수립하여 국제사회에 명백히 존재한다는 사실을 강조하고 있지만, 국제법상 어떤 국가가 유엔에 가입하여 그 회원국으로 존재한다는 사실 하나만을 가지고 그 국가가 다른 유엔 회원국에 의해서 국가 승인을 받은 적법한 법적인 존재가 되는 것이 아니라는 것은 일반 관습국제법규가 1945년 유엔 성립 이래 일관되게 취하고 있는 명료한 국제법상 원칙이다.

2. 중국의 경우에는 북한과는 조약상 동맹국으로서 강력한 외교적 유대를 오랫동안 유지해 온 것을 부인하지 않으나 일단 북한의 국가 체제가 와해되는 위급 상황에서는 북한 지역에 중국 정부가 이미 승인한 주권적 주체가 존재하지 않는 상태로 볼 수밖에 없다. 그런 상태에서는 적어도 대한민국과 선린 우호 관계를 유지할 의도가 중국 정부에 남아 있는 한, 북한 지역이 '대한민국의 미수복 영토'라고 하는 법적

인 상태를 인정해야 하는 국제법적 의무를 갖게 된다고 본다.

3. 일본의 경우에는 미·일 안보조약의 테두리 안에서, 또는 북한에 대한 군사적 위협을 직접 받고 있는 당사국으로서, 북한 지역에 그 군사적 역량을 진입시켜야 한다는 당위성을 주장할 여지가 있다고 강변할 수도 있으나, 이런 전술적 사유보다 우선하는 국제법적 원칙은 일본 국가가 명예롭고 자존심 있는 인접국인 대한민국의 주권적 독립성을 존중해야 한다고 하는 법적 당위성이다.

일본은 한반도와 지리적으로 가장 인접한 국가이다. 지난 세기 무력적 팽창주의를 추구하여 아시아 인접국들을 침략한 역사적 전력을 가지고 있고, 한국을 40여 년 동안 군사적 강점 상태로 지배하여 그 자원을 수탈하고 그 국민의 인권을 유린해 온 특별한 전력이 있으면서도 그 잔인한 과오와 비인륜적 전쟁 범죄의 전력을 반성하거나 사죄하지 않고 있다.

특히 일본 정부는 2005년 젊은 세대를 교육하는 역사 교과서의 검증지침을 변경하여 일본의 침략적 과거사를 왜곡해서 의도적으로 합리화하고, 2008년부터는 이런 지침에 의거 검증된 왜곡된 교과서로 일본의 젊은 세대들을 교육함으로써 인접국, 특히 한국의 국가적 존엄성과 정체성을 침해하고 있다.

일본이 한국의 국가적 존엄성과 정체성을 침해하고 있는 가장 명백하고 중요한 국면은 1910년 8월 22일 체결된 「한일병합조약」에 관련된 법적 해석이다. 일본은 이 조약으로 대한제국은 일본제국에 의해서 흡수합병 되었다는 입장이다.

그러나 정확한 역사적 사실을 검토해 보면, 당시 일본이 무력적 강압으로 고종 황제를 강제로 퇴위시키고 불법적으로 황위를 계승시킨 순종황제는 일제의 괴뢰 황제에 불과했으므로 정상적인 조약체결권 자가 될 수 없다. 이런 법적 흠결이 있으므로 「한일병합조약」은 조약 성립에 불법이 있는 부적법한 조약이다. 따라서 이 병합조약은 무효이며, 대한제국은 1910년 8월, 이 조약으로 국가 소멸(Debelatio; State Extinction)에 이르지 않았다. 실질적으로 1919년 1월 20일 일제가 불법적으로 대한제국의 마지막 황제인 고종 황제를 맹독의 음료로 독살함으로써 대한제국의 정치적 실체는 잠정적으로 소멸되었으나, 1919년 3월 1일에 일어난 '3·1운동'으로 일제에 의한 군사적 점령 상태에도 불구하고 대한제국 국가 주권의 계속을 주장하는 '공적으로 표명된 전체 국민의 명확한 의지'가 계속 확인될 수 있었다. '3·1운동' 이후에도 한국 국민은 봉오동 전투, 청산리 작전 등 일제에 항거하는 무장 독립 투쟁을 계속해서 국민에 의한 국권 회복의 주장이 살아 있었음을 확인할 수 있었고, 따라서 일제의 군사적 점령 상태가 종식된 1945년 8월 15일까지 한국의 국가 주권은 소멸되지 않고 살아 있었다는 것을 확인할 수 있다.

연합국과 일본제국 간의 태평양전쟁을 법적으로 종식시킨 1951년 「대일강화조약」은 1952년 4월 28일에 발효되었다. 대한민국은 제2차 세계대전 '강화조약'의 발효를 기다리지 않고, 대한제국의 국가적 동일성을 계승하는 국가 주체로써 이 강화조약이 발효되기 4년 전인 1948년 8월 15일에 정부가 수립되어 주권을 회복하였다. 이 사실은 1910년 8월 22일 「한일병합조약」으로 대한제국의 주권이 소멸되지 않았음을 인정하는 국제사회 전체의 법적 확신(Opinion Juris)이 존재하고 있었음을 사실로서 증명해 주고 있는 것이다.

일본은 1995년 '무라야마 담화'를 통하여 과거 일본 제국의 '식민지 지배'와 '침략'에 대한 분명한 '사죄'의 뜻을 표명하면서도, '1910년 한일합방은 적법하게 체결된 것이었다'는 견해를 고집하여 지금까지도 1910년 대한제국이 일제에 의해서 국가 주권이 소멸되었다는 주장을 유지하고 있다. 명백한 역사적 사실에 반하고 국제사회의 일반적인 법적 확신에도 맞지 않는 이러한 일본 정부의 법적 입장이 철회되지 않고는 일본 정부가 인접국인 대한민국의 국가적 명예심과 정체성을 정면에서 부정하고 공격하고 있다는 판단을 부정할 수 없다. 일본은 군사적 점령에 관한 국제법의 일반적 법원리에 의거해서 일제의 41년간 군사적 점령에도 불구하고 대한제국의 주권이 소멸된 것이 아니라는 사실을 인정해야 하며, 대한제국의 국가적 동일성을 계승한 대한민국의 영토가 대한제국의 영토인 한반도 전체에 미치므로 북한 지역도 대한민국의 미수복 영토임을 인정해야 한다. 여기에 더하여 일본은 1904년 노일전쟁 초기에 군사적 목적으로 대한제국으로부터 강제로 탈취한 동해 상의 고도인 독도(Liancourt Rocks)에 대한 시대착오적이며 불법 부당한 영유권 주장도 이를 즉시 철회해야 한다. 1910년 「한일병합조약」의 효력에 관한 일본 정부의 개선된 법적 입장을 천명하고 독도에 대한 불법적인 영유권 주장을 철회하는 명시적 의사 표시는 조속한 시일 내에 대한민국 정부에 국가 간의 정상적인 의사표시 방식에 따라 전달될 것을 기대한다.

4. 일본이 대한민국의 가장 신뢰하는 우방인 미국이 신뢰하고 있는 중요한 맹방이며, 아시아에서 우리와 똑같이 자유민주주의와 시장경제 체제를 유지하고 있는 대한민국의 중요한 우방이라는 사실에도 불구하고 일본 정부가 북한지역이 대한민국의 미수복 영토임을 인정하지

않고 대한민국의 사전 허가 없이 함부로 일본의 군사역량을 북한 영역 경계선 안으로 진입시키는 경우에는 대한민국은 일본을 '반성하지 않고 사죄하지 않는' 전범 국가로 간주하여 유엔 헌장 제53조와 107조에서 규정한 원칙에 따라서 즉각적으로 '무력으로 강제퇴치 할 것'임을 천명하는 바이다.

2016년 ○월 ○일
대한민국 대통령 ○○○

[부서] 국무총리   ○○○
        외교부 장관   ○○○
        국방부 장관   ○○○

이런 대통령의 '주권 선언'이 발표되기 위해서는 두 가지 전제 조건이 이루어져야 한다.

첫 번째, 소형화된 핵탄두까지 준비하고, ICBM이 아니고 SM-3 등 재래식 미사일이나, 장사정포에 이것을 장착하여 남한(그들은 청와대를 조준한다고 강조하고 있다)에 발사할 수도 있는 지금, 사실상 우리는 북한의 선제공격에 대한 선제 원점 타격의 능력이 전무한 상태이다. 우선 무엇보다도 북한의 선제공격에 대한 선제 원점 타격의 능력을 갖추어 두는 것이 우리 안보의 당면 과제라고 생각한다. 따라서 전적으로 방어 기능밖에 없는 사드를 배치하는 문제를 가지고 설왕설래할 것이 아니라 미사일 방어 능력과 적의 측적 전탐기기 작동을 조기에 탐지하는 고성능 정보 능력을 시급히 갖추어야 한다. 키 리졸브 훈련이 4월 말에 끝나면 5월부터는 결국 우리는 무방비 상태로 다시 돌아가는 것이다. 한미 연합사가 전술핵을 도입하여 북한의 선제공격에 대한 선제 원점 타격의 능력을 '항구적으로' 갖추어 두는 것이 지금 우리 대한민국 국민의 생명을 보장할 유일한 방책이라고 생각된다. 말하자면 이것이 대통령의 주권 선언을 발표하기 전에 우리가 갖추어야 할 첫 번째의 전제 조건이다.

두 번째 전제 조건은 한국 정부의 외교적 능력을 총동원하고 완전히 집중하여 미국에 대한 한국의 진정한 입장을 이해시키는 일이다. 일본에 집단적 자위권을 강요하다시피 회복시켜 주고, 그들이 말하는 한·미·일 전략 공조 체제를 서두르고 있는 미국 당국에게, 일본이 대한민국을 정상적이고 대등한 주권 국가로서 인식하지 않는 한 대한민국은 결단코 이 한·미·일 전략 공조 체제에 가담할 수 없다는 법적 그리고 논리적 당위성을 충분히 이해시켜야만 한다. 한국 정부 특히 한국의 외교부가 이런 일을 할 만한 능력과 배짱이 있을지는 잘 모르겠다. 걱정스러울 뿐이다.

중국과 러시아 등은 그다음의 문제이다.

키 리졸브 훈련에서 처음으로 적용하기 시작하는 작계 5015는 북한의 선제공격에 대한 사전, 선제 원점 타격의 시나리오를 가지고 있는 것으로 알려졌다. 그러나 키 리졸브 훈련과 같은 도상연습에서만 이러한 개념을 적용할 것이 아니라 한반도에 있어서 기본적 작전 개념을 현용 작계 5027에서 작계 5015로 확정적으로 교체해 적용하는 것이 한반도의 사태로 보아서 긴급하게 완성해 놓아야 할 우리의 과제가 아닌가 생각된다.

필자가 제안하는 '대한민국 대통령의 주권 선언'은 북한과 일본 측으로부터 격렬한 반응을 유발할 것이다. 아무리 그렇다고 해도 이 주권 선언이 발표되지 못하고 그대로 묵살되어서는 안 된다.[302]

3. 북한 동포에 대한 대한민국 국민의 윤리적 책무

우리는 기필코 북한을 흡수통일하여 불쌍한 북한 동포를 자유민주주의와 시장 경제 체제로 인간다운 삶이 보장되는 국가에서 살 수 있게 해 주어야 한다.

북한의 인구는 현재 2,400만 명 정도로 추산된다. 아무리 극단적으로 폐쇄된 북한이지만 여러 경로로 확인된 증거에 의하면, 이들 중에서 약 80%는 인간 이하의 조건에서 생활하고 있다. 대부분의 사람들이 북한에서 '인간 생지옥生地獄'의 생활을 강요 받고 있는 것이다.

북한에서는 1999년과 그 이듬해에 걸쳐 오로지 먹지 못해서 목숨을 걸고 북한을 탈출해야 했던 30만 명의 탈북자가 나왔다. 물론 지금도 탈북자는 계속 나오고 있다. 이들 탈북자는 한만韓滿 국경선 및 러시아와 중국 지역에서 상당수가 살해당했으며, 살아남은 사람들도 온갖 형태의 인권 유린과 차별 대우를 받아가며 생명을 겨우 유지하고 있다. 특히 탈북 여성들이 러시아와 중국 지역에서 성매매의 대상이 되어 노예로 학대받고 있다는 사실은 국제사면위원회(Amnesty International)의 권위 있는 조사보고서 등에서 여러 번 지적되고 있다.

북한 정권은 김정일이 집권한 이래 61만 명의 북한 주민을 '굶겨 죽였다.'[303] 적어도 어떤 국가의 정부가 그 국민을 의식적으로, 그것도 한두 명도 아닌 61만 명이나 되는 사람을 '굶겨 죽였다'는 말은 정상적인 사람이라면 잘 이해가 되지 않을 정도로 생소하고 해괴한 일이다. 틀림없이 무언가 착오가 있거나 북한 정권을 비난하기 위한 악의적 과장일 것이라고 생각할 수도 있을 것 같다. 현대 국제사회에서는 그것이 정상적인 국가라면 홍수나 흉년이 든다고 해서 국민이 굶어 죽지는 않는다. 부족한 식량은 외국에서 수입할 수 있기 때문이다. 물론 북한도 식량을 외국에서 수입한다.

2011년 9월 FAO가 북한에 직접 들어가 조사한 자료에 의하면, 2012년 현재 북한의 식량 부족량은 86만 7천 톤이었다. 이 부족량 중에 북한은 32만 5천 톤을 수입할 계획을 가지고 있었다. 그러나 나머지 54만 2천 톤의 부족량에 대해서는 당시 아무런 대책이 없었다. 아무 대책이 없는 이 부족량은 약 312만 6천 명을 먹일 식량에 해당된다. 이 부족량을(전량을 쌀로) 수입하려면 국제시세로 2억 5천만 달러, 한화로 약 2,700억 원이 필요하다. 북한 정권은 이 돈이 없다고 했다. 북한 정권은 돈이 없는가? 북한이 남한에 모래나 수산물을 판매해서 버는 돈만 매년 3억 달러가 된다. 어디 이 돈뿐인가? 개성공단 인건비가 매년 5,000만 달러, 금강산 관광 입북료가 매년 3,000만 달러이다. - 금강산 관광이 중단되었으므로 지금 이 돈은 북한에 들어가지 않을 것이다. - 이 돈들은 모두 매년 꼬박꼬박 현금으로 남한에서 북한에 지불된다. 그런데 북한 정권은 이 돈을 더욱 급한 용처에 써야 한다고 결정하고 있었다.

국민을 먹이는 것보다 더 급한 용처란 무엇인가? 선군정치를 위한 군사비 지출이다. 2008년 5월, 2차 핵실험과 6월 장거리 미사일 시험발사에만 북한 정권은 약 7억 달러를 썼다.

김정은은 천안함 사건이나 연평도 포격보다 더 기상천외한 대남 무력도발을 언제라도 감행해야 하고, 핵폭탄을 위한 우라늄 농축 사업을 가속화해야 하고, 첨단적인 잠수함이나 상륙주정을 신속히 더 많이 만들어 놓아야 하니 북한 정권은 여윳돈(?)이 있을 리가 없다. 그래서 그들 북한 당국은 미국이나 한국이 공짜로 쌀을 더 보내 주든 말든 식량 수입을 위해서 당장 필요한 2억 5천만 달러를 절대로 쓰지 않겠다는 것이었다.

북한처럼 철통같이 폐쇄된 국가에서는 국가가 먹여 주지 않으면 국민은 탈북하지 않는 한 굶어 죽어야 한다. 그런데 대한민국의 대통령이 "북한의 인권문제를 거론하는 것은 일종의 내정 간섭이 되는 것이므로 절대적으로 삼가야 한다."고 말할 수 있는가? 대통령의 취임 선서에서 가장 처음 나오는 서약誓約의 말이 '헌법을 준수하겠다'는 것이다. 그리고 바로 그 헌법 전문前文에서 제시하는 윤리적 명제가 '정의·인도와 동포애'이다.

북한은 그냥 북쪽에 있는 평상적인 인접국이 아니다. 우리의 동포인 북한 주민들이 지극히 비정상적인 정권 밑에서 생지옥과 같은 생활을 하루하루 영위하며 지금도 굶어 죽어 나가는 곳이기 때문에 북한이라는 정권은 대통령뿐만이 아니라 우리 국민 모두의 양심을 향해서 동포애에 관한 윤리적 의무를 끊임없이 준엄하게 묻고 있는 '헌법상의 숙제'이다.

노무현이 대통령에서 물러난 이후에도 북한 주민이 굶어 죽든 말든 북한 인권을 거론하는 것은 '내정 간섭'이라고 말하고 있는 정치인들이 대한민국의 국회에는 아직도 남아 있는 것 같다. '북한인권법'은 미국에서는 2004년 10월에 발효되었고, 일본에서는 2006년 6월에 공포되었지만, 다른 사람들도 아닌 그들 북한 주민의 동포라고 하는 우리들 대한민국 국회에서는 우리 헌법상의 윤리적 원칙인 동포애의 규정도 무색하게 이 법이 여러 번 제안되었다가 폐기되었으며, 아직도 국회 법사위에서 6년 이상 계류 중이다. 이것이 북한이라는 가공할 정권의 진짜 모습이며, 자유민주주의 체제에서 잘 먹고 잘 살면서도 헌법이 규정한 동포애의 의무조차 제대로 해내지 못하고 있는 우리 대한민국 국민이 서 있는 부끄럽고 안타까운 역사의 현주소이다.

2013년 5월 기준, 북한의 휴대전화 사용자는 200만 명이 넘는 것으로 확인되었다. 북한 정권이 부족한 식량을 수입하지 않고 버티다가 배급제도가 결단이 나서 한때 많은 사람이 굶어 죽었지만, 지금은 장마당(자생적 생필품 시장)이 생겨서 한꺼번에 많은 사람이 굶어 죽지는 않게 된 것 같다. 그러나 대부분의 북한 동포가 인간의 기본인권조차 누리지 못하고 사는 것은 확실하다.

요즘 텔레비전에서는 유니세프(UNICEF; United Nations Children's Fund) 광고를 유명한 배우들이 하고 있다. 얼굴에 파리가 덕지덕지 앉아 있는 아프리카 어린이의 얼굴을 방영하면서, 그 유명한 한국 배우는 슬픈 목소리로 아동 복지기금을 위한 모금 운동에 참여를 권유하고 있다. 나는 이런 광고를 볼 때마다 북한 어린이들을 생각한다. 영양실조로 뼈만 앙상하게 남은 우리 북한 어린이들을 텔레비전 화면에서 본 적이 있다. 왜 북한 어린이를 구하자는 절실한 메시지를 방영하는 프로는 없는 것일까? 남북한의 대화 분위기를 유지하기 위해서 정책적으로 이런 내용을 금지하는 것일까?

통일을 하면 '대박이 나기 때문에' 우리가 하루빨리 통일을 해야 되는 것은 아니다. '통일만이 살길'이기 때문에 우리는 하루빨리 통일을 해야 되는 것이다. 이 점만은 국민들이 구별할 줄 알아야 한다. 얼굴에 파리가 덕지덕지 앉아 있는 아프리카 어린이보다 더 참혹한 모습을 하고 있을 우리 북한 어린이들을 하루빨리 구하는 것이 헌법에 명시된 우리 국민들의 동포애에 관한 '법률적 의무'라는 것을 진지하게 생각하는 사람들이 별로 없는 것 같다.

유니세프 아동 복지기금에 출연금을 내는 것도 매우 훌륭한 일이다. 그러나 북한 동포들의 유린된 인권을 회복시키고 보호하기 위해서 하루빨리 '통일을 이룩해야 하는 것'이 헌법 전문과 그 제4조에서 명시해 놓은 우리 대한민국 국민의 헌법상의 의무이며 긴급한 지상至上 과제이다. 우리는 이런 헌법에 명시된 국민적 의무를 정부나 국민이 모두 완전히 저버리고 있다. 이런 우리가 유니세프 아동 복지기금에 출연금을 낼 수 있는 윤리적인 자격이 있을까?

4. 북한이탈주민에 대한 대한민국 국민의 의무

서울 노원구의 한 임대아파트에서 사는 15세 소녀, 은주(가명)는 법률적으로는 무국적의 불법체류자이다. 조선족 아빠는 중국에서 숨지고 탈북 엄마는 행방불명이다. 먼저 한국에 탈북해 온 할머니가 지난해 7월 천신만고 끝에 어린 은주를 한국으로 데려왔다. 무국적 상태의 '불법체류자'이기 때문에 한창 배울 나이에 은주는 학교에 다니지 못한다. 통장도 만들지 못하고 아이돌 가수 콘서트 인터넷 예매도 못 한다. 심한 감기에 걸렸는데도 끙끙 앓을 뿐 병원 갈 엄두를 내지 못했다.

그런데 지난 2015년 12월 30일, 법무법인 제이앤씨 구충서 대표변호사가 은주에게 대한민국 국적을 찾아 주었다. 구충서 변호사는 은주의 법률대리인을 자청하여 법무부장관에게 국적판정신청을 하였던바, 이날 은주가 대한민국 국적자라는 판정이 내려졌다. 1년이 더 걸린 어려운 노력의 결실이다. 이제 은주는 대한민국 국적자로서 우리나라에서 가족관계등록과 주민등록을 하고 자신의 인생을 살아 나갈 수 있게 되었다.

법무부가 대법원에 판정 결과를 보내면 가족관계등록이 돼, 은주에게 주민등록번호가 나온다. 은주는 《한겨레》와 한 통화에서 "무조건 감사하다. 일단 국적이 생기면 돈을 모아서 제주도로 여행도 가보고 싶고, 내 이름으로 휴대전화를 만들고 싶다. 많은 분들이 도움 주신 덕분에 빨리 국적을 얻을 수 있었던 것 같다. 앞으로 스튜어디스도 되고 좋은 사람이 돼서 그분들께 보답하고 싶다."고 말했다.

내 일처럼 반가워 서둘러 축하전화를 한 필자에게 구충서 변호사는 "북한 주민이 한국과의 통일을 원하도록 만들어야겠습니다."라고 말했다. 2,400만 북한 주민들이 '열심히, 진정으로 한국과의 통일을 원한다면' 아무리 김정은 독재체제가 철옹성같이 북한 주민의 손과 발을 묶고 입을 막는다 해도 결국 한반도의 통일은 이루어질 것이다. 통일을 추진하는 노력은 이런 방향으로 집중되어야 한다는 생각이다.

국적 판정이 아직 나오기도 전에 은주를 특례 입학시켜 준 중학교 교장 선생님, 아무 혈연도 아닌 이웃 아주머니가 은주의 교복을 맞추어 주었고, 대안학교 교장은 보증을 서 주었다. 이것이 경천애인敬天愛人하는 우리 한국 사람들의 평상적인 모습이다. 사람의 온기가 너무도 그리운 북녘의 동포들이 이런 이야기를 들으면, 어찌 '열심히, 진정으로 한국과의 통일을 원한다'고 나서지 않겠는가?

수소폭탄 실험을 감행한 김정은에게 대응 보복 차원에서 DMZ(비무장지대) 심리전 확성기 방송을 재개한다고 들었다. 북한 주민들에게 뭐 다른 이야기보다도 이런 이야기를 조용히 들려주는 것이 좋을 것 같다.

이 이야기의 주인공 어린 소녀 은주는 북한이탈주민(北韓離脫住民, North Korean Defectors)이다. 보통 '탈북자'라고 한다. 탈북자는 북한에 주소, 직계가족, 배우자 등을 두고 있는 사람으로서 북한을 벗어난 후 대한민국 이외의 국적을 취득하지 않은 사람을 말한다. 1990년대에 들어서자 사회주의 국가들이 연달아 몰락했고, 소련이 해체되는 과정에서 북한은 심각한 경제난(특히 식량난)에 봉착했다. 북한에서는 김정일의 농업 및 식량 정책 실패로 대규모 자연재해(수해와 한발 등)가 빈발하여 심각한 식량난이 가속화되었고, 2000년대 초반에 들어서는 대규모 인원의 탈북이 감행되었다. 통계상으로 연간 최대 인원이 탈북해 온 해는 2009년으로 기록되며, 그해에는 연간 3,000명 가까운 인원이 탈북해서 남한으로 넘어왔다. 그 후 그 숫자는 점차 감소하고 있다. 2015년 현재 한국에 와 있는 탈북자 수는 대략 3만 명 수준이다.

탈북자들은 북한 정권에 침을 뱉고 대한민국의 품에 안긴 사람들이다. 물론 대부분이 당장 먹고살기가 힘들어서 탈북을 결심한 이른바 '생계형 탈북자'들이겠지만, 거기에 항상 자유를 갈망하는 인간 본연의 강한 욕구가 따라붙어 있을 것이다. 그러므로 이들 탈북자는 북한해방의 동력이 될 것이다. 즉 통일의 추진력을 창출할 사람들이다. 꼭 그렇지 않다고 해도, 즉 그들이 통일의 추진력을 꼭 만들어 내지 않는다고 해도 우리 대한민국은 이들을 보호하고 이들이 남한에 잘 정착할 수 있도록 정부나 민간이 모두 합심해서 노력해야 한다. 왜냐하면 그것이 경천애인敬天愛人하는 우리 한국 사람들의 본연의 도리이기 때문이다.

탈북자를 보호하는 문제는 크게 보면 헌법에 명시된 동포애에 관한 우리 국민의 의무이다. 그러므로 탈북의 과정에서부터 이들의 인권을 보호하는 제도적 장치를 중국이나 동남아 국가들과 외교적 노력으로 확보해두어야 한다. 이들이 한국 영역 안으로 들어온 이후에 이들을 보호하고 지원하는 문제도, 민간 독지가들의 노력에만 맡겨두지 말고 정부가 앞장서서 예산과 제도와 인력을 충분히 마련해서 실현해 나가야 한다.

5. 통일정책과 통일방안

가. 한국 정부 통일부의 공식적 통일방안

한국 정부 통일부의 공식적 통일방안은 '민족공동체 통일방안'이다.

이것은 1989년 9월 11일 노태우 정부에 의해서 '한민족공동체통일방안'으로 처음 제시되었고, 1994년 8월 15일 김영삼 정부가 '한민족공동체 건설을 위한 3단계 통일방안(민족공동체 통일방안)'으로 보완하여 김대중, 노무현, 이명박 그리고 박근혜 정부까지 그 골격을 유지하며 인계되어 온 것으로 되어 있다.

그 내용을 요약해 보면 다음과 같다.

    (1) 통일의 철학: 인간 중심의 자유민주주의

    (2) 통일의 원칙: 자주, 평화, 민주

      - 자주의 원칙: 민족 자결의 원칙에 따라 남북 당사자 간의 해결

      - 평화의 원칙: 무력에 의하지 않고 대화와 협상의 방법으로 추진

      - 민주의 원칙: 민주적 원칙에 입각한 절차와 방법을 준수

    (3) 통일의 과정

      화해협력 → 남북연합 → 통일국가'라는 3단계를 거치는 것으로 되어 있다.

      ① 화해와 협력 단계: 남북 간 협상을 통해 민족공동체 헌장을 채택한다. 이는 통일될 때까지 남북관계를 이끌어갈 수 있는 규칙을 세우는 것을 말한다.

      ② 남북연합 구성 단계: 민족공동체 헌장에 기초하여, 남북정상회의와 실행 기구인 남북각료회의, 남북평의회 등 과도기구를 설치한다.

      ③ 통일국가 형성 단계: 남북평의회에서 마련한 통일헌법을 바탕으로 총선거를 실시해 통일국회와 통일정부를 구성한다.

핵으로 무장한 북한 정권이 한반도를 적화통일하겠다고 공언하며 협상 테이블로 나오고, 남측 대표는 인간 중심의 자유민주주의를 통일의 철학으로 관철하여 북한 동포를 구하기 위해 북한을 자유민주주의 체제로 흡수통일하겠다는 결의에 차서 협상 테이블로 나아가 양측이 서로 마주 보고 앉아 있는 모습을 상상할 때 한국 정부가 공식 통일방안이라고 내건 이 '민족공동체 통일방안'이라는 것은 아무래도 공허하고 가식적이며, 전혀 실현될 수 있을 것 같지가 않다. 정말 통일을 원하는 사람이라면 조금 더 정직하고 구체적인 '방안'을 준비해야 하는 것이 아닌가?

나. 민간 전문가의 통일방안

통일 문제를 진지하게 연구하는 사람 중에서 박세일[304]씨가 있다. 그는 4단계의 통일 과정을 말하고 있다.

제1단계는: 북한의 정상 국가화 단계이다.

제2단계는: 1국가 2체제의 남북 통합 단계이다.

제3단계는: 1국가 1체제의 남북 통합 단계이다.

제4단계는: 한반도 통일국가 단계이다.

박세일 씨는 그 제1단계로써 '북한의 정상 국가화 단계'라는 것을 상정想定하고 있다. 어떤 계기로 북한의 '정상 국가화 단계'는 시작될 수 있을 것인가? 그는 다음과 같은 세 가지 경우를 생각하고 있다.

① 현재의 김정은 북한 정권이 스스로 개혁 개방 노선을 채택하는 경우.

② 북한 내부에서 군사 쿠데타 등을 통해서 북한에 새로운 개혁 개방 세력이 등장하여 국가 권력을 장악하는 경우.

③ 외부의 세력이 개입하여, 현재의 북한 정권을 타도하고 북한을 장악한 다음,

북한에서 개혁 개방 노선을 채택하는 경우. 특히 이 경우에 대해서는 현재의 북한 정권을 타도하고 북한을 장악하는 주체가 중국 정부냐, 또는 대한민국 정부냐 두 가지 경우로 나눠 볼 수 있다고 생각하고 있다.

그러나 이러한 세 가지 경우 중, 박세일 씨는 북한 내부로부터 새로운 개혁 개방 세력이 등장하여 국가 권력을 장악하는 경우를 가장 개연성이 높고 현실성 있는 시나리오로 생각하고 있는 것으로 보인다. 그는 한반도의 통일을 위해서 남한은 북한의 대남 도발을 막으면서 북한의 내부 변화를 촉진할 수 있는 내부가 변화되지 않으면 안 되는 그러한 환경과 조건을 만들어 가야 한다고 말하고 있다.

"북한의 내부 변화를 촉진할 수 있는, 북한의 내부가 변화되지 않으면 안 되는 그러한 환경과 조건을 우리가 만들어 가면" '어떤 과정을 거쳐서' 북한의 자생적인 개혁 개방 세력이 국가 권력을 장악하게 되고, 남북한 정부가 통합을 논의할 수 있는 '북한의 정상 국가화 단계'가 완성된다는 것인데

① 남한 정부가 만들어 가야 할, 북한의 내부 변화를 촉진할 수 있는, 북한 내부가 변화되지 않으면 안 되는 그러한 환경과 조건은 구체적으로 어떤 것이며,

② 남한 정부는 어떻게 이러한 것들을 조성시킬 수 있는가?

③ 북한에서 자생적인 개혁 개방 세력이 등장하여 국가 권력을 장악하도록 하는 과정에서 남한 측의 구체적인 역할과 시기 등에 대한 구체적인 개념이나 계획 같은 것은 제시되어 있지 않다.

또한 통일 문제를 진지하게 연구하고, 강연과 저술 등 사회활동을 활발하게 진행하고 있는 사람 중에서 법륜法輪스님[305]이 있다.

그의 주장을 간략하게 요약해 보면,

첫째, 남북한 중에서 대한민국이 통일의 중심이 되어야 한다.

둘째, 평화적으로 문제를 풀어야 한다.

셋째, 북한이 통일을 결정해야 한다. 즉, 북한 정부가 민생경제 회복을 위한 개혁 개방 정책을 먼저 결단해야 한다. 김씨 왕조의 체제유지 목적을 포기하고, 대

한민국의 자유민주주의, 시장경제체제를 받아들이는 결단을 해야 한다.

넷째, 남한은 북한 주민의 민심을 잡고, 북한 권력층의 신원을 보장해 주어야 한다. 이것은 북한에 대한 남한의 과감한 포용정책으로 가능하다고 본다.

법륜 스님의 통일론에서도, 북한에 대한 남한 정부 측의 과감한 포용정책이 먼저 과감하게 시행되어야 하고, 이러한 과감한 포용 정책이 북한 주민의 민심을 잡고, 더 나아가 남한 정부가 북한 권력층의 신원을 보장해 주면, 북한 정부가 민생경제 회복을 위한 개혁, 개방 정책을 결단할 수 있게 되고, 대한민국의 자유민주, 시장경제 체제를 받아들이는 결단을 할 수 있게 된다고 생각하는 것 등이 위 박세일 씨의 낙관적 비전(Vision)과 매우 흡사하다.

법륜스님이 특별히 첨가하고 있는 조건은 북한 권력층의 '신원을 보장해 준다'는 조건인데, 이것은 어떤 내용의 제안인지 아직은 모호하다. 북한 정부 안에서의 권력적 지위를 그대로 인정해 준다는 말이라면 현재의 북한 정권 자체를 그대로 인정하고 유지시키겠다는 것으로 이해되는바, 현재의 김정은 북한 정권이 스스로 개혁 개방 노선을 채택하게되는 경우 이외에는 적용할 수 있는 경우가 별로 없다. 남북한 양측 정부의 독립성을 어느 정도 남겨 놓고 통일을 진행하는 방법을 택하는 경우라도 북한 내부로부터 새로운 개혁 개방 세력이 등장하여 현재의 북한 정권을 타도하는 경우에는, 이미 그 과정에서 현재의 북한 정권 권력자들은 북한 내부 세력에 의해서 먼저 숙청되어 버리기 때문에 해당이 없을 것이다.

다. 통일을 논의하기 위한 전제적 조건

앞에서 분석해 본 대로 한국 정부 통일부가 마련해 두고 있는 이른바 '3단계 통일방안은 처음부터 인간 중심의 자유민주주의를 전폭적으로 지지하는 새로운 북한 정권이 자생적으로 평양에 들어선 이후에나 무력에 의하지 않고 대화와 협상의 방법으로 남북 체제연합(국가 연합이 아니다)을 완성해서 통일국가를 이룩할 수 있는 방안이다. 그러면 우리 대한민국은 '인간 중심의 자유민주주의를 전폭적으로 지지하는 새로운 북한 정권이 자생적으로 평양에 들어서게' 하기 위해서 무엇을 어떻게 할 것인가? 아무런 시나리오가 없다. 공허한 정책이다. 앞에서 분석해 본 대로 민간 전문가들의 통일 논의도 법적으로 불가능하거나 방법론으로서는 논리적으로 공허하기는 매양 마찬가지다. 정직하게 말해서 이 사람들이 정말 통일을 원하기는 하는 것인지 반문해야 할 정도이다.

통일을 논하려면 먼저 통일을 계획하는 한반도의 현 상황을 직시해야 한다. 그리고 통일을 위한 국가적 노력을 가동할 기본적인 준비는 갖추어 놓아야 한다.

월터 샤프 전 주한미군사령관(2008~2011년)은 '워싱턴'에서 기자회견을 열어 '한국의 현 상황'에 관해, 특히 한국민에게 다음과 같이 경고했다.

핵무기로의 무장을 끝내고 적화통일의 목표를 필연코 달성하고 말겠다고 결의를 다지고 있는 북한을 향해서 한국민의 나라 대한민국을 지키겠다는 투철한 정신이 없이는 아무리 훌륭한 무기(재래식 무기일 뿐 핵무기는 없지만)와 막강한 경제력을 가지고 있다 하더라도 전쟁에서 승리할 수는 없다. 해진 운동화를 신은 월맹군이 고성능 무기를 보유한 월남군을 이겼다. 그런데 지금 북한은 핵무기와 생화학무기를 보유하고 있다. 북한이 가난하다고 퍼주기만 하다가 큰코다치게 된다. 북한 정권은 해방 이후 일관되게 남한을 흡수하여 한반도를 적화통일하겠다고 외치며 지금도 배를 곯아가며 죽기 살기로 수단과 방법을 가리지 않고 남한을 괴롭히고 있다.

한국 사람 중에서 6·25를 겪은 세대들은 전쟁의 참상을 모르는 오늘의 젊은 세대들에게 나라가 망하면 어찌 된다는 것을 꼭 알려주어야 한다. 전쟁이 두려워 공산화를 원하는 분은 없을 것이다. 전쟁이 두려워 도망가면 잘 살 수 있을 것 같지만 절대로 그렇지 않다. 월남 패망 후 미국으로 도망 온 월남사람들이 국적

없이 정처 없이 떠도는 신세를 우리 미국 사람들은 직접 보았다. 나라가 없어지니까 우선 대사관이 있을 수 없다. 미국의 애완견은 신분증이 있으나 월남 난민들은 신분증이 없다. 지금 프랑스 파리를 비롯해서 유럽과 중동에서는 IS들의 자살 테러가 벌어지고 있다. 이런 '테러'가 북한의 특수 요원들에 의해서 한국에서도 일어날 수 있다.

DMZ(비무장지대) 90㎞ 이내에 설치된 북한 미사일은 서울과 수도권까지 사정권으로 두고 있다. 한국 시민 2,300만 명에게 치명적 위협을 가할 수 있다. 남한과 교전할 경우에 북한 특수부대는 '이라크'와 '아프간'의 무장단체와 유사한 전술로 자살폭탄 공격과 도로변 폭탄설치 등의 특수임무를 수행할 것이다. 북한은 120만 인민군과 700만 명의 예비군을 보유하고 있다. 예비군들의 나이는 많지만, 이것은 엄청난 인원이다. 북한은 탄도미사일을 '업그레이드'하고 핵무기를 개발하는가 하면 8만여 명의 특수부대를 새로 훈련시키고 있다.

미국은 북한 미사일 발사대를 무력화시키기 위해 지대공 미사일과 공군력을 동원하는 등 여러모로 대비를 하고 있다. 또한 미국은 북한이 기습공격을 감행할 상황에 대비해 외교적, 군사적 대응과 관련한 '시나리오'를 개발한 상태이다. 미국은 북한의 식량난과 기근 등으로 탈북자가 급증할 가능성을 비롯하여 북한 내부 권력투쟁과 정권 붕괴 등 실현 가능한 모든 경우를 대비해서 다양한 '시나리오'를 준비해 두고 있다.

대체로 이것이 아주 정직하게 본 한반도의 현 상황이다.

대한민국 정부와 국민이 아무런 노력도 없이 속수무책으로 앉아 있는 한, 인간 중심의 자유민주주의를 전폭적으로 지지하는 새로운 북한 정권이 자생적으로 평양에 들어서는 경우란 절대로 기대할 수 없다. 북한이 핵무장을 완결했어도 북한을 맞아서 싸워 우리나라 대한민국을 지키겠다는 '투철한 정신'이 우리 국민에게 있는가? 새마을운동을 시작하고, 국토 전체의 악명 높은 '민둥산'을 '아름답고 푸른 산'으로 만들어 놓은 고故 박정희 대통령 정도의 꽤 괜찮은 DNA를 가진 지도자가 국민을 단단히 결집시키면 모를까, 지금 같아서는 '대한민국을 지키겠다는 투철한 정신' 같은 것을 우리 국민에게 기대한다는 것이 아무래도 무리인 것 같다. 그분 이후로는 한 번도 그런 지도자를 만난 적이 없으니 이제는 할 수 없이 우리 민초들이 아주 소박한 상식으로 이 혼돈 속에 빠진 대한민국을 살려 통일로 가는 길로 나서는 수밖에 없다.

통일을 말할 때는 적어도 정직하고 진지해야 한다.

저 집요하고, 간교하며 또한 악착같은 북한 정권을 대하는 일이니 적어도 그들 정도로는 집요하고 진지해져야 한다. 그런데 우리는 한 번도 저 북한 정권의 세습 가족독재 옹호자들보다 더 진지하거나 집요하거나 철저한 적이 없다. 제일 먼저 이점을 우리는 반성해야 한다. 아주 철저히 반성하고 정신 차려야 한다.

핵무기의 공격에 대비한다는 것은 그만두고서라도 북한의 미사일 발사대를 무력화시키는 방도가 우리에게는 아직 없다. 북한이 장사정포로 생화학탄을 서울에 쏘아대면 서울 사람들은 생화학전에 대비하는 훈련이 전혀 되어 있지를 않기 때문에 그 피해는 상상을 초월할 것이다. 미국이 북한의 기습공격에 대비할 채비를 차리고 있고, 미국이 북한 내부 권력투쟁과 정권 붕괴의 상황에 대비한 시나리오를 개발하려고 '노력'하고 있다. 이런 것은 '우리가' 해야 하는 것이 아닌가?

지난 2015년 8월, 북한의 목함 지뢰 도발로 촉발된 남북 간의 군사적 긴장이 최고조로 올라갔었다. 그때 필자는 다음과 같은 글을 필자의 홈페이지[306]에 올린 적이 있다.

남북한 간 군사적 대결 양상이 긴박하게 진행되어 가고 있다. 우리 측은 어제 경계태세를 진돗개 1로 격상시켰으며, 북한의 김정은은 북한 전군에 대해서 전면전에 따른 즉각적인 무장준비태세를 명했다고 한다. 북한이 말하고 있는 48시간 최후통첩의 시간은 대체로 오늘 토요일 오후로 예상되고 있다. 우리는 북한이 요구하는 것처럼 심리전 대북 방송을 절대로 중단하지 않을 것이므로 실제로 이 최후통첩대로 북한이 어떤 무력적 시위를 해올 것인가는 전혀 예단할 수 없다. 북한의 김정은은 일상적인 합리적 판단이나 행동의 예측 가능성이 전혀 없으므로, 북한의 초기무력도발에 대해서 우리 군과 미군이 시기를 놓치지 말고 '원점 제압'을 해 주기를 기대할 뿐이다.

'원점 제압'에 관해서 한마디 해두고 싶어서 이 글을 올린다.

"물어보지 말고 쏴라!" 연평도 포격 도발 이후 국방부 장관이 작전부대를 돌며 말단 병사들에게 한 말이라고 한다.

지금까지 북한의 무력도발에 우리는 한 번도 제대로 대응해 본 적이 없다. 북한이 무력 도발을 하면 '즉시' 이에 응징하는 보복공격을 해야 한다. 이 '즉시성'이라는 것은 국제법이 요구하는 자위권 성립의 요건이다. 북한이 (휴전협정을 위반해서 불법적으로) 연평도를 포격했는데 어느 정도를 즉시 응사를 해야 자위권의 행사라고 볼 수 있는가? 국제법상 명확한 판례나 명문의 규정은 없으나 북한의 무력 공격이 있은 지 48시간이 지나면 자위권 행사의 기회는 사라진 것으로 보아야 할 것이다. 이러한 자위권의 '즉시성'의 요건을 생각해서 국방부 장관은 작전부대 병사들에게, 이후부터는 "물어보지 말고 쏴라!"라고 지시했을 것 같다.

자, 그러면 지금과 같은 상황에서 북한의 초기무력도발에 대해서 "물어보지 말고 쏴라!"라는 지시로 충분할까?

그렇지 않다.

북한의 장사정포가 거대한 중량의 폭약과 화학탄을 서울 중심부에 가격한 이
후에야 "아하, 드디어 북한의 무력 공격이 실시되었군." 하면서 "물어보지 말고"
쏠 때는 이미 늦은 것이다. 적의 불법적인 무력공격이 확실하게 임박했을 때는
'예방적 자위권(anticipatory, or pre-emtive right of self-defence)'이라는 것이 국제법상
인정된다. 적의 해안에 포진된 장사정 포대의 갑문이 열리고, 측적 레이다가 가
동되는 것을 확인하면 그것으로 적의 불법적인 무력 공격이 확실하게 임박했
음을 확인할 수 있으므로, 우리는 '이때' 이들 포대에 대한 정조준된 공격을 실
시하여 원점에서 이들을 무력화시켜야 한다. 이런 공격은 말단 병사들이 "물어
보지 말고 쏘는 공격"과는 성격이 다르다. 군사적으로나 기술적으로 상당한 사
전적 준비가 있어야 하며, 고도의 정보 능력이 있어야 한다. 더구나 군 통수권
자의 정책적 결단도 있어야 한다. 지금 이러한 준비들이 되어 있는지 자못 궁금
하다.

(2015. 08. 22. 오전 10:08:28)

북한 김정은의 제4차 핵실험에 대한 대응 차원에서 우리는 DMZ 심리전 확성
기 방송을 재개했다. 김정은의 심리에 따라 남북 간의 군사적 대결 국면이 지금
이라도 즉시 최고조의 긴장 상태로 발전할 수 있다. 그러므로 북한의 기습공격에
대비해서 우리 군은 군사적으로나 기술적으로 상당한 사전적 준비가 되어 있는
가? 기습을 충분히 사전에 감지할 정도의 고도의 정보 능력이 있는가? 군통수권
자의 정책적 결단은 되어 있는가? 하는 나의 질문들은 '자못 궁금한 채로' 그대로
남아 있다.

우리 군이 군사적으로나 기술적으로 상당한 사전적 준비가 되어 있고, 기습을
충분히 사전에 감지할 정도의 고도의 정보 능력이 있으며, 군통수권자의 정책적

결단이 확고하다면 이미 그것만으로 북한의 기습공격은 예방된다. 천안함 폭침과 연평도 포격을 당하고도 우리는 아무런 보복을 하지 못했다. 이 사실은 우리에게 군사적 사전 준비도, 고도의 정보 능력도, 군통수권자의 정책적 결단도 전혀 없었다는 것을 입증하는 움직일 수 없는 증거이다. 이런 것들을 '기습공격 차단능력'이라고 말할 수 있다. 통일을 논의하려면 최소한도로 이런 것들이 제대로 되어 있어야 한다.

이런 '기습공격 차단력' 말고도 이 한반도에서 통일을 논의하기 위한 또 하나의 중요한 전제적 조건이 있다. 그것은 남한 전체에 퍼져 있는 좌경화의 병증을 고치는 일이다. 북한을 찬양하고 대한민국의 체제를 비하하면서 북한을 흡수통일할 수는 없기 때문이다.

지금 남한 내부의 좌경화된 무리는 2012년 대선 때에 진보정당의 대통령 후보로 나왔던 그 여자 변호사처럼 막무가내로 좌경적인 주장을 내세우고 그런 황당한 좌경적 주장에 제때에 동조하지 않는 모든 사람을 무조건 매도하여 기를 죽이고 입을 다물게 하고 있다. 특히 남한 내의 거의 모든 40대 이하의 젊은 층은 거의 예외 없이 이런 병증에 걸려 있다. 정치에 무관한 선량한 사람들을 향해서도 그들은 모두가 진보정당의 대통령 후보로 나왔던 그 여자 변호사와 똑같은 공격적인 어조와 기세로 막무가내다. 평소에 어른들을 공경심으로 대하고 공손하고 예의 바르다가도 우파 좌파 이야기가 나오기만 하면 그들은 일제히 안하무인으로 공격적이 된다. 그들은 자기 또래들 사이에서는 우파 비슷한 성향만 보여도 사람 취급을 안 하고 왕따를 시킨다. 이런 이상한 사회 분위기는 옛날에도, 지금에도, 이 지구 상에 한국밖에는 없다. 이런 추세는 날이 갈수록 강화되고 확장되고 있다. 이제는 젊은이들을 종종 대하는 직업을 가진 어른들까지, 예를 들어 교수들, 언론인 등은 이러한 좌경화된 젊은 층의 강공이 무서워서 자기도 모르게 차츰 좌경화에 동조하는 습성을 갖게 된다. 이는 좌우 이념을 떠나서 일종의 자기 보호 본능이다. 아주 합리적이고 온건하던 서울대 명예교수 한 사람이 갑자기 역사 교과서 국정화 반대에 앞장서고, '유신으로의 회귀'라는 등 헛소리를 하고 있다. 서글픈 일이다. 이것은 거의 집단 히스테리(Mass Hysteria) 수준이다. 절대로 정상은 아니다.

좌파 세력이 우리 한국 사회에 자리 잡은 것은, 군사독재 치하에서 민주화 운동을 주도 하던, 김일성 주체사상으로 의식화된 좌파 세력이 1987년 「6·29 선언」으로 민주화가 성취되자 그들의 운동목표를 독재 군사정권 타도에서 대한민국의 자유민주주의 체제를 사회주의 체제로 전환하는 것으로 바꾸고, 제도권 수면 아래로 스며들기 시작하면서부터이다. 1994년에 김영삼이 정권을 잡고 이른바 '문민정부'라는 과장된 명칭을 내 걸고 허세와 독선에 찬 집권을 시작하면서 한완상이라는 좌파 인사를 통일원 장관에 발탁하였다. 통일 문제에 관한 대한민국의 중앙행정부서의 책임자인 통일원 장관 한완상은 노골적인 반미주의자였으며 한미동맹을 보는 시각이 거의 북한 수준에 머물러 있던 인사였다. 이렇게 되자 이들 좌파 세력들은 점차 제도권 이면에 숨어 있던 은폐된 조직들을 제도권 정면으로 가지고 나와서 '민주 진보'라는 모호한 명칭과 목적을 내걸고 사회 곳곳에 자리를 잡기 시작했다. 그리고 1999년 때를 맞추어 집권한 김대중 노무현 좌파 정권 치하 10년 동안 사회 각 요소와 요직에 자리를 잡고 북한 대남공작부와 결탁하여 대한민국 체제를 와해시키는 집요한 공작을 벌여 왔다.

앞의 여러 곳에서 언급한 것처럼 이들은 대한민국의 정부는 물론이고 입법부와 사법부, 언론 및 문화계 등을 파고들어 중요 요소에서 뱀처럼 똬리를 틀고 앉아서 버젓이 국고를 써가면서 대한민국의 체제를 부정하고 통일의 의지를 끈질기고 교묘하게 희석시켜 왔다. 한마디로 '87년생 민주진보 떼거리'들의 반란은 대한민국이라는 순진한 청년 국가가 '분단'이라는 생래生來의 불구不具에 덧붙여서 이미 29년 동안 앓고 있는 '중증의 암'이다. 이제는 이 '87년생 민주진보 떼거리'들의 반란을 종식해야 한다. '중증의 암'인 것을 알면 당장 치료를 시작해야 한다. 암 종양을 도려내는 가차 없는 수술이 즉시 진행되어야 한다.

생각해 보면 전혀 논리적인 근거도 없는 '민주 진보'라는 이상한 정치적 프로파간다를 이들은 너무 오래 써먹었다. 한완상이 통일원 장관으로 재직하기 시작한 1994년은 냉전이 끝나고 동구권 사회주의 국가들이 줄줄이 패망한 시기이다. 이런 시기에 헌법상 자유민주주의 국가 체제를 명백하게 천명하고 있으며 시장경제를 급속도로 발전하고 있던 대한민국에서 전체주의적인 사회주의를 찬양하고 한미 동맹을 흠집 내는 이들 좌파의 주장과 언동은 논리적으로 전혀 수용될 수 없었다. 더구나 친북적인 햇볕정책을 오로지 추구하던 김대중, 노무현 정권 시절에도 북한은 계속해서 이들 친북 정권을 비우호적으로 공격하고 남한에 대한 적대적 정책을 구사하여 서해에서 최초로 무력적 공격을 감행하기까지 했다. 그러므로 북한을 찬양하는 이들의 자세를 한국 국민이 조금만 논리적이었어도 결코 용서할 수 없는 것이었다. 조금도 용서될 수도, 받아들일 수도 없는 무리들이었다. 그런데 놀랍게도 한국 사람들은 전혀 논리적이지 못했다. 그래서 대한민국은 1994년 이후 구제할 길 없는 이념의 혼돈 속으로 빠져들게 되었다.

선량한 시민들이 자기보호 본능을 발동해야 할 정도로 기승을 부리는 이 '좌경화의 담론'이 우리 한국 사회에 이처럼 깊숙하게 자리 잡게 된 원인은 무엇인가? 이유는 명백하다. 좌파들은 이념적 논쟁의 전문가이며, 좌파의 승리를 위해서 죽기 살기로 집요하고 치열했는데, 많은 정치인들을 포함한 한국의 대다수 선량한 국민들은 논리적으로 철저하지도 못하고 자기들이 지켜야 할 헌법적 가치에 대한 정확한 인식이 전혀 없었다. 무엇보다도 이념적 논쟁의 문외한들이었고, '민주 진보'라는 정확하게 조직화되어 있는 프로파간다의 악질적 참모습을 전혀 알아차리지 못하고 있었다.

'87년생 민주진보 떼거리'들의 반란을 지금 즉시 확실히 종식시키는 아주 간명한 방안이 있다. 대한민국 모든 국민이 이 '중증 암'의 존재를 확실히 알아차리면 된다. 진정 '분개憤慨한 눈'으로, 결코 용서하지 않겠다는 결의決意에 차서 이들 좌파들을 바라보기만 하면 된다. 대한민국 모든 국민이 최면에서 깨어 일어나기만

하면 이 고약한 '집단 히스테리'는 금방 치유될 수 있다.

나머지는 대한민국의 법치주의 체제가 맡아서 해 줄 것이다. 감사원, 검찰, 경찰 그리고 안기부 등 모든 사정기관이 엄정한 현행법의 잣대를 들이대서 이들 좌파가 우리 사회 속에서 누리고 있는 가식적이고 범죄적인 존재 형태를 근저로부터 발본색원해 줄 것이다. 아주 정직하게 말한다면 지금까지 이들 기관도 집단 히스테리에 감염되어 명백한 직무 유기를 범하고 있었던 셈이다. 우리는 일찍부터 이따위 비논리적이고 기회주의적인 '87년생 민주진보 떼거리'들을 우리 사회에서 몰아낼 모든 채비는 다 되어 있었다. 다만 '분개憤慨한 눈'과 '척결의 의지'와 '실행의 결단'이 없었을 뿐이다.

이제 우리 국민이 그것을 결단할 때다.

온전한 이성理性과 용기勇氣를 서로에게 전파하자.

국민이 먼저 이 고약한 집단 히스테리에서 깨어나야 한다. 아무 지혜도 없는 필자가 겸허하고 간절한 마음으로 그것을 우리 독자들에게 바라고 있다. 이들 좌파, '87년생 민주진보 떼거리'들을 완전히 우리 사회에서 척결한 다음에 통일 문제를 논의하는 것이 올바른 순서다. 그런데 통일을 위한 기회의 시간은 얼마 남지 않았다.

혼돈과 최면에서 깨어나야 우리는 산다.

모든 국민이 좌편향의 집단 히스테리에서 깨어나, 저 '87년생 민주진보 떼거리'들을 말끔히 척결해야 우리는 통일을 말할 수 있다. 북한을 찬양하고 대한민국의 체제를 비하하면서 북한을 흡수통일할 수는 없다. 그런데 우리는 북한을 흡수통일을 해야만 살 수 있다. 북한 정권에 의해서 혹독한 압제를 받는 북한 주민들은 물론이고, 상대적 풍요 속에 중증의 이념적 혼돈에 빠져 있는 우리 남한 사람들도 통일을 제때에 하지 못하면 국토 분단의 고착화와 결국 회복하기 어려운 경제적 파탄 속으로 빠져들게 된다.

통일은 '대박'도 '쪽박'도 아니다. 통일은 헌법이 우리 국민에게 법적인 의무로 부여한 긴급한 과제이며, 국민적 자존심을 걸고 반드시 이루어내야 하는 우리 한국 사람들의 절체절명의 생존 방식이다.

주석

301) 김영구, "유권자여 투표로 나라를 구하자", 「미래한국」, 제511호, 2015. 12. 1, pp. 32~34.

302) 김영구, "북한 지역은 대한민국의 미수복 영토", 「미래한국」, 제519호, 2016. 3. 16. pp. 50~53.

303) 한국 통계청 발표, 2010. 11. 22.

304) 한반도 선진화 재단 이사장, 서울대학교 명예교수, 선진통일연합(先進統一聯合, Greater Korea United)은 박세일 씨가 상임의장을 맡고 있는 통일운동 단체이다. 2010년 11월 23일 발기인대회가 열렸으며, 2011년 6월 6일 출범했다. 정치성을 부정하며 보수진영의 시민단체를 표방했지만, 이후 '국민생각'의 전신이 되었다. 그는 2012년 19대 총선에서 '국민생각'의 당적으로 '서초 갑'에 출마하였지만 낙선하였다.

305) 1953년 경남 울산 울주군에서 태어나 1969년 12월 분황사에서 불가에 입문했다. 그 후, 1988년 수행공동체인 정토회를 설립해서 수행지도와 사회활동을 하고 있다. 법호는 지광(智光)이며, 속세명은 최석호이다. 승적이 없어 승려는 아니기 때문에 조계종 측에서는 속세명으로 부른다.

306) www.kocean.org/sub04/sub01.asp

현실주의자와 이상주의자

북한의 장마당에서 채소를 팔아서 겨우 생계를 이어가는 부인네들까지도 '남조선 사람들'처럼 제대로 된 시장경제를 하고 자유민주주의 체제로 살 수만 있다면 지옥과 같은 북한도 금방 사람 살 만한 동네가 될 수도 있다는 사실을 이제는 모두 명확하게 잘 알고 있다. 북한 동포들이 살길은 대한민국에 의한 흡수통일뿐이다. 이 사실도 북한 사람들은 이제는 모두 명확하게 잘 알고 있다. 남한에서 편하게 사는 일부 정치배들과 종북 좌파들만이 잘 모르고 있을 뿐이다. 그러나 누가 있어서 대한민국이 북한을 흡수통일할 수 있게 해 줄 것인가?

북한에서 2015년 4월, 총살된 현영철 인민무력부장과 숙청된 변인선 군 총참모부 작전국장, 한광상 당 재정경리부장, 마원춘 국방위원회 설계국장 등은 모두 김정은 체제 출범과 함께 그를 보좌한 측근 그룹이다. 북한의 국가안전보위부는 고위간부에 대한 상시 감시체계를 구축하고 수시로 조사하고 재판도 단행하는가 하면 노동당 조직지도부는 이를 총괄 지휘하여 김정은에게 수시로 보고한다. 김정은은 2016년 새해 들어 북한군 서열 3위인 이영길 참모장을 처형함으로써 새해에도 공포정치를 이어 가고 있다.

어떤 사유로든지 북한이라는 국가체제가 붕괴되면 현재 북한의 최고위직에 있는 소수 지배계층은 교체되고 그들의 지위와 특권은 사라지게 된다. 그래서 역설적으로 그들에게 김정은은 북한의 현상 유지를 가능하게 하는 중요한 인물이 되어 있다. 이러한 상황을 감안할 때 그들에게는 김정은 외에 현재 다른 대안은 없다. 이런 현실적 상황인식과 김정은이 측근에 대해서 범위를 좁혀 오는 무자비한 숙청 등의 공포정치가 야기하는 공포심이라는 이율배반적 감정에 지금 그들 북한의 기득권층인 최고위직에 있는 소수 지배계층은 고민하고 있을 것이다. 이런 상황에서 김정은을 근접 경호하는 북한의 호위 군인과 최고위층 공무원이 주동이 되어 김정은을 제거하고 세습정치에 곪아 터진 북한을 대한민국에 흡수 합병시키는 중요한 단초를 만들어 내는 일이 발생할 수 있을까? 지금 북한에서 김정은을 근접 경호하는 호위 군인과 최고위 공무원 중에 우리 한국 사람들을 역사적 위기에서 구하고 많은 생령들에게 인간다운 삶을 살 수 있는 국가적 터전을 마련해 주어야겠다는 투철한 사명의식과 용기 있는 결단이 있는 사람이 지금 북한에서 나올 수 있을까?

북한에도 정의감이 있고 국가를 진지하게 사랑하는 군인이 있다면 지금과 같은 진퇴양난의 모순된 국가 체제를 겨우 유지하는 북한에서 인간다운 생존과 자유의 이념과 가치를 보장해 줄 수 있는 제대로 된 국가 체제로의 회복이라는 국가의 본질적인 문제에 관한 깊은 통찰洞察과 진정한 용기를 가진 사람이 나올 수도 있다.

그러나 결국 김정은의 공포정치 속에 공포심과 적대감이라는 이율배반적 감정 속에서 고민하면서도 그들 북한의 최고위 공무원들은 섣불리 김정은을 제거하는 어떤 시도도 하지 못하는 것이다. 극도의 공포감과 현재 누리고 있는 각종의 특권을 김정은의 변덕스러운 숙청의 칼날이 오기 전까지는 현실적으로 향유할 수 있다는 인식이 그들의 결단을 막고 있을 것이다. 대부분의 그들은 최후의 순간까지 속물적인 현실주의자들이기 때문이다. 이때 북한의 최고위 공무원 중에 북한의 지금과 같은 모순된 국가 체제를 타파하고 인간의 생존권과 자유의 가치를 추구함으로써 많은 생령들에게 인간다운 삶을 살 수 있는 국가적 터전을 마련해 주어야 한다는 사명감이나 윤리적 명제에 더 우선순위를 두는 사람이 있다면 그는 이상주의자라고 말할 수 있다. 아직 이런 이상주의자는 북한에서 단 한 명도 나오지를 않은 셈이다.

이곳 남한에도 이상주의자보다는 북한에 못지않은 불쌍한 속물적 현실주의자들이 더 많이 있다. 지금 이 순간에도 집단 히스테리처럼 남한 전체에 풍미하는 반체제적인 좌편향 의식에 푹 빠져 있는 종북 좌파들과 일부 야당 정치인들이 바로 그들이다.

이영희 교수와 같은 사람은 박정희 개발 독재 체제에 항거하여 반체제 운동을 주도하면서 실제로 구속을 당하는 등 그 당시 군사정부의 탄압을 그 자신이 실제로 받은 바가 있다. 그래서 그가 주장하는 반체제적 논의 자체에 무시할 수 없는 상당한 오류가 있어도 자신의 사상적 진정성은 어느 정도 인정해 줄 수 있는 경우이다. 그러나 1987년 이후에 한국 사회의 모든 좌파적 논의를 주도하고 있는 종북 분자들은 대한민국을 사회주의 체제로 바꾸겠다는 헌법 파괴적인 목표를 내세우고, 이 남한 사회에서 몽매한 민중을 선동하여 가증스러운 반체제적 활동을 함으로써 정치적 존재감을 쟁취하고, 그런 정치적 존재감을 바탕으로 거대 야당의 비례 대표 의석을 나누어 받아 국회 의정 단상에까지 올라와 정치적인 합종연횡의 술수를 십분 활용하여 정치적 세를 불리고 대한민국의 법질서와 자유민주주의 체제를 뿌리부터 좀먹어 가려고 하고 있다. 이 종북 분자들과 그들의 정치적 세력을 이용하고 있는 야권의 정치인들을 이 남한 사회에 뿌리를 틀고 있는 가증스럽고 불쌍한 속물적인 현실주의자로 분류할 수 있을 것이다.

이들은 우리 한국 사람이 일본 제국에 의해서 가열하고 부당한 압제를 받는 과정에서 형성된 국민들의 반항적인 기질이라는 한국 사회에 내재되어 있는 모순된 요소를 역으로 이용하여 윤리적인 또는 사상적인 아무런 정당성도 없이 한국 사회에서 반정부적, 반체제적 주장을 아무 때나 내세워서 정치적인 존재감을 유지하고 사회적 신분과 경제적 수익을 얻어내는 기생충과 같은 존재들이다.

그들은 광우병 소고기 파동 당시 반정부 데모에 적극적으로 앞장섰으며, 한미 FTA를 아무 대안도 없이 무조건 방해하고 반대했다. 그들은 제주 강정마을에 해군 기지를 건설하는 중요 국책사업을 끈질기게 반대하고 방해하고 나섰다. 이 국책 사업은 실은 그들의 정치적 그룹의 표상처럼 모시는 노무현 대통령이 집권하던 시절에 발주된 것인데도 말이다. 그들은 잊을 만하면 TV 카메라 앞에 나와서 얼굴을 들여 밀고 아무 조건 없이 5·24 조치를 당장 해제하라고 큰소리를 쳐 왔다. 세월호 침몰 사고가 났을 때는 만만한 먹이를 발견한 승냥이 떼처럼 달려들어 사고 피해자의 유가족들을 제치고 앞장서 나서서 '세월호 특별법' 내용 속에 말도 안 되는 억지 내용들을 집어넣고 정부와 여당을 몰아쳤다.

종북 분자들과 그들의 정치적 세력을 이용하고 있는 야권의 정치인들 말고도 여권 내부에도 이런 부끄러운 속물적 현실주의자들을 얼마든지 발견할 수 있다. 이미 시작된 총선을 바라보는 정국 속에서 벌써 그들은 정부와 대통령을 근거 없이 비판하고 공격하는 것으로써 정치적 무게감을 얻어내려 발버둥을 치고 있다.

이들의 구차스럽고 한심한 속물적 현실주의를 과연 어떻게 치유해 줄 수 있겠는가? 어떻게 이들에게 우리 한국 사람도 이제는 정직하고 청신한 애국적 이상주의를 추구할 수 있다는 것을 가르쳐 줄 수 있을까?

우리 한국 사람들은 조선 왕조에서 태종이 태조를 죽이고, 세조가 단종을 죽인 이래, 구차스러운 현실주의자들만이 살아남는 욕된 역사가 비롯되었다고 어떤 소설가는 말하고 있지만, 기미독립 운동 이래 1945년 광복의 그날까지 이 나라의 국권을 되찾으려고 젊디 젊은 목숨을 흔쾌히 바치고 산화해 간 저 수 많은 애국의 영령들은 우리의 이상주의적인 전통의 강력한 지표가 아닌가?

국가의 안보가 백척간두百尺竿頭에 서 있다. 가장 효율적인 안보의 대비 태세를 확립하기 위해서 이제는 정신 차려서 여야도, 정파도 없이 모두 머리를 맞대고 간절히 협력하는 헌신적인 이상주의자들의 나라, 우리 대한민국의 모습을 만들 수는 없는 것인가? 우리가 모두 겸허하게 간절한 이상주의자가 될 때까지 이 책의 호소는 끝나지 않을 것이다.

『깨어나라 대한민국』이라는 이 작은 책자에서 필자는 한 사람의 정직한 법학자로서 혼돈과 미망 속에 빠진 우리 한국 사람들에게 긴급한 당면 문제들에 관한 솔직하고 간절한 호소를 전달하려고 애를 썼다. 그러나 진실되고 정당하며 긴급

한 메시지라는 이유만으로 책 내용이 독자들에게 제대로 전달되고 응분의 공감
을 얻는 것은 아니라는 현실을 이미 충분히 경험한 필자는, 전혀 새로운 열정과
진실성으로 한국 사람들에게 다가서 있는 「사단법인 물망초」가 이 졸저를 발간해
주심으로써 필자의 간절하지만 보잘것없는 이 글이 새로운 차원의 '공감 성취'를
얻어낼 수 있는 기회를 열어 주신 것을 진심으로 감사드린다.

2016년 3월 16일
낙동강 변 우거에서
여해 김영구

참고문헌 목록

국문 자료國文 資料

<단행본>

김구, 『백범일지』, 삼중당, 1986.
김동조, 『냉전 시대의 우리 외교』, 문화일보, 2000.
김삼웅, 『약산 김원봉 평전』, 시대의 창, 2008.
김삼웅, 『친일정치 100년사』, 동풍, 1995.
김상태, 『윤치호 일기』, 역사비평사, 2001.
김영구, 『한국과 바다의 국제법』, 효성출판사, 1999.
김영구, 『한국과 바다의 국제법의 제 문제』, 효성출판사 1999.
김영구, 『독도 문제의 진실』, 법영사, 2003.
김영구, 『21세기 국제사회의 이해』, 해인출판사, 2003.
김영구, 『독도 어디로 가려는가?』, 다솜출판사, 2005.
김영구, 『독도 영토 주권의 위기』, 다솜출판사, 2006.
김영구, 『독도, NLL 문제의 실증적 정책 분석』, 다솜출판사, 2008.
김영구, 『잘 몰랐던 한일 과거사 문제』, 다솜출판사, 2010.
김영구, 『대한제국 황태자 이척』, 다솜출판사, 2010.
김영구, 『대한민국을 부탁해』, 다솜출판사, 2012.
김영구, 『대한민국 국민에게 고함』, 다솜출판사, 2012.
김영구, 『천복 만복을 받은 사람』, 다솜출판사, 2015.
김영수, 『대한민국임시정부 헌법론』, 삼영사, 1980.
김윤환, 박용욱 외, 『독립군의 군사 교전』, 민족역사부흥회 한국독립운동사 시리즈 4, 민문고, 1995.
김준엽, 박용섭 편저, 『한국독립운동사』, 한국일보사, 1987.
나필열, 『통일은 오고 있는가?』, 미래의 창, 2015.
나카쓰카 아키라 저, 성해준 역, 『근대 일본의 조선인식』, 청어람미디어, 2015.
돈 오버도퍼, 『두 개의 코리아』, 중앙일보사, 1998.
박노자, 『우리가 몰랐던 동아시아』, 한겨레출판, 2007.
박영석, 『만보산 사건 연구』, 아세아문화사, 1978.
백낙청, 『2013 체제 만들기』, 창비, 2012.
신용하 편저, 『독도영유권 자료의 탐구』 제3권, 독도연구보존협회. 2000.
스코트 스나이더 저, 안진환 역, 『벼랑 끝 협상』, 청년정신, 2003.
앤서니 기든스 저, 한상진·박찬욱 역, 『제3의 길』, 생각의 나무, 1998.

유진오, 『헌법해의』, 명세당, 1949.

이연복, 『대한민국임시정부 30년사』 국학자료원, 1999.

이현희, 『대한민국임시정부사』, 집문당, 1982.

이범석, 『우둥불』, 삼육출판사, 1986.

이병조, 이중범, 『국제법신강』, 제9개정판, 일조각, 2003.

이선근, 『대한국사』 제8권, 신태양사, 1973년.

이수혁, 『북한은 현실이다』, 21세기북스, 2011.

이용준, 『게임의 종말』, 한울, 2010.

이은숙, 『가슴에 품은 뜻 하늘에 사무쳐』, 인물연구소, 1981.

이정규, 이관식, 『우당 이회영 약전』, 을유문고 263, 을유문화사, 1985.

이태진, 『일본의 대한제국 강점』, 까치글방, 1995.

이태진, 『한국병합, 성립하지 않았다』, 태학사, 2001.

조지 소로스 저, 형선호 역, 『세계 자본주의의 위기』, 김영사, 1998.

최대권, 『통일의 법적 문제』, 법문사, 1990.

칼 하인츠 프리저 저, 진중근 역, 『전격전의 전설』, 일조각. 2007.

터너 조이 저, 김홍렬 역, 『공산주의자는 어떻게 협상하는가?』, 해양전략연구소, 2003.

프랜시스 후쿠야마, 한국경제신문국제부 역, 『대붕괴 신질서』, 한국경제신문사, 2001.

한우근, 『한국통사』, 을유문화사, 1985년.

황현, 『매천야록』, 한국역사 시리즈 1, 제4권, 1955년.

F.A.매켄지 저, 신복룡 역, 『대한제국의 비극』, 집문당, 1999.

<정기간행물>

공로명, "수교 50주년. 한일관계 전망과 해법", 특별기고, 외교협회, 「외교」 제114호 2015년 7월.

공로명, "한일국교 정상화 50년: 한일관계의 과거·현재·미래", 한국해양수산개발원, 「독도연구저널」, Vol 31, 2015년 Spring.

김명기, "국제법상 일본으로부터 한국의 분리에 관한 연구", 「국제법학회논총」, 제33권 1호, 1988.

김명기, 유하영, "대한민국임시정부의 정통성에 관한 연구", 「국제법학회논총」, 제38권 1호, 1993.

김영구, "한국과 중국의 연대를 위한 노력을 촉구한다", 「동북아역사재단 뉴스 레터」, 2007년 8월호, [권두언].

김영구, "샌프란시스코 대일강화조약과 독도문제", 『역사와 과학으로 본 우리영토 독도심포지엄 발표 자료집』, 한국해양연구원, 서울 롯데호텔, 2008년 8월 13일.

김영구, "독도 영유권 훼손되는가?", 「한국일보」 특별기고, 1997년 11월.

김영구, "한일의 어로규칙", 「조선일보」 시론, 1998년 1월 24일.

김영구, "독도 수역의 정책 선택" 「월간 선택」, 1998년 2월호.

김영구, "새 한일어업협정과 독도", 「교수신문」. 제145호 1998년 11월 9일.

김영구, "신 한일어업협정과 독도영유권 문제에 관한 국제법적 고찰", 「사회과학연구논총」, 제6호, 한국

해양대학교 사회과학연구소, 1998년 12월.

김영구, "유권자여 투표로 나라를 구하자", 「미래한국」, 제511호, 2015년 12월.

김영구, "해상봉쇄에 관한 해전법규의 발전과 변모", 「대한국제법학회논총」, 제30권 제1호, 1985년 6월.

김찬규, "새 한일어업협정의 개관", 「시민과 변호사」, 서울지방변호사회, 1998년 11월호.

김창록, "법사학의 관점에서 본 1910년 조약", 동북아역사재단 주최 국제학술회의, 『일본의 한국병합 효력에 관한 국제법적 재조명』, 2009년 6월 22일 동북아역사재단 대회의실.

나인균, "대한민국과 대한제국은 법적으로 동일한가?", 「국제법학회논총」, 제44권 1호, 1999.

도회근, "헌법 제3조(영토 조항)의 해석", 「헌법규범과 헌법현실」, 권영성 교수 정년기념논문집. 법문사, 1999.

리영희, "북방한계선은 합법적인 군사분계선인가?"《통일시론》, 통권 제3호. 1999년 여름.

박배근, "국제법상 국가의 동일성과 계속성", 「저스티스」, 통권 제90호, 2006. 4.

박배근, "시제법적 관점에서 본 조약체결의 형식과 절차: 한국병합관련조약 유무효론 평가를 위한 일고," 동북아역사재단 주최 국제학술회의, 『일본의 한국병합 효력에 관한 국제법적 재조명』, 2009년.

박배근, "대한민국임시정부의 국제법적 지위와 대한민국의 국가적 동일성 - 상·하", 『법학연구』, 제14권 제1호 통권 제22호, 2004.

박배근, "한국병합관련조약 유무효론의 의의와 한계", 「법학연구」, 제44권 제1호, 2003.

박춘호, "이젠 어민을 생각할 때," 「조선일보」, 시론, 1999년 4월 4일.

백충현, "국제법으로 본 1900년대 한일조약들의 문제점", 「한국 시민 강좌」, 제16집, 일조각, 1996.

사사가와 노리가스笹川紀勝, "일한의 법적 '대화'를 목표하여", - 〈제2차 일한협약〉 강제문제를 보는 관점 -, 이태진 편저,『한국병합, 성립하지 않았다』, 태학사, 2001.

사카모토 시게키坂元茂樹, "일한은 구조약 문제의 함정에 빠져서는 안 된다", - 이태진 논문에 대한 하나의 회답 -, 이태진 편저,『한국병합, 성립하지 않았다』, 태학사, 2001.

성 재호, "조약법을 통해 본 1910년 병합 조약의 무효: 강제에 의한 조약의 효력을 중심으로", 「동북아 역사 논총」, 제29호.

양동안, 제381차 외교안보포럼, 강의, "대한민국의 건국 기념일" 2008년 8월 21일.

이근관, "국제 조약상의 강박 이론의 재검토", 이태진 외, 「한국 병합의 불법성 연구」, 서울대학교 출판부, 2004.

이용중, "대한민국 임시정부의 지위와 대일 항전에 대한 국제법적 고찰", 「국제법학회논총」, 제54권 1호, 2009.

이태진, "일본의 대한제국 국권 침탈과 조약 강제", 「한국사 시민강좌」, 일조각, 제19집, 1996.

장명봉, "남북한 기본관계 정립을 위한 법적 대응", 「유엔가입과 통일의 공법문제」, 한국공법학회. 1991,

정해웅, "1965년 한일협정체제의 역사적 법적 조명과 보완 방향", 「동북아 역사 재단 뉴스」, 권두언, vol107, 2015년 10월.

제성호, "남측 연합제와 북측의 '낮은 단계의 연방제' 비교: 국제법적 시각에서", 「국제법학회논총」, 제46권, 제1호, 2001.

조동걸, "1920년 간도참변의 실상", 「역사비평」, 1998년 겨울호(통권 45호), 1998.

최경옥, "한국헌법 제3조와 북한과의 관계", 「공법학연구」, 영남공법학회, 1999.

일문 자료 日文 資料

大沼保昭, "在日朝鮮人の法的地位に關する一考察(四)", 「法學協會雜誌」, 97券2號, 1980.
立作太郎, 『平時際法論』, 日本評論社, 1937.
山田昭次, "日韓條約の 今日の 問題點", 『世界』, 臨時增刊號, 1992.
笹川紀勝, "日韓における法的な『對話』をゆざして", 『世界』, 第663號, 1999.
有賀長雄, "日韓協約と 强迫問題", 『外交時報』. 第102號,
李泰鎭, "韓國併合は成立していない", -日本の大韓帝國國權侵奪と 條約强制-(上), 『世界』, 第650號, 1998. 7.
李泰鎭, "韓國併合は成立していない", -日本の大韓帝國國權侵奪と條約强制-(下), 『世界』, 第651號, 1998. 8.
李泰鎭, "韓國侵略に關聯する諸條約だけが破格であった", 『世界』, 第659號, 1999. 3.
田岡良一, 『國際法』, ダイヤモンド 社, 1941.
坂元茂樹, "日韓保護條約の 效力", 『法學新報』, 中央大學 法學會, 第104卷, 第10, 11號, 1998, 8.
坂元茂樹, "日韓保護條約の效力" -强制によゐ條約の觀点から-, 『關西大學 法學論集』, 第44號, 第4-5合併號.
坂元茂樹, 『條約法の理論と實際』, 東信堂, 2004.
坂元茂樹, "日韓は舊條約問題の落とし穴に陷ってはならない", 『世界』, 第652號, 1998. 9.
片野次雄, 『日帝時代の 顏』(30), '高宗の 呻吟-2', 『友情』, 1999.
片野次雄, 『李朝滅亡』, 新潮文庫 か-33-1, 平成 9年 7月 1日.
海野福壽, "李敎授『韓國併合 不成立論』を 再檢討する", 『世界』, 第666號, 1999. 10.
荒井信一, "歷史における合法論と不法論を考える", 『世界』, 第681號, 2000. 11.

영문 자료 英文 資料

<영문 단행본>

Antony Anghie, Imperialism, Sovereignty and the Making of International Law, Cambridge: Cambridge University Press, 2004.

Bassett, Reginald G. Democracy and Foreign Policy, Routledge, 1968.

Bluntschli, Droit International Codifie Lardy trans. 1881.

Bluntschli, J.C. Das Beuterecht im Krieg und das Seebeuterecht Inbesondere: Eine Völkerrechtliche Untersuchung, Nordlingen: C.H. Beck, 1878.

Brownlie, Ian, International Law and the Use of Force by States, 1963.

Challine, Paul, Le droit international public dans la jurisprudence francaise de 1789 a 1848, Paris: Domat-Montchrestien, 1934.

Crandall, Treaties, Their Making and Enforcement, 2d ed., 1916.

Crawford, James, The Creation of States in International Law, Oxford University Press, 1st edition, 1979.

Delupis, International Law and the Independent States, 2nd ed., 1987.

Despagnet, Cours de Droit International Public, 1905.

Don Oberdorfer, The Two Koreas; A Contemporary History, Addison-Wesley. 1997.

Fauchille, Paul, Traite de Droit International Public, TomeⅠ. Paris. 1926.

Fiore, International Law Codified, Borchard trans., 1918.

Francis Lieber, Guerrilla Parties, New York: Nostrand, 1862.

Goodman,Allen E. *Negotiating While Fighting*, Hoover Institution Press, 1978

Grosch, Georg., Der Zwang im Völkerrecht, 1912.

Grotius, Hugo. "De Jure Belli ac Pacis", Classics of International Law, Kelsey trans, 1625.

Hall, William. E. International Law, 6th edition, 1909.

Heffter, August Wilhelm, Das Europaische Völkerrecht der Gegenwart, Berlin: E.H. Schroeder, 1844.

Hobbes, Thomas, *Leviathan* 1651. eBooks@Adelaide 2007,

Friedrich August von Hayek, *Die Verfassung der Freiheit*, Tübingen, 1971.

Friedrich August von Hayek, *The Constitution of Liberty*, Taylor & Francis; Routledge 2006.

Joy, Charles Turner, *How Communists Negotiate*. Fidelis Publishers, 1970.

Kelsen, H., *Principles of International Law* 2nd ed., New York, Holt, Rinehart and Winston, 1966.

Kelsen, H., *General Theory of Law and State*, Anders Wedberg trans, The Law Book Exchange Ltd. 1945.

Kim, Young-Koo, *A Pursuit of Truth in the Dokdo Island Issue*,(A Multi-lingual Book- English, Korean and Japanese), Bubyong Publishing Co, 2003.

Lindley, M. F. Sir, The acquisition and government of backward territory in international law, Longmans, Green and Co. Ltd.(London, New York etc., 1926), Reprinted in New York; Negro University Press, 1969.

Loning, Edgar, Die Verwaltung des General-Gouvernements im Elsaß, Strassburg: K.J. Trubner, 1874.

Louter, J. De., Le Droit International Public Positif, Tom Ⅰ, Imprimerie de L'Universite, 1920.

McKenzie, F.P., The Tragedy of Korea, E.A. Dutton & Co. New York. 1908.

Marek, K., Identity and Continuity of States in Public International Law, and ed., Geneve: Droz, 1968.

Martens, F de, Traite de Droit International, Leo trans., 1883.

Martens, G. F. de, Precis du Droit des Gens , 2d ed., Verge, 1864.

Nam, K.W., Völkerrechtliche und staatrechitliche Probleme des zweigeteilten, Korea und die Frage der Vereinigung der koreanischen Nation, jur Diss. Mainz 1975. (Bern, Frankfurt/M 1975)

Nym Wales and Kim San. Song of Arirang-The Life Story of Korean Rebel, The John Day co. New York, 1941.

Phillimore, Commentaries upon International Law, 3d ed., 1882.

Phillipson, Termination of War and Treaties of Peace, 1916.

Pradier-Fodere, Traite de Droit International Public, 1885.

Raphael Lemkin, Axis Rule in Occupied Europe, Washington: Carnegie Endowment for International Peace, 1944.

Rousseau, Jean-Jacques, The Social Contract, Book I.4, Trans. by G. D. H. Cole, 1762.

Sir Robert Jennings, Sir Arthur Watts ed. Oppenheim's International Law, 9th edition. Longman, 1992.

Snyder, Scott. NEGOTIATING ON THE EDGE; North Korean Negotiating Behavior, USIP, 1999.

Toynbee, Arnold J. Civilization on trial, New York : Oxford Univ. Press, 1948.

Vattel, Emerich de., "Droit des Gens", Classics of International law, Fenwick trans, 1767.

Verzijl, J. H. W. International Law in Historical Perspective, Vol. IX-A, Leyden: Sijthoff, 1978.

Walters, F. P. A History of The League of Nations. London, UK: Oxford University Press, 1960.

Westlake, John. International Law: Part I. Peace. Elibron Classics Series, Adegi Graphics LLC, 1999

<영문 정기간행물>

Antony. Anghie, "The Evolution of International Law: Colonial and Postcolonial Realities", 27(5) *Third World Quarterly*, 2006.

Baty, Thomas, "The Relations of Invaders to Insurgents", *Yale Law Journal*, vol. 36, 1927.

Benvenisti, Eyal, "The Origins of the Concept of Belligerent Occupation", *Legal Working Paper Series*, February 2008.

Bhuta, Nehal, "The Antinomies of Transformative Occupation", *European Journal of International Law*, vol.16, 2005.

Boyle, Francis Anthony, "Restoration of the independent nation state of Hawaii under international law", *St. Thomas Law Review*, Volume 7, Summer 1995 (www.hawaii-nation.org/boyleall.html)

Brown, Philip Marshall. "Sovereignty in Exile", *AJIL*, vol. 35, 1941.

Bundu, A. C. "Recognition of revolutionary Authorities : Law and Practice of States", *The International and Comparative Law Quarterly*, 1978.

Cavaglieri, "Regies Generales du Droit de la Paix", *Recueil des Cours*, vol. 26, 1929.

Charney, Jonathan "Rocks that Cannot Sustain Human Habitation." *AJIL*, vol.93. No.4.

Dore Gold and Jeff Helmreich, "An answer to the new anti-zionists: The rights of the Jewish People to the sovereign state in their historic home land", *Jerusalem Viewpoints*, No. 507, 21 Heshvan 5764 / 16 November 2003.

Elferink, Alex G. Oude "Clarifying article 121(3) of the Law of the Sea Convention: The Limits Set by the Nature of International Legal , Processes", IBRU *Boundary and Security Bulletin* Summer 1998, vol 6, No. 2. 1998.

Fox, Gregory H. "The Occupation of Iraq", *Georgetown Journal of International Law*, vol 36, 2005.

Gathii, James, "Imperialism, Colonialism and International Law" Bepress Legal Series, Working Paper 1262, April 14, 2006.

Guggenheim, Recueil des cours, Academie de Droit International de La Haye, 74, 1949.

Kim, Young-Koo, "The Validity of Some Coerced Treaties in the Early 20th Century: A Reconsideration of the Japanese Annexation of Korea in Legal Perspective", *Korea Observer*, vol. 33. No.4. Winter 2002.

Kunz, J. L. "Identity of States under International Law", *AJIL*, vol. 49, 1955.

Meyn, Karl Ulrich, "Debellatio", in Encyclopedia of Public International Law [Instalment 3], 1982.

Oda, Sigeru, "The Normalization of Relation Between Japan and the Republic of Korea", 61 *AJIL*, 1967.

Peter van Elsuwege, "State Continuity and its Consequences: The Case of the Baltic States", *Leiden Journal of International Law*, vol. 16, Iss. 02, June 2003.

Philip Marshall Brown, "Sovereignty in Exile", 35 *AJIL*, 1941.

Ray, Francis, "La Situation Internationale de la Coree", *Revue Generale de Droit, International Public*, Tome XIII, 1906.

Stephen Kerr, "Dynastic Law The International Commission on Nobility and Royalty", (www.nobility-royalty.com/id70.htm)

Visscher, F de., "Des Traites Imoses par la Violence", 12 *Revue de Droit International et de Leislation Comparee*, 3rd ser. 1931.

Weinschel, H. "Willens-magel bei völkerrechtlichen Vertragen" 15 *Zeitschrift fur Völkerrecht*. 1929~1930.

기타 자료

국민대학교 일본학연구소, 『한일회담 외교문서 해제집 Ⅰ 예비회담~5차회담』, 동북아역사자료총서 08, 동북아역사재단, 2008.

국사편찬위원회, 『한국독립전쟁사』, 삼광출판사, 1989.

국사편찬위원회, 『한민족 독립운동사』, 4 [독립전쟁편], 1988.

국사편찬위원회, 『고종실록』, 서울 : 탐구당, 1970.

국사편찬위원회, 『승정원일기』제15권, 서울 : 탐구당, 1969.

국사편찬위원회, 『주권회복을 위한 한국투쟁사』, 서울 : 탐구당, 1965.

김진 중앙일보 논설위원의 역사 교과서 문제점 분석. 입력 2015.10.29.

동국대 동양학연구소, 『한국사의 비극-박은식의 기억』, 제3권, 제32장, 1975.

신용하, "카이로 선언과 김구", 디지털 동아일보, 다시 보는 한국역사 2007. (www.donga.com/fbin/output?f=j_s&n=200706090060&ma-in=1)

『육전법규에 관한 1899년 헤이그 제2협약』Convention (II) with Respect to the Laws and Customs of War on Land and its annex: Regulations concerning the Laws and Customs of War on Land. The Hague, 29 July 1899. (www.icrc.org/ihl.nsf/FULL/150)

『일본외교문서』, 제36권 제1책,

『일본외교문서』, 제37권 제1책,

『일본외교문서』, 제38권 제1책,

『일한외교자료집성』 5권,

한국근현대사연구회, 『한국독립운동사강의』, 1998.

해양수산부, 「한일어업협정 설명자료」, 1998.10.14.

외교통상부, 「신한일어업협정과 독도: 오해와 궁금증」, 1998.11.

외교통상부, 「신한일어업협정」, 1998.11.25

해양수산부, 「한일어업협정 설명자료」, 1998.12.

해양수산부, 「한일어업협정 관련 쟁점사항 설명」, 1999.3.

대법원 2008.4.17. 선고 2003도758 「전원합의체 판결」 [판례제목] 국가보안법위반(잠입·탈출)·국가보안법위반(찬양·고무등)·국가보안법위반(회합·통신등), 사건번호 2003도758. 선고일

2008.04.17.

Black's Law Dictionary 7th edition, 1999.

Treaty of Basic Relations between Japan and the Republic of Korea of 22 June 1965. 4 ILM 924, 925.

Cairo Communiqué, Japan National Diet Library. December 1, 1943.

Chart No.836, Korea to Taiwan, Published Dec. 1999 by the National Oceanographic Research Institute, Ministry of Maritime affairs and Fisheries, Republic of Korea.

Fishery Chart No.210, Nagasaki to Xiamen, Published in Tokyo,

March 18th 1999 by the Maritime Safety Agency, Japan.

Global Alliance for Preserving the History of WWⅡ in Asia

ALPA: 세계항일전쟁사실유호연합회世界抗日戰爭史實維護聯合會
(www.global-Alliance.net/index.html)

Convention respecting the Rights and Duties of Neutral Powers and Persons in Case of War on Land(Hague V), October 18, 1907.

Leviathan by Thomas Hobbes eBooks@Adelaide, 2007(Thomas Hobbes, Lev XX 2-3),
(http://etext.library.adelaide.edu.au/h/hobbes/thomas/h68l/complete.html)

Montevideo Convention on the Rights and Duties of States. Signed at Montevideo, 26 December 1933.

Entered into Force, 26 December 1934.

Harvard Research in International Law, Research in International Law, "Drafts of Conventions Prepared for the Codification of International Law", 'Supplement'to the AJIL, vol. 29, 1935.

Sir Humphrey Waldock, Special Rapporteur, "The Second Report on the Law of Treaties Document A/CN. 4/156 and Add.1-3", the Yearbook of the International Law Commission, vol. Ⅱ. 1963.
(www.ndl.go.jp/constitution/e/shiryo/01/002_46shoshi.html)

Black's Law Dictionary 7th edition, 1999.

1969 Vienna Convention on the Law of Treaties.